Art contemporain africain

Histoire(s) d'une notion par celles et ceux qui l'ont faite

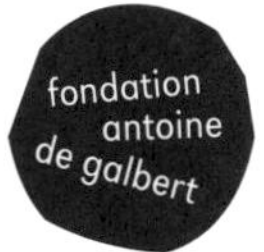

JRP|Editions

La citation reproduite en quatrième de couverture est issue du texte « Recherche l'Afrique désespérément, New York, 1991 » de John Picton, reproduit aux pages 349-365.

Art contemporain africain

Histoire(s) d'une notion par celles et ceux qui l'ont faite 1920-2020

Une anthologie de textes réunis et présentés par Cédric Vincent

JRP|Editions

Sommaire

Afin d'harmoniser l'ensemble des textes réunis dans cet ouvrage et d'en faciliter la lecture, il a été décidé de faire figurer les dates de naissance et de mort des artistes à leur première occurrence, même si celles-ci n'étaient pas indiquées dans la version originale. Nous avons accordé en nombre les adjectifs qualifiant œuvres et peuples africains selon les règles grammaticales françaises.

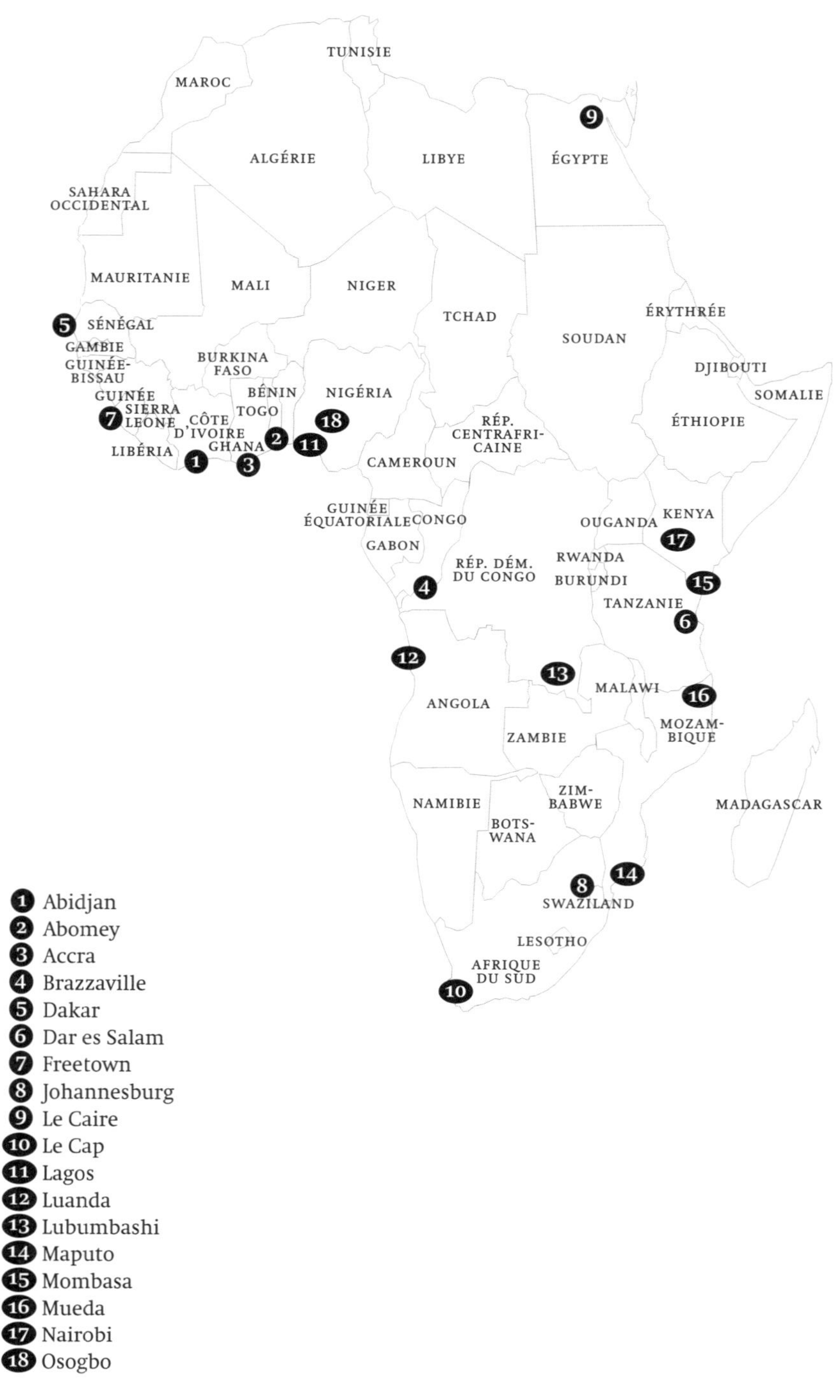

1 Abidjan
2 Abomey
3 Accra
4 Brazzaville
5 Dakar
6 Dar es Salam
7 Freetown
8 Johannesburg
9 Le Caire
10 Le Cap
11 Lagos
12 Luanda
13 Lubumbashi
14 Maputo
15 Mombasa
16 Mueda
17 Nairobi
18 Osogbo

Carte du continent africain ; sont localisées les principales villes mentionnées dans cet ouvrage

INTRODUCTION

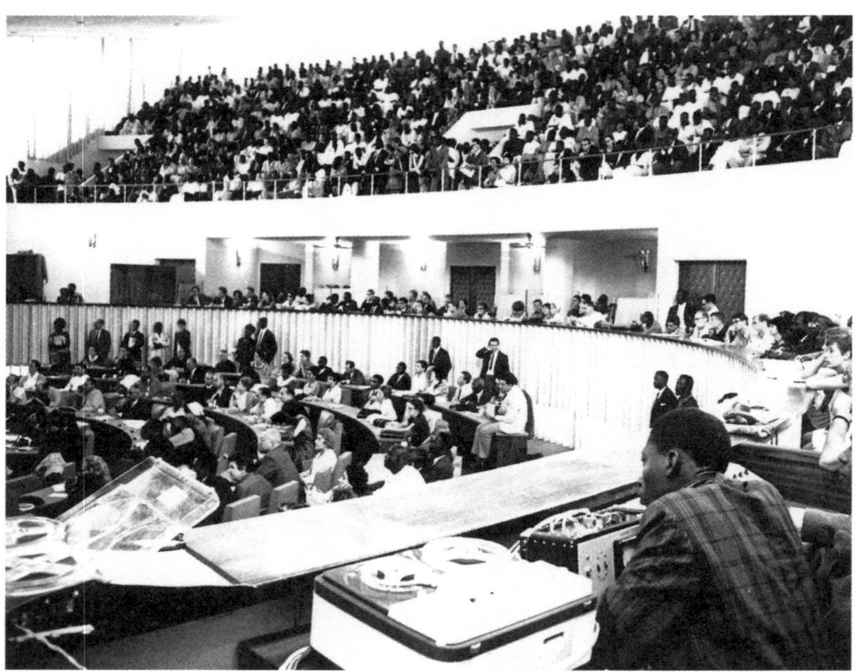

Colloque « Fonction et signification de l'art nègre dans la vie du peuple et pour le peuple », Festival mondial des arts nègres, Assemblée nationale du Sénégal, Dakar, 31 mars-8 avril 1966

Au programme des tables rondes rassemblant historiens de l'art, anthropologues, danseurs, archéologues, écrivains et artistes de toutes les nationalités pour débattre des productions artistiques de l'Afrique : « Significations et aspects historiques de l'art nègre », « L'architecture et les arts appliqués », « Musique, danse, théâtre », « Cinéma », « Enseignement et diffusion des arts nègres » et « Préservation et conservation des œuvres d'art ». Parmi les participants : Geneviève Calame-Griaule, Aimé Césaire, Alioune Diop, Ben Enwonwu, William Fagg, Robert Goldwater, Langston Hughes, Michel Leiris, André Malraux, Margaret Plass, Jean Rouch, Léopold Sédar Senghor, Wole Soyinka et Abdoulaye Wade. Dans les résolutions finales du colloque est soulignée l'importance de « maintenir l'authenticité des arts nègres, sans les figer dans un conservatisme stérile, et de les faire vivre dans une société moderne sans les dénaturer ».

Art contemporain africain : l'aventure d'un concept artistique

Cédric Vincent

En 2013, dans les pages de la revue *African Arts*, l'historienne de l'art Sidney Littlefield Kasfir faisait remarquer, avec une inquiétude non dissimulée, la désaffection dont l'art africain « traditionnel » (ou « ancien ») faisait l'objet parmi les étudiants des universités nord-américaines[1]. Leur attention se tournait désormais vers l'art « contemporain », revêtu d'atours enchanteurs et apparemment doté d'alléchantes promesses d'avenir professionnel. À cet engouement d'une partie du monde universitaire anglo-saxon, le marché faisait écho. La place donnée à l'Afrique dans le paysage récent des foires d'art contemporain en témoigne : création de la foire 1:54 (54 pour le nombre de pays d'Afrique), événement itinérant initié en 2013 à Londres ; Art Dubaï qui, en 2013, consacrait son programme Marker à des projets d'artistes venus de cinq pays du continent ; l'Armory Show, qui présentait en 2016 une section « African Perspectives » ; ou encore « Art Paris Art Fair » qui, en 2017, invitait une sélection de galeries du continent ; et aussi AKAA (pour Also Known As Africa) lancé à Paris en 2016. Le phénomène se déploie également sur le continent africain avec la Joburg Art Fair (depuis 2008) et les récentes Investec Art Fair au Cap et Artfair X Lagos, toutes deux lancées en 2017. Signe des temps, la création à Lagos de la maison de ventes Arthouse Contemporary, alors que Sotheby's, Christie's ou encore Piasa organisent dorénavant régulièrement des ventes consacrées à l'art contemporain d'Afrique[2].

Le constat est limpide : d'une part, un champ d'études universitaires est en voie de constitution ; d'autre part, un marché se structure. Outre qu'elle nous renseigne sur la reconnaissance dont bénéficie l'art contemporain africain, cette convergence est également le fruit d'une bataille de plusieurs décennies pour inscrire l'art produit par les artistes africains dans le paysage artistique et l'histoire de l'art *mainstream*. On en avait perçu les premiers effets au cours des années 2000 lorsque la vitalité de la scène artistique africaine devint un thème médiatique : la publication d'une photographie de Seydou Keïta en couverture de la prestigieuse revue *Artforum* en février 1998 signalait à cet égard un tournant. Trois ans plus tard, dans son numéro d'avril 2001, le magazine nord-américain *ARTnews* pouvait titrer « The Newest Avant-Garde: African Art Goes Global » [L'avant-garde la plus nouvelle : l'art africain conquiert le monde]. En 2002 dans *African Arts*, Suzanne Preston Blier, historienne de l'art spécialiste de l'Afrique, dressait le bilan d'une décennie d'expositions, de manifestations artistiques et de créations de revues en la qualifiant d'« âge d'or »[3]. Aujourd'hui, en 2021, on peut sans conteste affirmer que l'art africain occupe, de fait, une place substantielle au sein du paysage artistique contemporain mondialisé.

Une telle avancée suppose l'existence d'une compréhension partagée de la notion d'art contemporain africain, donc une certaine stabilisation de sa définition. Ou, à tout le moins, le fait que celle-ci ne se formule plus – uniquement – sur un registre problématique – comme le révèle la réponse que Bisi Silva, directrice du Center for Contemporary Art de Lagos, adresse au *Monde* en 2015 lorsqu'elle est interrogée sur la terminologie d'« artiste africain » : « Ce n'est pas un sujet. C'est totalement dépassé »[4]. Cette position, aujourd'hui répandue chez de nombreux acteurs du milieu, exprime un détachement qui n'aurait pas été audible quelque dix ans plus tôt, alors que le périmètre comme le contenu de l'art contemporain africain étaient soumis à de vives disputes. S'il faut étudier comment l'énonciation d'une telle affirmation par Bisi Silva a été rendue possible, cela ne doit pas empêcher, dans un même mouvement, de continuer à examiner la notion d'art contemporain africain et l'histoire, heurtée, complexe et paradoxale, de sa constitution.

Car l'histoire de l'art contemporain africain est autant le récit de l'avènement de nouveaux artistes sur la scène internationale que l'histoire d'un concept et de sa constante redéfinition, en extension et en compréhension. Pas plus que le concept d'*art contemporain,* le concept *d'art contemporain africain* ne s'est limité à la désignation d'une nouvelle étape dans une chronologie stabilisée : c'est une catégorie esthétique, normative et/ou critique. Elle qualifie la pertinence d'une classe d'objets.

C'est aussi, tour à tour, et parfois simultanément, un simple label, une appellation plus ou moins contrôlée, une indication de prix, une aspiration, un objet de controverse et de contestation… Le recueil de textes réunis dans cet ouvrage se propose d'en suivre le mouvement, des années 1920 à nos jours. Pour éclairer cette évolution tumultueuse, trois phases peuvent, d'emblée, être schématiquement distinguées : sa timide introduction dans les années 1920 dominées par l'« art nègre », catégorie déjà définie et qualifiée ; son assimilation à un art moderne dans les années 1960 marquées par les Indépendances de la plupart des pays du continent ; son expansion qui, tout à la fois, accompagne et inspire, depuis le début des années 1990, les efforts pour atteindre un espace artistique globalisé et les thématiques qui lui sont afférentes.

Pour les premiers aventuriers de l'art contemporain africain, le défi était d'imposer une nouvelle typologie d'artistes et d'œuvres dans un champ monopolisé par l'art dit « traditionnel » ou « primitif »[5], lequel paraissait résumer l'ensemble de la production artistique du continent – autrement dit, de proposer un au-delà de l'« art nègre », critiqué et apprécié, admiré et collectionné depuis le début du XXe siècle. Maurice Delafosse, administrateur colonial, orientaliste et figure pionnière de l'africanisme, livrait à ce sujet une observation implacable dans *Les Nègres* (1927) : « [S']Il est incontestable que le sens artistique est très développé dans la race noire. […] La peinture et la grande sculpture n'ont à peu près rien donné de la part des nègres africains. Aucune des enluminures que l'on peut observer sur certaines de leurs murailles ne rappelle, ni par le sujet, ni par l'exécution, quelque chose pouvant évoquer l'idée de ce que nous appelons un tableau »[6]. En d'autres termes, l'art (« nègre ») se limite aux statuettes de bois, aux masques et à quelques ustensiles. Tout l'enjeu sera de faire craquer ce monopole pour rendre acceptable et perceptible de nouvelles formes d'art et, par conséquent, d'articuler celles-ci aux pratiques importées d'Europe.

L'année 1922 est marquante : c'est l'année du retour à Lagos d'Aina Onabolu (1882-1963), le « premier artiste moderne du Nigéria », après plusieurs années de formation à la St John's Wood Art School de Londres et à l'Académie Julian de Paris[7]. C'est aussi l'année où, à Venise, l'Exposition internationale d'art, la première et la plus prestigieuse des biennales, accueille lors de sa treizième édition une exposition d'art africain. Usant d'une rhétorique qui nous est familière, son organisateur, l'archéologue italien, spécialiste de la sculpture grecque, Carlo Anti, se réjouit dans les pages du catalogue que l'art africain entre enfin dans les

« temples dédiés à l'art contemporain » et soit mis sur un pied d'égalité avec de grands artistes vivants comme Maurice Denis, Oskar Kokoschka ou encore Ettore Tito[8]. En pleine période d'expositions coloniales et des « primitivismes », ce discours d'inclusion était bienvenu, mais l'existence même d'un art d'Afrique comparable à l'art des artistes européens demeurait insaisissable, voire impensable.

Introduire dans la sphère de l'art, telle que la définissaient les institutions européennes, une nouvelle classe d'objets relevait de la bravade. En Afrique même, des Européens – missionnaires, agents coloniaux, amateurs d'art – suscitaient et développaient des ateliers informels destinés à repérer, notamment parmi les « peintres de case », les talents. On en vit bientôt les résultats en Europe. En 1929, le Palais des Beaux-Arts de Bruxelles consacra une exposition aux arts populaires de la colonie belge. Le public était amené à y découvrir un échantillon de jeunes peintres congolais baptisés « Imagiers » soutenus par Georges Thiry, agent colonial reconverti en mécène[9]. La même année, à Paris, une autre brèche permit d'élargir l'horizon du public européen sur l'art africain : la Galerie Georges-Bernheim, rue Saint-Honoré, bastion des avant-gardes historiques, exposa pendant deux semaines plusieurs toiles du berger et peintre soudanais Kalifala Sidibé (c. 1900-1930). Les scènes de village et de chasse, les rives du Niger, les représentations de rites et de coutumes étranges, exécutées dans un style proche de celui des Imagiers congolais, rencontrèrent un vif succès. Le catalogue de l'exposition mobilisa Le Corbusier et Roland Dorgelès, l'auteur du célèbre *Croix de bois* (1919)[10]. Le jeune Michel Leiris rédigea un compte-rendu dans la revue *Documents*. Sa description retenait l'aspect « composite » des peintures ; il en valorisait le « côté mélangé, *sang-mêlé* » négligé en raison de l'attrait pour la « pureté de style »[11]. Il se démarquait ainsi des textes du catalogue où les exégètes de Kalifala Sidibé décrivaient tantôt sa « franchise naïve », tantôt son « enfantine vérité », celle d'un « artiste primitif sans contact avec l'art européen, vide de toute influence ». Des équivalences étaient lancées comme pour se rassurer : « art persan » pour Le Corbusier, « Giotto du continent noir » pour Roland Dorgelès ; le Douanier Rousseau pour Georges Huisman. Georges Hardy, alors directeur de l'École coloniale, célébrait, non sans paternalisme, un précurseur, pour son habilité à peindre et à dessiner « à notre façon »[12]. Introduire des arguments et des repères pour faire accepter l'anomalie que pouvait constituer une peinture de chevalet en Afrique fut une tâche également relevée par Aina Onabolu. À la différence de Kalifala Sidibé qui bénéficiait de passeurs pour se charger d'acclimater son travail, l'artiste nigérian posa lui-même les jalons de sa pratique. Avant son départ à Londres, il publia *A Short Discourse on Art* (1920) dans lequel il proclame son attrait pour la peinture européenne et son rejet de l'art traditionnel. Ses portraits de dignitaires de la haute société nigériane de la période coloniale marqua une étape cruciale du fait de sa revendication à égaler les artistes européens tout en travaillant pour une clientèle locale. Il n'était pas encore question d'« art contemporain » pour l'Afrique, mais une réflexion se mettait en place pour décrire une nouvelle typologie d'objets artistiques étrangers à la catégorie dominante et au canon de l'« art nègre »…

Une telle amplitude caractérisera encore, *mutatis mutandis*, dans les années 1990, la notion d'art contemporain africain. Certes, elle aura gagné en autonomie et ne sera plus bridée par la concurrence de l'art dit « traditionnel ». La donne aura changé. Mais, pressés par l'urgence de la globalisation et de ses enjeux, les acteurs de la scène artistique africaine éprouveront à leur tour, et de façon stratégique, la formidable élasticité du concept : qu'y a-t-il de commun entre Yinka Shonibare (*1962), George Lilanga (1934-2005) et Frédéric Bruly Bouabré (1923-2014) ? Entre l'artiste né à Londres et éduqué à Goldsmith College, l'héritier de la statuaire makondé qui aura vécu toute sa vie à Dar es Salam en Tanzanie, et le dessinateur-prophète ivoirien ? Chacun aura négocié selon une perspective radicalement singulière, et probablement inconciliable avec celle des autres, leur commune appartenance à l'art contemporain africain.

On l'aura compris, ce recueil ne rassemble pas des textes visant à retracer une histoire de l'art contemporain en Afrique – la sélection aurait été bien différente[13]. Il entend proposer un parcours fait de tâtonnements, de luttes et de malentendus pour ouvrir, définir et défendre le périmètre de ce nouvel espace de l'art. L'association des mot « art », « contemporain » et « africain » est loin d'aller de soi : le présent choix de textes revient sur l'histoire de leur assemblage, au fil des controverses et débats qui en ont scandé l'ajustement. « Comment être un·e artiste, contemporain·e et africain·e ? » pourrait être le sous-titre de ce recueil.

Le « contemporain » en question

Ce recueil n'aborde l'art contemporain africain ni comme une donnée acquise ni comme une catégorie stabilisée. Il n'en propose aucune définition. Il s'agit d'écouter et de lire ceux et celles qui ont mobilisé cette notion, qui l'ont utilisée, manipulée. Il s'agit d'être attentifs au travail de la notion, à ce qu'elle rend possible et pensable. Il s'agit d'en repérer la dimension *performative*. C'est la méthode de ce recueil : raisonner avec le vocabulaire des acteurs plutôt que celui des analystes, ne pas définir à l'avance et à la place des acteurs ce qui la compose : c'est justement ce travail de composition – par débats et controverses – de la notion d'art contemporain africain qui constitue l'objet du présent ouvrage.

Rien dans « art contemporain africain » ne va de soi. Certainement pas « africain ». La théorie postcoloniale comme la critique institutionnelle nous ont appris à nous méfier du mot et de ses usages. Piégé par sa charge exotisante, il requiert d'être décanté de ses présupposés primitivistes, délesté de la charge des stéréotypes issus de la période coloniale faisant écran au travail des artistes[14]. Contre tous les dénis de la rigide hiérarchie qui structure le monde de l'art, critique postcoloniale et critique institutionnelle permettent de révéler le substrat impérialiste des institutions artistiques et de l'histoire de l'art. Il s'agit bien en effet de déjouer, de subvertir les déterminismes hérités de la colonisation, de décentrer le grand récit de l'art, d'en décoloniser les catégories, les préceptes et la chronologie, d'en fracturer le canon. De ce point de vue, les analyses des œuvres et des parcours des artistes africains sont indissociables d'une critique des institutions artistiques ainsi que de l'histoire de l'art et des représentations héritées de la colonisation. C'est de ce référent « africain » qu'il convient de se débarrasser : il entrave les artistes, leur interdit une réelle inclusion dans l'espace de l'art contemporain.

L'historien d'art James Elkins, analysant les modalités de l'inclusion des artistes issus de la périphérie sur la scène internationale de l'art, en a identifié trois étapes[15]. Le cas des artistes africains pourrait fonctionner comme exemple type. Première étape : la promotion d'artistes ignorés mais représentatifs d'un groupe ou d'une altérité (d'identité, d'aire géographique, etc.). Seconde étape : des voix se font entendre pour analyser et déconstruire les stéréotypes qui ont facilité la première phase de réception (essentialisme, différentialisme, exotisme). Troisième étape : il s'agit de rompre avec les effets de ghettoïsation ou de fixation dans l'altérité produits par les opérations de caractérisation et de qualification. Comme le proclament souvent les artistes eux-mêmes, l'art contemporain africain, c'est de l'art contemporain, sous-entendu : qu'il soit ou non d'Afrique. À convoquer son origine ethnique, culturelle ou nationale, on prive un individu donné de faire valoir son activité artistique comme activité qui n'engage que lui et lui seul[16]. De là une méfiance diffuse envers les expositions panoramiques regroupant les artistes selon le critère du passeport, alors même qu'elles furent une étape indispensable de leur accréditation première – comme l'a admis Okwui Enwezor[17]. Ce paradoxe résume la complexité du processus d'inclusion qui a travaillé l'art contemporain africain ces trente dernières années : réifier une catégorie d'artistes tout en poursuivant l'objectif de la dissolution de cette même catégorie.

Dans l'expression « art contemporain africain », « contemporain » n'en est pas moins ambigu et critiquable qu'« africain ». Son emploi renvoie au leurre de la chronologie, autant qu'à sa dimension normative. C'est un sésame plus qu'un concept. Ce recueil envisage les mouvements polémiques, heurtés et contradictoires de sa constitution et de sa relation dialectique avec le terme « africain ». Pour les médiateurs apparus à la fin des années 1980, le problème était de déterminer quelles formes de production, en Afrique, méritaient le plus le qualificatif de « contemporain » : de ce label dépendait la visibilité des œuvres. Le prix et les conditions de cette opération de labellisation se sont révélés avec force lors de l'exposition *Magiciens de la terre*. Celle-ci s'en trouva ainsi désignée comme « scène inaugurale » : le moment aux multiples déflagrations où se sont constituées, identifiées et exposées les controverses qui allaient animer la scène artistique africaine.

Magiciens de la terre : un repère incontournable de l'historiographie

Indépassable point de repère lorsqu'il est question du récit récent de l'art contemporain africain, l'exposition *Magiciens de la terre* occupe en effet une place singulière au sein de l'historiographie de l'art africain, au point que certains commentateurs[18] tendent à oublier (comme s'en est amusé le philosophe et commissaire d'exposition ivoirien Yacouba Konaté) que l'exposition organisée par le Centre Pompidou n'était pas exclusivement consacrée à l'art d'Afrique[19]. Doit-on le rappeler ? Son sous-titre annonçait son projet : être la « première exposition mondiale ». Il fallait entendre par là l'ambition de réunir des artistes non plus seulement d'Europe de l'Ouest et d'Amérique du Nord mais aussi des trois quarts restants de la planète[20]. Cent artistes venus des cinq continents furent ainsi invités à Paris, dont une quinzaine d'africains, parmi lesquels Sunday Jack Akpan (*1940), Twins Seven Seven (1944-2011), Chéri Samba (*1956), Seni Camara (*1945), Frédéric Bruly Bouabré, John Fundi (1939-1991) et Seth Kane Kwei (1922-1992) qui étaient tous présentés pour la première fois dans l'un des hauts lieux de l'art contemporain européen.

L'intention initiale de Jean-Hubert Martin, son commissaire général, était de restituer la part évacuée par l'exposition *"Primitivism" in 20th Century Art: Affinity of the Tribal and the Modern*. Celle-ci, organisée en 1984 par William Rubin au Museum of Modern Art, New York, rassemblait par affinités formelles des œuvres d'artistes du XXe siècle et des objets d'art traditionnels labellisés « primitifs ». En réponse, Jean-Hubert Martin souhaitait prouver qu'il existait « ailleurs », à la fin des années 1980, des artistes vivants – donc contemporains – qui, une fois identifiés par des « experts », pouvait venir à Paris et dont on pouvait montrer les travaux à côté des vedettes de l'art d'« ici ».

Ce projet allait concerner au premier chef le continent africain – non sans polémiques. Jean-Hubert Martin et André Magnin, les deux responsables de la sélection africaine, ne retinrent pas les artistes qui avaient déjà des réputations bien établies sur les scènes locales : Ben Enwonwu (1917-1994), Bruce Onobrakpeya (*1932), Ibrahim El-Salahi (*1930), Gerard Sekoto (1913-1993), Iba N'Diaye (1928-2008), parmi d'autres. Certains d'entre eux avaient déjà exposé en Europe, en France en particulier. Il suffit de rappeler que la Biennale de Paris avait régulièrement montré des artistes africains – notamment Iba N'Diaye, Ibou Diouf (1953-2017) et Marcel Gotène (1939-2013). Le sculpteur ivoirien Christian Lattier (1925-1978) avait participé à la première édition de la biennale en 1959, avant de recevoir le Grand prix pour les arts plastiques au premier Festival mondial des arts nègres de Dakar en 1966. Aucun d'entre eux ne fut retenu pour l'exposition du Centre Pompidou, les organisateurs assumant leurs propres critères de définition de ce qui fait art contemporain en Afrique.

Dans l'introduction du catalogue, Jean-Hubert Martin justifiait ce parti pris en confiant que « nous ne connaissions pas d'expert du Tiers-monde partageant nos connaissances et nos goûts en art contemporain occidental », donc « nous nous sommes résolus à élaborer nous-mêmes les critères et méthodes »[21]. La lecture de ses « journaux de voyages » nous éclaire sur ce choix stratégique et les réactions qu'il a suscitées chez ses interlocuteurs. Fin juillet-début août 1987, le commissaire effectua un rapide mais intense circuit en Afrique de l'Ouest : Nigéria, Togo, Ghana et Bénin. Au Nigéria, il visita la National Gallery of Modern Art à Lagos. Le constat est sans appel : Uzo Egonu, « du *bon* cubisme à la Juan Gris – bien pigé (too late) » ; Dele Jegede, « Peinture ‹ fauve › avec des jeux en coupelles de métal, etc. »[22]. Son regard a retenu les toiles de l'influent artiste « autodidacte » Twins Seven Seven et, plus tard, les sculptures en ciment peint de Sunday Jack Akpan représentant des chefs coutumiers en apparat. Quelques jours plus tard, il rencontra le directeur du musée de Benin City : « [ce dernier] nous reçoit aimablement, mais a un peu de mal à comprendre qu'on s'intéresse aux ‹ shrines › [autels] du culte d'Olokun. Il est lui-même artiste et nous explique qu'il s'agit là de statues faites par des gens sans éducation et qui par conséquent n'ont pas de valeur artistique ». L'artiste béninois Meschac Gaba (*1961) a livré un témoignage similaire : « André Magnin a débarqué au Bénin et a visité des artistes que je considère personnellement plutôt comme des artisans. Il m'a dit qu'il n'y a pas de peinture au Bénin. Il a choisi quelqu'un qui faisait de la peinture fétichiste sur mur [Cyprien Tokoudagba] et il a remis ça sur toile blanche. […] J'ai commencé à me demander ce qu'on m'avait appris. Un jour, Magnin m'a dit que mon travail était trop américain »[23].

Jean-Hubert Martin et André Magnin ne pouvaient pas ne pas remarquer la présence active d'artistes se revendiquant d'une histoire moderniste de l'art, certains d'entre eux ayant déjà exposé au sein d'institutions prestigieuses. Le problème résidait dans le degré d'authenticité, dont la mesure était la distance aux circuits balisés de l'art contemporain. Ainsi, nombre des artistes sélectionnés travaillaient sous des régimes coutumiers bien identifiés : le vodun pour Cyprien Tokoudagba (1939-2012, Bénin), l'artisanat funéraire pour Seth Kane Kwei (Ghana), les rituels initiatiques ndébélé pour Esther Mahlangu (*1935, Afrique du Sud), et la statuaire makondé pour John Fundi (Mozambique). Pour une majorité de critiques, les organisateurs de *Magiciens de la terre* renforçaient l'idée que les artistes vivants en Afrique étaient, dans leur ensemble, comme figés dans le temps, imperméables à toute modernité technique, intellectuelle ou artistique, et donc en situation d'altérité radicale vis-à-vis des artistes européens ou nord-américains. Une autre critique adressée à la sélection portait sur la promotion d'« artisans », comme Seth Kane Kwei, « hissés » au statut d'« artistes » par le truchement de la nomination « magiciens ».

L'exclusion d'artistes pourtant légitimés par les décideurs des scènes locales posait des questions plus profondes quant à la qualification d'« artiste contemporain ». Dans la plupart des pays africains, peu dotés en institutions artistiques, il demeure malaisé de se définir comme artiste sans être passé par une école d'art[24]. Or le travail de ces artistes éduqués et reconnus comme tels se voyait soudain dévalué pour

« déni de contemporanéité », pour reprendre l'expression de l'anthropologue Johannes Fabian[25] : en se substituant aux instances de sélection endogènes, les commissaires de *Magiciens de la terre* dévalorisaient de fait tout le cycle de production artistique locale. De ce point de vue, il est piquant d'observer certains des artistes sélectionnés et propulsés sur la scène internationale – Frédéric Bruly Bouabré, par exemple – s'engager, par la suite, sur des chemins très sinueux pour accéder à leur « propre » scène artistique.

Il faut ajouter que *Magiciens de la terre* n'aurait probablement pas eu autant d'impact sur l'art contemporain africain si l'homme d'affaires Jean Pigozzi et André Magnin n'en avaient prolongé et enrichi les options dans une collection, constituant ainsi un corpus d'œuvres africaines unique au monde. Les ensembles monographiques qui la composent ont été sélectionnés suivant une orientation très précise : en dépit de leur diversité réelle – il y a une distance considérable entre la peinture populaire kinoise dont est issu Chéri Samba et les sources traditionnelles des masques odelay d'un John Goba (1944-2019) –, les artistes de la collection ont tous un profil très marqué : la grande majorité d'entre eux n'a pas suivi de formation académique mais s'est formée en atelier, par apprentissage, ou en autodidacte[26]. La collection allait vite jouer un rôle de premier plan dans la reconnaissance de la catégorie d'art contemporain africain, allant jusqu'à en prendre le nom générique – Contemporary African Art Collection (CAAC) : quand le goût personnel d'un collectionneur se confond avec un canon artistique… De quoi entretenir les disputes suscitées par *Magiciens de la terre* : de nombreux projets d'expositions, de multiples positions critiques se sont élaborés en opposition déclarée à la CAAC, cet antagonisme reformulant, par déplacements successifs, le contour mobile et complexe de l'art africain de ces dernières décennies.

L'antagonisme constructeur

Ce sont d'abord les expositions panoramiques organisées, sur un mode concurrentiel, par les centres prescripteurs – les institutions muséales d'Europe et d'Amérique du Nord – qui ont donné de la visibilité aux artistes contemporains africains. L'objectif, louable, était de poursuivre la politique d'inclusion ouverte par *Magiciens de la terre*, tout en remettant en question les critères sur lesquels s'était édifiée sa sélection. Ces panoramas de l'art africain ont eu pour effet positif de construire un espace discursif : une exposition-jalon se construisant en opposition à une autre selon la loi de l'antagonisme constructeur, des redéfinitions alternatives de l'art contemporain africain ne tardèrent pas à voir le jour.

Ce mécanisme se mit en place assez tôt. *Africa Explores: 20th Century African Art*, organisée par Susan Vogel au Center for African Art de New York en 1991, fut l'une des répliques notoires à *Magiciens de la terre*[27]. Il s'agissait de la première tentative de synthèse historique et ethnologique des pratiques artistiques en Afrique. Elle élaborait une typologie assez précise, qui distinguait les pratiques selon les catégories « Traditionnel », « Nouveau Fonctionnel », « Urbain », « International » et « Défunt ». Loin de couvrir toute l'étendue de la production contemporaine d'art du continent, cette typologie était aussi, cependant, une formidable machine à exclure, puisqu'une forme d'art n'y apparaissant pas pouvait être considérée comme nulle et non avenue ; ainsi en était-il des formes nouvelles (et, au moins en ce sens, contemporaines) de la sculpture makondé que *Magiciens de la terre* avait représentée par le travail de John Fundi et qui ne trouvait plus de place ici. La même année, l'organisation d'*Africa Now* à Las Palmas marquait la première présentation publique de la collection constituée par Jean Pigozzi et André Magnin. La période active de la CAAC, de 1989 à 2009, fut rythmée d'expositions, collectives et monographiques, valorisant les artistes phares de la collection[28].

Conçue comme une réponse à la fois à *Africa Explores* et à *Africa Now*, *Seven Stories About Modern Art in Africa*, conçue par Clémentine Deliss pour la Whitechapel Gallery, à Londres, en 1995, se focalisait, elle, sur l'élite artistique et intellectuelle anglophone et francophone dans une perspective à la fois historique et moderniste[29]. *Seven Stories About Modern Art in Africa* était en cela plus proche des options de *Revue Noire*, publication créée à Paris en 1991 par Simon Njami, Jean Loup Pivin, Pascal Saint Martin Leon et Bruno Tilliette, dont le programme était de dresser un inventaire des artistes du continent scène par scène, avec une attention privilégiée portée à la photographie au point que la revue devint partie prenante des Rencontres de la photographie africaine de Bamako, créées en 1994, et de l'exposition *L'Afrique par elle-même* à la Maison Européenne de la Photographie de Paris en 1998. Cette dernière, conçue par Simon Njami, couvrait plus de 150 ans d'histoire de la photographie en Afrique : elle débutait au milieu du XIXe siècle, avec les efforts pionniers menés au Libéria et en Sierra Leone par des marrons et des esclaves affranchis[30]. Elle avait été précédée par *In/Sight: African Photographers, 1940 to the Present* au Guggenheim Museum, New York, en

1996, conçue par Okwui Enwezor et Octavio Zaya : la première tentative muséale de présentation synthétique de l'histoire de la photographie africaine contemporaine[31].

En 2001, Okwui Enwezor était à la manœuvre de *The Short Century. Independence and Liberation Movements in Africa 1945-1994*. Cette exposition donnait une autre ampleur à la perspective moderniste engagée par *Seven Stories About Modern Art in Africa*. Il était apparu évident pour le commissaire nigérian que le seul moyen de justifier une exposition sur l'art contemporain africain au début du XXIe siècle était de recourir au biais historique plutôt que de procéder à un inventaire de la création artistique contemporaine en Afrique (quoiqu'on ait pu y constater une surreprésentation des artistes des années 1990). Soucieux d'éprouver l'élasticité de la catégorie « art contemporain africain » et conscient des enjeux de la réflexion postcoloniale alors en plein essor, Okwui Enwezor enrichit à son tour la nomenclature : il introduisit une nouvelle catégorie, celle des « artistes de la diaspora ». Son texte *Between Localism and Worldliness* explicite ce choix. Il fut réédité à plusieurs reprises et sous des formats différents : en 1995 dans la revue *Atlántica*, puis en 1997 dans le catalogue de *Cross/ing: Time, Space, Movement*, exposition organisée au musée de l'University of South Florida, et enfin, en 1998, dans *Art Journal. Cross/ing* : l'exposition, conçue par l'artiste et théoricien de l'art Olu Oguibe, prenait place parmi une série d'expositions-manifestes de petit format défendant le nouvel angle d'approche explicité par Okwui Enwezor : *Seen/Unseen* à la Bluecoat Gallery, Liverpool, en 1994, également organisée par Olu Oguibe ; *New Visions* au Zora Neale Hurston National Museum of Fine Arts, Eatonville, en 1995, sous un commissariat d'Okwui Enwezor et Salah M. Hassan. Ces expositions furent aussi l'occasion pour de nouveaux médiums jusqu'alors suspectés de n'être pas assez africains de s'affirmer : vidéo, photographie plasticienne et installation vinrent enrichir le paysage des pratiques artistiques africaines jusqu'alors réduit à la peinture, la sculpture et la photographie vintage.

Chacune de ces expositions, conçue en réponse à celles qui la précédaient, relançait de ses choix et de ses exclusions le procès de définition et redéfinition de l'art contemporain africain, en redécoupait le champ, en répétait inlassablement les débats. L'extension et la plasticité du label « art contemporain africain » permirent, dans les années 2000, l'inclusion de profils artistiques inédits à un niveau jamais atteint. Si, dix ans plus tôt, il était possible d'esquisser le portrait-type de l'artiste privilégié par la CAAC – un artiste rural et innocent, soustrait à l'influence dénaturante de l'art moderne enseigné dans les écoles d'art –, celui-ci pouvait désormais coexister avec son exacte contrepartie : l'artiste citadin, éduqué à l'art, engagé politiquement et concerné par les interrogations postcoloniales. De Frédéric Bruly Bouabré à Yinka Shonibare, l'ensemble du spectre pouvait être couvert.

Il faut souligner ceci : ces opérations d'inclusion et d'exclusion, cet élargissement du canon n'ont pas été, au préalable, le fait de débats universitaires portant sur les concepts et les critères. S'ils ont bien eu des effets dans le domaine de la théorie, ils procédaient en premier lieu de choix opérés par des commissaires d'exposition. En empruntant à la sociologie de Pierre Bourdieu, on pourrait parler de la constitution d'un champ de l'art contemporain africain, entendu comme un « espace structuré de positions », tout à la fois le lieu et le produit des luttes entre des acteurs partageant la même activité et multipliant leurs efforts pour défendre ce domaine[32]. Aussi, dans cet univers hautement concurrentiel, les échanges étaient-ils marqués par une forte tonalité polémique.

En 2004, *Africa Remix*, exposition *blockbuster* itinérante organisée par Simon Njami, se chargea de faire la synthèse de cette suite d'expositions et, malgré les nombreuses critiques dont elle fit l'objet, inaugura une nouvelle séquence[33]. S'il s'était agi jusqu'alors, pour les commissaires, d'une sorte de jeu de coudes, chacun tentant de dessiner pour lui-même un périmètre d'action et de trouver sa position dans l'espace commun qu'il contribuait à définir, *Africa Remix* se présentait comme une agrégation du plus grand nombre possible d'acceptions différentes de la lexie « art contemporain africain ». Récusant une problématique située, un point de vue ou un récit unique, le projet se voulait un instantané de l'art africain, un état des lieux depuis 1990[34]. Depuis *Africa Remix*, les expositions se sont affranchies de toute ambition de définition au profit d'explorations fragmentaires et variées. *The Global Africa Project* au Museum of Arts and Design, New York, en 2010, et *GEO-graphics: A Map of ART Practices in AFRICA, Past and Present* au Palais des Beaux-Arts, Bruxelles, en 2010, intégraient toutes deux le design, la mode et – pour la seconde – les arts dits « classiques ». D'autres expositions ont joué la carte de l'approche resserrée sur des problématiques sociologiques et urbanistiques : *Afropolis: City, Media, Art* au Rautenstrauch-Joest Museum Kulturen der Welt, à Cologne en 2010 (puis au Iwalewahaus, à Bayreuth, en 2011), consacrée aux paysages urbains du Caire, de Lagos, Nairobi, Kinshasa et Johannesburg ; *Making Africa* au Vitra Design Museum, Weil am Rhein, en 2015, dédiée au design africain (l'exposition circula ensuite au Guggenheim Museum, Bilbao, en 2015, puis au Centre de Cultura Contemporània, Barcelone, en 2016).

Une fois l'extension du concept d'art contemporain africain arrivée à saturation, la dynamique de l'antagonisme constructeur n'avait plus lieu d'être sauf à tomber sous le coup de la redite. Mais si, pour certains, cette période faste, riche de polémiques, marquée par de fortes individualités, a pu passer pour un « âge d'or », un terrain lui restait encore à conquérir : l'Afrique.

Retour en Afrique

On a souvent dénoncé le fait que l'Afrique elle-même n'avait eu qu'une part minime à l'élaboration et à la discussion de l'art contemporain africain, le rôle qui devait être le sien étant presque entièrement assumé par des institutions européennes et nord-américaines. En 2012 encore, la revue *Nka: Journal of Contemporary African Art*, organisant une table ronde de responsables de musées, réitéra ce constat[35]. De fait, la cartographie mondialisée de l'art contemporain a jusqu'ici à peu près ignoré le continent, comme s'il y avait un art africain à deux vitesses : l'un exposé dans les grandes manifestations internationales, hors du continent ; l'autre pratiqué en Afrique. Révélatrices, les critiques publiées dans les revues les plus autorisées du monde de l'art, tel le compte-rendu de la 4ᵉ Biennale de Dakar publié dans *Art in America* en 2001 par le critique Thomas McEvilley qui désignait les œuvres des artistes exposés comme du « modernisme kitsch »[36], ou le numéro d'*ARTnews*, la même année, qui, annonçant en couverture « The Newest Avant-Garde: African Art Goes Global », traitait des artistes de la diaspora et d'Afrique du Sud dont on pouvait voir les œuvres en Europe, aux États-Unis et dans les biennales.

L'écart qui s'est constitué entre les « artistes de la diaspora » et ceux qui continuent de vivre et de travailler en Afrique n'a cessé de se creuser à l'échelle de l'extension du marché mondialisé de l'art, les premiers étant devenus, depuis la seconde moitié des années 1990, les représentants privilégiés de l'art contemporain africain[37]. Le concept d'« afropolitain », défendu notamment par le penseur Achille Mbembe, est tissé sur mesure pour ces artistes[38]. Les seconds, malgré des manifestations comme la Biennale de Dakar, restent dans une « zone de silence », pour reprendre les mots du commissaire cubain Gerardo Mosquera[39] – Simon Njami évoquant pour sa part l'« aphonie de l'Afrique »[40]. Certains, artistes ou critiques, imputèrent à Okwui Enwezor la responsabilité de cette disjonction[41]. Mais ne fallait-il pas plutôt y reconnaître un problème structurel ?[42] Longtemps, l'Afrique a manqué d'institutions spécialisées, de galeries, de magazines qui auraient donné un cadre à la vie des scènes artistiques du continent[43]. Ce manque, dû à une combinaison de facteurs économiques et politiques, a été comblé, souvent de manière problématique, par des acteurs extérieurs au continent. Pour reprendre encore Gerardo Mosquera, cette situation pourrait se traduire en termes de *curating culture/curated culture*[44] : aux « périphéries », un rôle de réservoir ; aux « centres » les instances actives de légitimation. Cette asymétrie est le vrai contrechamp de l'illusion d'optique engendrée par le mythe de la globalisation de l'art : l'illusion d'un espace fait d'échanges, de dialogues transculturels, de flux unifiant la cartographie de l'art.

Mais la situation sur le continent, semble, aujourd'hui, se transformer. Depuis le milieu des années 2000, des centres d'art privés à but non lucratif s'y multiplient : parmi les plus actifs, citons le Nairobi Arts Trust (Nairobi, depuis 2000), la Fondation Zinsou (Cotonou, depuis 2006), le Centre for Contemporary Art–CCA (Lagos, depuis 2008), la RAW Material Company (Dakar, depuis 2008), et Doual'art, première structure du genre, fondée en 1991[45]. Ces structures changent les modalités de production de l'art en permettant à des artistes de travailler et de construire leur carrière sans en passer nécessairement par les institutions du « Nord ». Bien que la plupart d'entre elles demeurent dépendantes financièrement des fondations et donateurs européens et nord-américains (Goethe-Institut, Foundation Prince Claus, Pro Helvetia, Ford Foundation, Institut français, etc.)[46], il n'en reste pas moins qu'elles sont les vecteurs d'une nouvelle dynamique : un nouveau chapitre est en train de s'écrire à partir du continent. Une génération nouvelle de commissaires, menée par Bisi Silva (décédée en 2019) et Koyo Kouoh, fondatrices respectivement du Centre for Contemporary Art et de la RAW Material Company, a pris le relais des commissaires européens et nord-américains. Faisant écho à ce redéploiement institutionnel, de nouvelles biennales et foires d'art contemporain – à la pérennité fluctuante – voient le jour sur le continent (Luanda en 2006, Le Cap en 2007, Lubumbashi en 2008, Cotonou en 2010). D'importantes collections se constituent, notamment au Nigéria, en Afrique du Sud et en Angola. Sur ce point, la collection de Sindika Dokolo[47], homme d'affaires congolais installé à Luanda (1972-2020), a fait figure de moteur : sa collection se veut le levier d'un projet culturel ambitieux dont la Triennale de Luanda (2006) et *Check List-Luanda Pop* – le pavillon africain de la Biennale de Venise en 2007 – ont consacré les premières étapes d'un projet aujourd'hui en suspens[48].

Jalons pour une historiographie alternative

Quelle qu'ait été l'importance de *Magiciens de la terre,* les remous que l'exposition a provoqués, la dynamique qu'elle a enclenchée, on ne peut ignorer qu'au début des années 1990 d'autres perspectives s'ouvraient pour l'art contemporain en Afrique.

Au Royaume-Uni, le mouvement British Black Art, qui regroupe artistes africains, asiatiques et caribéens autour d'un programme fondamentalement politique, nourri par les Cultural Studies, revisite les catégories qui conditionnent la réception critique de leur art[49]. Rasheed Araeen, fondateur de la revue *Third Text*, l'un des principaux organes de la réflexion postcoloniale, et artiste présent à *Magiciens de la terre*, organise la même année, à la Hayward Gallery de Londres, *The Other Story: Afro-Asian Artists in Post-War Britain*, la première rétrospective du mouvement. Les vingt-quatre artistes exposés sont regroupés dans quatre sections dont les titres indiquent clairement l'ambition critique : « Dans la citadelle du modernisme », « Prendre le taureau par les cornes », « Se confronter au système », « Se réapproprier les métaphores culturelles ». Aux États-Unis, en janvier 1990, la sous-estimée *Contemporary African Artists: Changing Tradition* s'installe au Studio Museum d'Harlem. En France, 1991 est l'année de la naissance de *Revue Noire* (qui sera publiée jusqu'en 2000), de la publication d'*Art africain contemporain,* la première étude de synthèse en français, par Pierre Gaudibert, et des premiers pas d'*Afrique en créations*, une rencontre d'artistes et d'opérateurs culturels africains et français organisée par le ministère de la Coopération, qui deviendra un programme de l'Institut français. Ces initiatives relèvent d'une tout autre histoire que de celle de *Magiciens de la terre* et requièrent une autre mise en récit[50].

Cette histoire alternative, il faut la recentrer sur le continent africain. L'événement inaugural en est, en 1990, la première Biennale de Dakar. Ses organisateurs se réclamaient du premier Festival mondial des arts nègres de Dakar (1966), voulu par le président-poète sénégalais Léopold Sédar Senghor pour déployer une « mise en scène de la négritude »[51]. Dans cette généalogie revendiquée, il y a toute la séquence des festivals panafricains : le premier Festival panafricain d'Alger en 1969, le deuxième Festival mondial des arts nègres de Lagos en 1977 (plus connu sous le nom de FESTAC)[52]. Et aussi la Biennale Bantu de 1987, quoique son projet ait été régional[53]. Et puis la Biennale de l'Institut

Culturel Africain (ICA) projetée pour 1976 et restée à l'état de projet. Cette séquence de congrès-festivals-expositions, dont on ne saurait assez souligner l'écho et l'ampleur, donnait à la Biennale des arts et lettres de Dakar en 1990 une profondeur historique que *Magiciens de la terre* a éclipsée. Cependant, à y regarder de près, c'est bien de cette histoire-là que proviennent les débats qu'a suscités, ou plutôt ressuscités et amplifiés, l'exposition parisienne.

Pour s'en convaincre, il suffit de se reporter au motif fondamental qui organise la réception de l'art africain : l'affrontement quasi mythologique de deux typologies d'artistes : le professionnel éduqué et l'autodidacte inspiré – un affrontement qui a organisé, on l'a vu, la collection de la CAAC. Il s'ancre dans l'histoire coloniale des années 1920. En parallèle aux quelques écoles d'art mises en place par les régimes coloniaux, ateliers informels et opérations de mécénat pilotés par des expatriés européens sont, dans ces années, les principales opportunités proposées aux artistes. Un même principe guidait ces diverses initiatives. Elles entendaient promouvoir un art qui devait affirmer la « personnalité africaine » des élèves tout en étant « moderne ». Pour favoriser l'éclosion sereine de cet art nouveau, il convenait de soustraire les futurs artistes au modèle d'enseignement académique importé par les autorités qui, selon les « maîtres d'ateliers », ne manquerait pas de les priver de leur singularité artistique : le don plutôt que l'apprentissage ou l'enseignement, l'inspiration plutôt que le travail, l'innovation plutôt que l'imitation. Là, résidait aussi le paradoxe de ces projets qui, sous couvert d'une pédagogie du « laisser-faire » et sur fond de militantisme anticolonial, appliquaient une représentation de l'art puisée dans le terreau romantique des bohèmes artistiques et du surréalisme.

Parmi ces nombreuses expériences de patronage, retenons celle de Georges Thiry, un agent colonial installé au Congo dans les années 1920-1930 qui réunit autour de lui un groupe d'« Imagiers » ; celle de Pierre-Romain Desfossés, un ancien officier de la marine française, qui fonda le Hangar en 1946 à Elisabethville (aujourd'hui Lubumbashi) ; de Pierre Lods, fondateur en 1951 du Centre d'art africain, installé à Brazzaville pendant vingt ans ; de Frank McEwen, un ancien agent culturel britannique, qui fut le premier directeur de la Rhodes National Gallery, inaugurée en 1957 à Salisbury (aujourd'hui Harare), au sein de laquelle il développa un atelier de sculptures sur pierre[54]. La plus rayonnante d'entre elles aura été l'atelier d'été monté par Ulli et Georgina Beier à Osogbo, une ville du centre du Nigéria devenue un site artistique et culturel majeur au point d'être inscrit, depuis 2005, au patrimoine mondial de l'UNESCO[55]. En somme, le certificat d'authenticité reposait sur le postulat suivant : un artiste est novateur parce qu'il est allégé de toute éducation artistique. Sans doute y avait-il des similitudes entre les productions des artistes au sein d'un même atelier et entre les productions des différents ateliers : il s'agissait presque toujours de peinture, plutôt figurative, narrative, puisant son contenu dans la tradition orale, les aléas de la vie de village, des scènes de chasse, des paysages de savane.

En face, le point de vue adverse prônait l'enseignement : il fallait acquérir un savoir-faire technique et une maîtrise de l'histoire de l'art européen. S'affirmer artiste supposait, pour certains, la revendication d'une affiliation aux courants modernistes. On récusait le paternalisme des ateliers et leur vision stéréotypée d'une Afrique primitive et figée.

Si l'on replace *Magiciens de la terre* dans cette histoire, l'exposition marquait le triomphe des artistes autodidactes, ceux qui étaient animés par le « feu de la création » comme le déclarait Jean Pigozzi[56]. Ils avaient déjà la faveur des galeristes ; une prestigieuse institution, le Centre Pompidou, les consacrait. Au contraire, *Seven Stories About Modern Art in Africa* réinsérait les professionnels éduqués dans le jeu de l'art contemporain. Ils étaient les plus exposés aux contradictions que recélait la notion d'art contemporain africain, les plus vulnérables au soupçon : « ils sont formés à l'européenne et sont mauvais, car ils ne font qu'imiter l'Europe au lieu de revenir à leur propre tradition », pensait-on à leur sujet. Un article de l'artiste ghanéen Ato Delaquis (*1945), publié en 1975, décrivait le « dilemme » auquel l'artiste était confronté : en déséquilibre entre un patrimoine culturel qu'il n'a ni vécu ni expérimenté, et une modernité associée au colonialisme[57]. Ben Enwonwu a lui aussi formulé cette situation paradoxale. En 1956, à Paris, au Congrès des artistes et écrivains noirs, l'artiste nigérian avait exprimé son désarroi d'être aussi difficilement identifié comme artiste autant par sa propre société que par les instances extérieures à celle-ci[58]. Comment s'orienter quand on est pointé du doigt, d'un côté, pour un travail perçu comme un dérivé de l'art européen et, de l'autre, pour ce qui apparaissait comme une perte de ses « racines » ? La crainte d'être traité d'artiste « européen », de voir ses œuvres renvoyées au statut de piètres copies ou à des formes dégradées de l'art moderne européen hante le parcours des artistes. Est-elle aujourd'hui dépassée ? Le choix fait par un artiste de travailler l'installation ou la vidéo suscite encore, chez certains observateurs et décideurs, la suspicion – celle de se soumettre aux réquisits de l'art globalisé[59]. Pour s'imposer sur la scène internationale, il faut trouver la bonne distance, celle qui rendra visible : produire et exhiber une différence, mais surtout ne pas montrer ni revendiquer une distance trop grande qui rendrait imperceptible.

Les procès en dérivation ou en imitation de l'art européen ont eu pour effet de placer l'art africain sous la catégorie du « retard » : les pratiques modernes, en Afrique, ne pouvaient être que « retardataires » par rapport à l'art moderne d'Europe et d'Amérique du Nord. C'est ce « retard » qu'interrogent et déconstruisent, depuis une vingtaine d'années, les historiens de l'art. Pour les uns (Elizabeth W. Giorgis, Elizabeth Harney, Salah M. Hassan, Everlyn Nicodemus, Ugochukwu-Smooth Nzewi, Sylvester O. Ogbechie, Olu Oguibe, Chika Okeke-Agulu), il s'agit d'inscrire de plein droit les travaux des artistes africains au sein d'un grand récit moderniste qui n'est plus le monopole des Occidentaux. On a reconsidéré et réévalué des figures comme les Nigérians Aina Onabolu, Ben Enwonwu, Uzo Egonu (1931-1996) et, surtout, le Sud-Africain Ernest Mancoba (1904-2002). Rasheed Araeen peut ainsi écrire : « S'il y eut un artiste d'Afrique […] qui affronta avec succès la généalogie coloniale de l'art en Afrique et l'eurocentrisme de l'histoire dominante du modernisme, c'est Ernest Mancoba. […]. Avec lui, la place de l'Afrique n'est plus périphérique à l'histoire du modernisme, elle y est centrale »[60].

Chika Okeke-Agulu, artiste et historien – et commissaire d'une section de *Seven Stories About Modern Art in Africa* – a sans doute fourni l'analyse la plus convaincante des modernités artistiques en contexte africain. Dans *Postcolonial Modernism* (2015), il explore une décennie clé de l'histoire de l'art au Nigéria : de la fin des années 1950, veille de l'indépendance, jusqu'aux années de la guerre civile du Biafra (1967-1970)[61]. En introduisant la notion de « modernisme postcolonial », Chika Okeke-Agulu se rattache aux travaux de Kobena Mercer sur ce qu'il appelle les « modernismes cosmopolites »[62]. Il s'agit de revisiter le canon de l'art moderne du point de vue des études postcoloniales et de transposer dans le domaine de l'histoire et de la théorie des arts des notions et problématiques élaborées et éprouvées dans ce champ critique : « modernités alternatives », « modernités vernaculaires » et autres « modernités multiples » sont les produits de cette greffe[63]. Avec *Postcolonial Modernism*, Chika Okeke-Agulu situe le modernisme comme un moment spécifique du nationalisme anticolonial, du panafricanisme et de la décolonisation, et décrit un réseau complexe d'artistes, de critiques et de théoriciens qui dépasse largement les frontières du Nigéria.

L'ère des Indépendances

En introduisant leur ouvrage sur la sculpture africaine publié en 1964, ses deux éminents auteurs, l'États-Unienne Margaret Plass et le Britannique William Fagg, expliquaient qu'ils avaient écarté de leur perspective la production des artistes contemporains : « nous ne sommes pas concernés ici par l'art africain ‹ contemporain › qui, malgré tous ses mérites, est une extension de l'art européen par une sorte de colonialisme culturel volontaire ». Ils ajoutaient : « dans l'Afrique traditionnelle, le langage de l'art n'est pas intertribal comme le langage de l'art occidental est international »[64]. Confronté à l'art traditionnel, l'art contemporain était, une fois de plus, renvoyé à son « inauthenticité » et à son association supposée avec la colonisation. Néanmoins, le simple fait que les deux ethnologues aient ressenti la nécessité de justifier leur choix témoignait du changement en cours. C'est au cours des années 1960 que l'idée d'un « art contemporain africain » commença à s'imposer, comme si, sous *Les Soleils des Indépendances*[65], la plupart des pays du continent en avaient libéré l'usage. Elle posait un nom sur des pratiques vivaces mais aux contours encore flous.

Pourquoi l'attention des historiens de l'art travaillant sur l'art contemporain africain s'est-elle focalisée sur la période des Indépendances ? Parce que l'on observe alors une coïncidence exemplaire entre le projet moderne et le programme politique : des nations jeunes requièrent un art qui incarne les promesses de l'avenir, la fierté culturelle, l'ambition politique, les sentiments d'appartenance à une histoire commune et la volonté d'être partie prenante de l'histoire[66]. Parce qu'il s'agit d'une séquence historique chronologiquement délimitée : l'énergie de l'art galvanisé par les Indépendances cède la place, à la fin des années 1970, à l'essoufflement du projet moderniste.

La scène nigériane est représentative de cette phase d'enthousiasme national, voire nationaliste, et des revirements de la fin des années 1970. Porté par le manifeste d'Uche Okeke (1933-2016), le mouvement artistique de la « Natural Synthesis » (1960) avait appelé à combiner le meilleur du patrimoine local (rapporté à l'Afrique « intemporelle » et à ses traditions) avec le meilleur des idées et des techniques artistiques de l'ancien colonisateur[67]. Uche Okeke joua un rôle important, « prescripteur », à plus d'un titre et sur une longue période. En 1979, publiant dans *Nigeria Magazine* un bilan de l'histoire de l'art moderne nigérian, il renvoyait purement et simplement le travail d'Aina Onabolu, figure de proue de la peinture moderne et de l'enseignement artistique au Nigéria, à l'esthétique coloniale[68]. Celui-ci y perdait son rôle de pionnier de l'art national[69]. Deux ans plus tôt, en 1977, les organisateurs du FESTAC étaient allés jusqu'à envisager d'exclure de leur programmation les artistes issus de l'atelier d'Osogbo, avant de se raviser *in extremis* : ni assez *modernes* ni assez *traditionnels*, ils n'étaient intégrables dans aucune des deux expositions prévues selon ce schéma binaire. Mais l'encombrante visibilité que ces artistes avaient acquise, en Europe et aux États-Unis, auprès des collectionneurs et des institutions, les rendait difficilement contournables[70]. La fin des années 1970 fourmille de manœuvres d'exclusion et d'alliance, de rejet et d'apologie ; les opérations pour la redéfinition de l'art contemporain nigérian sont alors en pleine ébullition. Il suffit d'examiner la liste infiniment plus inclusive, plus ouverte, des artistes présentés en 1960 lors de l'inaugurale *Exhibition of Arts and Crafts,* à Lagos, au lendemain de l'indépendance, pour mesurer, par contraste, à quel point le jeu se refermait[71].

Mais, au-delà des scènes locales en construction, les deux décennies de l'âge des Indépendances méritent un examen plus approfondi. C'est alors que les mots « art », « africain » et « contemporain » s'associent pleinement et durablement. Une suite de publications en témoigne : *Contemporary Art in Africa* (1968) d'Ulli Beier, *African Art. The Years Since 1920* (1973) de Marshall Mount et *20th Century of Africa* (1986) de Kojo Fosu. En prise avec la production artistique du moment, ces auteurs cherchent à forger des critères pour se repérer dans un domaine en voie de constitution. Ils proposent des typologies plus ou moins fines pour varier leur approche de l'art contemporain (art « néo-traditionnel », art « populaire », art « chrétien », art « moderne », art « international »), à moins qu'ils ne prennent appui, une fois de plus, sur l'opposition traditionnelle des modes d'éducation artistique (autodidacte, peintre d'atelier, étudiant dans une école d'art). À bien des égards, l'exposition *Africa Explores,* en 1991, s'est inscrite dans ces tentatives de classement qui privilégiaient une définition chronologique du qualificatif « contemporain ».

En Europe et aux États-Unis, des expositions consacrent parallèlement l'accréditation de l'art contemporain africain sur la scène internationale. Elles portent toutes un titre presque générique, « Contemporary African Art(s) », mais sont accueillies dans des musées d'ethnographie ou des musées universitaires, des espaces d'exposition périphériques au monde de l'art moderne et contemporain, à quelques exceptions près : l'Institute of Contemporary Art (ICA) et le Camden Arts Centre de

Londres qui ont très tôt exposé les artistes africains dans un cadre dévolu à l'art contemporain[72].

Tendances et Confrontations fut la première de cette séquence d'expositions à proposer une approche synoptique. Elle n'avait pas été conçue par une institution européenne ou nord-américaine, mais pour le Festival mondial des arts nègres de Dakar (1966), son montage étant supervisé par l'artiste sénégalais Iba N'Diaye. Un peu perdue au milieu de l'effervescence de cette manifestation tumultueuse et spectaculaire au retentissement mondial, *Tendances et Confrontations* a pâti de la concurrence avec l'acmé du Festival : *Art nègre : sources, évolution, expansion*, la vaste rétrospective d'art ancien présentée au Musée dynamique. L'États-Unien John Povey observait ainsi que « l'exposition des arts contemporains semblait imparfaite, bien que ce soit une comparaison aussi injuste que de se rendre d'une galerie de Greenwich Village au Metropolitan Museum et de commenter la différence. Néanmoins, les arts de nombreuses sections nationales ont été transformés trop facilement en artisanat. Des huiles jouent des coudes avec des images faites de coquillages et de paires de chaussures en cuir décorées »[73]. Le commentaire de John Povey était partagé par de nombreux critiques. Un article du *Washington Post* du 9 avril 1966 titrait « Les artistes africains déçoivent le visiteur au Festival mondial des arts nègres ». Le problème de la qualité des œuvres était cependant secondaire. Car, les propos de John Povey en témoignent, c'était plutôt le caractère indéterminable de ce qui faisait « art contemporain africain » qui s'affichait dans ce panorama : chaque délégation nationale invitée ayant été chargée de la sélection de « ses » artistes, ce qui s'exposait – de l'artisanat d'auteur à la peinture abstraite –, c'était bien plutôt l'hétérogénéité des approches qu'aucune catégorie stabilisée ne paraissait fixer et la disparité de scènes locales très différemment dotées en moyens et en institutions[74].

Même difficulté à déterminer la nature de l'art contemporain africain dans la sélection que propose, la même année, l'ouvrage *Africa's Contemporary Art and Artists*, publiée par Evelyn Brown pour la Harmon Foundation[75]. Il s'agit de la première somme consacrée à un panorama de l'art africain : trois cents artistes, issus de vingt-cinq pays, repérés sur la base de remontées d'informations par des correspondants locaux[76]. Conséquence, comme pour l'exposition dakaroise : l'impression que le terme « contemporain » recouvrait un fourre-tout où trouvait place tout ce qui ne répondait pas au canon de l'art *traditionnel* ou *classique*.

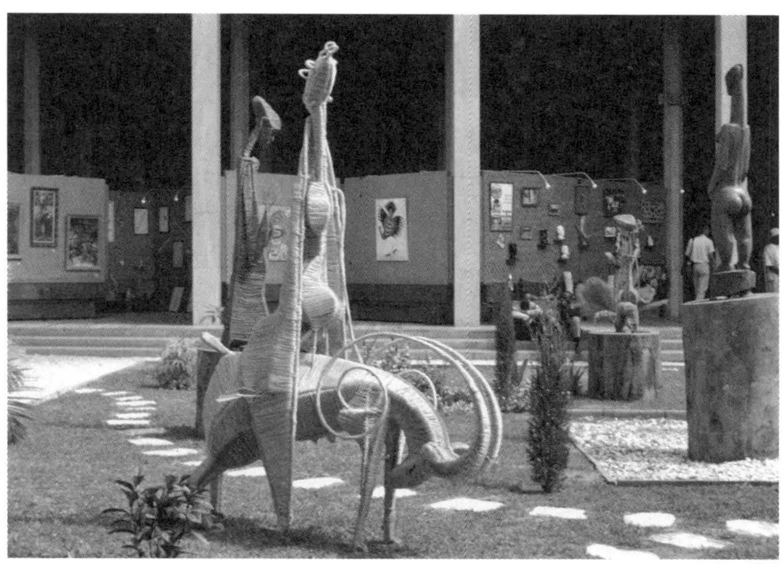

Vue de l'exposition *Tendances et Confrontations*, première exposition panoramique
dédiée à la création contemporaine de l'Afrique et de sa diaspora,
Festival mondial des arts nègres, Palais de Justice, Dakar, avril 1966 ;
au premier plan : Christian Lattier, *Le Bélier*, 1966

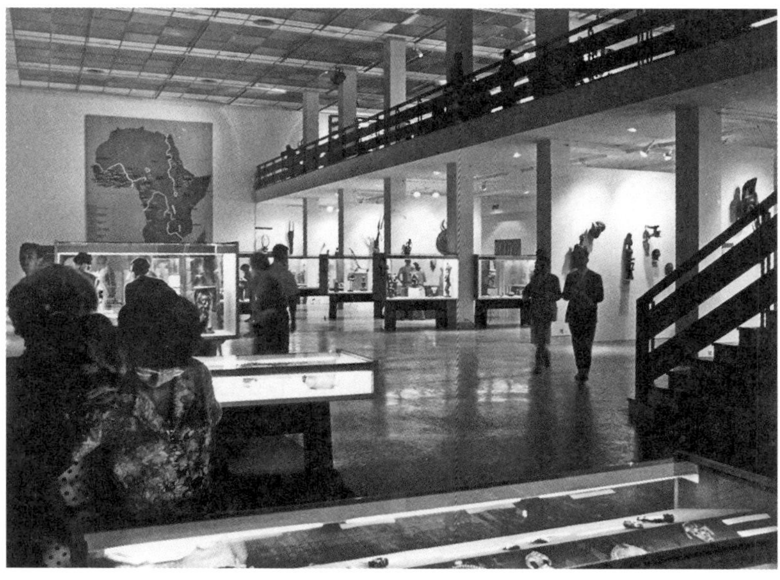

Vue de l'exposition *Art nègre : sources, évolution, expansion*,
Festival mondial des arts nègres, Musée dynamique, Dakar, avril 1966 ;
exposition ensuite présentée au Grand Palais, Paris, juin-août 1966

Au contraire, l'exposition *Contemporary African Art*, en 1969, au Camden Arts Centre de Londres, témoigne d'un effort soutenu pour travailler un usage sélectif du terme « contemporain ». Pour la première fois, une exposition européenne se donnait pour tâche d'analyser ce qu'il pouvait y avoir de spécifiquement contemporain dans l'art contemporain africain. La sélection opérée par les deux curateurs, la Française Jacqueline Delange et le Britannique Philip Fry, ne prétendait pas à l'exhaustivité mais se resserrait sur un choix restreint d'artistes dont la pertinence se vérifia par la suite. La plupart des artistes sélectionnés devinrent, dans les décennies qui suivirent, les artistes les plus reconnus du continent : le Soudanais Ibrahim El-Salahi, le Ghanéen Vincent Kofi (1923-1974), les Sud-Africains Gerard Sekoto et Sydney Kumalo (1935-1988), ou encore les Nigérians Ben Enwonwu, Uzo Egonu, Uche Okeke, Bruce Onobrakpeya et Twins Seven Seven. Seul le Sénégalais Iba N'Diaye représentait l'Afrique francophone. En quelque sorte, l'exposition du Camden Arts Centre ne conservait que la section « art international » des panoramas présentés jusqu'alors : elle y gagnait en cohérence et en homogénéité, mais pouvait dans un même mouvement restreindre le regard. Dans un autre contexte, les opérations d'Ulli Beier en Europe et de la collectionneuse Jean Kennedy aux États-Unis pour promouvoir les artistes associés à l'atelier d'Osogbo ont ainsi abouti à un curieux rétrécissement dont l'effet le plus flagrant fut de voir ces artistes incarner, seuls, le label d'art contemporain africain[77]. Quelques décennies plus tard, un problème similaire se reformulera avec les artistes de la CAAC. C'est par le prisme de ces définitions sélectives qu'il faut situer les âpres disputes ayant dynamisé l'art contemporain africain dans les années 1990-2000.

Quoi qu'il en soit, il devenait de plus en plus difficile désormais de dissimuler sous l'usage descriptif du terme – le terme « contemporain » comme indication chronologique – le principe de sélection qu'il suppose : est « contemporain » ce qu'il est jugé pertinent d'inclure sous cette catégorie. Il n'était plus possible de faire l'économie du débat esthétique et de l'approche historique.

Vers une histoire

En 1968, Ulli Beier ouvrait *Contemporary Art in Africa* sur le cri d'alarme lancé par William Fagg : « Tout ce qu'il y a de meilleur dans l'art africain est à l'article de la mort… »[78]. Fort de ses expériences multiples au cœur de la scène nigériane[79], Ulli Beier prenait dans son ouvrage le contrepied de l'influent conservateur du British Museum : la créativité des artistes africains n'avait rien perdu de sa vivacité ; il était possible de produire un appareil d'évaluation esthétique des formes nouvelles de l'art. « Nouveau », « moderne » et « contemporain » fonctionnaient ici comme trois acceptions de la même idée. Cette *défense et illustration* des scènes artistiques africaines prolongeait la publication huit années plus tôt d'*Art in Nigeria 1960*. L'art contemporain s'émancipait résolument du poids symbolique de l'art traditionnel. Il gagnait enfin son autonomie. Plus encore : il faisait sortir l'art africain de ce perpétuel présent de l'art traditionnel où l'avait maintenu le « présent ethnographique ».

Dans son histoire des arts contemporains publiée en 1973, Marshall Mount livrait une version simple et efficace de ce constat : « Une culture en mouvement doit donner naissance à de nouvelles formes artistiques »[80]. Les études de synthèse qui ont suivi reprirent peu ou prou ce schéma historique, en l'enrichissant parfois d'une dimension cartographique. Sidney Littlefield Kasfir entreprit ainsi de montrer, carte à l'appui, que les lieux où le « nouvel art » s'exprimait avec la plus grande diversité et la plus grande intensité étaient les villes et régions qui n'avaient jamais été des sites importants de la statuaire précoloniale[81]. Mais ces approches n'ont jamais su articuler la relation entre l'art traditionnel et l'art contemporain autrement que sur le mode de l'inconciliable : l'art contemporain émergerait du vide laissé par un art traditionnel « moribond » ou absent. Dans les pays anglo-saxons, ce schéma narratif a donné lieu à la périodisation suivante : « art classique » (ex-« art traditionnel »), « art moderne » (1950-1980) et « art contemporain » (depuis 1990), induisant ainsi une histoire de l'art africain ordonnée et linéaire[82]. C'est faire bon compte de la période coloniale et oublier que c'est elle qui a produit les labels « art traditionnel », « art nègre » et « art primitif », sélectionnant un certain nombre de pratiques rituelles, chorégraphiques ou artisanales, pour les réifier sous forme de statuettes, masques et autres artéfacts, tout comme elle a ethnicisé les cultures dont ces artéfacts provenaient (« art dogon », « art baoulé », « art fang », etc.)[83].

Ces opérations de classification ne sont pas seulement le fait des théoriciens et des médiateurs culturels. Elles sont repérables dans le travail des artistes eux-mêmes. Conformément au principe de la « synthèse naturelle » entre la tradition africaine et l'art européen, Uche Okeke puisait dans la peinture murale et corporelle *uli*. Certains artistes ivoiriens du groupe Vohou Vohou (actif dans les années 1970-1980) revendiquaient le recours à des matériaux locaux, tout en souhaitant s'inscrire dans la modernité et en formulant un discours d'avant-garde. Le support habituel de la toile de lin céda la place au tapa (écorce de bois battu) ; des teintures créées à partir de pigments naturels remplacèrent les peintures à l'huile pour échapper à la « palette occidentale ». Une imagerie ésotérique inspirée des glyphes des sociétés secrètes comme le Komo nourrissait leur abstraction. À coups d'emprunts et de citations, les artistes assignaient aux pratiques dites traditionnelles le rôle de fonds patrimonial dans lequel puiser un répertoire de formes et de gestes. Ils proposaient ainsi une solution au « dilemme » jadis formulé par Ato Delaquis et Ben Enwonwu. Mais cette activation du patrimoine à des fins artistiques et politiques renvoyait à un récit sous-jacent complexe, alimenté par les catégorisations forgées par la littérature africaniste.

Prenons un autre exemple, emblématique, celui du transfert de la peinture murale vers la toile. Une telle opération est récurrente à différentes périodes de l'histoire des pratiques artistiques africaines. On la rencontre à l'époque de Georges Thiry et des peintres de cases congolais comme à celle d'André Magnin avec les peintures aux motifs vodun sur les temples d'Abomey de Cyprien Tokoudagba et les façades colorées des maisons ndébélé d'Esther Mahlangu. Ce transfert des pratiques picturales sur la toile et au format du tableau est entrepris généralement sur les conseils de passeurs culturels. Il s'agit d'une mise aux normes du marché et du musée ; elle a pour enjeu un changement de statut et de labellisation : le passage de l'œuvre et de l'artiste du « traditionnel » au « contemporain ». Cette opération de transfert le confirme : la catégorie « art contemporain » s'est bien construite contre l'art dit « traditionnel » et contre les tentations de l'art pour touristes (ou *airport art*). Elle est indissociable d'un principe de hiérarchisation de ces trois registres. Mais la confrontation de ces registres est indispensable à l'avènement de l'art *contemporain*. C'est sans doute ce qui devait donner aux observateurs des premières expositions-panoramas l'impression que l'art contemporain africain était un fourre-tout.

Au contraire des critères de certification de l'art traditionnel (un art fonctionnaliste, sans auteur, enfermé dans une boucle temporelle), l'authentification d'une œuvre d'art contemporain se joue précisément sur le lien entre l'objet créé et la personne de son créateur, d'où se déduisent les qualités d'originalité, d'innovation et d'individualité qui conduisent à l'attribution du label « contemporain ». Les artistes doivent être de « pures individualités » aux prises avec une verve créative spontanée et originale. En 1927, Georges Hardy, haut fonctionnaire de l'administration coloniale et, depuis 1926, directeur de l'École coloniale, avait annoncé, dans la conclusion de son livre *L'Art nègre*, l'apparition de dessinateurs et de peintres « qu'on n'a jamais vus jusqu'ici » : « l'artiste se substituera à l'artisan »[84]. Cette citation prend aujourd'hui les allures d'une prédiction, en anticipant l'individualisation des producteurs d'art comme un effet de l'émancipation des individus hors de la société traditionnelle[85]. De fait, la signature est le point de bascule de cette transformation, le corollaire de l'accession au statut d'artiste moderne. On peut, dans cette perspective, percevoir les efforts déployés dans les notices biographiques du catalogue des *Magiciens de la terre* pour doter les artistes de toute l'individualité requise. Frédéric Bruly Bouabré, Esther Mahlangu ou encore Cyprien Tokoudagba sont décrits comme s'étant affranchis du fardeau coutumier. Mais, dans ce cas précis, ils ne sont « contemporains » uniquement parce qu'on leur attribue d'avoir transcendé l'appartenance à une société traditionnelle perçue comme entité homogène et stable et à un art dont le groupe ethnique est l'auteur selon le principe « une tribu, un style »[86].

L'autre borne de l'art contemporain africain est le marché touristique, celui où se produit et se vend l'*airport art*. Les plus exposés à cet attrait étaient les artistes issus des ateliers informels où les mises en garde contre l'attraction de cette clientèle facile de touristes et d'expatriés faisaient partie du programme des ateliers. Le rappel à l'ordre tenait en une formule : pour être signifiante, une œuvre doit être unique et originale, par opposition au régime artisanal de l'art et à ses formes stéréotypées. Comme ont pu le montrer Christopher Steiner et Sidney Littlefield Kasfir, l'authenticité d'un objet d'art est considérée comme fonction de sa distance au statut de marchandise[87]. Étudiant l'*airport art*, Sidney Littlefield Kasfir a su montrer que cette catégorie n'a de sens que dans la relation qu'elle instaure avec les catégories d'« art traditionnel », d'« art populaire » et d'« art contemporain ». S'il est un acquis des débats qui ont fait suite à *Magiciens de la terre,* c'est bien d'avoir extirpé l'art contemporain de cette triangulation fatale pour l'installer dans un rapport globalisé à l'art.

Une autre perspective : la revue *African Arts*

Une autre entrée pour saisir l'art contemporain est de suivre sa trajectoire dans les pages d'une revue spécialisée. La revue *African Arts* s'est imposée comme la référence sur l'art africain qu'il soit traditionnel ou contemporain, et c'est en ce sens qu'elle constitue un observatoire de premier plan pour considérer la qualification de l'art contemporain africain sur la scène critique.

Cette revue trimestrielle a été créée en 1967 dans le cadre de l'African Studies Center de l'University of California Los Angeles (UCLA) par John Povey, professeur de littérature africaine, et Paul Proehl, le directeur du centre d'études. Cependant, la revue à ses débuts n'a rien d'une revue universitaire. Dans une période de l'histoire des États-Unis marquée par le Black Nationalism, le mouvement des droits civiques et les connexions diasporiques aux accents afrocentristes, l'objectif éditorial était de montrer une Afrique en prise avec une création dynamique et d'en finir avec les stigmates attachés à l'approche primitiviste des arts africains. Cet objectif ambitieux était étayé par la double certitude que le continent africain relève d'une histoire profonde, accessible par l'étude de ses pratiques artistiques, et qu'il est moderne, d'une modernité vibrante et en constante transformation. Ce n'est donc pas un hasard si le premier numéro de la revue paraît un an après le Festival mondial des arts nègres de Dakar. Il se situait explicitement dans la lignée de celui-ci : un texte du président-poète sénégalais Léopold Sédar Senghor, « Standards critiques de l'art contemporain », ouvrait le premier numéro. Ce qui n'avait pas empêché John Povey de critiquer avec sévérité, on s'en souvient, *Tendances et Confrontations*. Et cette sévérité envers l'exposition ne l'empêcha pas davantage d'accueillir au fil des années suivantes, dans les pages de la revue, certains des artistes exposés à Dakar.

Pendant ses dix premières années, *African Arts* s'est efforcée de traiter de l'ensemble de la création africaine traditionnelle et contemporaine en consacrant des articles aux arts visuels, au cinéma, au théâtre, à la danse, à l'architecture et à la photographie. Quelques analyses pionnières sur l'art africain de la seconde moitié du XXe siècle y furent publiées[88], ainsi que des reportages sur les ateliers d'Osogbo au Nigéria ou la Rhodes National Gallery de Salisbury au Zimbabwe, des chroniques d'actualité sur des scènes jugées dynamiques (Nairobi, Addis-Abeba), des monographies fouillées et des portfolios d'artistes dédiés au Soudanais Ibrahim El-Salahi[89], au Ghanéen Vincent Kofi ou au Marocain Farid Belkahia (1934-2014). Directement engagée avec les artistes, *African Arts* se voulait le moyen de leur accréditation bien au-delà des cercles éclairés auxquels ils avaient eu accès jusqu'alors[90]. La revue s'est également offerte comme agent prescripteur en décernant un prix entre 1967 et 1974 qui distinguait « les artistes africains les plus innovants ».

La ligne de *African Arts* était alors bien plus proche de celle que défendaient, à la même époque, les organisateurs de l'exposition du Camden Arts Centre que de *Tendances et Confrontations*.

Paul Proehl et John Povey ont par ailleurs défini dès le deuxième numéro ce qu'ils entendaient par « artiste contemporain » : « Quelque part entre les formes inhibitrices de la tradition et les modes trop faciles de l'art contemporain en Occident, réside le domaine légitime dans lequel l'artiste africain peut créer – observer et intégrer des expériences étrangères et réapprendre de son propre passé. Il devient individuel quand son travail dérive de ces deux éléments de sa vie »[91]. Pas de surprise : on y trouve énoncées les données du « dilemme » soulevé par Ato Delaquis et Ben Enwonwu et le « principe d'individuation » qui aura toujours servi à démarquer l'art moderne et contemporain de l'art traditionnel.

Vers la fin des années 1970, *African Arts* se recentra très sensiblement sur l'art africain traditionnel, ne traitant plus que très occasionnellement des scènes et des artistes contemporains. Ce glissement s'accompagna d'une perte de l'audace et de l'ouverture qui avaient caractérisé la première décennie de la revue. L'histoire de l'art africain commençait à se constituer en discipline et à pénétrer quelques départements universitaires. Cette évolution de la revue reflétait les discussions qui avaient alors cours, en Europe et aux États-Unis, sur l'art africain traditionnel, ses rapports avec le primitivisme et les problèmes que soulevait son exposition dans les musées d'ethnographie. Mais lorsque les débats générés par les expositions *Magiciens de la terre* et *Changing Tradition* remirent la question de l'art contemporain africain sur le devant de la scène critique, *African Arts* en prit immédiatement acte. Dès 1990, un éditorial signé par John Povey posait la question : « Qu'allons-nous bien pouvoir faire de l'art contemporain africain ? ». Il affirmait, de manière provocatrice : « Nous n'aimons pas l'art moderne africain car il ne correspond pas à nos frontières disciplinaires : il les défie à un niveau profond »[92]. Depuis, la revue est revenue progressivement à son programme d'origine en s'ouvrant de nouveau à la création contemporaine – même si un observateur aussi aguerri que Steven Nelson a pu mesurer le chemin qu'il lui reste à parcourir pour retrouver l'audace de la première décennie[93]. Le très remarqué numéro couvrant *Africa Explores* (vol. 26, n° 1, 1993) a daté le véritable retour de l'art contemporain dans les pages *d'African Arts*[94].

À propos du choix des textes

African Arts est l'une des sources majeures de cette anthologie. Sa longévité permet de suivre la trajectoire sinueuse de la catégorie « art contemporain africain » sur la scène critique. Dans les années 1990, le champ éditorial s'est enrichi de nombreuses autres revues spécialisées : *Revue Noire* (1991-2000), *Nka: Journal of Contemporary African Art* (depuis 1994), *Gallery Magazine* (1994-2000), *ArtThrob* (depuis 1997), *Chimurenga* (depuis 2002), *Art South Africa* (2002-2014) devenue *Art Africa* (depuis 2014), *Critical Intervention* (depuis 2007), *Afrikadaa* (2012-2015), *Contemporary And* (depuis 2013). Qu'il s'agisse de revues imprimées ou numériques, qu'elles aient cessé d'exister ou soient encore actives, qu'elles aient été axées sur l'actualité ou à vocation monographique, qu'elles aient donné la priorité au graphisme et à l'image (c'était le cas de la *Revue Noire*[95]) ou, au contraire, misé sur l'approche critique, elles ont participé activement aux efforts d'inclusion et de valorisation des arts africains, et joué leur rôle dans cette dynamique. Il est d'ailleurs essentiel de relever que les principales sources sur l'art contemporain africain demeurent les catalogues d'exposition, les magazines spécialisés ou les ouvrages de synthèse, et, dans une moindre mesure symptomatique, les travaux universitaires.

Le principe de la sélection des textes de ce recueil est double : l'accès qu'ils nous offrent à l'histoire de la catégorie d'art contemporain africain, à sa trajectoire critique, mais aussi le rôle que ces textes ont pu jouer, à l'occasion, dans une histoire dont ils sont, à leur manière, les protagonistes. Cette double dimension, descriptive et performative, a été le critère de nos choix. Les textes rassemblés nous donnent aussi accès à des « sites de production » : une institution, une exposition, un atelier, une école d'art, une association d'artistes ou une conférence apparaît presque toujours en toile de fond des textes de cette anthologie, renforçant la dimension d'action de toute écriture, de toute publication.

C'est pourquoi des articles théoriques qui ont fait date côtoient des comptes-rendus, des récits, des entretiens, des manifestes et des pamphlets. Cette hétérogénéité était requise pour livrer accès à un matériau vivant, non encore figé en un canon, ni même stabilisé. L'art contemporain africain a été l'enjeu de définitions et de redéfinitions, de déplacements et de reprises conceptuelles, de négociations sans fin entre de multiples instances : artistes, critiques, commissaires d'exposition, galeristes, collectionneurs, revues, musées et centres d'art, administrations, etc. Il s'agit ici d'exposer cette lente et incertaine, voire chaotique, production d'une notion aujourd'hui unanimement acquise mais peu interrogée dans sa constitution. « Suivre les controverses », comme nous y incite la sociologie de l'acteur-réseau[96], nous a paru la voie la plus prometteuse pour restituer cette histoire dans toute sa richesse. Et en matière de controverses, l'art contemporain africain est bien pourvu…

Les auteurs de la plupart des textes sont des « acteurs » de cette histoire : artistes, commissaires d'exposition, entrepreneurs culturels, mécènes. Premiers concernés par la défense et la délimitation du fragile périmètre de leur activité, ils ont pris en charge la mission de se définir et de définir leur écosystème. Écrire leur assure une forme de contrôle sur l'interprétation. Ce faisant, ils se sont faits les porte-paroles de la catégorie « art contemporain africain », de sorte que même s'ils en ressentaient les limites et le caractère bien peu satisfaisant, certains d'entre eux ne pouvaient éviter de recourir à une forme d'« essentialisme stratégique » (Gayatri Spivak).

Parmi ces porte-paroles, nous incluons les historiens d'art. Leur intervention est tardive dans l'histoire de l'accréditation de la notion d'art contemporain africain, mais ils ont aussi contribué, avec les moyens de leur discipline, à sa production puisque celle-ci n'a d'autre existence que les différentes versions qu'on en aura formulées, les différentes pratiques (y compris d'écriture) qui en auront entretenu et le nom et l'usage. Les ressources de la discipline et des institutions universitaires qui l'abritent (en particulier dans le monde anglo-saxon) ont, depuis plusieurs années, affiné les thèmes de recherche et permis de surmonter les anciennes tentatives de cadrage typologique[97] en faveur d'approches beaucoup plus complexes, ouvertes aux problématiques élaborées dans d'autres champs du savoir[98]. À cet égard, le déploiement de l'histoire de l'art dans le domaine de l'art africain est riche d'enjeux spécifiquement politiques. Il participe de la requalification de l'art contemporain en Afrique contre la longue domination de l'approche « anthropologique » ou « culturaliste », laquelle fut longtemps source d'exclusion car fondée sur une altérité supposée, historiquement héritée de la période coloniale – cette approche anthropologique étant d'ailleurs parfois, dans un mouvement contraire, caricaturée sommairement comme relevant exclusivement d'une pensée coloniale, alors que l'approche anthropologique contemporaine, non schématique, est porteuse de nouvelles perspectives. Ce déploiement a permis d'inclure plus étroitement l'art contemporain africain au sein d'une histoire globale de l'art où il fait désormais jeu égal avec l'art contemporain dit « occidental ». Néanmoins, comme le relèvent de nombreux penseurs présents dans ce volume, notamment Sidney Littlefield Kasfir, les processus d'inclusion et d'interprétation doivent être multiples afin de parvenir à une approche non « idéologique », critique, de l'art (contemporain) africain et d'éviter les raccourcis, soit trop formels, soit trop identitaires. C'était par exemple la critique récurrente adressée au biais essentialiste de *Magiciens de la terre* ou d'*Africa Explores*. Au contraire, Clémentine Deliss revendiquait, pour *Seven Stories About Modern Art in Africa*, et contre les requêtes de la direction de la Whitechapel Gallery où se déroulait l'exposition, le refus de livrer au visiteur des informations contextualisantes qui nuiraient à la perception des œuvres en tant que telles[99]. Dans un article sur la *Visual Culture* publié en 2003, Sidney Littlefield Kasfir a explicité le conflit, méthodologique et théorique, qui, selon elle, oppose, autour d'un même objet, histoire de l'art et anthropologie[100]. L'historienne de l'art imputait aux anthropologues un manque d'attention à la singularité et à la matérialité des œuvres qu'ils réduiraient à leur qualité de « témoins », de « textes à lire », rendant impensables l'invention de l'artiste et la dimension critique de l'œuvre autant que l'effet qu'elle produit sur le public[101]. Un formalisme tactique, une attention soutenue aux enjeux plastiques des œuvres permettraient d'échapper aux lectures culturalistes, identitaires, qu'au contraire l'approche sociologique viendrait renforcer, marginalisant encore un peu plus les pratiques artistiques en Afrique.

Enfin, il pourra paraître étonnant de ne retrouver, dans notre anthologie, aucun texte relatif aux scènes d'Afrique du Nord et du Maghreb. Leur participation à l'histoire de l'art moderne est pourtant d'une grande richesse, et la connaissance que nous en avons s'enrichit chaque jour, à la mesure du flot grossissant de publications et d'expositions qui en dévoilent la complexité et la continuité[102]. Le Surréalisme notamment y connut un développement significatif et singulier[103]. Mais cette absence est justifiée par la très longue réticence des artistes et décideurs d'Afrique du Nord à affirmer leur participation à l'espace artistique du continent africain : leurs regards étaient bien plutôt tournés vers le Moyen-Orient et le monde arabe en général. La fin des années 1990 et les années 2000 marquent donc un tournant particulièrement significatif : depuis le milieu des années 1990, les responsables de la Biennale de Dakar incluent artistes d'Afrique du Nord et d'Égypte dans leur sélection[104]. En 2004, *Africa Remix* présentait un vaste spectre d'œuvres provenant des mêmes scènes artistiques. Autant dire que si les scènes d'Afrique du Nord n'ont eu aucune part à la constitution de la notion d'« art contemporain africain », – ou bien alors en creux, par leur absence même dans la définition de ses contours – c'est lorsque la dimension « contemporaine » de l'art en Afrique s'est définitivement accréditée qu'elle a pu se proposer d'intégrer, au-delà des antagonismes historiques et des clivages culturels, les pratiques artistiques du nord du continent. Plus récemment, l'ouverture à Sharjah en 2018 de l'Africa Institute dirigé par Salah M. Hassan annonce un autre tournant dans le développement de l'axe afro-arabe, même s'il privilégie une Afrique anglophone, principalement tournée vers l'Afrique de l'Est.

Mais encore une fois, il ne s'agit pas ici de déployer une histoire de l'art contemporain africain mais bien de suivre l'aventure d'un concept artistique, raison expliquant la place prépondérante du Nigéria dans ce recueil due à l'implication continue de ses artistes et auteurs depuis les années 1920.

NOTES — *

Ce texte prolonge et approfondit des réflexions présentées dans Cédric Vincent et Frédéric Wecker, « Art contemporain africain : un concept en sursis », *art21*, n° 3, 2005, p. 10-21 ; Thomas Boutoux et Cédric Vincent, « Africa Remix: A Sampler », *in* Simon Njami (éd.), *Africa Remix*, cat. exp., Centre Pompidou, Paris 2005, p. 217-255 ; Cédric Vincent, « Hot Commodity ! Comment l'art africain travaille à être contemporain », *Cahiers d'études africaines*, n° 223, 2016, p. 459-478.

1

Sidney Littlefield Kasfir, « The Disappearing Study of the Premodern African Past », *African Arts*, vol. 46, n° 1, 2013, p. 1, 4-5, www. jstor.org/stable/43306119.

2

Pour plus de détails, voir l'article « Art africain : la nouvelle mine d'or du continent noir », 15 novembre 2017, www. acpculturesplus.eu. Si la phase actuelle est marquée par un regain d'intérêt du marché, on ne doit pas sous-estimer le rôle que galeristes et collectionneurs ont joué dès les années 1970-1980. Voir à ce sujet la thèse de Florent Souvignet, *L'art contemporain africain aux États-Unis : vers une anthropologie des marges*, EHESS, Paris 2014.

3

Voir *infra*, p. 111-117.

4

Roxana Azimi, « C'est quoi un artiste africain ? Réflexions sur une question qui explore aussi bien l'histoire que l'inconscient des créateurs et des acteurs du monde de l'art », *Le Monde*, 8 janvier 2016, www.lemonde. fr/afrique/article/2016/01/08/c-est-quoi-un-artiste-africain_4843910_3212.html.

5

Dès qu'il s'agit d'art africain, la question terminologique se pose comme un récit à part entière : « Art nègre » et « art primitif » étaient des termes interchangeables pour désigner le générique « art africain », au moins jusqu'aux Indépendances. Le fameux ethnologue et conservateur de musée britannique William Fagg (1914-1992) avait proposé de remplacer le terme « primitif » par « tribal », mais ce dernier fut à son tour remis en cause. Cependant, il perdure encore chez des collectionneurs jusqu'à donner son titre à une revue trimestrielle qui leur est destinée. Aujourd'hui s'imposent les appellations d'« art ancien » ou « classique ». Dans cette introduction, est conservée la notion d'« art (dit) traditionnel » par commodité et souci d'homogénéité avec les textes du recueil.

6

Maurice Delafosse, *Les Nègres* [1927], L'Harmattan, Paris 2005, p. 58. Une imposante littérature existe sur la réception de l'art africain en France au début du XXᵉ siècle. Parmi les publications récentes, retenons John Warne Monroe, *Metropolitan Fetish: African Sculpture and the Imperial French Invention of Primitive Art*, Cornell University Press, Ithaca/New York, 2019.

7

Sur le parcours de Aina Onabolu, voir notamment Olu Oguibe, « Appropriation as Nationalism in Modern African Art », *Third Text*, vol. 16, n° 3, 2002, p. 243-269.

8

Carlo Anti, « Mostra di Scultura Negra », *Catalogo della XIIIᵃ Esposizione Internationale d'arte della città de Venezia*, Bestetti & Tumminelli, Milan 1922, p. 41-44 ; publié en anglais sous le titre « The Sculptures of the Africa Negroes », *Art in America*, décembre 1923, p. 14-26, republié dans Jack Flam et Miriam Deutch (éds.), *Primitivism and Twentieth-Century Art: A Documentary History*, University of California Press, Berkeley 2003, p. 180-183. Sur l'histoire de cette exposition, voir Gigi Pezzoli, « Negro Art at the 1922 Venice Biennale », in Marco Scottini et Elisabetta Galasso (éds.), *The White Hunter. African Memories and Representations*, Archive Books, Berlin 2017, p. 77-171.

9

Les débuts de l'art moderne au Congo sont bien documentés. Voir notamment Bogumil Jewsiewicki (éd.), *Art Pictural Zaïrois*, Les éditions du Septentrion, Québec 1992 ; Bogumil Jewsiewicki, « Peintres de cases, imagiers et savants populaires du Congo, 1900-1960. Un essai d'histoire de l'esthétique indigène », *Cahiers d'études africaines*, n° 123, 1991, p. 307-326 ; Georges Thiry, *À la recherche de la peinture nègre*, Yellow Now, Liège 1982 ; la thèse en cours d'achèvement d'Aline Pighin, *Modernités plastiques congolaises, 1949-1970*, Université Paris-Diderot.

10

Aucune information n'est à ce jour disponible pour retracer le parcours ayant conduit Kalifala Sidibé jusqu'à la Galerie Georges-Bernheim. Pour un examen de la réception de ses œuvres, on peut se reporter à Fumiaki Yanagisawa, « La naissance du tableau en Afrique noire : Kalifala Sidibé et l'‹ art nègre › », *Aesthetics*, n° 20, 2016, p. 38-49 ; et Irene Albers, « Global Art 1929 : Kalifala Sidibé », in Anselm Franke et Tom Holert (éds.), *Neolithic Childhood. Art in a False Present*, c. 1930, Diaphanes, Berlin 2018, p. 107-114. Une section de l'exposition *Neolithic Childhood. Art in a False Present* à la Haus der Kulturen der Welt de Berlin documentait la circulation de l'exposition à la Galerie Flechtheim de Berlin en 1930. On y découvrait l'intérêt particulier que portait Le Corbusier à Kalifala Sidibé – dont il avait acquis des toiles – dans un article dont la parution précéda d'un an l'exposition berlinoise (« Der Negermaler Kalifala Sidibé », *Der Querschnitt*, vol. 9, n° 12, 1929). Cet intérêt se manifesta à nouveau dans un court texte publié dans *Omnibus* en 1931.

11

Michel Leiris, « Exposition Kalifala Sidibé (Galerie Georges-Bernheim) », *Documents*, n° 6, 1929, p. 343, reproduit dans cet ouvrage.

12

C'est tout l'intérêt de suivre la description des arguments effectuée par Irene Albers (in *op. cit.*, p. 109-111) pour identifier, valider et valoriser les peintures de Kalifala Sidibé. Elle sonne résolument actuelle.

13

Pour des perspectives davantage orientées par l'histoire de l'art, se reporter, entre autres, à Jean Loup Pivin et N'Goné Fall (éds.), *Anthologie de l'art africain au XXᵉ siècle*, Revue Noire éditions, Paris 2001 ; Gitti Salami et Monica Blackmun Visonà (éds.), *A Companion to Modern African Art*, Wiley Blackwell, Oxford 2013. Consulter également le dossier « Histoires afropolitaines de l'art » de la revue *Multitudes* (n° 53, 2013) à la tonalité plus historiographique.

14

Certains observateurs ont pu d'ailleurs envisager l'art contemporain comme le vecteur d'un accès privilégié à l'analyse des représentations de l'Afrique. Voir Hassan Musa, « Qui a inventé les Africains ? », *Les Temps Modernes*, n° 620-621, 2002, p. 61-100 ; Olu Oguibe *The Cultural Game*, University of Minnesota Press, Minneapolis 2004 ; Jean-Loup Amselle, *L'Art de la friche. Essai sur l'art africain contemporain*, Flammarion, Paris 2005.

15
James Elkins, *Stories of Art*, Routledge, New York 2002.

16
Pour aller dans ce sens, les organisateurs de certaines expositions récentes ont décidé de ne pas renseigner la nationalité des artistes participants. La sud-africaine Gabi Ngcobo, directrice de la 10ᵉ Biennale de Berlin en 2018, assuma par exemple ce parti pris.

17
Okwui Enwezor, « Topographies of Critical Practice: Exhibition as Place and Site », *The Exhibitionist*, n° 2, 2010, p. 46-52 ; trad. en français : « Topographies de la Pratique Critique : l'Exposition, un Lieu/un Espace » in *Le Journal de la Triennale*, Palais de Tokyo, n° 5, Paris 2012, p. 3-7.

18
L'article du critique sud-africain Sean O'Toole, « Other Stories, The Context and Legacy of Jean-Hubert Martin's contentious 1989 exhibition, ‹ Magiciens de la terre › », publié sur le site de *Frieze* le 1ᵉʳ octobre 2017, en est un exemple récent.

19
Yacouba Konaté, « ‹ Magiciens de la terre › : l'étrange destin africain d'une exposition mondiale », in Bernadette Dufrêne (éd.), *Centre Pompidou : trente ans d'histoire*, Éditions du Centre Pompidou, Paris 2007, p. 559-563.

20
Cette exposition a fait l'objet de nombreux commentaires et études. On peut se reporter à Lucy Steeds (éd.), *Making Art Global (Part 2) "Magiciens de la terre" 1989*, Koenig Books/ Afterall Books, Londres 2013 ; Annie Cohen-Solal (éd.), *Magiciens de la terre : Retour sur une exposition légendaire*, Éditions du Centre Pompidou, Paris 2014, catalogue célébrant les 25 ans de l'exposition. On y trouvera une bibliographie exhaustive des articles et ouvrages touchant de près ou de loin cette exposition.

21
Jean-Hubert Martin, « Préface », in *Magiciens de la terre*, Éditions du Centre Pompidou, Paris 1989, p. 8.

22
Ici et suivantes : Jean-Hubert Martin, « Journaux de voyage », in *L'Art au large*, Flammarion, Paris 2012, p. 91.

23
Meschac Gaba, *Library of the Museum: Museum of Contemporary African Art vol. 1*, Artimo Foundation, Breda 2001, p. 23.

24
Voir Sidney Littlefield Kasfir, *L'Art contemporain africain*, Paris, Thames & Hudson 2000.

25
Johannes Fabian, *Le Temps et les autres. Comment l'anthropologie construit son objet*, Anacharsis, Toulouse 2006.

26
Dans « In Vogue, or the Flavor of the Month: The New Way to Wear Black », *Third Text*, n° 23, 1993, p. 89-98, John Picton reproche à André Magnin et Jean Pigozzi d'avoir collectionné et exposé l'art contemporain africain de telle sorte qu'il semble que l'« Africain authentique » soit toujours « inculte, primitif et innocent ».

27
Susan Vogel (éd.), *Africa Explores: 20ᵗʰ Century African Art*, Center for African Art, New York, 1991, p. 12. Cependant, étant donné les délais de préparation de ce genre d'exposition, il faut se garder d'y voir une réplique programmée à *Magiciens de la terre*, plutôt une nécessité de se positionner dans la polémique.

28
Pour une approche rétrospective de l'aventure de la CAAC, voir *Les Initiés : un choix d'œuvres (1989-2009) dans la collection d'art contemporain africain de Jean Pigozzi*, Dilecta, Paris 2017, qui accompagne l'exposition éponyme à la Fondation Louis-Vuitton, Paris.

29

Sur cette exposition, voir Maureen Murphy, « L'art de la polémique. *africa95* et *Seven Stories About Modern Art in Africa*, *Cahiers d'études africaines*, n° 223, 2016, p. 663-678.

30

Revue Noire publia la même année l'incontournable *Anthologie de la photographie africaine et de l'océan Indien*, qui proposait un approfondissement des axes développés dans cette exposition.

31

Sur la différence d'appréhension et de promotion de la photographie africaine entre l'équipe de *Revue Noire* et l'entreprise d'Okwui Enwezor, voir Kobena Mercer « African Photography in Contemporary Visual Culture », *Camera Austria*, n° 75, 2001, p. 28-37, reproduit dans ce volume.

32

Voir Pierre Bourdieu, *Les Règles de l'art. Genèse et structure du champ littéraire*, Le Seuil, Paris 1992. Pour une discussion sur la pertinence de la notion de « champ » appliqué au domaine de l'art contemporain africain, voir l'échange entre Éric Villagordo et Jean-Loup Amselle *in* Anthony Mangeon (éd.), *Anthropolitiques. Jean-Loup Amselle, une pensée sans concessions*, Karthala, Paris 2015, p. 179-215.

33

Pour une analyse critique de la réception d'*Africa Remix* en France, se reporter à Évelyne Toussaint, *Africa Remix : une exposition en questions*, La Lettre volée, Bruxelles 2013.

34

L'ouvrage d'Okwui Enwezor et Chika Okeke-Agulu, *Contemporary African Art Since 1980*, Damiani, Bologne 2009, produit le même effet en se présentant, non comme une histoire (comme le laisserait sous-entendre son titre), mais comme un who's who des artistes à retenir de ces trente dernières années, évitant ainsi à de futurs organisateurs d'expositions une investigation poussée.

35

Nka: Journal of Contemporary African Art : revue publiée par la Duke University de Durham, États-Unis, dont les éditeurs sont des protagonistes essentiels du débat sur l'art en Afrique : Salah M. Hassan, Okwui Enwezor, Olu Oguibe et Chika Okeke-Agulu. Voir Chika Okeke-Agulu (éd.) « Nka Roundtable III: Contemporary African Art and the Museum », *Nka: Journal of Contemporary African Art*, n° 31, 2012, p. 46-111.

36

Thomas McEvilley, « Report from Dakar– Toward a Creative Reversal », *Art in America*, janvier 2001, p. 41-45, 124.

37

À titre d'exemple, *Flow*, organisée par Christine Y. Kim au Studio Museum d'Harlem en 2008, se présentait comme une exposition générationnelle. Dans le dossier de presse, on pouvait lire : « Les artistes, originaires de onze pays africains, résident principalement en Europe et aux États-Unis, et se rendent régulièrement en Afrique ».

38

Pour une critique de cette notion, voir Patrick Awando, « L'afropolitanisme en débat », *Politique africaine*, n° 136, 2014, p. 105-119.

39

Gerardo Mosquera, « Some Problems in Transcultural Curating », in Jean Fisher (éd.) *Global Visions. Towards a New Internationalism in the Visual Arts*, Kala Press, Londres 1994, p. 133-139.

40

Simon Njami (éd.), *Africa Remix : L'art contemporain d'un continent*, cat. exp., Éditions du Centre Pompidou, Paris 2005, p. 18.

41

Sylvester Ogbechie, « The Curator as Culture Broker (A Critique of the Curatorial Regime of Okwui Enwezor in the Discourse of Contemporary African Art) », 2010, reproduit dans cet ouvrage ; Rikki Wemega-Kawu, « The Politics of Exclusion: The Undue Fixation of Western Based African Curators on Contemporary African Diaspora Artists », *Stedelijk Museum Bureau Amsterdam Newsletter*, n° 125, Amsterdam 2012.

42
Voir Everlyn Nicodemus, « Bourdieu out of Europe », *Third Text*, n° 30, 1995, p. 3-12.

43
Il faut noter toutefois l'exception de l'Afrique du Sud dont la scène artistique est structurée par des institutions, des galeries, des revues, des écoles, etc. Ce pays se détache par conséquent du paysage comme en témoignent les nombreuses expositions qui sont exclusivement consacrées à sa scène. Une liste quasi-exhaustive est disponible dans l'ouvrage paru à l'occasion de l'exposition éponyme à la Fondation Louis-Vuitton de Paris : *Être là. Afrique du Sud, une scène contemporaine*, Dilecta, Paris 2017, p. 154-160.

44
Gerardo Mosquera, « Some Problems in Transcultural Curating », art. cit.

45
Voir Koyo Kouoh (éd.), *Condition Report: Symposium on Building Art Institutions in Africa*, Hatje Cantz, Ostfildern 2012.

46
Kerstin Pinther, Berit Fisher et Ugochukwu-Smooth C. Nzewi (éds.), *New Spaces for Negotiating Art (and) Histories in Africa*, LIT Verlag, Berlin 2015.

47
Le noyau de la collection Dokolo est constitué de la collection Hans Bogatzke rassemblée au cours des années 1990. Elle comptait plus de 500 œuvres produites par près d'une centaine d'artistes de tout le continent – à l'exception toutefois de l'Afrique du Nord. Ses acquisitions portèrent principalement sur les artistes africains que l'époque consacrait alors, tels Bili Bidjocka, Kendell Geers, Moshekwa Langa, Zwelethu Mthethwa, Olu Oguibe, António Olé et Yinka Shonibare. Hans Bogatzke apporta aussi son soutien financier aux projets des acteurs (Fernando Alvin, Simon Njami) du centre d'art Camouflage et de la revue *Coartnews (Southern African review of Art and Culture)*. Une grave maladie ayant freiné ses activités, sa collection fut acquise par Dokolo en 2004.

48
Depuis l'exposition d'une partie de sa collection au Palais des Beaux-Arts de Bruxelles (IncarNations, 2019), les ambitions de Sindika Dokolo ont été contrariées : les *Luanda Leaks*, diffusés en janvier 2019, l'accusent, lui et sa femme Isabel dos Santos, de montages financiers et détournement de fonds, où l'art servirait de couverture. Sa mort accidentelle en 2020 laisse en suspens l'avenir de sa collection mais son militantisme en faveur des arts et artistes africains restera marquant. Voir *infra* p. 391-392.

49
Voir Eddie Chambers, *Black Artists in British Art: A History from 1950 to the Present*, I.B. Tauris, Londres et New York 2014 ; Sophie Orlando, *British Black Art. L'histoire de l'art occidental en débat*, Dis Voir, Paris 2016.

50
L'un des fondateurs de *Revue Noire*, Jean Loup Pivin, se souvient que le projet de la revue est né en 1989 avec l'organisation d'une exposition intitulée *Dans la ville noire*. Cette dernière devait se produire en même temps que *Magiciens de la terre*, mais n'a pas pu avoir lieu. Voir Jean Loup Pivin, « Revue Noire : une histoire (entretien avec Monique Sicard et Claire Riffard) », *Continents Manuscrits*, n° 3, 2014, p. 8.

51
Voir David Murphy (éd.), *The First World Festival of Negro Arts, Dakar 1966. Contexts and Legacies*, Liverpool University Press, Liverpool 2016.

52
Sur le FESTAC, voir Andrew Apter, *The Pan-African Nation: Oil and the Spectacle of Culture in Nigeria*, University of Chicago Press, Chicago 2005 ; *FESTAC '77 Decomposed, An-Arranged and Reproduced by Chimurenga*, Afterall Books, Londres 2019. Pour une approche de la séquence complète des grands festivals panafricains des années 1960-1970, voir Dominique Malaquais et Cédric Vincent, « PANAFEST: A Festival Complex Revisited », in David Murphy (éd.), *The First World Festival of Negro Arts, Dakar 1966*, op. cit., p. 194-202.

53

Susan Vogel assista à la première édition en 1985, puis à celle de 1989 à Libreville. Cette expérience eut une répercussion déterminante sur le projet d'*Africa Explores*, comme elle l'indique dans la préface du catalogue.

54

Voir le texte de sa conférence reproduit dans le présent ouvrage, p. 165-176.

55

Sur la patrimonialisation progressive d'Osogbo, voir Peter Probst, *Osogbo and the Art of Heritage. Monuments, Deities, and Money*, Indiana University Press, Bloomington 2011.

56

La filiation de ces initiatives avec la CAAC devient encore plus perceptible lorsque l'on remarque dans le corpus de la collection des œuvres d'artistes issus de ces ateliers : François Thango du Centre d'art africain de Pierre Lods, ou Twins Seven Seven, figure emblématique de l'atelier d'Osogbo, et l'un des premiers artistes sélectionnés pour *Magiciens de la terre*.

57

Ato Delaquis, « Dilemma of the Contemporary African Artist », *Transition*, n° 50, 1975, p. 16-30.

58

Ben Enwonwu, « Problems of the African Artists Today », *Présence Africaine*, n° 8-10, 1956, p. 174-178, reproduit dans cet ouvrage.

59

Ces questions ne semblaient pas encore tout à fait résolues en 2004, lors de la 6e Biennale de Dakar. Cette édition marqua une rupture : plus de la moitié des participants présentaient vidéo et art digital, ce qui ne manqua pas de susciter l'inquiétude d'une partie des observateurs et des artistes. La polémique retrouva naturellement la vieille ornière : on mit en cause l'opportunisme du choix de ces médiums et la soumission supposée des artistes qui les utilisaient aux instances internationales.

60

Rasheed Araeen, « Modernity, Modernism and Africa's Authentic Voice », *Third Text*, n° 103, 2010, p. 280 ; voir aussi, dans le même numéro, Laura M. Smalligan, « The Erasure of Ernest Mancoba: African and Europe at the Crossroads », p. 263-271.

61

Chika Okeke-Agulu, *Postcolonial Modernism: Art and Decolonization in Twentieth-Century Nigeria*, Duke University Press, Durham 2015. Sur la scène sénégalaise, dans une optique proche, voir Elizabeth Harney, *In Senghor's Shadow: Art, Politics, and the Avant-Garde in Senegal, 1960-1995*, Duke University Press, Durham 2004. Au-delà de ces deux exemples, on remarquera par ailleurs l'attrait exercé par le Sénégal et le Nigéria sur les historiens. Le dynamisme indéniable de ces scènes leur facilite l'accès à un capital historique certain. Voir également pour l'Éthiopie, Elizabeth W. Giorgis, *Modernist Art in Ethiopia*, Ohio University Press, Athens 2019.

62

La série de quatre livres « Annotating Art's Histories », dirigée par Kobena Mercer, a été inaugurée par le volume *Cosmopolitan Modernisms*, MIT Press/Institute of International Visual Arts, Cambridge/Londres 2005. Il faut signaler aussi le projet Multiple Modernities conduit par Elizabeth Harney et Ruth Philips qui entend proposer une réécriture de l'histoire du modernisme et de l'art moderne en y faisant apparaître les contributions d'artistes, de théoriciens et de mouvements artistiques du monde entier.

63

S. N. Eisenstadt, « Multiple Modernities », *Daedalus*, vol. 129, n° 1, 2000, p. 1-29 ; Dilip P. Gaonkar (éd.), *Alternative Modernities*, Duke University Press, Durham 2001 ; Bruce M. Knauft (éd.), *Critically Modern. Alternatives, Alterities, Anthropologies*, Indiana University Press, Bloomington 2002. Voir aussi Dipesh Chakrabarty, *Provincializing Europe. Postcolonial Thought and Historical Difference*, Princeton University Press, Princeton 2000 ; trad. en français : *Provincialiser l'Europe : la pensée postcoloniale et la différence historique*, Amsterdam, Paris 2009. Pour une critique marxiste de ces approches, voir Arif Dirlik, « Thinking Modernity Historically: Is ‹ Alternative Modernity › the Answer? », *The Asian Review of World Histories*, vol. 1, n° 1, 2013, p. 5-44.

64

William Fagg et Margaret Plass, *African Sculpture: An Anthology*, Studio Vista, Londres 1964, p. 6-7.

65

Pour reprendre le titre d'un roman d'Ahmadou Kourouma publié en 1968.

66

Sur l'histoire des Indépendances, on peut consulter Clémentine Deliss (éd.), *Seven Stories about Modern Art in Africa*, Whitechapel Art Gallery, Londres ; Elizabeth Harney, *In Senghor's Shadow*, op. cit. ; Chika Okeke-Agulu, *Postcolonial Modernism*, op. cit.

67

Simon Ottenberg, *The Nsukka Artists and Nigerian Contemporary Art*, National Museum of African Art, Smithsonian Institution, Washington 2002 ; Chika Okeke-Agulu, *Postcolonial Modernism*, op. cit.

68

Uche Okeke, « History of Modern Nigeria Art », *Nigeria Magazine*, n° 128-129, 1979, p. 110.

69

Pour une réévaluation d'Aina Onabolu, il faut attendre l'article de Olu Oguibe, « Appropriation as Nationalism in Modern African Art », *op. cit.*

70

La caution d'Ulli Beier en Europe et de la collectionneuse Jean Kennedy aux États-Unis avait si efficacement promu les artistes associés à l'atelier d'Osogbo que leur « label » paraissait synonyme d'« art contemporain africain ».

71

Voir le compte-rendu de Ulli Beier, « Contemporary Nigerian Art », *Nigeria Magazine*, n° 60, 1961, p. 27-51, reproduit dans cet ouvrage.

72

Voir la liste indicative des expositions dans les annexes.

73

John Povey, « The First World Festival of Negro Arts at Dakar », *Journal of the New African Literature and the Arts*, automne 1966, p. 5.

74

Pour plus de détails sur cette exposition, voir Cédric Vincent, « Tendencies and Confrontations: Dakar 1966 », *Afterall*, n° 43, 2017, p. 88-101.

75

La première exposition monographique d'un artiste africain aux États-Unis a été organisée en 1950 sous l'égide de la Harmon Foundation. Elle était consacrée à Ben Enwonwu. Ce n'est pas une coïncidence si les débuts nord-américains de l'art contemporain se faisaient sous l'égide de cette fondation réputée, depuis sa création en 1922, pour son soutien aux artistes africains-américains. Le mécénat s'est poursuivi avec les invitations de l'Éthiopien Skunder Boghossian et du Ghanéen Vincent Kofi. Voir Tobias Wofford, « The Black Cosmopolitans », in Okwui Enwezor, Katy Siegel et Ulrich Wilmes (éds.), *Postwar: Art Between the Pacific and the Atlantic: 1945-1965*, Haus der Kunst, Munich 2016, p. 574-579.

76

Les archives de cette entreprise sont déposées à la Bibliothèque du Congrès de Washington.

77

Point d'orgue de cette myopie : l'exposition *Contemporary African Art* organisé par l'Otis Art Institute, Los Angeles, 1969, itinérante aux États-Unis entre 1969 et 1973.

78

Ulli Beier, *Contemporary Art in Africa*, Frederick Praeger, Londres et New York 1968, p. 3.

79

Sur le parcours d'Ulli Beier au Nigéria, voir Ulli Beier, « A Moment of Hope: Cultural Developments in Nigeria before the First Military Coup », in Okwui Enwezor (éd.), *The Short Century: Independence and Liberation Movements in Africa 1945-1994*, Prestel, Munich 2001, p. 45-49.

80

Marshall Mount, *African Art. The Years since 1920*, Indiana University Press, Bloomington 1973, p. 58.

81

Sidney Littlefield Kasfir, *L'Art contemporain africain*, op. cit., p. 16.

82

Dans son texte introduisant au conceptualisme en Afrique, Okwui Enwezor raisonne à partir de ce découpage périodique. Les pratiques conceptuelles y apparaissent comme ancrées sur le sol africain par les arts traditionnels qui précèdent les productions d'artistes contemporains. Le travail de Frédéric Bruly Bouabré est convoqué pour être le médiateur entre ces deux périodes. Voir Okwui Enwezor, « Where, What, Who, When: A Few Notes on African Conceptualism », in *Global Conceptualism: Points of Origin, 1950s-1980s*, Queens Museum of Art, New York 1999, p. 110.

83

Voir Sidney Littlefield Kasfir, « One Tribe, One Style ? Paradigms in the Historiography of African Art », *History in Africa*, vol. 11, 1984, p. 163-193. Pour une description de cette construction à partir de *Negerplastik* (*La Sculpture nègre*, 1915) de Carl Einstein, voir Zoë Strother, « À la Recherche de l'Afrique dans *Negerplastik* de Carl Einstein », *Gradhiva*, n° 14, 2014, p. 30-55.

84

Fumiaki Yanagisawa, « Le renouvellement des arts africains et l'administration coloniale : Le cas de Georges Hardy », *Aesthetics*, n° 19, 2015, p. 27-38.

85

Ce basculement peut également se lire dans le changement d'intitulé qui accompagne le changement de statut de certaines écoles d'art. En 1959, la section artisanale du lycée technique de Libreville devient le Centre national d'art ; en 1963, la Maison des artisans de Bamako devient l'Institut National des Arts.

86

Voir Sidney Littlefield Kasfir, « One Tribe, One Style ? Paradigms in the Historiography of African Art », art. cit. L'anonymat du créateur dans les sociétés africaines – marqueur d'authenticité pour les collectionneurs d'art – a été remise en question notamment par Warren d'Azevedo dans une étude parue sous le titre de *The Traditional Artist in African Societies* (1973). Cet ouvrage réhabilite la notion d'auteur et l'innovation dans les arts traditionnels. Plus récemment, la revue *African Arts* a consacré deux numéros spéciaux (vol. 31, n° 4, 1998 ; vol. 32, n° 1, 1999) à la notion d'auteur dans l'art africain dit traditionnel. On pourra retenir en particulier la contribution de Susan Vogel, « Known Artists but Anonymous Works: Fieldwork and Art History », *African Arts*, vol. 32, n° 1, 1999, p. 40-94. Voir aussi le classique de Sally Price, *Primitive Art in Civilized Places*, University of Chicago Press, Chicago 1989 ; trad. en français : *Arts primitifs, regards civilisés*, Ensba éditions, Paris 1995.

87

Christopher Steiner, *African Art in Transit*, Cambridge University Press, Cambridge 1994 ; Sidney Littlefield Kasfir, « African Art and Authenticity: A Text with a Shadow », *African Arts*, vol. 25, n° 2, 1992, p. 40-53, 96-97, reproduit dans cet ouvrage.

88

Par exemple, l'article sur la photographie de Stephen Sprague, « Yoruba Photography: How the Yoruba see themselves », *African Arts*, vol. 12, n° 1, 1978, p. 52-107.

89

Étonnant portfolio dans lequel figurait notamment une photographie de Ibrahim El-Salahi dans son atelier à New York en compagnie d'Alfred Barr, le directeur du Museum of Modern Art de New York.

90

Pour remplir cet objectif, la revue parut initialement en édition anglaise et française sous le titre *African Arts/Arts d'Afrique*. Faute de ressources, le bilinguisme fut abandonné à partir de 1970, ce qui limita considérablement sa circulation dans les milieux francophones européens et surtout africains.

91

Paul Proehl et John Povey, « First Word »,

African Arts, vol. 1, n° 2, 1968, p. 2.

92

John Povey et Donald Cosentino, « First Word », *African Arts*, vol. 23, n° 2, 1990, p. 1.

93

Steven Nelson, « ‹ Daringly Experimental and Versatile. › African Arts and the Contemporary », *African Arts*, vol. 50, n° 1, 2017, p. 17.

94

On pouvait y lire un jeu de comptes rendus sur *Africa Explores* par Olu Oguibe et Francesco Pellizzi, et une réponse de Sidney Littlefield Kasfir. La revue a utilisé l'exposition de 1991 comme un véhicule pour réfléchir à l'état de l'art contemporain du continent. Dans ce même numéro se trouvaient un article sur Ousmane Sow et l'un des tout premiers publiés sur Yinka Shonibare.

95

Pour une analyse détaillée de *Revue Noire*, on pourra se reporter à Lotte Arndt, *Les Revues font la culture ! Négociations postcoloniales dans les périodiques parisiens relatifs à l'Afrique (1947-2012)*, Wissenschaftlicher Verlag, Trier 2016. Si seulement un texte du présent recueil est issu de *Revue Noire*, cela ne doit pas conduire à minimiser son rôle dans l'histoire de la notion d'art contemporain africain. Voir également *Revue Noire – Histoire, histoires*, Revue Noire, Paris 2020, qui revient sur l'histoire de Revue Noire depuis 1991.

96

C'est en « suivant les controverses » que les mécanismes de fabrication se rendent visibles et donc traçables. Voir notamment Michel Callon, Pierre Lascoumes et Yannick Barthe, *Agir dans un monde incertain*, Le Seuil, Paris 2001 ; Bruno Latour, *Changer la société, Refaire de la sociologie*, La Découverte, Paris 2007.

97

Les deux derniers en date sont Jean Kennedy, *New Currents, Ancient Rivers. Contemporary African Artists in Generation of Change*, Smithsonian Institution Press, Washington 1992 ; André Magnin et Jacques Soulillou, *Contemporary Art of Africa*, Harry N. Abrams, New York 1996.

98

Pour un dernier exemple en date, voir Joanna Grabski, *Art World City: The Creative Economy of Artists and Urban Life in Dakar*, Indiana University Press, Bloomington 2017.

99

Maureen Murphy, « L'art de la polémique. *africa95* et *Seven Stories about Modern Art in Africa* », art. cit.

100

Sidney Littlefield Kasfir, « Thinking about Artworlds in a Global Flow: Some Major Disparities in Dealing with Visual Culture », *International Journal of Anthropology*, vol. 18, n° 4, 2003, p. 211-218.

101

Pour surmonter cette antinomie, on pourra consulter Joanna Grabski et Carol Magee (éds.), *African Arts, Interviews, Narratives: Bodies of Knowledge at Work*, Indiana University Press, Bloomington 2013 : des historiens de l'art s'interrogent sur l'usage de méthodes ethnographiques pour enrichir leur propre recherche.

102

L'Égypte participe à la Biennale de Venise depuis 1938 et inaugure, en 1952, son pavillon national. En 1955, débutait la Biennale d'Alexandrie pour les pays de la Méditerranée et, en 1984, la Biennale internationale du Caire. Pour une approche de l'art moderne et contemporain en Égypte, voir Jessica Winegar, *Creative Reckonings: The Politics of Art and Culture in Contemporary Egypt*, Stanford University Press, Stanford 2006.

103

Sur le Surréalisme en Égypte, on pourra consulter Sam Bardaouil, *Surrealism in Egypt: Modernism and the Art and Liberty Group*, I.B. Taurus, Londres 2017 ; Salah M. Hassan et Park Joowon (éds.), *When Art Becomes Liberty: The Egyptian Surrealists (1938-1965)*, Mmca, Séoul 2017.

104

Signalons également la tenue en 1994 de l'exposition *Rencontres africaines*, organisée par Jean-Hubert Martin et Brahim Alaoui,

I —Jeux de catégories

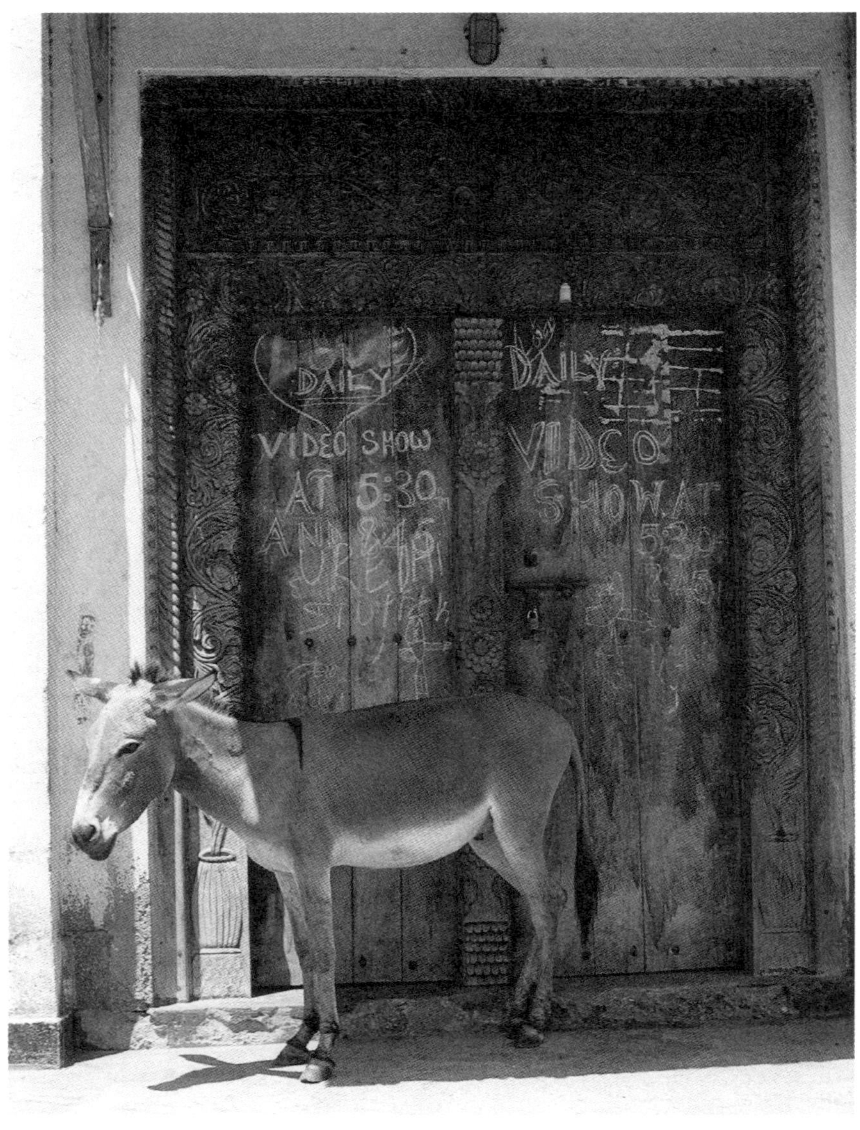

La demeure d'un riche marchand arabe, avec son décor sculpté,
est devenue une salle de projection vidéo, Lamu, 1991 :
Sidney Littlefield Kasfir fait de cette photographie la métaphore des transformations
en cours de l'art contemporain africain ; voir page 79.

Art africain et authenticité : un texte purgé de ses ombres

Sidney Littlefield Kasfir

Publié dans *African Arts* en 1992, l'article de Sidney Littlefield Kasfir (1939-2019), professeur à l'Université Emory d'Atlanta au moment de sa rédaction, entend jeter le trouble sur la rigidité de la catégorie « art touristique » ou « airport art » (art d'aéroport), souvent utilisée, dans le système du marché de l'art et des institutions muséales, pour définir ce qui serait « inauthentique ». En plein débat sur les choix esthétiques ayant présidé à la représentation africaine au sein de l'exposition *Magiciens de la terre* (Paris, 1989), elle propose une analyse des frontières poreuses entre l'« airport art », l'« art contemporain » et l'« art traditionnel » et complexifie, en conséquence, le regard sur les œuvres présentées dans l'exposition parisienne. L'article fut jugé suffisamment polémique pour que la rédaction d'*African Arts* ouvre une tribune dans ses deux numéros suivants afin d'y accueillir les réactions de chercheurs et conservateurs de musée se sentant interpellés.

« Certains veulent un texte (un art, une peinture) sans ombre, coupé de l'‹ idéologie dominante › ; mais c'est vouloir un texte sans fécondité, sans productivité, un texte stérile. [...] Le texte a besoin de ses ombres [...] la subversion doit produire son propre clair-obscur. »
— Roland Barthes, *Le Plaisir du texte*, Éditions du Seuil, Paris, 1973, p. 53

La controverse qui s'est fait jour ces dernières années, à propos de l'art africain, concerne son rôle en tant que miroir de l'histoire coloniale de l'Occident. La critique initialement induite par l'exposition du Museum of Modern Art de New York, *Le « Primitivisme » dans l'art du XXe siècle : les artistes modernes devant l'art tribal*, organisée en 1984 par William Rubin, s'est vue réactivée mais également subvertie, en 1989, par celle conçue par le Centre Pompidou, *Magiciens de la terre*[1]. L'exposition du

Museum of Modern Art présentait l'art africain et océanien de la période précoloniale comme une puissante baguette de sourcier à l'usage des proto-cubistes, des expressionnistes et des surréalistes. Celle du Centre Pompidou traduisait l'énigme constitutive (pour les Occidentaux) de l'art contemporain de l'Afrique, de l'Asie et des diasporas en un art du conjurateur (le magicien), tout en assimilant – de façon trompeuse – cette pratique conjuratrice à la production culturelle d'une avant-garde occidentale. Chaque exposition témoignait d'une volonté de faire la preuve des « affinités » entre « le tribal et le moderne », le Tiers-Monde et le Premier Monde.

Les critiques postmodernes ont utilisé ces expositions – dont la première constituait une puissante articulation du paradigme moderniste, et la seconde, une tentative très imparfaite de briser ce paradigme – pour commenter l'appropriation intellectuelle de l'art africain et d'autres pays du Tiers-Monde par les musées et les collectionneurs occidentaux[2]. Pendant ce temps, la plupart des institutions établies et bon nombre d'universitaires persistent à faire comme si ce débat n'existait pas lorsqu'ils considèrent l'art africain et sa présentation publique. Dans la plupart des grandes expositions d'art africain circulant actuellement aux États-Unis, rien n'est fait ou presque, que ce soit de manière explicite ou implicite, pour subvertir l'autorité du conservateur omniscient[3]. Le moment est peut-être venu d'ébranler cette autorité en réexaminant ses présupposés quant à la définition de l'art africain comme marchandise et comme acte esthétique.

L'Occident et les Autres[4]

Deux questions sont au cœur de ce débat : qui décide de la signification de l'art africain ? Et qui – ou qu'est-ce qui – détermine son authenticité culturelle ? La question de l'authenticité a été maintes fois soulevée dans nos colonnes[5], mais j'entends l'examiner à la lumière de l'actuel débat sur l'appropriation culturelle. Dans le passé, en effet, la question a été abordée sous l'angle du faux, de la contrefaçon et de l'imitation – autant de termes lourdement chargés d'idées caduques sur l'art et la culture de l'Afrique, notamment celle de la primauté de la « société traditionnelle ». Avant de parler d'authenticité, il faut d'abord déconstruire le sens supposé de la notion de « société traditionnelle » et, par extension, d'« art traditionnel ».

Ma position se soutient de l'idée que ce que nous appelons « société traditionnelle » est un héritage de notre passé victorien, qui doit autant au romantisme et à la théorie, prônée par l'évolutionnisme social du XIXᵉ siècle, d'une disparition des cultures qu'à n'importe quelle réalité concrète de l'Afrique elle-même. Dans les études africaines, l'idée de « société traditionnelle » perdure sous la forme plus édulcorée, euphémique, de ce nouvel artéfact qu'est la « société primitive »[6]. L'idée que la plupart des sociétés de l'Afrique précoloniale étaient relativement isolées, structurées de façon cohérente et hautement intégrées, est un paradigme si puissamment ancré dans la conscience que l'Occident a de l'Afrique que nous sommes obligés de le conserver alors même que nous savons qu'il relève essentiellement d'une vision simplifiée et fictive.

Cette combinaison supposée d'isolement et d'étroite cohérence interne a donné naissance au préjugé d'une unicité des cultures matérielles (la « tribalité » de William Fagg[7] et son corrélat, l'unicité des styles tribaux), des systèmes rituels et des cosmologies. Cette vision orthodoxe et conservatrice de la culture africaine n'est nulle part aussi sensible que dans les études consacrées aux Dogons, lesquels sont présentés comme uniques non seulement au Mali, mais aussi dans toute l'Afrique[8]. Ces idées sont aujourd'hui en perte de vitesse, mais le processus est lent.

Dans le champ des études portant sur l'art africain, notre présupposé le plus aveugle est le scénario d'un avant/après colonialisme, selon lequel l'art d'avant la colonisation – qui pour l'essentiel s'opère entre le milieu du XIXᵉ siècle et le début du XXᵉ siècle – *témoigne de qualités qui le rendent « authentique »*, ce par quoi il faut entendre exempt de toute influence occidentale. Le point essentiel est que cet art a été conçu pour être utilisé par la société qui l'a produit. Dans ce scénario, tout art produit dans un contexte colonial ou postcolonial est relégué à une inconfortable position contraire : il est inauthentique parce que postérieur à l'avènement d'une économie monétaire et de nouvelles formes de mécénat promues par les missionnaires, les administrateurs coloniaux voire, plus récemment, les touristes et la nouvelle élite africaine.

Cette conception de l'authenticité, aussi critiquée soit-elle aujourd'hui par nombre d'universitaires, reste celle à laquelle sont fermement attachés les grandes institutions muséales, les marchands les plus en vue et bien des collectionneurs. Elle constitue, presque par nécessité, le principe qui régit implicitement la sélection de l'art exposé dans les grandes expositions itinérantes disposant d'énormes budgets du fait du soutien de fondations privées – par exemple, les récentes *Yoruba: Nine Centuries of African Art and Thought* et *Gold of Africa: Jewelry and Ornament from Ghana, Cote d'Ivoire, Mali, and Senegal* (toutes deux : États-Unis, 1989) – ou de l'art des collections permanentes du National Museum of African Art (Smithsonian Institution, Washington), de l'aile Michael C. Rockefeller du Metropolitan Museum of Art de New York ou du Musée national de Lagos au Nigéria. En outre, c'est à cet art – précolonial, dans l'idéal, mais qui appartient le plus souvent au début de la période coloniale – qu'est consacrée la quasi-totalité des publicités placées par les marchands dans les pages des revues *African Arts* et *Arts d'Afrique Noire*.

De façon assez ironique, ce que nous pourrions appeler l'art africain canonique – celui qui est collectionné, exposé et donc authentifié et valorisé comme « art africain » – a toujours été produit dans des conditions qui, normalement, devraient interdire l'acte même de collectionner. Idéologiquement parlant, si l'on se place du point de vue anticolonialiste, le geste consistant à collectionner de l'art africain est une activité hégémonique ; historiquement parlant, c'est essentiellement une entreprise coloniale ; anthropologiquement, c'est le résultat logique d'une vision de l'Autre héritée de l'évolutionnisme social : collectionner des spécimens est un corollaire de la « découverte ». Même en faisant fi de tout cela, on ne peut échapper à la contradiction interne qui fonde la définition opératoire de l'authenticité – à savoir, qu'elle exclut la « contamination » (pour filer la métaphore du spécimen) tout en l'exigeant sous la forme même du collectionneur.

Il est possible, au moins en rêve, de circonvenir ce collectionneur, ou en tout cas, de le neutraliser : le simple cadeau d'un chef local à un administrateur colonial (le major britannique F. H. Ruxton, sur la rive du fleuve Bénoué, c. 1901-1914), à un missionnaire (l'Africain-Américain William Henry Sheppard, au royaume Kuba, fin du XIXe siècle) ou à un explorateur (Vasco de Gama, sur la côte swahilie, c. 1498) pourrait paraître non interventionniste[9]. Mais nous savons, d'après les journaux de l'ethnologue allemand Leo Frobenius (1873-1938), quelle acrimonie, voire quelle hostilité, pouvait caractériser ces échanges au sein du réseau d'intérêts conflictuels où ils se nouaient. L'idée qu'ils puissent être dénués de toute motivation politique ou économique nous semble aujourd'hui tout à fait ridicule. C'est pourtant elle qui fonde implicitement la notion de « collectionneur invisible » telle que la requiert le paradigme de l'art « authentique ».

La deuxième fiction dans la construction du canon est que la production artistique n'a connu aucun changement important sous l'effet des premiers contacts établis pour recueillir l'art autochtone – autrement dit : ni le style, ni l'iconographie des artistes, ni leur rôle ou leur position n'ont été influencés de façon significative par l'arrivée des Européens. Qu'il s'agisse là encore d'un présupposé dangereux et naïf n'est pas douteux à en juger par la transformation radicale que l'arrivée des Britanniques a fait subir aux mascarades guerrières de la Cross River et de la région d'Ogoja, dans le sud-est du Nigéria. Les premiers témoignages dont nous disposons décrivent ces masques comme des crânes surmontant la tête des danseurs[10]. Il en existe très peu d'exemples dans les collections car l'imagination des colons n'allait pas jusqu'à considérer qu'il s'agissait là d'« art ». Les rares pièces conservées sont des crânes réels que l'on a sur-modelés en y ajoutant des détails anthropomorphiques tels que des cheveux, des yeux factices ou une mâchoire inférieure. Une fois que la Pax Britannica eut considérablement réduit le stock de crânes réels, on les remplaça par des imitations en bois sculpté, qu'on rendait plus réalistes en les recouvrant de peau dans certaines régions (la Cross River), tandis qu'ailleurs (chez les Igédés ou les Idomas) ils étaient peints en blanc avec des scarifications noires. Ce sont ces imitations-là, et non les crânes décorés de la période précoloniale, que le canon a entérinées et dont les collectionneurs ont fait l'art authentique qu'ils se disputent. Plus que l'influence occidentale, c'est ici le goût des Occidentaux qui a dicté le partage entre ce qui relève de l'art et ce qui n'est qu'un simple spécimen ethnographique.

L'autre exemple que l'on peut citer est celui des textiles teints des Yorubas. Avant que ne débute l'importation de tissus depuis les usines textiles de Manchester, le coton filé et tissé à la main par les Yorubas était d'une texture trop grossière, à la fois trop mou et trop épais, pour permettre l'usage des techniques et motifs complexes de l'adire[11]. Pourtant, la confection de l'adire à Abeokuta (Nigéria), ville où la présence des missionnaires était particulièrement forte, et l'augmentation de sa production n'ont jamais frappé les collectionneurs comme inauthentiques avant les années 1960, où l'on a commencé à le fabriquer dans d'autres couleurs que l'indigo pour un marché de touristes et de coopérants. Dans les deux exemples cités ci-dessus, ce n'est ni l'intervention des Européens ni la modification de la tradition qui départagent la phase « authentique » de l'« inauthentique ». La définition de l'« *authenticité » est fonction du goût du collectionneur.*

Si l'on ne disposait d'aucune collection, si les processus d'appropriation, de reclassification ou d'exposition publique n'existaient pas, il serait possible de faire remonter le scénario de l'avant/après à une date bien antérieure – disons à l'avènement de l'islam en Afrique de l'Ouest ou à l'arrivée des Portugais. En termes strictement culturels, ces deux événements eurent certainement autant d'importance que le colonialisme. Mais dans la mesure où une telle reconsidération des choses ne donnerait pour authentiques qu'une poignée d'objets, dont aucun ou presque ne serait une sculpture en bois, elle n'aurait aucune chance d'être acceptée par les musées ou les collectionneurs. L'« avant » que le canon entérine est donc, à l'origine, un produit de l'idéologie victorienne nourrie d'un heureux mixte de dessein impérial, de darwinisme social et de zèle collecteur.

Mais le fait est que l'Afrique est une partie du monde et qu'elle a une longue histoire. Il y a d'innombrables avant et après, dans cette histoire, et faire de l'aube du colonialisme européen le moment qui marque un gouffre irréductible entre l'art traditionnel, authentique, et ses succédanés pollués par le contact étranger relève du pur arbitraire. S'il est vrai que les XIXe et XXe siècles furent des périodes de « déroulement rapide », selon l'expression de George Kubler[12], il serait naïf d'imaginer qu'elles furent les seules dans toute l'histoire de l'art africain.

Il est infiniment plus probable qu'il y en eut plusieurs – certaines, associées au développement de nouvelles techniques (fusion du cuivre, tissage, façonnage, introduction du cheval) ; d'autres, à la propagation d'idées ou de courants de pensée (islam, dieu créateur demeurant dans le ciel, mascarade). Ce que je veux dire, c'est qu'il n'y a pas un point dans le temps avant lequel nous pourrions parler de suprématie de la « culture traditionnelle » et après lequel il s'agirait de son déclin. Le vieux modèle biologique qui veut que les choses naissent, s'épanouissent, se flétrissent et meurent impose à la culture non seulement un ordre qui n'est que rarement présent, mais aussi, dans le cas présent, l'irrésistible tentative d'assimiler le début du « flétrissement » à la naissance du colonialisme. Telle est la faille historiciste dans le test d'authenticité utilisé pour construire le canon de l'art africain.

La troisième fiction concernant l'art africain est celle de son passé intemporel : l'idée que, dans le long interlude qui a précédé le colonialisme, les formes sont restées plus ou moins statiques pendant des siècles. À partir des quelques pièces matérielles confortant ce point de vue – par exemple, le plateau de divination de style yoruba rapporté en Europe du royaume d'Ardra avant 1656[13] –, on a extrapolé l'existence mythique d'un état stable de l'art canonique. Le corollaire logique du « passé intemporel » est la fiction d'un « présent ethnographique », d'un avant-contact à jamais fixé dans les structures narratives de l'ethnographie contemporaine. Même les chercheurs qui reconnaissent l'absurdité de la première notion restent souvent attachés à la deuxième comme à leur cadre temporel supposé. Ce faisant, ils privilégient cet avant-contact de pur artifice comme si ce qui venait après était, par définition, moins important et (faut-il le préciser ?) moins authentique. Pourtant, seules des sociétés dans lesquelles le changement s'est entièrement condensé dans la poussée cataclysmique de la pénétration occidentale pourraient être considérées comme ayant dès lors cessé d'exister. On postule l'inexistence, au sens culturel du terme, lorsque le changement se lit comme la destruction, et non la transformation, d'un mode de vie. Et de fait, dans l'essentiel de la littérature sur l'art africain, la période de l'après-contact se résume à un espace blanc sur une page.

Ainsi, dans la présentation typique que les catalogues d'exposition donnent de l'art yoruba, l'existence des divinités orishas et de leurs objets rituels est signalée, mais aucune mention n'est faite, la plupart du temps, de la façon dont ces divinités s'intègrent dans cette renégociation complexe entre allégeance aux croyances orishas, à l'islam et au christianisme qui caractérise aujourd'hui la vie religieuse yoruba. Le lecteur est seulement convié à la fiction d'un présent ethnographique dans lequel ces changements radicaux n'ont pas leur place[14].

Si ramener l'art africain à un présent ethnographique ambigu équivaut à nier son histoire, décréter l'anonymat de ses auteurs revient à lui dénier toute individualité[15]. Loin d'imputer cet anonymat à la manière dont cet art arrive jusqu'aux collectionneurs – volé ou négocié par l'intermédiaire de marchands ou d'autres agents extérieurs –, nous avons pris l'habitude de l'accepter comme l'un des éléments du canon. L'artiste anonyme, nous a-t-on expliqué, est un prérequis nécessaire de l'authenticité, un accessoire du concept de « style tribal » qu'il n'est en son pouvoir ni de contester ni de changer[16]. Bien que le principal architecte de la notion de « style tribal », William Fagg, ait lui-même reconnu que « l'œuvre d'art est le produit d'une dialectique entre une tradition informante et le génie individuel de l'artiste »[17], l'opinion plus courante est que l'artiste est pieds et poings liés à la tradition[18].

Pour les marchands et collectionneurs français d'art africain, « authentique » veut souvent dire « anonyme », et l'anonymat exclut toute possibilité d'envisager l'acte créateur sous l'angle individuel. Un collectionneur parisien a confié à Sally Price : « C'est un grand plaisir que de ne pas connaître le nom de l'artiste. Dès que le nom de l'artiste est connu, l'objet cesse d'être de l'art primitif »[19]. Autrement dit, dès lors qu'on assigne une identité, on efface le mystère. Et pour que l'art soit « primitif », il faut que lui soit attaché un certain mystère quant à son origine et sa visée. Lorsque cette condition est satisfaite, le collectionneur occidental peut réinventer un masque ou une figure comme objets dignes du connaisseur. Mais lorsque Sally Price a demandé à l'un de ces connaisseurs s'il pensait que le créateur d'une telle œuvre entretenait les mêmes considérations esthétiques, la réponse a été un non très appuyé. L'artiste « primitif », dans cette Afrique que l'esprit se forge, est régi par des forces plus puissantes que lui-même, de sorte qu'il ignore la subjectivité qui va de pair avec les choix esthétiques. Dans une telle équation, le connaisseur occidental est le facteur manquant qui assure la transformation de l'artéfact en art[20]. Brian Spooner, dans un article important sur les problèmes soulevés par l'authenticité des tapis orientaux, explique qu'une part essentielle de ce qui fait l'attrait de ces tapis pour les collectionneurs occidentaux est cette distance culturelle marquée entre fabricant et collectionneur et ce que cela suppose, en général, d'absence d'informations concernant l'artiste[21]. Ces situations permettent au collectionneur d'élaborer une série d'attributs caractéristiques de l'« objet réel ». Ironiquement, le garant de l'authenticité n'est pas la connaissance du sujet, mais son ignorance.

Le corollaire de cet anonymat tout-en-un est que l'œuvre d'un seul artiste en vient à pouvoir représenter toute une culture, puisque cette culture est supposée homogène – tout en étant unique. Il s'agit certes d'une tautologie, mais elle vaut depuis longtemps comme principal argument en faveur du concept de « style tribal » : un style culturel identifiable est un élément essentiel dans la définition de l'ethnicité, si bien qu'un artiste yoruba (idoma, kalabari ou autre) se reconnaît à ce qu'il travaille dans le style correspondant. Quand, dans une vidéo accompagnant une exposition actuelle, un narrateur à la voix agréable déclare : « les Yorubas croient que… », j'ai envie de demander : mais quels Yorubas ? De confession musulmane ? Baptiste ? Aladura ? Ceux qui restent fidèles aux orishas ? Les hommes d'affaires de Lagos ? Les herbalistes ? L'omniscience curatoriale a le pouvoir de niveler ces collines et ces vallées, mais doit-elle le faire ? Le public est-il vraiment incapable de comprendre que les cultures africaines, et les arts qu'elles produisent, ne sont pas monolithiques. Voulons-nous vraiment un texte « purgé de ses ombres »[22] ?

Le collectionneur lointain réinvente aussi chaque masque et chaque figure comme objet de désir : une projection de l'altérité (le « primitif » colonisé d'antan), quelque forme intellectuelle qu'elle prenne, prévaut actuellement. La statuette à clous kongo est devenue un « fétiche » ; toute représentation de la femme, un « emblème de fertilité », etc. La nomination et la catégorisation sont des interventions aussi importantes que l'expertise. La plupart des catalogues d'exposition sont organisés selon la double rubrique « style tribal » et « aire culturelle ». On ne peut sans doute se passer de principes de classification lorsque l'on organise un vaste corpus, mais le fait est qu'ils masquent certaines correspondances et en font valoir d'autres. Bien que les masques utilisés dans les cérémonies du Gèlèdé yorubas et les danses du Mapiko makondés présentent d'étonnantes similitudes visuelles, celles-ci ne sont jamais reconnues ni commentées parce que les objets en question figurent dans des sections différentes du catalogue ou de l'exposition – la côte guinéenne pour les uns, l'Afrique orientale pour les autres.

Les interventions classificatoires les plus puissantes sont celles qui font usage des mots « traditionnel » et « authentique », qui deviennent implicitement des synonymes de « bon » – leurs contraires, « non traditionnel » et « inauthentique », valant pour « mauvais ». De même, un masque dogon qu'un expert reconnu catégorise comme « pièce d'exportation » se voit instantanément transformé : d'objet de désir possédant une haute valeur marchande, il devient un détritus flottant à la dérive dans le monde postcolonial. Le vocabulaire de la classification utilisé pour canoniser ou dé-canoniser une sculpture africaine est puissant, partial et, en général, sans appel. Ce qu'une sculpture peut valoir en tant qu'objet esthétique, témoignage d'une capacité d'invention, solution à un problème de rapports entre volumes, surfaces et vides n'est même pas envisagé si la pièce en question n'apporte pas d'abord la preuve de son authenticité. Aucune sculpture kamba (Kenya), fût-elle remarquable ou extraordinaire, ne franchira le seuil d'une galerie new-yorkaise de renom. On lui reprocherait de « manquer d'intégrité », l'idée implicite étant que les artistes non traditionnels se sont détachés de leur culture et donc produisent de l'art inauthentique.

Lors des premiers débats concernant l'authenticité dans l'art africain, il était surtout question de copie, de réplique et de faux. On peut se demander quels types de présupposés sous-tendent ces interrogations. Qu'est-ce qui est falsifié ? Et qui le considère comme tel ? D'un côté, la construction de l'idée de style « tribal » suppose qu'une certaine uniformité soit repérable d'un artiste à l'autre, la réplique étant acceptée comme un élément constitutif du paradigme de « l'art traditionnel » ;

mais de l'autre, lorsqu'un sculpteur contemporain appartenant à un groupe ethnique différent (une autre « aire de style tribal ») reprend volontairement le même style, l'objet est déclaré faux parce que, dit-on, il résulte d'une intention délibérée de tromper. Le même reproche sera fait si le sculpteur est issu de la culture qui produit « traditionnellement » l'objet, mais que celui-ci a été artificiellement vieilli ou fait passer pour ancien auprès de l'acheteur. Étant donné l'absence de signature ou le peu de célébrité de l'artiste, dans la plupart des cas, l'intentionnalité fait figure d'élément décisif pour départager l'authentique du faux.

Mais il n'est pas certain que ces distinctions de collectionneurs occidentaux trouvent un écho dans l'esprit de l'artiste africain. Les sculpteurs sur bois ashantis sont un cas intéressant et la question du rapport de ces artistes aux formes qu'ils copient a été bien étudiée[23]. Pour un sculpteur ashanti (mais on pourrait dire la même chose de bien d'autres ethnies[24]), il n'y a rien de fallacieux ni de déshonorant dans le fait de copier un modèle connu ; c'est à la fois un acte économiquement pragmatique et une façon de légitimer le talent d'un prédécesseur (si le modèle est ancien) ou de rendre hommage à un collègue (dans le cas d'une innovation récente).

Cette attitude procède directement du fait que la sculpture est considérée comme un moyen de subsistance. C'est là quelque chose de connu, mais qui mérite d'être redit dans le présent contexte : l'attitude qui consiste, pour les artistes occidentaux, à utiliser leur œuvre comme un moyen de se réaliser est aussi étrangère aux artistes africains qu'à la culture de l'Afrique en général – sauf si, par « artistes », on entend l'élite formée dans les écoles d'art de type occidental. La profession de sculpteur – ou toute autre activité impliquant la fabrication d'artéfacts (le coulage du bronze, le tissage, la poterie, etc.) – est considérée comme une forme de travail, peu différente qualitativement de la fonction d'agriculteur, de réparateur de radios ou de chauffeur de taxi. Ce qui ne signifie pas qu'elle n'est pas « sérieuse » – tout travail est sérieux –, mais qu'elle est considérée, de façon pragmatique, comme visant à satisfaire les exigences de celui qui achète. On fait ce qui est nécessaire pour assurer une bonne prestation.

Qui plus est, dans la relation patron-client de type précolonial, l'usage était que les artistes s'emploient ouvertement à satisfaire les patrons, quitte à modifier les formes. Cette attitude s'est naturellement transportée, à l'époque coloniale et postcoloniale, dans les rapports avec les nouveaux patrons, y compris les étrangers. On peut se demander pourquoi les collectionneurs occidentaux jugent aujourd'hui opportuniste une chose – satisfaire le goût de l'acheteur – qui leur semblait acceptable dans le passé. L'une des raisons est peut-être qu'ils considèrent le mode de règlement des commandes traditionnelles – patates douces, chèvres, barres de fer – comme moins commercial qu'une transaction monétaire, ce qui a pour effet d'« adoucir » les raisons économiques de la transaction. Mais la raison la plus probable est l'incapacité du collectionneur occidental à admettre l'idée que l'art africain précolonial était déjà régi par le clientélisme[25].

L'autre grande différence entre l'artiste africain et le collectionneur étranger est la disposition volontiers passéiste qui anime ce dernier. Dans une collection européenne (ou japonaise), l'art africain acquiert d'autant plus d'autorité, de prestige et de valeur marchande qu'il est ancien. Si la plupart des Africains n'ont pas ce genre d'attitude à l'égard de leur art, ils sont prêts à accepter l'idée que les collectionneurs préfèrent les « antiquités »[26] et n'ont rien contre le fait de faire des répliques. La volonté de tromper (et elle est fréquente) s'observe plus souvent dans la commercialisation des œuvres par les négociants, et plus tard par les marchands d'art. C'est en général moins une question de conspiration entre l'artiste et le négociant que de la différence sensible entre l'Africain et l'Occidental pour ce qui est de l'importance accordée à la pièce unique.

En ce qui concerne la question de l'imitation et de son rapport à l'idée de tromperie, plusieurs conclusions s'imposent. Premièrement, les collectionneurs occidentaux ne trouvent rien à redire à l'imitation dès lors que l'artiste reprend des modèles éculés – en fait, un masque ou une sculpture totalement prévisible mais exécuté dans un style « tribal » reconnaissable est souvent préférable à une pièce farouchement originale, puisque aucun critère ne permet de juger de la valeur de cette dernière. Deuxièmement, le même collectionneur (ou conservateur de musée) est incontestablement mal à l'aise devant toute altération du modèle, qu'il s'agisse de son vieillissement artificiel ou de son imitation par un artiste extérieur au groupe qui l'a initialement créé. Ce sont là deux raisons de déclarer la pièce inauthentique, indépendamment de ses qualités en tant qu'œuvre d'art. Troisièmement, si l'on excepte l'élite, la plupart des artistes africains ruraux ou urbains (j'extrapole ici, mais sur la base d'une expérience relativement étendue) trouveraient ces idées plus arbitraires qu'objectives, et assez déconcertantes dans ce qui apparaît comme leur incohérence vis-à-vis de l'imitation.

Si nous revenons maintenant à la question de savoir ce qui est falsifié dans le « faux », il peut être utile d'élargir la perspective. Dans une conception de la production culturelle où le centre s'oppose à la périphérie, le centre définit la légitimité des fins et des moyens, à charge pour la périphérie d'y répondre. Si l'on admet que collectionner relève du rôle du colonisateur, peut-on s'étonner que le colonisé veuille pourvoir à ce que le centre semble exiger ? Que l'« antiquité » puisse être neuve indique qu'il s'est plié aux besoins tout en se vengeant – la subversion induisant son propre clair-obscur.

L'authenticité, dans la mesure où elle est un principe de collection et d'exposition, crée autour de certaines catégories d'art africain – notamment l'art précolonial et la sculpture – une aura de vérité culturelle. Mais son idéologie étend ses ramifications encore plus loin, jusque dans la façon dont la culture est consignée sous forme de film ou d'écrit. Le film ethnographique est particulièrement vulnérable à cette forme de perception sélective. À Ibadan (Nigéria), en 1978, j'ai vu une équipe très sérieuse de réalisateurs allemands éliminer les tee-shirts Jimmy Cliff, les montres-bracelets et tous les objets en plastique d'une scène représentant une foule yoruba lors d'une mascarade Egungun. L'équipe s'appliquait à gommer tout signe d'occidentalisation de la culture yoruba, à réécrire l'histoire de l'ethnie selon un passé réinventé, libre de toute intervention occidentale – un temps intemporel, un espace pur, un univers « authentiquement » yoruba.

Charles Keil nous fait le récit des mésaventures advenues à l'*icough*, la danse des femmes tivs du Nigéria, montrant les transformations que lui ont fait subir les réalisateurs d'un film – malgré l'immense résistance des Tivs – pour satisfaire les exigences de l'authenticité culturelle et la capacité d'attention du public occidental. Une séquence composée de huit segments d'une durée totale de plus d'une heure s'est vue réduite à trois ; en a été gommé l'habituel public de « supporters enthousiastes exerçant des poussées pour mieux voir le spectacle ou s'immisçant dans la danse pour presser des pièces de monnaie sur les fronts en sueur des danseuses »[27]. Mais plus grave, l'esthétique qui commande la danse elle-même – sa « grille expressive », comme dit Charles Keil – *a été modifiée, les réalisateurs ayant exigé des femmes qu'elles renoncent à la tenue qu'elles portent habituellement pour danser* – une robe corolle dans le style occidental et un casque colonial – au profit du pagne tiv, plus commun. Le film perd ainsi l'interaction entre tenue vestimentaire et mouvement propre à cette danse :

Dans la danse originale, les robes virevoltant autour des genoux avec leurs ourlets empesés définissaient un cercle mobile auquel le fléchissement des genoux, les mouvements des coudes, l'inclinaison de la tête pouvaient faire contrepoint. […] La suppression des casques traditionnellement arborés par les deux principales danseuses semble sans grande importance jusqu'à ce que l'on comprenne que ce qui manque ainsi, ce sont les deux pivots autour desquels le spectacle tourne littéralement et les cercles mobiles s'équilibrent. […] *Outre que les symboles d'un « rite de modernisation » ont été effacés ou réprimés, c'est la capacité même de la tradition Tiv à maîtriser ces symboles, à les incorporer à la métaphore, qui s'en trouve niée.*

Après avoir vu le film de David Attenborough, *Behind the Mask* (1975), mes étudiants sont toujours surpris d'apprendre que des touristes vont régulièrement visiter certains villages dogons. Le film présente habilement les Dogons comme un peuple à la culture « pure », non entachée par le contact avec l'extérieur. Dans un autre film tout aussi populaire montrant les danses masquées des Yorubas – *Gelede, A Yoruba Masquerade* de Peggy Harper et Francis Speed (1970) –, la cérémonie a lieu dans un espace quasiment vide et déserté des spectateurs, alors que l'on sait qu'elle se passe toujours en pleine foule, dans le bruit, la poussière et la confusion[28]. On imagine que le souci de laisser le champ dégagé pour la caméra a pris le pas sur la réalité du contexte. À strictement parler, ce ne sont pas là des documentaires, puisqu'un contrôle s'exerce sur les participants, qui en régule le nombre. Ils sont néanmoins diffusés dans bon nombre de musées et d'universités. Malgré leurs imperfections, ils définissent et authentifient, pour toute une génération d'étudiants, l'art du spectacle tel qu'il se propose en Afrique.

Si je me suis attardée sur l'exemple du film réalisé sur la danse *icough*, c'est en raison de l'analogie frappante qu'il présente avec le processus de redéfinition auquel sont soumis les objets (les masques, par exemple) dès lors qu'ils sont séparés de leur lieu de production et installés dans un musée. La réduction ou suppression de sens induite par l'élimination des éléments « contingents » – qu'il s'agisse d'un costume de mascarade défraîchi ou d'une robe amidonnée et d'un casque colonial – sert deux buts en apparence contraires selon le cas. Dans l'exemple de la danse, elle « traditionnalise » délibérément le spectacle pour un public en attente d'exotisme ; dans l'exemple du masque entré au musée, la suppression de l'attirail annexe le réduit au statut de sculpture pouvant être exposée, selon le vocabulaire moderniste, comme « pure forme ». Mais dans les deux cas, il s'agit d'effacer l'ancienne signification et d'en imposer une nouvelle. Cette pratique est devenue si courante qu'elle nous paraît aller de soi.

Art et artéfact : la création du sens

De ces constats ressort une question très troublante : qui dicte le sens de l'art africain ? On a peine à ne pas conclure que le sens est essentiellement produit par les conservateurs, collectionneurs et critiques occidentaux (dont le savoir, nous le verrons, est d'un bout à l'autre suspendu à l'initiative des marchands africains) plutôt que par les artistes eux-mêmes ou leur culture. Non que l'œuvre originale soit dénuée d'intentionnalité. Elle répond pleinement à l'intention de l'artiste comme à celle de ses commanditaires. Mais les significations successives qu'un objet reçoit sont mobiles et instables, fragiles et susceptibles d'être effacées à mesure que l'objet passe de main en main pour aboutir dans une collection étrangère. Son sens doit alors être réinventé en fonction du contexte – le plus souvent, celui d'une culture muséale dominée soit par une esthétique moderniste avide d'« affinités » avec le Tiers-Monde, soit par une approche « matérialiste » potentiellement abêtissante. Seuls quelques musées ont trouvé une manière de réinventer l'art africain qui soit délibérément antimoderniste et anti-hégémonique – le Centre Pompidou, avec *Magiciens de la terre* en 1989[29] – ou richement contextualisante, comme le Museum of Mankind (Londres) et son exposition yoruba au milieu des années 1970. Pour autant, il s'agit toujours de réinvention, les musées ne pouvant échapper à cette tendance. Mêmes les approches contextualisantes dont l'objet avoué est de préserver l'intégrité des cultures représentées sont loin d'être neutres. Barbara Kirshenblatt-Gimblett nous rappelle que concevoir une exposition, c'est également en construire le thème et que « la contextualisation exerce un contrôle cognitif sévère sur les objets, affirmant son pouvoir de classification et d'accrochage »[30].

James Clifford, quant à lui, nous rappelle qu'avant le XXe siècle, les artéfacts africains n'étaient considérés comme de « l'art » *ni* par les Occidentaux *ni* par les Africains eux-mêmes[31]. Jacques Maquet l'avait déjà souligné[32], pour qui l'art africain était le fruit d'une « métamorphose ». Une fois entrés dans les musées occidentaux, les artéfacts ont subi une double mutation taxinomique : d'objets exotiques, ils sont devenus spécimens scientifiques dès lors que les « cabinets de curiosités » ont cédé la place, à la fin du XIXe siècle, aux tout nouveaux musées d'histoire naturelle ; puis, sous l'effet de leur « découverte » par Pablo Picasso et ses amis au début du XXe siècle, ils ont été promus au rang d'objets d'art, re-contextualisés comme tels par les musées et les galeries.

Cette migration des objets au gré des systèmes classificatoires peut être cartographiée dans l'espace et le temps. Quiconque fréquente les musées sait que la stratégie consistant à isoler un masque ou une statuette dans une vitrine ou à l'éclairer par des projecteurs vise à communiquer l'information selon laquelle cet objet est de l'« *art* ». Le même objet, figurant parmi tant d'autres dans le diorama d'un musée d'histoire naturelle, est censé générer une lecture différente, le proposant comme texte culturel. Dans le premier cas, l'accent est mis sur l'unicité de l'objet ; dans le second, sur sa (con)textualité. Mais en tant que musées, ces deux types d'institutions ont le pouvoir de conférer le label « authenticité culturelle » aux objets qui sont exposés, lesquels sont canonisés sous l'énoncé *Trésors de…* couramment employé pour désigner les beaux livres qui leur sont consacrés.

Que, d'un point de vue africain, ces objets ne soient pas de l'art au sens occidental du mot, voilà qui est trop connu pour qu'on s'y attarde ici. D'un autre côté, nos collections se constituent sur des critères qui résultent de nos propres choix, et non des leurs. Le fait que les différents termes désignant le « masque » en idoma (alago, etc.) ne correspondent pas à des catégories esthétiques ne perturbe nullement même le plus inexpérimenté des guides de musée. Pourquoi ne pas reprendre la suggestion de Jacques Maquet[33] et dire d'art les objets exposés sur les cimaises des musées ?

Chaque statuette ou masque collectionné reçoit sa définition et ses limites du milieu où il se trouve : la maison de culte du village (où l'objet, quand il ne sert pas, est enveloppé dans de la toile de jute et suspendu hors de portée des termites) ; le kiosque du marchand à la ville (où, parmi des centaines d'autres objets dé/recontextualisés, il reçoit une première identité « artistique ») ; la galerie d'art de Madison Avenue (où, après avoir subi le test de la « qualité », il rejoint la catégorie esthétique de ses « pairs ») ; enfin, la demeure du collectionneur (où il est réincorporé à l'environnement domestique mais, à la différence du village, placé sous le regard perpétuel des autres, objet de « consommation » visuelle du collectionneur et de ses amis). Prises successivement, les séquences se recoupent parfois, mais entre la première et la dernière, il s'est opéré une réinvention quasi totale de la signification de l'objet.

Art touristique et authenticité

De toutes les variétés d'art africain qui suscitent l'aversion des connaisseurs et dénaturent l'authenticité, la plus critiquée est sans doute l'art dit « touristique ». Pour ceux qui pensent l'évolution stylistique selon le modèle biologique, l'art touristique incarne le « déclin », voire la « mort » ; en termes de critères qualitatifs, il est un produit de consommation de masse, vulgaire et bassement commercial ; dans le discours métaphorique de l'anthropologie symbolique, il est impur, contaminé ; selon le paradigme du sauvage, il est déjà perdu. Le Center for African Art de New York a décidé de le passer sous silence dans son exposition *Africa Explores*, censément décisive sur l'art contemporain, sans doute pour plusieurs sinon l'ensemble des raisons invoquées ci-dessus.

En même temps, l'art touristique constitue un exemple riche et varié de la façon dont l'Occident a inventé la signification de l'art africain – et, en l'espèce, lui a refusé le label d'art « authentique »[34]. Sans le soutien des Occidentaux, il n'existerait pas. C'est le cauchemar du marxiste, l'illustration d'une appropriation hégémonique débridée. Mais que désigne précisément ce « il » ? La rubrique « art touristique » semble incorporer tout type d'art fait pour être commercialisé, qui ne rentre pas commodément dans les autres classifications. Il est plus facile de dire ce qu'elle exclut : l'art « international » fait par des artistes africains professionnels, vendu dans le circuit des galeries ; l'art « traditionnel », qui vise une communauté indigène ; l'art « populaire » qui, sans être traditionnel, est aussi fait – conçu, exposé ou donné à voir – pour le « peuple ».

Pour quelqu'un qui n'a guère de familiarité avec la scène urbaine africaine, cette définition semble ne laisser subsister que les objets de type « bibelot » – « l'art d'aéroport » : girafes sculptées et autres éléphants qu'on peut voir dans n'importe quel supermarché Woolworth ou hôtel Hilton des tropiques. En fait, la catégorie est bien plus vaste, englobant tout ce qui va de l'ingénieux (les écussons brodés à motif d'hélicoptère, les bijoux faits à partir de pièces de moteur recyclées) à l'inévitable (les bracelets de montre en perles tissées des Samburus), en passant par certains types de sculpture et de peinture. Mais en rangeant tout ce qui n'est pas sculpture ou peinture sous une seule étiquette inévitablement méprisante, les galeries et musées d'art occidentaux rendent invisibles les formes « non catégorisées », les soustraient au crible de la canonisation. L'effacement est aussi complet que celui qu'effectuent les films qui recomposent la danse *icough* ou la cérémonie du Gèlèdé.

Inversement, le fait qu'un nombre considérable de touristes achète un certain type d'art n'en fait pas automatiquement un art touristique au sens courant du terme. L'art dit d'Osogbo est vendu principalement aux touristes et aux expatriés résidant au Nigéria, mais la plupart des commentateurs ne le considèrent pas comme un art touristique dans la mesure où il a été reconnu comme « authentiquement » contemporain dans les années 1960[35]. Les statuettes *ibejis* des Yorubas, utilisées à l'origine pour honorer la mémoire de jumeaux disparus mais fréquemment transformées en objets d'art par les galeries – d'Abidjan à Nairobi – sont aussi vendues en masse aux touristes (elles sont petites et moins chères que les masques), mais personne ne songerait à les ranger dans la catégorie de l'art touristique. Dans les deux cas, les raisons sont différentes. L'art d'Osogbo n'est pas considéré comme touristique parce qu'il est le fait de plusieurs artistes connus individuellement, qui se distinguent tous par leur style propre. Le plus célèbre d'entre eux, le Nigérian Twins Seven Seven (1944-2011), faisait partie de l'exposition *Magiciens de la terre*. Lorsqu'il s'est fait connaître, dans les années 1960, il a suscité, dans le monde de l'art, le même engouement immodéré que le Congolais Chéri Samba (n. 1956) aujourd'hui. Mais que dire des innombrables imitations que son travail a engendrées et qui passent de main en main sur les trottoirs de Lagos et d'Ibadan ? Si la plupart témoignent d'un manque de talent et d'inventivité, quelques-unes se hissent au niveau des originaux. Va-t-on dire que c'est là de l'art touristique ? Il semblerait que ni l'existence d'une clientèle ni la qualité ne constitue un facteur décisif.

En ce qui concerne les *ibejis*, c'est l'intention de l'artiste qui empêche que l'objet soit rétrogradé : il a été conçu pour être utilisé par un client yoruba dans un contexte sacré. Il ne perd pas sa place dans le canon du fait d'être vendu à un touriste aujourd'hui. Cependant, même l'intentionnalité n'est pas un test fiable pour déterminer ce qui est admis dans le canon ou en est exclu. Prenons l'exemple souvent cité des ivoires afro-portugais. Bien qu'ils soient manifestement destinés aux consommateurs étrangers, ils ne suscitent pas l'opprobre et ne sont pas étiquetés « art touristique » par les musées ou les collectionneurs[36]. D'une part, leur appartenance à l'époque précoloniale fait qu'ils ne cadrent pas avec l'idée d'un art touristique comme phénomène colonial et postcolonial. Si l'on considère le critère de l'âge, l'antiquarianisme des musées et des collectionneurs occidentaux les prédispose à entrer dans le canon. Mais on peut invoquer une autre raison, tout aussi importante : techniquement, ce sont des œuvres témoignant d'un savoir-faire extrêmement habile, et qui plus est taillées dans l'ivoire, matériau considéré comme précieux et rare par les Occidentaux. L'art touristique, quant à lui, a la réputation d'être grossier et peu cher. Pour échapper à cette catégorie, l'objet doit, semble-t-il, être vieux, très onéreux ou techniquement très complexe[37].

Nous avons vu que le terme « touristique », dans l'expression « art touristique » n'est pas l'élément qui détermine son exclusion du canon par les autorités occidentales – c'est plutôt l'idée que cet art est dénué de valeur marchande, fruste et produit en masse. Mais en termes mercantiles, c'est tout l'art africain qui est dénué de valeur avant d'arriver en Occident. L'art « authentique » est lui-même souvent fruste – les masques kanagas fabriqués par les Dogons, par exemple – et pourtant cela n'entame pas leur popularité auprès des collectionneurs. Et que dire de la production de masse ? Même un humble bibelot est fabriqué à la main. La production de masse suppose l'utilisation de techniques de standardisation et de chaînes de montage – ce n'est pas exactement ce qui caractérise une coopérative de sculpteurs. Ce que l'amateur d'art occidental se figure avec une évidente répugnance, c'est une efficacité du type de celle que produisent les machines – perception qui occulte complètement le fait qu'entre les sculpteurs, les relations de travail ne diffèrent fondamentalement pas de celles que l'on observe, par exemple, au sein d'un groupe d'apprentis yorubas produisant toute une panoplie d'objets allant des masques Epas aux santons de la crèche dans un atelier d'Ife[38]. Même dans les très grandes coopératives kambas – comme celle de Changamwe près de Mombasa, où les sculpteurs se comptent par centaines –, les artisans sont répartis en groupes de douze ou moins, qui maintiennent des liens étroits pendant des années, forment de nouveaux apprentis, et viennent parfois du même village d'Ukambani, la terre d'origine des Kambas. Dans ces coopératives, les apprentis apprennent des maîtres sculpteurs, envers lesquels ils contractent une dette éternelle, comme dans le passé. Avant la colonisation, les Kambas ne pratiquaient pas la sculpture sur bois, mais ils étaient habiles dans l'art de la forge, la sculpture de l'ivoire et, vers la fin du XIXe siècle, le tissage des perles. Leur capacité à développer la sculpture des bibelots à grande échelle n'a pas surgi de nulle part, un beau matin : elle a été rendue possible par une longue expérience collective d'artisanat.

Les commentaires de John Povey concernant les sculpteurs kambas sont typiques de la vision erronée que les Occidentaux se font des coopératives : « Le système de convoyeur à bande de leur production empêche toute idée d'un choix de carrière pour les artistes locaux. Il nécessite des ouvriers d'usine »[39]. De fait, la plupart des coopératives pratiquent la spécialisation des tâches, ce qui induit la répétition de certaines formes en réponse à la demande du consommateur. Cependant, il y a aussi des maîtres sculpteurs – comme il y a des « amateurs » –, et tout le monde n'a pas le même niveau de compétence technique. Ce phénomène a été bien documenté pour les Kambas, les Ashantis, les Kulebeles et les Makondés[40]. À côté d'un jeune apprenti qui ne sculpte que des cuillères, on peut trouver un maître sculpteur tel que Lawrence Kariuki (le seul Kikuyu de la coopérative Kamba de Nairobi), qui passe plusieurs semaines sur une seule pièce et ne travaille qu'à la commande. Mais là encore, il semble que l'anonymat forcé qui résulte d'une identité collective du groupe – le fameux « style tribal » – suscite un réflexe d'amalgame chez le critique occidental, qui ne distingue plus le bon du mauvais ni du passable.

Même l'originalité, cette condition *sine qua non* pour qu'un art soit dit d'« importance » en Occident, s'observe dans l'art touristique aussi souvent que dans les autres types d'art. L'innovation, après tout, est vitale pour un genre où la nouveauté est ce que recherche le client étranger. Pourtant, les spécialistes de l'art africain s'indignent souvent de cette inventivité. Pourquoi ? Parce qu'elle enfreint le modèle canonique d'un passé intemporel sans histoire. Paula Ben-Amos, comparant l'art touristique et les langues pidgins, fait valoir une autre différence significative entre art traditionnel et art touristique, montrant que des règles différentes régissent la manipulation de la forme elle-même[41]. Là où la sculpture africaine précoloniale se caractérisait par une « symétrie et une frontalité rigides », l'art touristique dévie de cette norme pour produire une « distorsion surréaliste » ou faire un pas vers le naturalisme. La forme obtenue, dans le premier cas, est souvent jugée « grotesque » par les amateurs d'art traditionnel – jugement normatif qui se fonde sur leur préférence pour les styles plus « classiques », bien circonscrits de la période précoloniale. Ce qui soulève l'importante question du goût, souvent négligée dans le débat sur l'authenticité, mais dont j'ai traité ailleurs.

L'un des principaux arguments avancés par ceux qui contestent l'authenticité de l'art dit « touristique » est son incapacité à résister au circuit de la distribution commerciale. Aucun collectionneur n'a envie de retrouver une pièce quasiment identique à celle qu'il possède dans la vitrine d'un magasin. Dans la culture occidentale, en effet, il n'y a ni prestige ni bénéfice financier à attendre de la possession d'un objet qui n'est pas unique. Brian Spooner fait valoir l'« obsession du signe distinctif » qui motive nombre de collectionneurs de tapis orientaux[42]. Barbara Kirshenblatt-Gimblett fait état des mêmes problèmes en ce qui concerne la commercialisation de l'art populaire amérindien[43] et les rattache au programme moderniste tel qu'il a été défini par le critique Fredric Jameson : « Le modernisme [...] conçoit sa vocation formelle comme résistance à la forme de la marchandise. Sa vocation n'est pas une vocation de marchandise mais de conceptualisation d'un langage esthétique incapable d'offrir de satisfaction en termes de marchandise [...] »[44]. Difficile de ne pas voir comment ces arguments peuvent alimenter les peurs des collectionneurs et infléchir les politiques d'acquisition des musées[45].

La sculpture makondé[46], dont la production, depuis 1959, se subdivise en deux styles – une tendance naturaliste (*binadamu*, l'« être humain ») et un courant antinaturaliste (*shetani* ou *jini*, la « créature surnaturelle ») – illustre parfaitement la disjonction entre la symétrie maîtrisée de la période précoloniale et l'expressionnisme postcolonial. La sculpture makondé fait régulièrement l'objet de rejets de la part des musées d'art, et ses acquéreurs se recrutent principalement parmi les gens qui ne collectionnent pas l'art africain canonique[47]. Mais tous les musées n'ont pas ce souci de canonicité. Le National Museum of Natural History de la Smithsonian Institution a accepté d'accueillir une collection makondé pour illustrer le rôle que joue l'esthétique dans les processus de transformation culturelle. Soucieux d'œcuménisme, les organisateurs de l'exposition *Magiciens de la terre* ont fait fi des précédents et exposé le travail d'un sculpteur makondé, John Fundi. Une seule phrase lui est attribuée dans le catalogue : « Toutes mes œuvres ont une histoire »[48]. Cette notion d'histoire constitue une violation supplémentaire des règles du canon, puisque la sculpture « traditionnelle » est supposée dénuée de caractère narratif.

L'art de John Fundi est de fait « grotesque », si l'on se réfère aux canons du goût édictés par l'art précolonial. Mais c'est aussi un art du bricolage. Ce que cela signifie s'éclairera sans doute à partir de quelques informations concernant le nom de l'artiste – « autre subversion qui crée son propre clair-obscur ». En kiswahili, un *fundi*[49] est un artisan, mais le terme connote aussi l'idée de quelqu'un « qui répare les objets ». Si ma chaîne de bicyclette est cassée, je porte mon vélo au *fundi*. Par ailleurs, le mot peut aussi désigner une personne douée d'une compétence ou d'un talent particulier pour « se débrouiller des choses »[50]. Le *fundi* est, en Afrique orientale, l'équivalent du bricoleur de Claude Lévi-Strauss[51] : celui qui est capable de réparer les choses avec les matériaux qui lui tombent sous la main. Dans les pays du Tiers-Monde, tout ce qui est utile est récupéré et recyclé : les pneus usés deviennent des sandales, les queues de vache, des chasse-mouches, les épingles de sûreté et les fermetures éclair, des bijoux. Cette capacité d'invention, qui exige un réajustement constant des moyens et des fins, entraîne un flux permanent de ce que le travail du *fundi* produit.

Cette disposition mentale – faire de nécessité vertu – caractérise aussi bien le sculpteur sur bois que le réparateur de bicyclettes. Le premier *shetani* sculpté a été attribué, par les sculpteurs eux-mêmes, à Samaki Likonkoa qui, alors qu'il allait porter [c. 1959] un *binadamu* « normal » au marchand Mohammed Peera à Dar es Salam, l'a malencontreusement abîmé, lui cassant un bras[52]. Inconsolable, Samaki Likonkoa est rentré chez lui où, la nuit suivante, il a rêvé de son père mort. Dans ce rêve, son père lui conseillait de limer la jointure de l'épaule et d'ôter les yeux. De *binadamu*, la statuette deviendrait alors djinn, esprit de la savane (en kiswahili, *jini*, *shetani*).

Il importait peu que personne, parmi les immigrés makondés de Dar es Salam, n'ait encore sculpté de *shetani* puisque l'objet n'était pas destiné à l'usage de la communauté makondé. Il serait vendu par Mohammed Peera à quiconque, entrant dans sa boutique, aurait envie de l'acheter. L'idée d'un bricolage vint à Samaki Likonkoa au travers d'un rêve dans lequel la tradition (sous les espèces de son père) approuvait l'innovation en la reconduisant à ses propres croyances (les *jini* font partie intégrante de la croyance makondé). De nouvelles formes ont surgi de ce mouvement, ce qui eût été beaucoup plus difficile à l'époque précoloniale. C'est le phénomène radicalement nouveau que représentait l'existence d'une clientèle étrangère qui a ouvert la voie à l'invention. Dans l'art précolonial, l'objet, le symbole et la fonction étaient perçus comme étroitement corrélés au sein d'un système très structuré[53]. Mais les nouveaux genres qui ont vu le jour sous le colonialisme – et j'inclus dans cette catégorie l'art « populaire » comme l'art « touristique » – sont tributaires de la clientèle fluctuante et circonstancielle des grandes villes africaines, et non des besoins infiniment plus prévisibles des chefs, des classes d'âge ou du lignage. La ville, quant à elle, est liée tantôt à l'ancien centre colonial, avec sa clientèle étrangère et sa culture exotique, tantôt aux villages où ses habitants rentrent régulièrement et puisent une part essentielle de leur identité[54].

Paula Ben-Amos reprend l'argument de Claude Lévi-Strauss selon lequel la fonction sémantique de l'art tend à disparaître dans le passage du « primitif » au moderne[55]. Dans l'art moderne – ou plus exactement, dans l'art européen qui va de la Renaissance au XIXe siècle –, la fonction sémantique est remplacée par une fonction mimétique. Il ressort clairement de son entretien avec Samson Okungbowa que c'est très précisément ce qui s'est passé pour l'art touristique béninois : « La tête commémorative [sculptée par les membres d'une guilde traditionnelle] est celle d'un esprit, et non d'un être humain. *Son but est d'inspirer la crainte* et elle est faite pour le sanctuaire. *Une tête en ébène, ça n'a jamais fait peur à qui que ce soit !* » (je souligne). Paula Ben-Amos déduit de cet exemple une analogie entre l'art touristique et les langues pidgins : dans les deux cas, en effet, le niveau sémantique est restreint et la portée du sujet limitée[56].

Contestant ces limites, Bennetta Jules-Rosette fait valoir que le contenu sémiotique de l'art touristique, loin de disparaître, n'est qu'occulté[57]. La peinture touristique et populaire se décline certes selon un nombre limité de modèles standardisés et dans un style plus ou moins « générique », mais elle sait aussi user « de la métaphore, de la métonymie et de l'allégorie pour suggérer un niveau de sens inexprimé, implicitement contenu dans le rendu de l'artiste »[58]. Fait significatif, il s'agit ici de peinture et non de sculpture. La peinture véhicule un message plus littéraire que les arts en volume et relève davantage de l'artifice dans la mesure où elle aplatit la tridimensionnalité sur une surface plane. Elle se prête donc mieux à l'analyse sémiotique que la sculpture. Reprenant le système classificatoire d'Ilona Szombati-Fabian et Johannes Fabian[59] (1976), Bennetta Jules-Rosette l'élargit jusqu'à inclure l'art touristique et populaire. Selon elle, la peinture touristique et populaire zaïroise exprime la mémoire et la conscience collective par l'usage de thèmes stéréotypés tels que les paysages idylliques (« choses ancestrales »), les figurations de la colonie belge (« choses du passé ») et les scènes de la vie urbaine (« choses du présent »)[60].

Une question intéressante est alors de savoir comment ces catégories peuvent s'appliquer à d'autres formes d'art touristique. Si l'on transpose cette typologie à la sculpture makondé, on pourra catégoriser comme « choses ancestrales » les *ujamaa* (arbres généalogiques) et la

Mama Kimakondé (« Mère des Makondés », allusion à l'ascendance matrilinéaire) ; les célèbres caricatures d'Européens, notamment de prêtres, seront dites « choses du passé (colonial) » et les sculptures de genre – figurant par exemple un coiffeur en train de couper des cheveux – « choses du présent ».

Malheureusement, les sculptures les plus innovantes – les statuettes *shetanis* – sont trop complexes pour s'insérer dans un schéma chronologique aussi simple. Sur le plan mémoriel, elles figurent une autre dimension, celle de la « persistance du passé dans le présent ». Pourtant, exception faite des « choses ancestrales », les *shetanis* sont l'expression la plus puissante du travail de la mémoire collective dans la sculpture makondé, puisqu'ils renvoient à toute une série de croyances concernant les esprits de la nature – la tradition *nnangenda* – qui sont au cœur des traditions orales et des mascarades makondés. En même temps, ce sont des inventions destinées à un public moderne composé d'étrangers. Si le schéma de Bennetta Jules-Rosette permet d'interpréter les « messages » de la peinture populaire et touristique du Zaïre ou de la Zambie, il demande à être repensé en ce qui concerne la sculpture makondé. La question de la mémoire collective, dans cette optique, me paraît essentielle, encore qu'elle ne fonctionne pas de la même façon que pour la clientèle de la peinture populaire zaïroise.

Les sculpteurs makondés de Dar es Salam et de ses environs sont des immigrants venus de la province mozambicaine de Cabo Delgado. Ils réinventent leur culture dans ce paysage pour eux étranger qu'est la Tanzanie, formant souvent de petites communautés isolées, installées en bordure de Dar es Salam ou de Mtwara. Au début des années 1970, ils passaient encore pour barbares auprès de la population tanzanienne locale, d'une part, parce qu'ils vivaient entre eux, et, d'autre part, parce qu'ils étaient les seuls à continuer à scarifier leurs visages et à limer leurs dents – à procéder à ces actes d'inscription culturelle que les mascarades Mapiko rendent visibles. Cette visibilité se retrouve d'ailleurs dans leurs statuettes *shetanis*, qui se démarquent si radicalement du répertoire classique des boutiques de curiosités. Le malaise qu'éprouve la population tanzanienne locale est équivalent, pourrait-on dire, à la gêne que ressent le collectionneur d'art « véritable » : tous deux considèrent que les Makondés sont étrangers, culturellement, à leur paysage. Mais alors, comment comprendre ce que font les Makondés ? Et pourquoi ce rejet des institutions culturelles occidentales, qui taxent leur art d'inauthentique ?

Les Makondés, selon moi, sont engagés dans un processus complexe de renégociation de leur identité à l'intérieur de leur nouvel environnement culturel – notamment de leur identité artistique. C'est cela qui donne à leurs *shetanis* cette qualité d'art « naissant », que Karin Barber considère comme ce qui distingue en propre les arts populaires – ironiquement, c'est la raison même de leur rejet par les musées et les collectionneurs[61]. À Dar es Salam, les sculpteurs makondés ont cherché à se démarquer des Zaramos, qui sculptaient des objets de décoration. À l'inverse des Zaramos, les Makondés ne pouvaient satisfaire les exigences d'un commanditaire – à savoir produire tant de sculptures d'un certain type dans un laps donné de temps. À la consternation des marchands, ils se considéraient comme des « artistes » – entendons par là qu'ils faisaient ce qui leur plaisait quand cela leur plaisait. Par ailleurs, ils allaient et venaient sans cesse, traversant le fleuve Ruvuma et gravissant le haut plateau makondé dans le nord du Mozambique.

Ce comportement en apparence désinvolte à l'égard de leur travail n'était pas de nature à améliorer leur statut financier : une production aléatoire ne peut que rendre plus précaire une source de revenus déjà maigre. Cette attitude a donc plus à voir avec l'idée que les sculpteurs makondés se font d'eux-mêmes. La sculpture est certes un travail, mais elle représente aussi une forme de médiation entre leur vie d'antan, encore très présente dans la mémoire collective (« Nous venons de Mueda, nous venons tous de Mueda »), et leur vie d'aujourd'hui, loin de leur pays d'origine. Certains sculpteurs continuent de fabriquer des masques pour les rituels d'initiation du Mapiko tout en sculptant des *binadamus* ou des *shetanis* vendus aux étrangers. Il n'y a aucune confusion de style, de contenu ou de clientèle entre ces deux types de transaction.

De cela, on ne peut cependant déduire, comme le fait Susan Vogel[62] que seuls les masques Mapiko sont des expressions culturelles authentiques. Pour l'artiste, chaque sculpture qui sort de ses mains est authentique : il fait « ce que les gens veulent », que ces gens soient de son peuple ou la clientèle étrangère[63]. L'exemple cité par Karin Barber – d'orchestres, en Afrique de l'Ouest, qui enregistrent des musiques différentes pour le marché local et la clientèle étrangère – constitue un excellent point de comparaison[64]. D'une part, comme Jean Comaroff le suggère[65], lorsqu'un changement social radical génère une situation de contradiction interne des valeurs, la persistance du « rituel [ici, de l'art] ‹ traditionnel › devient le symbole d'un monde perdu fait d'ordre et de maîtrise » ; mais d'autre part, on peut aussi faire l'hypothèse que les nouvelles formes d'expression culturelle servent à ancrer l'expérience de l'immigrant dans une série de médiations requises par la culture nouvellement adoptée et son environnement.

À cet égard, les *shetanis* font merveille : ils sont, d'une part, très prisés d'une nouvelle clientèle, et, d'autre part, permettent de légitimer un ensemble de croyances sur la Nature sauvage qui font le lien entre la terre d'origine et le nouveau pays. Comme la porte sculptée, les *shetanis* sont des « signes […] dégagés de leur contexte initial » dont « les significations se transforment [et prennent des formes visuellement concrètes] à la faveur de nouvelles associations »[66]. En résumé, l'artiste continue de jouer le rôle du *fundi* ou du bricoleur.

Que ce rôle soit perçu comme inauthentique par les amateurs d'art occidentaux tient sans doute au fait que l'authenticité, jusqu'à présent, a toujours été étroitement associée à ce « monde perdu fait d'ordre et de maîtrise » plutôt qu'aux renégociations culturelles que cette perte entraîne. Nous devons d'abord admettre que le passé précolonial, tel que nous le voyons depuis notre perspective présente, est le produit d'une idéalisation, tant de la part des Européens que des Africains eux-mêmes. Deuxièmement, il faut reconsidérer la notion d'authenticité du point de vue de ceux qui font l'art, et non de ceux qui le collectionnent de l'autre côté de l'Atlantique.

<h3 style="text-align:center">Le contexte comme entité globale :
la rue, le marchand, le marché</h3>

Il n'y a pas que dans les musées et les maisons des collectionneurs que la signification de l'art africain est réinventée. Jusqu'à présent, je me suis concentrée sur la figure de l'artiste contemporain et du collectionneur. Mais en ne considérant pas le rôle de l'intermédiaire dans cette transaction, la description demeure incomplète. Dans deux articles importants[67], Christopher Steiner attire l'attention sur l'utilisation, de la part des marchands d'art africain, du savoir comme objet de médiation, se fondant sur l'exemple des marchands hausas, mandés et wolofs de la Côte d'Ivoire. Je vais m'efforcer d'élargir cette base jusqu'à inclure leurs homologues de Nairobi.

Contrairement à la plupart des grandes villes d'Afrique de l'Ouest, Nairobi est submergée de touristes tous les jours de l'année[68]. Elle compte beaucoup plus de boutiques et de galeries que n'importe quelle autre capitale de cette partie du continent, et celles-ci couvrent tout l'éventail de la gamme économique. L'élément notable, en particulier, est qu'il y a presque autant d'art d'Afrique de l'Ouest et du Zaïre en vente à Nairobi que d'art kenyan, tanzanien, ougandais ou éthiopien. Ce ne sont là, cependant, que des différences de surface : dans le fond, les principes qui s'appliquent sont les mêmes qu'à Abidjan (Côte d'Ivoire), Douala (Cameroun) et Kano (Nigéria). Le rôle du marchand, qu'il soit un Kamba officiant au marché, un commerçant gujarati ou un expatrié possédant une galerie, reste le même : surveiller, replacer dans leur contexte et authentifier les artéfacts en vente.

La sculpture makondé et ses copies, par exemple, connaissent à Nairobi un commerce florissant. Bien que les Makondés ne vivent pas au Kenya, transporter leurs œuvres depuis Dar es Salam par-delà la frontière entre la Tanzanie et le Kenya reste une affaire profitable. Il y a d'abord l'accueil de premier choix que les galeries réservent aux œuvres des sculpteurs makondés de renom. Isolées sous des projecteurs lumineux, elles sont authentifiées par divers récits prônant l'origine mythique de Mama Kimakondé, la « première femme »[69]. Comme pour la peinture zaïroise, les marchands savent l'importance, pour les acheteurs occidentaux, de cette composante narrative de l'objet d'art. D'où la prolifération de toutes sortes d'hagiographies astucieuses concernant tel ou tel *shetani* : celui qui « occasionne les accidents de voiture », celui qui « tapi dans les latrines provoque la dysenterie », etc. Tout le monde est satisfait : le galeriste finalise sa vente, l'acheteur a le sentiment d'avoir acquis un objet authentique et le sculpteur makondé conserve par-devers lui son savoir culturel. La sculpture makondé génère aussi tout un marché du livre. Son inventivité est sans limites, et chaque année la pile des œuvres de fiction romancée – commises, le plus souvent, par des auteurs allemands – sur la sculpture makondé augmente.

Si l'œil exercé ne se laisse pas duper, quantité de colporteurs à Nairobi et Mombasa réussissent à vendre des sculptures « makondés » fabriquées, en réalité, par des faussaires de la zone industrielle des deux villes. Une application bien dosée de cirage noir suffit à donner à divers bois durs l'aspect de l'ébène. (Ce sont des bois que les Makondés eux-mêmes n'utilisent pas, mais l'ébène se fait plus rare au Kenya qu'en Tanzanie.) Ce sont souvent ces copies, plus petites, moins chères et plus facilement commercialisables qu'on retrouve au rayon sculpture « makondé » des grands magasins nord-américains. Toutes ces stratégies commerciales font directement écho aux observations de Christopher Steiner quant à la présentation, la description et la transformation des objets par les marchands ivoiriens.

Outre la sculpture makondé et pseudo-makondé, quantité d'autres artéfacts populaires, de prix et de qualité variables, peuvent être achetés dans les galeries et boutiques situées à proximité des grands hôtels internationaux, soit aux *dukawallahs* – les marchands indiens du centre-ville –, soit au marché municipal ou à l'un des marchés de surplus du secteur, soit encore à des vendeurs à la sauvette. Entre celui qui fait commerce sur le trottoir et la boutique ou galerie ayant pignon sur rue, le prix peut être multiplié par dix. La qualité elle-même est variable, les boutiques se montrant plus généreuses dans la rémunération des artistes que les vendeurs à la sauvette. Par exemple, les femmes massaïs des collines du Ngong, à quelques kilomètres de Nairobi, viennent en ville une fois par semaine pour vendre leurs colliers et leurs boucles d'oreilles en perles tissées. Elles vont d'abord à la galerie African Heritage d'Alan Donovan, où un acheteur évalue les pièces, dont il ne retiendra que les meilleures. Celles qui restent sont alors apportées aux vendeurs à la sauvette, qui les achètent pour une somme beaucoup plus modique – et les vendent aussi moins cher. Enfin, les femmes se rendent chez Lalji & Sons, une boutique de perles de Biashara Street en activité depuis les années 1900. Là, elles font provision de perles pour la semaine avant de retourner dans leurs collines[70].

À la galerie African Heritage, l'extrême qualité de la marchandise, alliée à des techniques de marketing sophistiquées, constitue un attrait irrésistible pour les collectionneurs de bijoux ethniques ou, plus généralement, d'art[71]. Des tirages originaux d'Angela Fisher (auteur de l'ouvrage *Africa Adorned*, 1984) ainsi que divers spécimens, anciens ou nouveaux, de bijoux en perles massaïs, samburus, rendilles et turkanas sont vendus dans une atmosphère d'authenticité et d'élégance désinvolte. Le jardin attenant à la cafétéria est hérissé de pierres tombales mijikenda. La sculpture d'Afrique de l'Ouest – depuis ce qu'elle a de plus canonique (les *ibejis* yorubas) jusqu'à ses expressions récentes (les grands masques akans) – occupe une autre partie de la galerie. Des gourdes décorées et des paniers tressés réconcilient art et artisanat. À l'étage, on trouve des robes droites en batik et des vêtements de safari. Comme une publicité pour Ralph Lauren, la galerie consacre le style typique du colon/chasseur établi au Kenya (Karen Blixen, Denys Finch-Hatton). Elle nous rappelle que les objets ont le pouvoir de façonner une personnalité – non seulement pour ceux qui les créent, mais aussi pour ceux qui les possèdent. Et personne n'est plus conscient de cela que le marchand. Non seulement c'est son identité d'artiste que la femme massaï renégocie en vendant ses bijoux, mais la cliente qui les achète s'invente elle aussi un nouveau personnage. Que les Massaïs fassent de subtiles distinctions de couleur et de motif entre les objets qu'elles destinent aux étrangers et ceux qu'elles se réservent n'est d'aucune importance ici. Ce qui compte, c'est que de nouvelles identités se constituent de part et d'autre.

Dans un passé qui n'est pas trop lointain (disons, il y a quinze ans), on aurait déclaré ces renégociations suspectes et affirmé haut et clair que seule une femme massaï tissant des perles pour elle-même ou pour ses semblables pouvait prétendre à l'authenticité culturelle, le reste relevant du leitmotiv culturel du « déclin et [de la] mort » consécutifs au contact colonial[72]. Mais ces bijoux nomades, dont la demande est si forte aujourd'hui, coexistent dans quatre ou cinq contextes culturels différents pour la seule ville de Nairobi. Contrairement à la sculpture précoloniale, qui a mis du temps à migrer – du cabinet de curiosités au musée d'histoire naturelle, puis au musée d'art – et subi un changement de statut à chaque étape, ici tout l'éventail des bijoux est visible en une seule journée. À la galerie ethnographique du Musée national de Nairobi, pour commencer, les bijoux massaïs ou samburus sont exposés – parmi les gourdes, lances, etc. – comme autant d'objets typiques de l'arsenal fonctionnaliste d'« histoire naturelle ». Près de l'entrée principale, la boutique du musée tire sa prospérité du commerce des bijoux pasto-ralistes – boucles d'oreilles, notamment, vendues comme souvenirs. Chez African Heritage, les mêmes parures sont non seulement vendues comme objets esthétiques, mais on peut aussi les voir *portées* (le mardi matin) *par celles-là mêmes qui les proposent à l'achat de l'expert*, à savoir les femmes massaïs. De même, elles sont arborées lors des spectacles de danse qui ont lieu à Bomas of Kenya, le village touristique de Nairobi. Enfin, quantité de librairies de la ville vendent des livres montrant des photographies de Massaïs ou d'autres ethnies, parés de ces bijoux[73]. Ils figurent alors le souvenir d'un « eldorado » en voie de disparition. (Ces beaux livres, en fait, sont nos « cabinets de curiosités » du XXe siècle.) Chacune de ces réalités – artéfact fonctionnel, objet d'art, souvenir, pièce vestimentaire, art corporel vu à travers l'appareil photographique – coexiste dans un rapport dialogique avec les autres, et chacune apporte sa part de vérité.

Mais l'artéfact ultime, dans cette déclinaison, reste les Massaïs eux-mêmes. En 1987, une boutique de curiosités de Mombasa employait un guerrier [*moran*] massaï dont le travail consistait à déambuler devant le magasin, paré de ses plus beaux atours, afin d'attirer le client. Le tourisme est en soi une démarche de collectionneur, et prendre des photographies en est l'acte d'appropriation le plus agressif. Le Parlement kenyan se sentit finalement tenu de voter une loi interdisant aux touristes de photographier les Massaïs – mesure d'autodéfense comparable à celles qu'avaient jadis prises les conseils de tribu des Amérindiens dans le sud-ouest nord-américain. Mais l'« authentique » culture massaï, où se trouve-t-elle dans tout cela ? Comme pour les *shetanis* makondés, il faut reformuler la question dès lors qu'on déplace le lieu de l'authenticité du collectionneur au créateur. Le *moran* de la boutique de curiosités est *réel* : il n'est ni David Byrne se posant en roi du mambo[74], ni l'« Indien » folklorique des beaux jours du cigare. Il a vécu dans les kraals[75] et a été initié, avec les autres garçons de son âge, au comportement du guerrier qui n'implique normalement pas un salaire. Mais peut-être a-t-il besoin d'argent pour régler des frais d'inscription dans son école ou payer une amende. En se postant devant le magasin, il s'affiche de fait comme l'emblème vivant de lui-même[76].

J'ai ouvert cet article par deux questions – qui décide de la signification de l'art africain et qui détermine son authenticité culturelle ? En un sens, ce sont là des questions rhétoriques car la réponse était prévisible. Si l'« art touristique » – autrement dit, ce que les Occidentaux considèrent comme le plus petit dénominateur commun dans ce que l'art africain comporte d'inauthentique – peut être déconstruit de telle sorte qu'apparaissent toutes les contradictions inhérentes à la définition même de l'authenticité, alors ces questions valent aussi pour d'autres catégories non canoniques telles que l'art « élitiste » ou « international ». En cette fin de XXe siècle, il est peut-être temps de mieux ajuster le canon au corpus – à la production effective des artistes africains – et de renoncer à un système de classification myope reposant essentiellement sur une construction purement mentale de l'Afrique.

NOTES — *

Texte paru, pour la première fois, sous le titre « African Art and Authenticity: A Text with a Shadow », dans *African Arts*, vol. 25, n° 2, UCLA James S. Coleman African Studies Center, Los Angeles, avril 1992, p. 40-53, 96-97. Version originale accessible sur www.jstor.org/stable/3337059, avec illustrations.

1

[NdE] Organisée par Jean-Hubert Martin, l'exposition *Magiciens de la terre* s'est tenue simultanément au Centre Pompidou et à la Grande Halle de la Villette. Pour plus d'informations : www.centrepompidou.fr/cpv/resource/c5eRpey/rERz8A.

2

Rasheed Araeen, « Our Bauhaus, Others' Mudhouse », *Third Text*, vol. 6, n° 3, printemps 1989, p. 3-14 ; James Clifford, *The Predicament of Culture: Twentieth-Century Ethnography, Literature, and Art*, Harvard University Press, Cambridge 1988 ; Thomas McEvilley, « Doctor Lawyer Indian Chief », *Artforum*, novembre 1984, p. 59 ; Thomas McEvilley, « Marginalia », *Artforum*, mars 1990, p. 19-21 ; Yves Michaud, « Doctor Explorer Chief Curator », *Third Text*, vol. 6, n° 3, printemps 1989, p. 83-88.

3

À cela fait, en partie, exception *Africa Explores: 20ᵗʰ Century African Art*, l'exposition d'art contemporain organisée en 1991 par Susan Vogel pour le Center for African Art de New York. J'ai traité des problèmes quelque peu différents que cette exposition soulève dans un autre article : « Taste and Distaste: The Loaded Canon of New African Art », *Transition*, vol. 57, n° 3, 1992, p. 52-70.

4

Ce sous-titre renvoie à l'ouvrage de Chinweizu Ibekwe, *The West and the Rest of Us: White Predators, Black Slavers, and the African Elite*, paru en 1975.

5

Voir notamment la discussion in *African Arts*, vol. 9, n° 3, juillet 1976.

6

Adam Kuper, *The Invention of Primitive Society*, Routledge, Londres 1988.

7

[NdE] L'anthropologue britannique William Fagg (1914-1992) fut le conservateur du Département d'ethnographie du British Museum et un historien pionnier de l'art yoruba et, plus largement, du Nigéria.

8

Une étude récente reconsidère les choses, réintroduisant les Dogons au sein d'un univers partagé avec d'autres cultures de l'ancien Soudan français de l'Ouest africain. Voir Walter E. A. Van Beek, « Dogon Restudied: A Field Evaluation of the Work of Marcel Griaule », *Current Anthropology*, vol. 32, n° 2, avril 1991, p. 139-167.

9

En termes gramsciens, ce don ne fait que mettre en évidence le rapport d'hégémonie du colonisateur sur le colonisé.

10

Percy Amaury Talbot, *The Peoples of Southern Nigeria*, quatre volumes, Oxford University Press, Londres 1926, vol. 3, p. 788-789.

11

[NdE] L'adire est un tissu teint à l'indigo fabriqué dans le sud-ouest du Nigéria par des femmes yorubas.

12

George Kubler, *The Shape of Time: Remarks on the History of Things*, Yale University Press, New Haven et Londres 1962 ; en français, *Formes du temps : remarques sur l'histoire des choses*, trad. Y. Kornel et C. Naggard, Champ libre, Paris 1973.

13

Jan Vansina, *Art History in Africa: An Introduction to Method*, New York, Longman 1984, p. 2.

14

Les études diasporiques constituent bien sûr une exception. Là le changement est perçu comme la condition *sine qua non* de l'activité esthétique et a valeur d'axiome.

15

Sidney L. Kasfir, « One Tribe, One Style ? Paradigms in the Historiography of African Art », *History in Africa*, vol. 11, 1984, p. 163-193 ; Sally Price, « Our Art, Their Art », *Third Text*, vol. 6, n° 3, printemps 1989, p. 65-72.

16

Sidney L. Kasfir, art. cit., 1984 ; Sidney L. Kasfir, « Apprentices and Entrepreneurs », *in* Christopher Roy (éd.), *Iowa Studies in African Art*, vol. 2, Iowa City 1987, p. 25-47.

17

William Fagg et John Pemberton, *Yoruba Sculpture of West Africa*, Alfred A. Knopf, New York 1982, p. 35.

18

Daniel Biebuyck, *Tradition and Creativity in Tribal Art*, University of California Press, Berkeley 1969, p. 7. L'anonymat est une question à propos de laquelle les chercheurs – qui, dans la plupart des cas, ont procédé eux-mêmes à la collecte des informations de terrain – tendent à se séparer des marchands et des collectionneurs, lesquels sont d'ailleurs loin de former une classe homogène de part et d'autre de l'Atlantique. Nombre de collectionneurs nord-américains prennent la peine de chercher à savoir qui est l'auteur des pièces qu'ils possèdent, là où les conversations rapportées par Sally Price laissent entrevoir un goût plus européen (plus romantique) pour le caractère « exotique » de l'art.

19

Ici et suivante : Sally Price, art. cit., 1989, p. 69, p. 70.

20

Sally Price cite le célèbre marchand d'art Henri Kraemer, qui précise : « *L'objet* fabriqué en Afrique [...] ne devient *objet d'art* qu'une fois arrivé en Europe », *in* Sally Price, art. cit., 1989, p. 70.

21

Brian Spooner, « Weavers and Dealers: The Authenticity of an Oriental Carpet », in Arjun Appadurai (éd.), *The Social Life of Things*, Cambridge University Press, Cambridge 1986, p. 199-222.

22

Le problème est historique autant que sociologique : l'idée même d'une identité culturelle commune assignable à l'être yoruba date seulement de la fin du XIXᵉ siècle. Voir Michel R. Doortmont, « The Invention of the Yorubas: Regional and Pan-African Nationalism Versus Ethnic Provincialism », in P. F. de Moraes Farias et Karin Barber (éds.) *Self-Assertion and Brokerage: Early Cultural Nationalism in West Africa*, Birmingham University African Studies Series 2, Birmingham 1990, p. 102.

23

Harry R. Silver, « Calculating Risks: The Socioeconomic Foundations of Aesthetic Innovation in an Ashanti Carving Community », 23ᵉ Conférence annuelle de l'African Studies Association, Philadelphie, 1980, notamment page 6 ; Doran Ross et Raphael Reichert, « A Modern Kumase Workshop », in Doran Ross et Timothy F. Garrard (éds.) *Akan Transformations*, UCLA Museum of Cultural History, Los Angeles 1983.

24

Mon enquête englobait bon nombre d'Idomas mais aussi quelques Tivs ou Afos du Nigéria ; les Makondés, originaires du Mozambique et immigrés en Tanzanie, et les sculpteurs kambas du Kenya ; tous corroborent les données dont nous disposons concernant les Ashantis.

25

Susan Vogel et al., *Africa Explores: 20ᵗʰ Century African Art*, cat. exp., The Center for Africa Art, New York 1991, p. 50.

26

Le Nigéria disposant d'une loi protégeant les antiquités et étant un pays où le trafic de sculptures se pratique massivement, le terme « antiquité » en est venu à désigner tout artéfact qui change de mains de façon illégale.

27

Ici et suivante : Charles Keil, *Tiv Song*, Chicago University Press, Chicago 1979, p. 249-250. Souligné par l'auteure.

28

Henry John Drewal et Margaret Thompson Drewal, *Gelede*, Indiana University Press, Bloomington 1983.

29

Thomas McEvilley, « Marginalia », *Artforum*, mars 1990, p. 19-21.

30

Barbara Kirshenblatt-Gimblett, « Objects of Ethnography », *in* Ivan Karp et Steven Lavine (éds.), *Exhibiting Cultures*, Smithsonian Institution Press, Washington 1991, p. 389-390.

31

James Clifford, *The Predicament of Culture*, *op. cit.*, p. 226-229.

32

Jacques Maquet, « Art by Metamorphosis », *African Arts*, vol. 12, n° 4, 1979, p. 32.

33

Jacques Maquet, *The Aesthetic Experience: An Anthropologist Looks at the Visual Arts*, Yale University Press, New Haven 1986, p. 15.

34

William Bascom, « Changing African Art », in Nelson Graburn (éd.), *Ethnic and Tourist Arts: Cultural Expressions from the Fourth World*, University of California Press, Berkeley 1976, p. 320-333.

35

L'historien d'art nigérian Babatunde Lawal affirme depuis 1975 qu'il s'agit bien d'un art touristique, mais là encore cette étiquette vise à nier son authenticité.

36

Ils ont leur place, par exemple, dans l'exposition *Circa 1492* récemment organisée par la National Gallery de Washington pour faire connaître l'éventail planétaire des chefs-d'œuvre de la fin du XVe siècle.

37

On peut citer l'exemple parallèle des boules en ivoire finement sculpté des Chinois : destinées, à l'origine, à l'exportation, elles sont aujourd'hui considérées comme des œuvres d'art à part entière.

38

Sidney L. Kasfir, « Apprentices and Entrepreneurs », art. cit., 1987, p. 25-47.

39

John Povey, « The African Artist in a Traditional Society », *Ba Shiru*, vol. 11, n° 1, p. 3-8, ici p. 5.

40

Bennetta Jules-Rosette, « Aesthetics and Market Demand: The Structure of the Tourist Art Market in Three African Settings », *African Studies Review*, vol. 29, n° 1, 1986, p. 41-59 ; Harry R. Silver, « Calculating Risks: The Socioeconomic Foundations of Aesthetic Innovation in an Ashanti Carving Community », 23e Conférence annuelle de l'African Studies Association, Philadelphie, 1980 ; Dolores Richter, *Art, Economics and Change: the Kulebele of Northern Ivory Coast*, Psych/Graphic Publishers, La Jolla 1980 ; Sidney L. Kasfir, « Patronage and Maconde Carvers », *African Arts*, vol. 13, n° 3, 1980, p. 67-70, 91.

41

Voir Paula Ben-Amos, « Pidgin Languages and Tourist Arts », *Studies in the Anthropology of Visual Communication*, vol. 4, n° 2, 1977, p. 130, 132. [NdE] Une langue pidgin est une langue véhiculaire simplifiée, créée sur le vocabulaire et certaines structures d'une langue de base, en général européenne.

42

Brian Spooner, « Weavers and Dealers: The Authenticity of an Oriental Carpet », art. cit., p. 200.

43

Barbara Kirshenblatt-Gimblett, « Mistaken Dichotomies », *Journal of American Folklore*, vol. 101, n° 400, Smithsonian Institution Press, Washington, avril-juin 1988, p. 148.

44

Fredric Jameson, « *Réification et utopie dans la culture de masse* », *Études françaises*, vol. 19, n° 3, 1983, p. 128.

45

Pour une analyse particulièrement fine du problème des collectionneurs et de la commercialisation dans l'art africain, voir le compte-rendu que Kwame Anthony Appiah a consacré au catalogue *Perspectives: Angles on African Art*, cat. exp., The Center for African Art, New York, 1987, dans « Is the Post- in Postmodernism the Post- in Postcolonial ? », Critical Inquiry, vol. 17, hiver 1991, p. 336-357.

46
[NdE] L'article original distingue les sculpteurs makondés immigrés du Mozambique des Makondés indigènes de Tanzanie, dont la production culturelle est différente et qui ne comptent guère de sculpteurs professionnels.

47
Les collectionneurs de sculptures makondés se recrutent typiquement parmi les universitaires et les journalistes – catégorie qui n'a pas facilement accès à l'art « traditionnel » africain, faute de moyens financiers. Une distinction de classe régit donc implicitement l'achat et l'exposition des œuvres reconnues par le canon, d'une part, et de l'art touristique, d'autre part.

48
Jean-Hubert Martin (éd.), *Magiciens de la terre*, cat. exp., Centre Pompidou, Paris, 1989, p. 137.
49
En kimakondé, le mot est *puundi* mais, à Dar es Salam (Tanzanie), la langue dominante est le kiswahili. Voir J. A. R. Wembah-Rashid, « Makonde Art: The Mask and Masked Dance Tradition », Institute of African Studies, Université de Nairobi, Nairobi, 1989, p. 5.

50
Je dois à Allen Roberts, que je remercie, d'avoir attiré mon attention sur cette autre signification du mot. Sur ce point, l'usage semble sinon identique, du moins similaire, en Afrique orientale et au Zaïre. Voir Allen Roberts, « Chance Encounters, Ironic Collage », communication présentée au colloque *Redefining the Artisan* (1989), University of Iowa Museum of Art, Iowa City 1991.

51
Claude Lévi-Strauss, *La Pensée sauvage*, Paris, Plon, 1962, p. 26 et suivantes.

52
Sidney L. Kasfir, « Patronage and Maconde Carvers », art. cit.

53
Claude Lévi-Strauss, *op. cit.*, p. 39 : « [...] l'objet, sa fonction, et son symbole, semblent repliés l'un sur l'autre et former un système clos où l'événement n'a aucune chance de s'introduire. » La thèse de Claude Lévi-Strauss nécessite ce type de formulation, mais elle a été surexploitée. Comme je l'ai précisé plus haut, cette idée d'un « tout indivisible » de l'art précolonial relève autant de la propension des Occidentaux à idéaliser la société primitive que d'un fait observable.

54
Je remercie mon collègue David Brown de m'avoir engagée à réexaminer le concept de bricolage dans ce contexte. « John Fundi » est une heureuse coïncidence, bien sûr. Concernant l'utilisation de l'idée de bricolage dans le contexte de la diaspora afro-cubaine, voir la description que fait David Brown du style culturel emprunté des « negros curros » de la Havane, au début du XIXe siècle : David Brown, *Gardens in the Machine: Afro-Cuban Sacred Art and Performance in Urban New Jersey and New York*, thèse de doctorat, Yale University, New Haven 1989, p. 35-38.

55
Paula Ben-Amos, « Pidgin Languages and Tourist Arts », art. cit., p. 131.

56
Ibid, p. 129.

57
Bennetta Jules-Rosette, « What is ‹ Popular › ? The Relationship Between Zairian Popular and Tourist Paintings », communication présentée au Workshop on Popular Urban Painting from Zaire, Smithsonian Institution, Washington, 1987, p. 3 ; Bennetta Jules-Rosette, « Rethinking the Popular Arts in Africa » (commentaire), *African Studies Review*, vol. 30, n° 3, 1987, p. 93.

58
Bennetta Jules-Rosette, « What is ‹ Popular › ?
The Relationship Between Zairian Popular
and Tourist Paintings », art. cit., p. 3.

59
Ilona Szombati-Fabian et Johannes Fabian,
« Art, History and Society: Popular Painting
in Shaba, Zaïre », *Studies in the Anthropology
of Visual Communication*, vol. 3, n° 1, 1976,
p. 1-21.

60
Bennetta Jules-Rosette, art. cit., p. 4.

61
La typologie de Karin Barber ne relègue
pas l'art touristique à une catégorie limi-
nale ; elle en fait plutôt un art populaire
répondant à des motivations commerciales, « produit mais non consommé par le
peuple », in Karin Barber, « Popular Arts in
Africa », *African Studies Review*, vol. 30, n° 3,
1987, p. 26.

62
Susan Vogel, *Africa Explores: 20ᵗʰ Century
African Art*, *op. cit.*, p. 41-42, 238.

63
Susan Vogel elle-même le fait observer un
peu plus haut dans son texte (p. 50). Le
problème vient en partie de ce que très peu
d'historiens d'art ont mené des enquêtes de
terrain auprès de ceux qui fabriquent l'art
touristique.

64
Karin Barber, « Popular Arts in Africa », art.
cit., p. 27.

65
Jean Comaroff, *Body of Power, Spirit of
Resistance*, University of Chicago Press,
Chicago 1988, p. 119.

66
Ibid.

67
Christopher Steiner, « African Art in
Movement: Traders, Networks and Objects
in the West African Art Market », in *Discussion
Papers in the Humanities* 3, Boston University
African Studies Center, Boston 1989 ;
Christopher Steiner, « Worlds Together,
Worlds Apart: The Mediation of Knowledge
by Traders in African Art », 32ᵉ Conférence
annuelle de l'African Studies Association,
Atlanta, 1989.

68
Le tourisme a maintenant remplacé le café
en tant que source principale de revenus
émanant des étrangers.

69
Bien que cette histoire ait déjà été publiée
plusieurs fois, je n'ai trouvé aucun sculpteur
makondé qui en ait connaissance.

70
Mes remerciements à Donna Klumpp, spécialiste de l'art massaï, pour ses nombreuses
précisions concernant le commerce des
perles à Nairobi, et à Melania Kasfir, alors
lycéenne, de m'avoir aidée, à partir des
indications de Donna Klumpp, à retracer
le circuit accompli par les perles entre les
collines du Ngong et Nairobi.

71
Alan Donovan est parfaitement qualifié pour
cette tâche : outre une formation commerciale, il est aussi un amateur et collectionneur éclairé d'art pastoraliste. Voir son
article sur les récipients turkanas : « Turkana
Functional Art », *African Arts*, vol. 21, n° 3,
1988, p. 44-47.

72
Le débat parallèle qui s'est fait jour dans
les études folkloriques (folklore « authentique » contre « fauxlklore ») impliquait le
même genre de problèmes, mais sur des
fronts différents, le clivage s'opérant plutôt
entre puristes et vulgarisateurs qu'entre les
textes eux-mêmes. Voir Richard M. Dorson,
Folklore and Fakelore, Harvard University
Press, Cambridge 1976 ; Herbert M. Cole *et
al.*, « Fakes, Fakers, and Fakery: Authenticity
in African Art », *African Arts*, vol.9, n° 1, 1976,
p. 20-31 et 48-74.

73
Tepilit Ole Saitoti et Carol Beckwith (photo-
graphies), *Maasai*, Elm Tree, Londres 1980 ;
Mirella Ricciardi, *Vanishing Africa*, The Harvill

Press, Londres 1978 ; Angela Fisher, *Africa Adorned*, Abrams Publishers, New York 1984 ; Mohamed Amin *et al.*, *The Last of the Maasai*, Bodley Head, Londres 1987 ; Nigel Pavitt, *Samburu*, Henry Holt & Co., Londres 1992.

74

Donald J. Cosentino, « First World », *African Arts*, vol. 23, n° 2, 1990, p. 1.

75

[NdE] Un kraal massaï désigne un petit regroupement de huttes, non nécessairement fixe. Chaque kraal abrite une famille élargie dirigée par un patriarche.

76

Voir aussi Barbara Kirshenblatt-Gimblett, « Objects of Ethnography », art. cit., p. 388, pour une analyse du même phénomène dans le domaine du festival culturel sponsorisé.

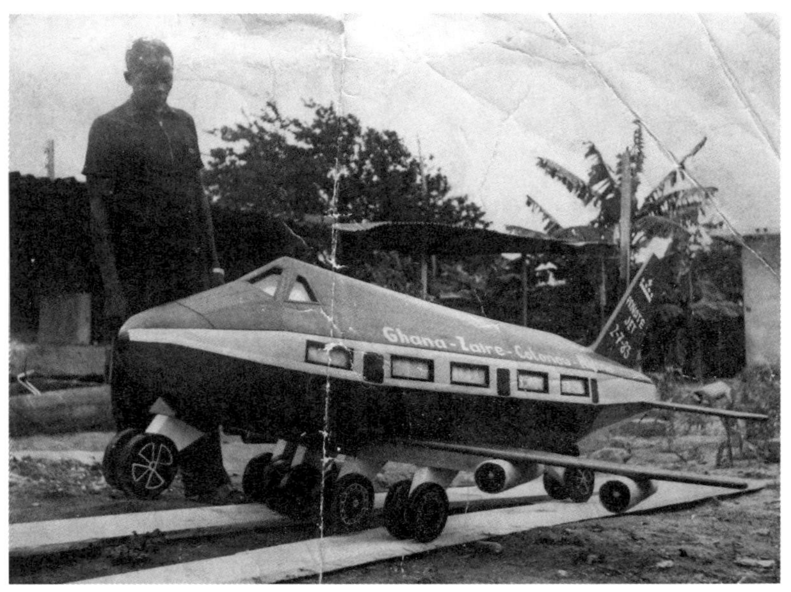

Seth Kane Kwei
Teshie, Accra, 1987

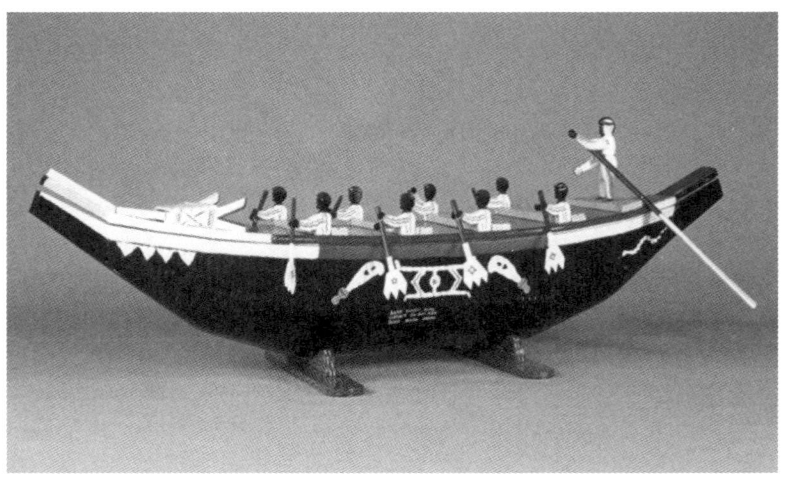

Seth Kane Kwei
Cercueil (Bateau), c. 1989

Bois, clous, peinture et tissu, 67,3 × 276,9 × 68,6 cm
Photographies : Archives de l'artiste, Teshie

À propos des cercueils de Seth Kane Kwei

Jean-Hubert Martin & Simon Njami

Au sein de l'équipe curatoriale de l'exposition *Africa Remix*, présentée dans six capitales artistiques entre 2004 et 2007, l'attribution d'« art contemporain » africain fut sujette à débat, comme en témoigne cet entretien entre deux de ses commissaires, Simon Njami et Jean-Hubert Martin, publié en 2004 dans l'édition allemande du catalogue d'exposition. L'un des enjeux théoriques concernait le statut à accorder aux cercueils sculptés du Ghanéen Seth Kane Kwei (1922-1992). Sculpture ou cercueil fantaisie ? Art contemporain ou artisanat ? Toujours est-il qu'aucun cercueil ne figura dans l'exposition.

« Au cours des prospections pour *Magiciens de la terre* (Paris, 1989), j'ai rencontré en août 1987 Seth Kane Kwei, auteur de cercueils historiés à Teshie, dans la banlieue d'Accra (Ghana). Le sculpteur me raconta alors les circonstances qui l'avaient conduit à devenir l'*inventeur* de cette forme de cercueils. La commande de sept cercueils pour l'exposition fut passée à son fils. On se rendit compte bien plus tard que trois d'entre eux avaient été sous-traités et exécutés par son concurrent Paa Joe. Thierry Secrétan et Regula Tschumi[1] ont établi que la paternité de l'invention que s'attribuait Seth Kane

Kwei résultait, comme d'habitude, d'un contexte où d'autres praticiens jouèrent également un rôle. Ata Owuo, son oncle, a créé des palanquins en forme d'aigle et de noix de coco et peut-être un ou deux cercueils, pratique développée ensuite par Seth Kane Kwei. Regula Tschumi relate qu'à la même époque Ataa Oko Addo créait à La (Grand Accra) des cercueils en forme d'animaux et d'automobiles dont il a conservé des dessins et des photographies. Il s'est avéré que Seth Kane Kwei et Ataa Oko Addo étaient en compétition. Au moment de cet entretien, nous ne possédions pas les informations publiées par Regula Tschumi en 2006. La discussion a porté davantage sur la qualification d'« artiste » pour désigner des auteurs d'artéfacts que sur la détermination de l'identité de l'inventeur. Le phénomène se déroule constamment sous nos yeux dans l'art contemporain : il importe plus pour un artiste de savoir exploiter une idée que de la trouver. »
— Jean-Hubert Martin, mars 2015

« Ce fut un jeu de ping-pong. S'il avait lieu aujourd'hui, cet entretien n'aurait sans doute pas la même tenue. Cela dit, je ne retirerais pas grand-chose à ce qui a été dit. D'autant

que des développements intéressants ont eu lieu depuis. Les critères qui régissent l'appréciation de l'art dit africain n'ont plus grand-chose à voir avec le spectacle parfois délirant dont nous avons pu être les témoins. De nombreux commissaires d'origine africaine – dont Yves Chatap, Bisi Silva, Koyo Kouoh – sont entrés dans la danse et contribuent à complexifier ce domaine qui reste, selon moi, encore largement méconnu. Mais laissons faire l'histoire. »
— Simon Njami, mars 2015

JEAN-HUBERT MARTIN — Lors d'un colloque à Accra en 1999, nous avons entamé une conversation sur la place des cercueils de Seth Kane Kwei dans l'art contemporain. Le temps nous ayant manqué pour développer nos arguments respectifs, je t'ai proposé de reprendre et de poursuivre cette discussion par écrit afin de la publier, car elle me paraissait exemplaire pour l'évaluation et l'appréciation des pratiques artistiques africaines. Après une première tentative à laquelle je n'ai pas pu donner suite, voici enfin l'occasion de concrétiser ce projet.

Je commencerai par les faits. Seth Kane Kwei, ébéniste, menuisier de son état, a inventé une nouvelle forme de cercueil, que l'on pourrait qualifier d'« historié ». Au lieu de la caisse habituelle, le cercueil prend la forme d'un animal ou d'un objet rappelant une caractéristique de la biographie du défunt, souvent sa profession. Il a inventé ce type de sculpture coloriée dont il n'avait pas de modèle auparavant. Il est convenu dans l'histoire de l'art occidental de distinguer entre un artiste qui crée et un artisan qui copie. Inutile ici d'entrer dans un débat sur les énormes nuances à apporter à cette définition, chacune des deux catégories comportant sa part d'inversion, mais je ne crois pas que ce soit notre propos.

Je considère donc Seth Kane Kwei comme un artiste et c'est à ce titre que j'ai montré ses œuvres dans l'exposition *Magiciens de la terre* en 1989.
SIMON NJAMI — D'Afrique où je me trouve, je me dépêche de répondre à la première salve. Nous sommes contraints par nos très chers collaborateurs et les impératifs de bouclage. J'aurais dû t'adresser ceci depuis plus longtemps mais il faut bien que nous prenions le rythme.

Je trouve l'argument de l'unicité d'une pièce un peu spécieux. Il est vrai qu'il a eu cours dans les décennies et les siècles passés, mais je ne suis pas certain qu'il soit déterminant. La production en série est même devenue une manière pour certains artistes. Et le cas de la photographie qui est reproductible à l'envi est encore une autre histoire. Pour en revenir à notre charmant menuisier, pour moi, la question commence et s'achève là. Il est menuisier. Point final. Que sa production soit originale et se démarque de celle de ses collègues est accessoire. Au reste, la mort a toujours été un bon sujet pour les artisans. Il n'est qu'à se promener dans les allées de n'importe quel cimetière européen pour découvrir des pierres tombales qui rivalisent d'originalité entre elles. Cela suffit-il à faire de ceux qui les ont fabriquées des artistes ? À mon sens non. Et ce qui, peut-être, nous oppose dans cette notion de l'artiste se trouve au cœur de cette idée. Quel qu'ait pu être son talent, Seth Kane Kwei l'a mis au service d'une clientèle et d'une fonctionnalité. Ses cercueils avaient un but et étaient utilisés en tant que tels. Je ne sache pas que dans la définition d'une œuvre d'art à laquelle tu faisais référence, il soit qu'un objet utilitaire puisse être revêtu du statut d'art. Sauf bien entendu, comme nous l'avons vu tout au long du XXe siècle, si c'est la volonté de l'artiste. Et c'est là que nous touchons à mon second malaise. Pour moi, ce qui différencie l'artisan de l'artiste, c'est le projet artistique qu'il fait transparaître à travers son Œuvre. C'est la conscience lucide d'être dans l'univers de l'art.

Jean-Hubert Martin — Je m'étonne que tu trouves spécieux le critère d'originalité (que tu appelles « unicité ») élaboré à la Renaissance et transformé en vraie autoroute par la modernité. L'invention qui fonde l'originalité ne dépend pas d'une éventuelle reproductibilité du support. La photographie et les vidéos que nous avons choisies pour l'exposition l'ont été au moins en partie selon ce critère. « Le charmant menuisier », suivi de ton « point final », ne me paraissent pas contribuer sérieusement à l'argumentaire.

Quant à l'art funéraire, les artistes aussi bien que les artisans s'y sont adonnés. Le premier exemple qui me vient à l'esprit, ce sont les tombes conçues par Constantin Brancusi et Henri Laurens au cimetière du Montparnasse, car j'aimais justement tellement découvrir ces œuvres d'auteurs connus ou inconnus lorsque j'habitais en face. Je me souviens de quelques tombes magnifiques comme celle de l'inventeur d'une lampe de mineur. J'ai totalement oublié le nom de l'auteur mais si l'occasion s'en présentait, je m'imagine fort bien faire partager mon enthousiasme à un public de curieux en l'incluant dans un livre ou, si l'œuvre était plus transportable, dans une exposition.

La définition de l'œuvre d'art comme non utilitaire est bien entendu le b.-a.ba de la modernité. Je me suis efforcé de m'affranchir de ce cadre de pensée étroit pour juger des œuvres provenant d'autres cultures. L'application des critères de la modernité à d'autres cultures ne ressortirait-il pas d'une pensée coloniale ? Celle-ci faisait la différence entre civilisation et culture tribale.

Dans le cadre de mon activité concernant l'art africain ancien dit « traditionnel », je me suis rangé aux côtés de ceux qui défendent l'idée qu'à l'origine de toute sculpture africaine un tant soit peu élaborée, il y a un artiste. On peut bien sûr ergoter sans fin sur la place et le rôle de l'auteur dans les sociétés africaines, si nombreuses et diverses sur ce vaste continent. Ce qui compte, c'est la stratégie intellectuelle qui cherche à accréditer une valeur égale à la culture matérielle des sociétés sans écriture et des « grandes civilisations ». En outre, il y a en Europe depuis fort longtemps des catégories – qui m'ennuient et que je récuse souvent – d'arts majeurs et d'arts mineurs, qui ont leurs artistes. Elles se poursuivent tout au long du XXe siècle : Philippe Starck n'est-il pas un artiste ?

Il n'y a pas d'artistes sans projet artistique : je suis bien d'accord sur ce point. Je suis persuadé que Seth Kane Kwei en avait un.

Simon Njami — Il y a quelque chose dans l'un des propos (trop nombreux) d'André Breton, où il oppose la cosmogonie aborigène à la matérialité africaine pour préférer la première à la seconde. Nous sommes d'accord pour dire, c'est mon propos depuis plus d'une quinzaine d'années, que les grilles de lecture occidentales ne sont pas totalement adaptées à la création mondiale, et particulièrement à l'Afrique. L'un des nombreux lieux communs qui court sur cette société sans écriture touche à ce fameux utilitarisme. Je pense que de trop nombreuses âneries ont été dites et écrites là-dessus. Naturellement, en l'absence d'écrits de la part des producteurs de cet art, la vérité a été celle des livres. Pourtant, nous savons que les sociétés africaines s'organisent d'une façon très précise et que, à l'intérieur de celles-ci, il y a eu de tout temps des artistes. Non pas des artisans anonymes (Sally Price l'a magistralement démontré dans son ouvrage *Primitive Art in Civilized Places,* 1989), mais des maîtres. Qui, comme à la Renaissance et avant, travaillaient pour des princes et des rois. La différence sans doute avec l'Occident est que ces derniers occupaient un rôle social. Ils ne vivaient pas dans une tour d'ivoire qui leur aurait permis cet individualisme qui allait tout envahir en Europe. Mais leur rôle était établi, reconnu par la société. C'est la société qui sanctionnait leur talent. C'est ainsi que, sans doute, un Cyprien Tokoudagba[2] peut être considéré comme un artiste. Mais il y a un danger, à mon sens, à vouloir à toute force réinventer les critères avec lesquels nous regardons l'autre.

Certes le regard ethno-centré de l'Occident n'a pas été le bon. Mais prendre le chemin radicalement inverse ne me semble pas non plus la bonne méthode. Nous n'avons pas le pouvoir de décider pour une société donnée de ce qui est art et de ce qui ne l'est pas. Les cimetières parisiens sont parfois des mines d'or. Je me souviens avoir marché souvent dans ce même cimetière du Montparnasse et avoir été frappé, parfois, par une créativité qui dépassait la simple représentation kitsch ou allégorique. Mais l'originalité de cette lampe de mineur ne me renseigne pas suffisamment sur celui qui l'a imaginée. Il ne me suffit pas de voir un travail pour être persuadé de la pertinence de son auteur. En un mot, dans les cas qui nous préoccupent, il peut arriver que l'objet soit un accident. Une pièce unique. Cela suffit-il pour qualifier son auteur en tant qu'artiste ? Dans ce cas-là, nous entrerions dans cette facilité un peu démagogique qui veut que nous soyons tous des artistes. Il peut en effet arriver au piètre photographe que je suis de produire une bonne photographie. Cela fait-il de moi un photographe ? Je ne le pense pas. Il peut nous arriver, parfois, de confondre l'objet avec son auteur. Et, par notre façon d'apprécier l'objet, de prêter à son auteur une intention qu'il n'avait pas forcément. C'est cette intention qui est pour moi déterminante. Je ne pense pas que nous ayons les moyens aujourd'hui de contraindre les faits. Lorsque je parlais précédemment d'utilitarisme, ce n'était évidemment pas, comme tu l'auras compris, dans le sens où l'on regardait les objets africains enfermés dans les musées occidentaux. Il n'y a rien de plus *inutile* que la célébration des dieux. Mais dans le cas de Seth Kane Kwei, ce qui me gêne (et je me suis rendu sur place pour en avoir le cœur net), c'est qu'il n'était pas perçu comme un artiste par son milieu. Tu me répliqueras que le milieu n'est pas toujours le mieux placé pour cela et, dans ce cas d'espèce, je ne te suivrai pas. Il existe, comme je l'écris dans mon introduction au catalogue, deux formes de contemporanéité en Afrique : l'une collective, à laquelle appartiennent Cyprien Tokoudagba et d'autres, et l'autre élective, à laquelle appartiennent ceux que nous appellerons, par facilité, les *usual suspects*. Je ne vois pas la place de Seth Kane Kwei dont l'œuvre, pour moi, relève de l'anecdote.

Jean-Hubert Martin — Bien sûr que nous ne pouvons, pour les autres, décider de ce qui, chez eux, est de l'art ou ne l'est pas. Mais il s'agit de dialogue, avec un émetteur et un récepteur qui raisonnent dans des systèmes de pensée très différents. Connaître les critères de l'émetteur est primordial, ne reconnaître qu'eux est utopique. Je me situe d'habitude dans une perspective historique large. L'écriture au jour le jour de la micro-histoire de l'art contemporain me fait sourire. On a l'impression que les artistes ne créeraient que pour s'inscrire dans cette brève chronologie. Piètre ambition !

Or l'intérêt de l'Europe pour les cultures matérielles des autres et les énormes collections accumulées au cours des siècles par les musées ont abouti à bien des classements dans la catégorie « art » d'objets qui ne l'étaient pas, ou simplement parce que le concept n'existait pas. On peut crier au scandale colonialiste. Dans la mesure où le processus débouche sur une valorisation desdites cultures, je n'y vois pas d'inconvénient.

Et puis, on a au moins un bel exemple sous les yeux. Frédéric Bruly Bouabré (1923-2014) était un prophète écrivain avant 1989. Nul ne se souciait de ses dessins avant *Magiciens de la terre*. D'où sa magnifique formule : « Je croyais devenir Victor Hugo, je suis devenu Delacroix ».

L'une des différences entre les deux ne réside-t-elle pas dans la langue et le discours ? Frédéric Bruly Bouabré s'exprime en français ; Seth Kane Kwei ne parlait aucune langue étrangère et il était difficile de communiquer avec lui par l'intermédiaire de son fils qui ne parlait qu'anglais. Cette barrière du langage nous a empêchés d'entendre de sa bouche son intention. Il a vendu à plusieurs reprises des cercueils faits pour des expositions en Europe et aux États-Unis. Cela semblait lui faire plaisir.

Je suis sûr qu'il y a de sa part un projet mûrement réfléchi au cours des ans. Il ne s'agit absolument pas de pièce unique mais bien, au contraire, à partir d'une idée matrice, de dizaines d'inventions dont certaines font preuve d'un réel talent de transposition formelle. Bien sûr, nous-mêmes nous ne ferions que des œuvres à la petite semaine, mais Seth Kane Kwei a eu une idée forte et fertile. C'est une pensée visuelle à l'œuvre. Arthur Danto a abordé cette question et aboutit au constat que, pour les sociétés qui ne connaissent pas le concept d'art, c'est l'élaboration intellectuelle, l'exercice de la pensée et la réflexion sur la forme qui tiennent lieu d'équivalent à notre concept d'art.

Puisque, comme moi, tu lui as rendu visite, es-tu rentré dans sa maison et qu'y as-tu vu ?

Simon Njami — J'ai fait allusion, mais tu ne l'as pas encore lu, dans mon introduction au catalogue, au silence ou à l'aphonie dont étaient frappées les œuvres produites en Afrique à une certaine période, tout en me demandant si ce même silence ne perdurait pas sur les œuvres plus actuelles. En effet, l'Occident, puis certains Africains eux-mêmes, devant l'absence de parole de ces œuvres se sont mis en tête de combler le vide par une interprétation socio-ethnologique. Nous nous sommes, je crois, déjà mis d'accord sur l'inanité des classifications qui sont nées de ces analyses pseudo-scientifiques et sur les conclusions parfois trop hâtives et souvent révisées dont la création africaine a fait l'objet.

Il existe néanmoins une parole « silencieuse » et je ne sache pas qu'un artiste, quel que soit son moyen d'expression, puisse en faire l'économie. Effectivement, comme un objet sacré, l'œuvre porte en elle sa charge. En cela, Arthur Danto me semble avoir raison. Néanmoins, il me semble que cette « pensée visuelle » n'est pas uniquement faite, pour reprendre la linguistique saussurienne, de *signifié* qui se passerait de *signifiant*. Même si le concept d'art défini en Occident fut une construction strictement intellectuelle, c'est-à-dire écrite, en Afrique, elle participa sans doute de la coutume et de l'oralité, avec des règles et des définitions non dites. Que Seth Kane Kwei participe de cette *immanence* artistique n'est pas la question. Son univers personnel, malgré la difficulté de communication que tu as toi-même remarquée, pourrait en attester. Mais laissons cette partie de la discussion qui ne concerne au fond qu'une partie de la sélection de cette exposition. La chose certaine, et dont nous avons longuement discuté au cours de ces années, est la présence de deux formes de création si ce n'est contradictoires, du moins parallèles, sur le sol africain. Il y a d'un côté ces tenants de l'immanence, c'est en ce sens que l'on pourrait parler « d'art brut », c'est-à-dire un art qui se suffit lui-même et qui conserve cachés les secrets de son élaboration, et un art plus ouvert sur le monde. La question est sans doute générationnelle même si, là encore, il faut se méfier des conclusions trop hâtives. Comment réagis-tu à ces créateurs qui étaient absents des *Magiciens de la terre* ?

Jean-Hubert Martin — Pendant longtemps, c'est vrai, les créations africaines ont été entourées d'un grand silence dans le milieu de l'art contemporain innovant. En revanche, je ne crois pas que ce soit totalement le cas aujourd'hui. Il est vrai que les « curators » ne sont pas assez curieux et indépendants pour aller prospecter sur le continent africain. À l'inverse, je crois que les artistes un tant soit peu habiles qui s'introduisent dans les métropoles améreuropéennes jouissent aujourd'hui d'un bonus favorable. Qu'ils en profitent : ça ne durera pas forcément.

Le terme d'immanence ne me plaît qu'à moitié, parce qu'il suggère une consubstantialité de l'œuvre et de la société qui n'est pas loin des éternels arts premiers, avatars de l'art primitif. Je reste attaché à l'idée que la culture est une construction élaborée par l'homme pour interpréter et, dans la mesure du possible, maîtriser son environnement. Selon l'importance des relations extérieures, chaque société développe un degré de conscience de l'altérité qui la modifie profondément. Le degré très poussé de notre information ne fournit pas pour autant un surcroît de pertinence à l'art occidental. Ces différents niveaux de connaissance du monde, souvent schématisés en centre et périphérie, ont déjà servi de découpage pour les catégories d'artistes évoquées dans leur livre par André Magnin et Jacques Soulillou (*Contemporary Art of Africa*, 1996).

Un point sur lequel je ne partage pas ton opinion, c'est l'application du terme d'art brut. Je ne veux pas m'étendre largement là-dessus car je traite ce sujet ainsi que ta dernière question dans mon texte que, toi aussi, tu n'as pas encore pu lire. Si je suis tes catégories, appartiendraient aux tenants de l'immanence les artistes genre Cyprien Tokoudagba ou Gera Mawi Mazgabu (*1941, Éthiopie) qui travaillent dans un contexte religieux ou magique en osmose avec leur communauté. En somme, ce pan oublié de l'art que j'ai montré dans l'exposition des « autels » (*Autels : l'art de s'agenouiller*, Museum Kunstpalast, Düsseldorf, 2001). Rien à voir avec les autodidactes, en général en rupture avec leur environnement social, de l'art brut.

Mais tu as botté en touche en t'écartant du sujet de notre entretien : Seth Kane Kwei. Et du coup j'ai l'impression qu'il touche à sa fin. Alors quand même deux autres remarques. Ce que j'ai vu dans la maison de Seth Kane Kwei lors de ma visite, ce sont de grands tabourets akans ou ashantis très colorés dont la partie sculptée entre le socle et le siège était constituée d'animaux entrelacés. Ces tabourets ou trônes comportent traditionnellement, lorsqu'ils ne sont pas traités purement décorativement, un objet ou un animal servant de support au siège. Ici, le parti pris était à la fois sophistiqué et original. (Je tâcherai de trouver une photographie pour illustrer.) Preuve pour moi qu'il n'était pas le simple inventeur – par hasard ? – du cercueil historié, mais que sa capacité créatrice s'était exercée sur d'autres registres, avec le même succès.

Notre discussion est partie de mon insistance à qualifier Seth Kane Kwei d'artiste. Comprenons-nous bien : il ne s'agit pas pour moi de le faire entrer de toute force dans une sorte de grande corporation internationale, que ce soit une confrérie, ou un statut social (comme celui qui, en France, confère la sécurité sociale !). Ce qui m'importe, c'est de le reconnaître comme un créateur qui a donné forme avec talent à une idée originale.

Simon Njami — Tu es un historien d'art et je suis un littéraire. Pour moi, tout est affaire de vocabulaire. Là où, avec Hegel, je crois que c'est dans les mots que nous pensons, toi (il me semble du moins) tu penses en actes. Notre histoire n'est peut-être rien d'autre qu'une dispute sémantique. Dispute importante et sans doute cruciale, puisqu'elle met une nouvelle fois en lumière la nécessité de bâtir un nouveau vocabulaire, plus adapté à la connaissance du monde et de ses mouvements que nous avons aujourd'hui. Les mots dont nous avons hérité me semblent obsolètes pour résoudre les problèmes du monde contemporain. Mais en attendant que ce nouveau champ lexical soit mis au point, reprenons donc.

Je n'ai pas botté en touche. Simplement je me disais que le sujet de notre entretien ne devait pas se limiter à Seth Kane Kwei. Puisque cette conversation va faire partie des textes d'ouverture du catalogue, j'avais envie d'essayer d'aborder avec toi les différentes questions auxquelles nous avons tous été, d'une manière ou d'une autre, confrontés. Je finirai donc avec Seth Kane Kwei, avant d'aborder un dernier pan de cette discussion qu'il nous faudra sans doute poursuivre d'une manière ou d'une autre. Je ne sais pas si la capacité d'invention ou d'adaptation suffit à faire un artiste. Il y a chez Seth Kane Kwei un peu du recycleur, une remise à jour de traditions anciennes. Il est pour moi quelqu'un qui avait le pied dans deux histoires différentes. La sienne, qui pourrait correspondre à l'analyse que tu en fais, et celle dont il est devenu l'objet qui n'avait plus rien à voir avec lui-même. Et ici, je ne parle pas des différentes notions d'artistes vues à travers le monde.

Nous sommes tombés d'accord pour admettre que la notion occidentale ne correspondait à rien dans les sociétés traditionnelles et que seules les nouvelles générations (nos *usual suspects*) ont plus ou moins pris le train occidental. Je dis plus ou moins, parce que je suis persuadé qu'il réside là une source de malentendus dont nous verrons les effets un jour ou l'autre. Pour en revenir à Seth Kane Kwei et à ce qui paraît nous opposer toi et moi sur la façon de l'envisager, c'est la liberté avec laquelle des conservateurs peuvent disposer d'êtres, qu'ils se disent artistes ou non, pour les intégrer dans leur propre schéma de pensée. Que ce schéma soit archaïque et rigide comme ce fut le cas pendant des décennies, ou ouvertement décontextualisant comme ce fut le cas des *Magiciens de la terre*. N'ayant pu entendre Seth Kane Kwei, je n'ai pas pu me faire une idée satisfaisante de ce qui se passait dans son esprit. J'ai refusé de prendre la liberté de lui prêter des intentions qu'il ne m'avait pas exprimées. Cela ne signifie pas nécessairement que tu aies tort. Là n'est pas mon propos. Mais puisque nous nous situons dans le champ que l'on continue à appeler « art contemporain », même s'il serait urgent de trouver un autre terme, mon sentiment est que l'une des constituantes de l'art contemporain est d'être un art en devenir. C'est-à-dire, là encore, une pensée à l'œuvre, qui ne sera pas ici nécessairement strictement visuelle. L'observateur, comme en son temps Guillaume Apollinaire, accompagne ce processus et le traduit en concepts à mesure que ce dernier s'élabore. Dans le cas de Seth Kane Kwei comme d'autres d'ailleurs, la question n'est pas tellement, il me semble, de savoir s'ils sont des artistes que de savoir s'ils évoluent dans le champ du contemporain. Les thèmes qui structurent leur travail ne constituent pas le vrai problème. C'est la source et le traitement de leurs thèmes qui posent problème. Ils sont les continuateurs d'une tradition qui les situe, puisqu'ils sont de notre siècle, temporellement dans le champ du contemporain. Mais la matière dans laquelle ils puisent ne l'est pas forcément. Alors pourquoi vouloir à toute force les attirer dans un univers qui n'est pas nécessairement le leur ?

Ce que j'ai apprécié dans le principe de l'exposition des autels, c'est précisément le fait que tu n'aies pas joué avec une quelconque ambiguïté *a priori*. Le programme annoncé était clair. Mais ce détournement que tu revendiques dans l'introduction du catalogue des *Magiciens de la terre*, en précisant que tu as conscience du malaise que peut engendrer le détournement, tu sembles l'oublier pour lui substituer une espèce d'objectivité dont nous savons tous les deux qu'elle n'existe pas. Et si ce détournement n'était pas à sens unique, peut-être serait-il plus productif et donnerait-il lieu à des débats et à des dialogues réels, plutôt qu'à une espèce de monologue. Donc au-delà de Seth Kane Kwei, c'est l'arrogance occidentale que je fustige, cette propension à qualifier sans contre-partie. J'aurais aimé, par exemple, que tu acceptes de prendre dans *Magiciens de la terre* des commissaires « qui ne partageaient ni vos goûts ni vos connaissances en matière d'art occidental ». Cela aurait donné le projet ouvert que tu appelais de tes vœux et les débats auxquels nous avons assisté après se seraient peut-être déroulés pendant. En un mot, que Seth Kane Kwei soit ou non un artiste n'est pas le vrai problème. Le problème, qui est une question de fond, c'est qu'il n'a peut-être pas décidé d'intégrer un circuit dont, finalement, il est devenu l'un des acteurs. Je reconnais que cette situation est en grande partie liée à une conjoncture qui fait qu'une partie du monde ne dispose pas des moyens de mettre en place des appareils critiques qui contribueraient au débat général. Il me semble néanmoins que, de temps en temps, nous devrions laisser un espace pour que cette pensée-là, quelle qu'elle soit, puisse s'exprimer et nous apporter la contradiction. Cela n'est pas toujours aisé, je le reconnais, mais sans cette démarche, nous continuerons à reconstruire le monde selon un point de vue unique. La validité de ce point de vue n'a aucune importance. C'est ce monolithisme hérité du Siècle des Lumières qu'il importe de changer. Pour que l'échange puisse vraiment avoir lieu.

NOTES — *

Cet entretien a été initialement publié en allemand dans le catalogue de l'exposition *Africa Remix*, Museum Kunstpalast, Düsseldorf, 2004. Les notes qui suivent sont toutes de l'éditeur. Sous l'égide de son commissaire principal, Simon Njami, l'exposition s'est successivement tenue au Museum Kunstpalast, Düsseldorf, 24 juin-7 septembre 2004, que dirigeait alors Jean-Hubert Martin, à la Hayward Gallery, Londres, 10 février-17 avril 2005, au Centre Pompidou, Paris, 24 mai-15 août 2005, au Mori Art Museum, Tokyo, 27 mai-31 août 2006, au Moderna Museet, Stockholm, 14 octobre 2006-14 janvier 2007, et à la Johannesburg Art Gallery, Johannesburg, 24 juin-30 septembre 2007. L'exposition rassemble près de 200 œuvres de 87 artistes (peintres, sculpteurs, vidéastes, photographes, designers) issus de toute l'Afrique (du Maghreb à l'Afrique du Sud), résidant sur le continent ou appartenant à la diaspora, reconnus et émergents. Trois thèmes l'organisent : identité et histoire, ville et terre, corps et esprit.

1

Thierry Secrétan, *Il fait sombre va-t'en ! Cercueils au Ghana*, Hazan, Paris 1994 ; Regula Tschumi, *Les Trésors enterrés des Ga. L'art des cercueils au Ghana*, Benteli, Berne 2006, pour la première édition allemande.

2

Cyprien Tokoudagba (1939-2012) est un peintre, modeleur et sculpteur autodidacte béninois, qui vécut à Abomey. Ses œuvres furent présentées dans les expositions *Magiciens de la terre* et *Africa Remix*. Son art est inspiré par la représentation des symboles religieux du vaudou qu'il a utilisés pour la décoration de nombreux temples et édifices.

Symposium sur l'art contemporain africain, Studio Museum, Harlem

Stanley Tarver

Contemporary African Artists: Changing Tradition, l'exposition organisée en 1990 par Grace Stanislaus au Studio Museum d'Harlem, New York, a été quelque peu sous-estimée. Elle occupa cependant une place charnière aux États-Unis, précédant d'un an l'exposition *Africa Explores* conçue par Susan Vogel (New York, 1991). Ce texte n'évoque pas l'exposition à proprement parler mais propose un compte-rendu des enjeux abordés lors du symposium organisé à son occasion. Y furent débattues les épineuses questions du rôle de l'artiste dans la société, du mécénat, des définitions (« traditionnel *vs* contemporain ») et de l'émergence d'un idiome moderne dans l'art africain. Tout l'intérêt des débats recensés tient dans le traitement de ces questions avant qu'elles ne soient ressaisies suite aux polémiques suscitées par *Magiciens de la terre* (Paris, 1989).

Le 8 avril 1990, le Studio Museum d'Harlem réunissait un aréopage impressionnant d'artistes, d'anthropologues et d'historiens d'art pour deux tables rondes ayant pour thème l'exploration de la production artistique africaine, notamment par le prisme d'une comparaison entre l'art traditionnel et l'art contemporain. D'une durée de quatre heures, ce colloque s'inscrivait dans le cadre du cycle de rencontres organisées en lien avec l'exposition *Contemporary African Artists: Changing Tradition* qui, du 21 janvier au 6 mai 1990, a permis de découvrir la production de neuf artistes d'Afrique subsaharienne en plus de soixante-dix œuvres.

La première table ronde – sans doute la plus houleuse – portait bien son titre : « Le rôle de l'art et des artistes dans l'Afrique traditionnelle et contemporaine – une comparaison ». Y participaient Flora Kaplan (New York University), modératrice, Ekpo Eyo (University of Maryland), Patrick McNaughton (Indiana University), Sharon Patton (Studio Museum), et Susan Vogel (Center for African Art, New York).

Plusieurs questions furent abordées, toutes étroitement corrélées. La première concernait la nature des sociétés précoloniales et le rôle dévolu à l'art et aux artistes dans ces sociétés. L'évidence s'imposa rapidement d'une divergence marquée des points de vue concernant d'une part le rôle de la politique et de la religion, d'autre part l'influence du mécénat ou des forces externes sur la production de l'art. Ekpo Eyo souligna l'importance de l'art et des artistes dans le maintien de l'ordre social et du statu quo. Prenant les deux exemples du Bénin et de la civilisation Igbo-Ukwu au Nigéria, il montra comment, dans le premier cas, l'art vient conforter et glorifier la structure politique alors que, dans le second, il sert les besoins ritualistiques du système religieux. Flora Kaplan appuya ce point de vue en expliquant qu'une bonne part de l'art béninois était le fait d'artistes travaillant dans les guildes royales pour le compte de l'Oba [le dirigeant]. Elle conteste néanmoins l'idée selon laquelle les artistes auraient été exclusivement liés à la cour.

C'est une vision très différente des sociétés africaines précoloniales que défendit Patrick McNaughton, pour qui le rôle des artistes traditionnels et la fonction de leur travail sont résolument autres. Prenant d'abord appui sur ses propres recherches auprès des Mandés puis parlant de manière plus générale, il contesta l'idée d'un art traditionnel au service du pouvoir institué. L'art, en effet, peut aussi servir d'instrument de négociation avec l'*establishment*, voire de critique à son encontre. Le chercheur récuse, par ailleurs, la description par trop statique qui est souvent faite des sociétés africaines précoloniales, et déplore son influence persistante sur les historiens d'art et anthropologues. Selon lui, l'art d'Afrique de l'Ouest et d'Afrique centrale n'est pas le produit d'un conservatisme statique, obscur et clos sur lui-même. Tout comme les sociétés qui l'ont inspiré, il est au contraire éclectique, novateur, créatif et en constante évolution.

Ce qu'a déclaré Sharon Patton concernant le rôle des stimuli externes va dans le même sens. De son enquête auprès des Akans (Ghana), elle retient qu'ils « empruntent aux autres peuples depuis plus de six cents ans ». Comme les autres peuples de l'Afrique subsaharienne, les Akans sont à la fois des imitateurs et des innovateurs : ils adoptent, adaptent et expérimentent constamment les formes, les supports et les images. Selon elle, « on aurait tort de penser que l'art traditionnel africain ressortit à une esthétique ou une visualité immuable. [...] La notion de créativité permanente est très importante. »

Le sujet suivant fut la question de l'aliénation. Dans les sociétés traditionnelles, expliqua Ekpo Eyo, « l'art était l'affaire de la communauté ».

Et le chercheur d'ajouter, paraphrasant Léon Tolstoï : « Si l'art contemporain n'est pas compris de ceux qui payent des impôts pour qu'il existe, alors il peut devenir antisocial ». Susan Vogel souleva le problème du soutien à l'art : « L'art africain du XXe siècle est très axé sur le client », dit-elle – ajoutant qu'en cela il ne lui semblait guère se distinguer de l'art traditionnel, qui est presque toujours le résultat d'une commande. « Le problème survient lorsque les valeurs et préférences esthétiques du client sont radicalement différentes de celles de l'artiste. » Selon elle, un tel décalage tend à produire un art médiocre.

Une autre question importante fut soulevée : celle de la terminologie. « Traditionnel » et « contemporain » sont des notions pour lesquelles les définitions existantes ne sont pas totalement satisfaisantes. Selon Patrick McNaughton, si l'on définissait la tradition comme « la pierre de touche d'un paysage social en mutation » ou « l'écheveau continu que l'on dévide pour tisser de nouveaux vêtements », on serait sans doute mieux équipé pour étudier et expliquer la flexibilité de l'art africain. Selon Sharon Patton, les mots « traditionnel » et « contemporain », appliqués à l'art africain, sont souvent employés dans un sens simpliste que l'on récuserait s'il s'agissait d'art occidental. Seul le mot de « contemporain », ajouta-t-elle, devrait être utilisé pour parler de l'art du présent, quelle qu'en soit la forme. Faisant écho à ce point de vue, Susan Vogel rappela que l'art traditionnel n'était pas mort avec l'avènement du colonialisme. Il continue d'exister et de se transformer dans l'Afrique moderne, de sorte que ce que l'on décrit volontiers comme « traditionnel » devrait en réalité être dit « contemporain ». Et poursuivant dans ce sens, elle proposa qu'on rebaptise « international » l'essentiel de l'art que l'on dit aujourd'hui « contemporain » : la plupart des artistes contemporains, en effet, sont des citoyens du monde, qui utilisent des matériaux et répondent à des stimuli internationaux et sont pris dans un réseau international de musées, de galeries et de mécènes.

La plupart des participants s'accordaient sur l'idée d'une certaine continuité entre le « traditionnel » et le « contemporain ». Patrick McNaughton et Sharon Patton donnèrent plusieurs exemples montrant qu'il avait existé, dans l'Afrique précoloniale, des formes d'art qui constituent des précédents à l'art dit « contemporain ». Tout au long de son histoire, l'Afrique a incorporé des influences et des esthétiques extérieures, et c'est un point qu'il ne faut pas oublier lorsque l'on cherche à comprendre l'art contemporain africain. De même, il faut réfuter la vieille idée selon laquelle les artistes traditionnels s'intéresseraient plus à la fonction de l'art qu'à son esthétique. Selon Sharon Patton, nous nommons « traditionnel » un art qui, dans la plupart des cas, est profane : « On trouve des artistes qui, il y a trois cents ans, faisaient de l'art pour le simple plaisir des yeux. Le motif n'était pas toujours la fonction [...] les critères sur lesquels nous nous fondons pour décider de ce qu'est l'art aujourd'hui étaient déjà applicables à l'époque. »

Flora Kaplan intervint pour rappeler que l'art contemporain n'a pas nécessairement une visée esthétique ; il peut lui aussi être fonctionnel. Reste à savoir ce que cette notion de « fonction » recouvre, laquelle a beaucoup changé, tout comme le vocabulaire. Aujourd'hui où celui-ci est devenu multiculturel, il n'a plus la même continuité que dans le contexte traditionnel. Tout le problème, selon elle, réside dans l'incapacité à reconnaître les divers usages de ce vocabulaire ; ce qui tourne court, dans ces conditions, c'est la satisfaction que procure un rapport à l'art véritablement signifiant. Pour Ekpo Eyo, la distinction est très tranchée entre le contemporain et le traditionnel, tant dans l'intention que dans l'esthétique, en ce qui concerne les artistes comme les idiomes. L'art contemporain, contrairement à l'art traditionnel, est individualiste, non communautaire. L'art traditionnel permettait de préserver une identité africaine dont Ekpo Eyo déplore l'absence de plus en plus fréquente dans les œuvres contemporaines.

Si les participants à cette première table ronde passèrent beaucoup de temps à réfuter le point de vue des uns et des autres sur la société et l'art traditionnels africains et à commenter les failles de la terminologie existante, la deuxième table ronde s'employa à trouver des termes, des définitions, des méthodes d'étude possibles pour le nouveau langage artistique. Tous les participants de ce second volet étaient d'accord sur la nécessité de mieux faire connaître, étudier, analyser l'art contemporain africain ; tous aussi se montrèrent critiques à l'égard des institutions occidentales, qui négligent nombre d'artistes talentueux travaillant actuellement en Afrique. La table ronde, modérée par la curatrice Grace Stanislaus du Studio Museum d'Harlem, s'intitulait « Du traditionnel au contemporain : la naissance d'un langage moderne dans l'art africain ». Elle réunissait Achameleh Debela (Ohio State University, Columbus), Salah M. Hassan (State University of New York, Buffalo), Roslyn Adele Walker (National Museum of African Art, Washington) ; Freida High Tesfagiorgis (University of Wisconsin, Madison), Jean Kennedy (San Francisco State University) et E. Okechukwu Odita (Ohio State University).

Les participants cherchèrent d'abord à identifier les phénomènes et influences historiques ayant favorisé l'apparition de l'art contemporain africain. L'importance du mécénat refit surface dans les propos de Roslyn Adele Walker, qui rappela brièvement qu'il ne faut pas mésestimer le rôle du commanditaire, dont les choix sélectifs sont un facteur déterminant pour l'orientation de l'art. Salah M. Hassan fit valoir que la plupart des œuvres exposées au Studio Museum ont manifestement partie liée avec le folklore, l'imagerie et les systèmes de croyance traditionnels, et que la naissance d'un langage moderne dans l'art africain est étroitement liée à la quête d'identité du continent. La seule façon, selon lui, d'interpréter le travail des artistes contemporains est de le soumettre à l'éclairage de la double expérience que constituent le colonialisme et l'assimilation au sein de la culture occidentale. Réagissant à ce qui avait été dit plus tôt à propos du vocabulaire, il déclara simplement que le mot « moderne » lui semblait le plus approprié pour désigner l'art contemporain africain, en ceci qu'il exprime les expériences et les pratiques que cette forme d'art incarne.

Selon E. Okechukwu Odita, les artistes africains d'aujourd'hui se répartissent en quatre grandes catégories : les Survivalistes/Environnementalistes, dont le travail témoigne d'un respect manifeste de la terre, de ses ressources et de l'environnement naturel ; les Traditionnalistes, qui puisent dans le passé des influences thématiques et stylistiques ; les Modernistes, qui offrent une interprétation plus académique des formes et des images ; et les « Contemporistes », qui synthétisent de façon novatrice, tirant leur inspiration d'une myriade de sources.

Freida High Tesfagiorgis objecta qu'il lui semblait dangereusement prématuré d'étiqueter et de catégoriser l'art et les artistes africains. Il faudrait, selon elle, que les artistes, les historiens d'art et les curateurs apprennent à affiner leurs propositions théoriques sur la base de données acquises à travers l'examen des œuvres et de la vie des artistes. Jean Kennedy poursuivit sur la nécessité d'une information plus complète et d'un discours plus précis ; il lui semble, cependant, que les musées et les galeries ont, à cet égard, un rôle plus important à jouer que dans le passé. Selon elle, le fait que les artistes africains ne soient pas davantage exposés s'inscrit dans le problème plus vaste de la discrimination qui s'opère à l'égard des artistes de couleur aux États-Unis. La question de la responsabilité des artistes – autre point abordé par Jean Kennedy – explique pourquoi les musées et les galeries préfèrent montrer les travaux « anonymes » d'artistes traditionnels qui ne sont plus de ce monde depuis longtemps. Car les artistes vivants, eux, veulent du répondant – et le méritent. Selon elle, si les occasions d'exposer sont si peu nombreuses, c'est en raison du refus de prendre en compte les vraies personnes et de leur répondre.

En accord avec ce point de vue, Achameleh Debela fit valoir la nécessité de communiquer avec les artistes pour comprendre l'art contemporain africain. Il est capital, ajouta-t-il, de comprendre combien cet art, tout en étant indissociable du passé, est le reflet de questions extrêmement contemporaines. Toutes les sociétés ont été exposées aux influences externes, et toutes ont changé sous leur effet. « Le phénomène ne se présente pas différemment en Afrique, qui doit absorber, adapter sélectivement ce qui se présente, l'incorporer et en user de façon créative. » Il n'y a pas de dichotomie entre langage traditionnel et langage contemporain, juste une incapacité à prendre acte de ce qui existe.

En somme, une étonnante unité se dégageait de ces deux tables rondes, tant en ce qui concerne les questions soulevées que les propositions avancées ou les critiques formulées. Tous les participants s'accordaient sur l'incapacité de la terminologie existante et de l'histoire de l'art à proposer une définition satisfaisante de l'art africain, et donc de son étude. La question de l'identité a elle aussi surgi plusieurs fois. Par-delà le débat présent, cette question qui, à l'évidence, est l'un des corrélats majeurs de l'expérience postcoloniale et néocoloniale, partout dans le monde, constitue également l'un des thèmes de l'exposition et de plusieurs autres rencontres organisées par le musée.

Quoi qu'il en soit, le débat a mis en évidence un phénomène particulièrement intéressant, à savoir que l'apparition d'un langage moderne dans l'art africain implique une reconsidération de la société et de l'art africains traditionnels. Selon Patrick McNaughton, nos perceptions de l'Afrique précoloniale se fondent beaucoup trop souvent sur les données biaisées fournies par des chercheurs – coloniaux et postcoloniaux – en quête d'une norme immuable, qui néglige tout élément de créativité et d'individualité. Aujourd'hui où les chercheurs sont mis face au changement, force leur est d'élaborer des théories et des modèles qui puissent rendre compte de l'évolution en cours – non seulement à propos de la naissance de l'art contemporain africain, mais aussi de la persistance et de la transformation de la tradition.

Y a-t-il un lien, dans l'art africain, entre langage moderne et langage traditionnel ? La plupart des participants au colloque ont répondu à cette question par l'affirmative. Selon Patrick McNaughton, si le colonialisme et ses conséquences ont agi comme un catalyseur sur ce qui fait l'essentiel de l'art africain d'aujourd'hui, il tire son fondement du caractère novateur, entrepreneurial et créatif des sociétés traditionnelles. De même, selon Salah M. Hassan, c'est la quête d'une identité proprement africaine, nourrie par le folklore, l'imagerie et les croyances religieuses de l'Afrique précoloniale, qui a donné naissance à la forme que l'art aujourd'hui revêt. Sharon Patton et Flora Kaplan firent part d'un constat intéressant, à savoir que les œuvres traditionnelles et contemporaines qu'elles ont pu croiser dans leurs recherches respectives sont souvent produites par les mêmes artistes. Achameleh Debela ne prenait pas grand risque en affirmant : « Les anciennes civilisations de l'Afrique ont fleuri puis disparu, mais elles continuent de vivre à travers la sensibilité africaine. » C'est cette sensibilité, ajouta-t-il, qui continue à garantir le maintien de certaines qualités et l'adaptation sélective des autres.

NOTE — *

Texte paru, pour la première fois, sous le titre « Contemporary African Art Symposium at the Studio Museum in Harlem », dans *African Arts*, vol. 24, n° 2, UCLA James S. Coleman African Studies Center, Los Angeles, avril 1991, p. 12, 14, 16, 18. Version originale accessible sur www.jstor.org/stable/3336846. Stanley Tarver est alors en PhD en histoire de l'art à Yale University, New Haven, Connecticut.

Les neuf contradictions du nouvel âge d'or de l'art africain

Suzanne Preston Blier

Rédigé à l'aube du troisième millénaire par l'historienne de l'art et universitaire états-unienne Suzanne Preston Blier (*1948), cet article saisit un grand nombre des contradictions et paradoxes traités dans la mosaïque des textes réunis dans ce recueil. Sa rédaction semble être la conséquence d'une forme de découragement face à l'impossibilité pratique et théorique à dépasser les héritages coloniaux issus des XIXe et XXe siècles ainsi que les débats ayant agité les années 1980 et 1990. Envisagé en 2020, année de publication de cet ouvrage, il constitue un appel à prendre conscience et à mesurer la situation présente de l'art contemporain africain au regard des enjeux géopolitiques, curatoriaux, muséologiques et artistiques actuels.

L'art africain proclame aujourd'hui son éclatante renaissance, comme en témoignent plusieurs expositions, dont *The Short Century: Independence and Liberation Movements in Africa 1945-1994*, qui vient de s'achever au P.S.1 Contemporary Art Center de New York. Cette manifestation, organisée par Okwui Enwezor, conservateur adjoint à l'Art Institute de Chicago – et directeur artistique de la documenta 11 (2002, Cassel) – porte sur les rapports qu'entretiennent l'art et la politique en Afrique de 1945 à 1994. Elle a suscité un immense intérêt dans les médias et permis à un public de non-spécialistes de découvrir l'art contemporain africain. Parallèlement, elle a également soulevé des discussions très vives parmi les historiens d'art travaillant sur l'Afrique. Bref, ce qu'elle a suscité va au-delà du brouhaha habituel. D'autres expositions d'art contemporain africain ont vu le jour un peu partout, renforçant l'engouement. Holland Cotter ne mâche pas ses mots lorsqu'il écrit, dans son compte-rendu du *New York Times* : « l'Afrique, quoi qu'on entende par ce mot, est partout.

Elle est bien plus qu'un continent. Elle est une diaspora généralisée, une culture internationale et une métaphore aux fabuleuses associations… »[1].

Comme d'autres aspects de la mondialisation, ce nouveau champ artistique n'est pas exempt de contradictions, d'apories, voire de paradoxes. J'en ai relevé neuf, parmi les plus caractéristiques. Chacune de ces contradictions soulève d'une manière ou d'une autre la question de savoir quelle définition donner de l'Afrique en cette période d'âge d'or pour l'art contemporain africain. L'une des choses qui ressort de ces contradictions est la persistance de conceptions bien trop simplistes et stéréotypées de l'Afrique.

1. *L'identité*. S'ils sont nés en Afrique, la plupart des artistes représentatifs de cette nouvelle vague vivent aujourd'hui en Europe ou aux États-Unis. De profil « ethnique » ou « racial » très divers, ils disent explicitement vouloir être reconnus non comme des artistes africains ou – par exemple – nigérians, mais comme des artistes. Point final. (Le même problème s'est posé jadis, que nous avons en grande partie résolu, concernant la catégorie des femmes artistes). Certains affirment que, en voulant à toute force les étiqueter « Africains », la communauté universitaire, mais aussi les conservateurs, les marchands et les collectionneurs ne font que matérialiser le sentiment de leur moindre importance, que réifier la ségrégation. Paradoxalement, la popularité de bon nombre de ces artistes repose sur l'« africanité » que l'on croit déceler dans leur travail. Certains sous-entendus relatifs à l'exotisme et à la différence continuent de faire planer leur ombre sur la réception des œuvres par les Occidentaux. Et quelle que soit l'étiquette qu'on leur colle, elle provoque des répercussions non seulement dans le monde universitaire mais aussi sur le marché.

2. *Le facteur local*. Dans la mesure où ces œuvres abordent essentiellement des questions relatives à la modernité ou la postmodernité artistique ou sont le reflet de préoccupations intellectuelles, elles n'ont souvent que peu d'impact dans les lieux mêmes où résident encore les familles de leurs auteurs. Certaines œuvres, de par leur tonalité hypersexuelle, leur contenu politique ou le matériau qu'elles utilisent, sont même considérées comme hérétiques au regard des valeurs locales et des problèmes sociaux. Ce qui n'implique pas que les artistes, où qu'ils vivent, doivent assumer le poids de certaines représentations, mais simplement qu'il s'opère parfois certaines déconnexions saisissantes qui, là aussi, ont un

impact sur le marché, les lieux d'exposition et la réception des œuvres au sein même de l'Afrique.

3. *Les modèles artistiques.* Les critiques d'art occidentaux ostracisent volontiers l'art africain qui incorpore l'abstraction visuelle, procède selon les techniques de l'assemblage, de la juxtaposition discordante, de la récupération et du recyclage des matériaux, l'accusant de copier la mouvance moderniste euro-américaine. C'est oublier que ces pratiques sont fermement ancrées dans l'histoire de l'art africain. Que l'Afrique est la source à laquelle les artistes occidentaux ont puisé leur esthétique, qu'ils ont ensuite remodelée. Aujourd'hui, les artistes africains qui sont demeurés trop proches de ces formes traditionnelles – sculpture sur bois, fabrication de reliquaires ou de costumes, par exemple – ne sont pas considérés comme faisant partie de la mouvance contemporaine même si, en tant qu'artistes vivants, ils sont eux aussi nécessairement des « contemporains ». Formés dans les ateliers, ces artistes traditionnels renâclent parfois à l'idée que des peintres d'enseigne ou d'histoire « incultes » qui s'immiscent dans le genre moderniste bénéficient d'espaces d'exposition exceptionnels et de longs comptes-rendus, qui relèguent les « professionnels » aux marges.

4. *Le marché.* Malgré la tendance de certains promoteurs occidentaux à présenter les artistes africains comme des « outsiders » qui, tels des magiciens, puisent en eux-mêmes leurs ressources visionnaires ou spirituelles, la plupart des artistes en vue sont parvenus à ces nouvelles formes grâce à leur fréquentation d'une école d'art, leur expérience du travail publicitaire ou les connexions qu'ils ont établies avec l'Occident. À cela s'ajoute que leurs œuvres sont, pour la plupart, placées entre les mains et sous le contrôle de promoteurs et marchands euro-américains – à Paris, Los Angeles ou ailleurs. Leur lieu d'exposition, leur prix, leur mode de représentation, et bien souvent leur contenu, font donc l'objet de négociations. Il y a quelque chose d'une survivance coloniale dans cette situation où des promoteurs francophones et anglophones soutiennent des causes artistiques qui les mettent en concurrence. Si, historiquement, ces promoteurs ne sont pas très différents des mécènes d'antan, dans un monde qui assimile volontiers l'art à une marchandise, le déséquilibre entre le pouvoir de l'artiste et celui du marchand ou du mécène est une source de problèmes. De même que pour la musique, la question des droits d'auteur – présents et à venir – est cruciale. Mais il

serait simpliste de ne voir là qu'un simple legs du colonialisme, dans la mesure où il y a aussi en Occident tout un groupe de commissaires et de critiques africains de grand talent qui exercent un contrôle palpable sur l'agenda esthétique et les discours qui façonnent le type d'art qu'ils défendent.

5. *Les expositions.* Le circuit fortement médiatisé des biennales – nouvel avatar de la mondialisation – a permis à l'art contemporain africain d'occuper le devant de la scène dans des manifestations de grande envergure – la Biennale de Johannesburg en 1997, par exemple. L'organisation de ces manifestations est le plus souvent confiée à des commissaires étrangers (bien qu'ils puissent être africains) disposant, entre autres sources de soutien, de financements internationaux, ce qui limite parfois la participation des artistes locaux. Certains artistes locaux se voient de fait exclus, notamment lorsque leur travail ne correspond pas aux paramètres parfois rigides de la vision postmoderne qu'on entend promouvoir. Dans d'autres contextes, les frontières nationales continuent de marquer les limites, et l'on expose essentiellement des artistes locaux ou régionaux. Pour résumer, quantité d'artistes contemporains ne sont pas exposés, ou du moins pas réunis au sein d'une même exposition.

6. *Le genre.* La quasi-totalité des artistes aujourd'hui en vue sont des hommes. Certaines de leurs œuvres les plus novatrices reposent sur une appropriation de la création d'image qui, traditionnellement, était l'apanage des Africaines – concours de mode, autels des ancêtres, performances réinterprétant les actes rituels, peinture (cet art étant autrefois essentiellement pratiqué par les femmes). Historiquement, les femmes ont non seulement toujours constitué une thématique importante (ce qui n'est plus vrai dans l'environnement artistique contemporain) mais, bien souvent, elles ont même été les principales commanditaires et utilisatrices des œuvres. Mais alors que les femmes sont devenues invisibles, certains thèmes tels que l'homosexualité qui, jadis n'étaient que rarement abordés de façon ouverte, sont aujourd'hui légitimes. La question de savoir quelles limites on assigne à l'art contemporain – et qui les assigne – est une question fondamentale, puisque les Africaines ont toujours joué un rôle de premier plan non seulement dans la production artistique, mais aussi dans le bien-être économique de leurs communautés.

7. *Le rejet du passé.* L'âge d'or de l'art contemporain africain a, d'une certaine façon, renforcé la marginalisation de certaines expressions artistiques antérieures, voire actuelles. Quand elles n'ont pas déjà entièrement disparu de la vue ou des mémoires, elles sont souvent boudées. Le raisonnement varie. Les arts « traditionnels » sont : 1) trop africains (comprendre : trop « exotiques ») ; 2) absents des lieux où ils devraient être exposés (les musées occidentaux, par opposition aux « traditionnels » sanctuaires africains) ; 3) malgré un siècle de désaveu, marqués du sceau d'un « primitivisme » qui menace de contaminer de proche en proche les artistes contemporains et leurs œuvres ; 4) beaucoup trop chargés sur le plan rituel, donc inappropriés (sacrilèges) pour le public occidental non initié ; 5) d'une signification trop complexe pour survivre à une transplantation hors de leur terre d'origine.

8. *L'idéologie politique et l'engagement mondial.* Les grands débats concernant l'art contemporain s'organisent parfois autour de théories concernant l'écart de puissance (les problèmes que continuent de soulever le colonialisme, et plus récemment la mondialisation.) À certains égards, pourtant, la Guerre froide qui a opposé les deux blocs après 1950 a eu des répercussions plus directes sur la génération des artistes de l'âge d'or. On peut avancer, en effet, que l'extrême violence avec laquelle les deux blocs se sont disputés les ressources naturelles et intellectuelles de l'Afrique a fait plus de ravages là-bas que n'importe où ailleurs, puisque les deux superpuissances ont encouragé la livraison d'armes lourdes comme principale manifestation de l'aide étrangère (« cadeau » décidément empoisonné) et apporté leur soutien à des dictatures extrêmement corrompues dès lors qu'elles étaient susceptibles de devenir des alliées. Si là aussi l'écart de puissance a joué un rôle important, par certains aspects (le vote aux Nations unies, par exemple), l'Afrique a été un partenaire incontournable pendant toute cette période. Ayant grandi en un temps d'idéologies politiques survoltées (et restrictives), beaucoup d'artistes de cette génération ne sont que trop heureux, semble-t-il, de se libérer du fardeau qu'elles représentent.

9. *La promotion de la culture.* L'actuelle renaissance artistique s'opère sur fond d'une situation où non seulement les problèmes sanitaires et politiques représentent une véritable pandémie dans certaines zones clés du continent, mais aussi où les infrastructures – du réseau téléphonique aux écoles – sont de plus en plus décrépites et inadaptées. Si l'on admet

volontiers, en Occident, que l'étude de l'art et de la culture est essentielle au développement et à la compréhension des civilisations, reste que les agences internationales de financement poussent expressément l'Afrique à réduire les budgets des universités locales dans ce domaine, les écoles et les cursus techniques remplaçant l'enseignement des arts et des humanités. De nombreux artistes – et intellectuels – quittent donc l'Afrique pour aller se former en Europe. S'ils connaissent le succès ici, l'Afrique n'en a guère de bénéfices en retour.

Il importe de souligner que de grands mouvements artistiques ont vu le jour en un temps de crise semblable à celui-ci. Les exemples abondent : la conquête, par la Nubie, de la région du Haut-Nil, a transformé l'Égypte d'Akhenaton ; les pèlerinages en Terre sainte de l'Europe médiévale – et leur corollaire violent, les croisades – ont influencé le développement de l'architecture et des arts ; la chute de Constantinople a été déterminante pour l'essor de la Renaissance italienne ; l'expansion de l'islam a eu un effet catalyseur sur le développement d'une architecture monumentale à Djenné (Mali) et ailleurs ; la présence portugaise au Bénin est un facteur important de la floraison artistique qu'a connue le pays ; les guerres coloniales menées par la France et la Belgique en Afrique ont participé de la révolution artistique de Pablo Picasso ; l'ascension et la chute d'Hitler, de la naissance de l'École de New York.

Tous ces développements ont été précipités par des confrontations, des frictions et des contradictions culturelles, qui avaient leurs caractéristiques socio-psychologiques et de dimensions internationales. Ce qui se passe aujourd'hui dans l'art africain doit être également considéré de ce point de vue. Il est donc essentiel de prendre acte de ces contradictions même si (et d'autant que) les artistes et commissaires qui sont intellectuellement à l'origine de ce nouvel âge d'or – et en mesure de lui imprimer leur marque – opposent souvent un autre avis à ces problèmes.

En résumé, la définition que reçoit l'Afrique en ce nouvel âge d'or de son art reprend bon nombre des stéréotypes colonialistes qui ont fait l'ossature des discours antérieurs. Par exemple, une conception très étroite, monolithique de l'identité ; l'idée persistante d'un isolement géographique du continent ; une prédilection pour les modèles occidentaux ; l'assujettissement du développement de l'art aux lois du marché ; l'exclusion de certains artistes des lieux d'exposition ; la loi du genre et de la différence de statut comme fondement de l'art ;

la dé-historicisation de l'Afrique ; les modèles occidentaux d'idéologie politique ; enfin, une conception de l'Afrique qui favorise immanquablement la technique (la main) par rapport à l'innovation (l'esprit).

NOTES — *
Texte paru, pour la première fois, sous le titre « Nine Contradictions in the New Golden Age of African Art », dans *African Arts*, vol. 35, n° 3, UCLA James S. Coleman African Studies Center, Los Angeles, automne 2002, p. 1, 4, 6. Accessible en version originale à www.jstor.org/stable/3337857.

1
Holland Cotter, « From the Ferment of Liberation Comes a Revolution in African Art », *The New York Times*, 17 février 2002, www.nytimes.com/2002/02/17/arts/art-architecture-ferment-liberation-comes-revolution-african-art.html.

II — Délimitations premières : un nouveau sujet artistique

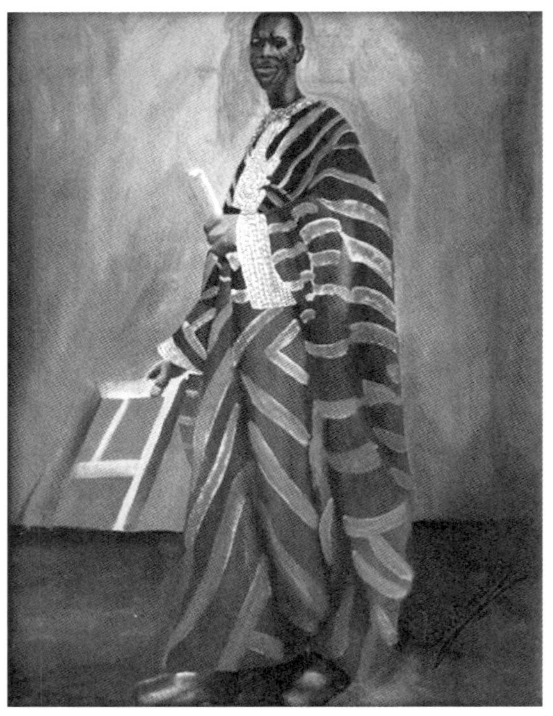

Aina Onabolu
Portrait d'homme,
dit aussi *Autoportrait,*
1954-1955

Aquarelle sur contreplaqué, 48,5 × 38,5 cm

Un bref discours sur l'art

Aina Onabolu

A Short Discourse on Art fut publié pour accompagner *Pictures of Onabolu*, la première exposition monographique d'importance d'Aina Onabolu (1882-1963), organisée du 27 au 30 avril 1920 à l'Empire Hall de Lagos (Nigéria), à la veille de son départ pour Londres et la St John's Wood Art School où il venait d'être admis – premier Nigérian à étudier l'art dans la capitale de l'Empire britannique. Souvent présenté comme « le père de l'art moderne au Nigéria », voire en Afrique, sa carrière d'artiste avait commencé vingt plus tôt. En autodidacte, il s'adonnait à la peinture de portraits et de paysages dans un style réaliste, à la recherche de la virtuosité technique. Ce texte se comprend comme l'affirmation d'une conscience artistique moderne s'exprimant dans le rejet de l'art traditionnel et par un éloge de la peinture européenne. Une telle perspective pourrait laisser supposer un ralliement complet à la culture du vainqueur, si ne s'exprimait pas également l'enjeu de démontrer que les Africains peuvent peindre, au moins, aussi bien que les Européens. Aina Onabolu n'aura de cesse, à son retour au Nigéria en 1922, de se battre pour introduire un programme d'enseignement artistique dont ce texte livrait déjà l'orientation. Le Nigéria est officiellement une colonie britannique depuis la Conférence de Berlin sur le partage de l'Afrique en 1884-1885 et jusqu'à son indépendance en 1960 – Lagos étant sous contrôle britannique depuis 1861.

« Ne me parlez pas de génie mystifié. Le génie est le maître de l'homme. Le génie fait ce qu'il doit faire ; le talent, ce qu'il peut faire. »
— Owen Meredith[1]

L'objet de cette exposition est de montrer au public quelques-uns des tableaux que j'ai peints sans bénéficier du secours d'un maître, et ainsi de prouver que Dieu est équitable dans la façon dont il distribue ses talents à l'humanité. Le mot « Art », dans le catalogue, est utilisé spécifiquement pour distinguer la peinture et la sculpture de toutes ces autres choses qu'on assigne à cette rubrique aujourd'hui, et qui répondraient mieux au nom de science ou de savoir-faire.

Du grand Art, de l'art majuscule et sublime, on a dit avec raison qu'il est le fait de l'homme de talent, capable d'émotions profondes et doté d'un goût raffiné, et que, par un tel homme, les grands moments du déroulement de l'histoire et l'imagination du poète sont plus pleinement figurés en peinture que par toute autre expression.

Nous sommes tous parfaitement conscients du fait que, depuis des temps immémoriaux, on reproche au Noir d'Afrique de l'Ouest son incapacité à développer une forme élevée de civilisation, au point qu'il n'a jamais peint un tableau ni sculpté une statue, et que ce reproche, posé depuis tout ce temps comme un fait irréfutable, est devenu pour ainsi dire ineffaçable. Certains se plaisent à croire que c'est la nature, plutôt que l'Africain lui-même, qui est à blâmer – l'environnement lui étant entièrement hostile. D'autres prétendent qu'il n'aspire guère aux objets nobles ; qu'il possède un bon cerveau, mais ne cherche pas à le développer ; qu'il se satisfait facilement de petites choses et n'apprend pas ce qui est digne d'admiration. En tout respect des uns et des autres, je peux dire que je suis en partie d'accord avec la première hypothèse, mais en total désaccord avec la seconde. Je reprends à mon compte ces mots de l'écrivain : « Personne ne vient au monde dont l'œuvre ne naisse avec lui. Il y a toujours la chose à faire et les outils pour le faire – du moins, pour celui qui veut. » Je connais beaucoup de jeunes hommes, dans ce pays, qui possèdent un talent, mais qui, par manque d'ambition ou d'encouragement – d'ambition *et* d'encouragement – ne développent pas leur potentiel, laissent leur potentiel dormir, oubliant qu'un jour ils auront à rendre compte de l'usage qu'ils ont fait de ces talents reçus ; oubliant que le manquement au devoir est inévitablement sanctionné. Les tableaux exposés aujourd'hui ne sont que quelques échantillons d'une production qui compte près de deux cents toiles – fruit d'un labeur incessant mené dans des circonstances difficiles, alors que l'essentiel de mon temps se passait dans les bureaux de l'administration maritime et douanière ; et que je n'ai bénéficié de l'enseignement d'aucun Maître hormis l'« expérience », dont Cicéron disait qu'elle est notre collecteur d'impôts le plus intraitable. J'ai tiré grand profit de mon observation de la nature, qui a toujours eu l'amabilité de se montrer aux yeux et à l'esprit de celui qui sait là voir la vraie beauté ; à la différence de celui qui, conduit jusqu'à elle par sa formation académique, est comme ce cheval qu'on mène à la fontaine, mais qui refuse de boire.

Que mes amis européens, défenseurs de l'avancement des autochtones nigérians, soient ici particulièrement remerciés : Sir William MacGregor, M. et Mme Moseley, le Dr F. G. Hopkins et Madame, M. E. O. Commings, l'honorable R. J. S. Ross, l'honorable T. F. Burrowes, M. J. M. Dunlop, le Lieutenant commander J. Percival, M. W. K. Duncrombe, M. E. Mumby, l'honorable G. L. Temple et tant d'autres qui m'ont encouragé en me passant commande de toiles ou en éclairant ma progression laborieuse sur la route escarpée du monde de l'art.

Parmi les gens de mon peuple, je tiens aussi à exprimer ma gratitude à l'égard du Dr Randle, du Révérend W. B. Euba, de l'Honorable S. H. Pearse, de l'Honorable Kitoyi Ajasa, de l'Honorable Adeboyega Edun, de Messieurs D. A. Taylor, Da Rocha, J. H. Doherty, Maître J. Egerton Shygle, M. Herbert Macaulay, Civil Engineer, le Dr M. T. Ogunmefun et Madame, M. J. A. Odufunade, M. S. Samuel, le regretté E. A. Caulcrick, les regrettés M. et Mme C. A. Robbin, la regrettée Mme Spencer Savage, les responsables de la presse locale, et tant d'autres qui m'encouragent par leurs paroles aimables et en me confiant le soin de faire leur portrait ou ceux de leurs proches.

Considérons à présent la question de l'utilité de la peinture, de ce qui fait les qualités d'une bonne toile et les moyens d'y parvenir.

Arrêtons-nous un instant et demandons-nous quel effet le monde et toutes ses beautés produiraient sur nous si nous ne disposions pas du moyen de produire un tableau de ce que nous voyons ou entendons – de figurer ou de représenter les gens que nous côtoyons et leur environnement. Quelle idée, ô combien imprécise et disparate, nous nous ferions alors de nos grands événements historiques, des coutumes de nos ancêtres ou des peuples antiques, des visions exposées dans les Saintes Écritures, de la naissance du Christ dans l'étable, de son Recouvrement au temple, de sa Crucifixion, de sa Descente de Croix, de sa glorieuse Résurrection et de son Ascension – de tout cela, nous n'aurions aucune idée précise sans l'existence de l'artiste, du peintre doué de la faculté de ressentir et d'imaginer. Considérons, par exemple, l'influence d'un tableau tel que *La Bataille du Jutland*[2] grâce auquel la supériorité de la flotte britannique sur celle des Allemands pendant la dernière grande guerre est restée dans les mémoires de tous les peuples. Ou encore, considérons ce dessin qui décrit une scène se déroulant près de Compiègne au moment de la célèbre retraite de Mons le 1er septembre 1914. Monsieur F. Matania a réussi à fixer sur cette image l'invincible bravoure de l'armée britannique, la pérennisant pour la postérité. Grâce à cette représentation, chaque nouvelle génération gardera pour toujours en mémoire les actes glorieux qu'accomplirent en leur temps ses ancêtres héroïques.

Ici, au Nigéria, nos ancêtres ont aussi, à leur manière, accompli de grandes choses. Nos rois ont rempli leur office de façon souveraine même s'ils n'ont pas toujours choisi la bonne direction, comme il est inévitable dans l'histoire d'une nation balbutiante. Nos pères ont montré de la bravoure sur les champs de bataille, et nos dirigeants, de la sagesse dans leur législation. Mais avons-nous des témoignages de leurs accomplissements glorieux ? Eh bien, non ! S'il en existe, ils sont tels des mots écrits sur la surface de l'eau, qui ont tôt fait de s'effacer. Pourquoi ? Parce que nous nous satisfaisons volontiers de petites choses, fruit de petits efforts, sans jamais nous risquer à voir la grandeur dans ce qui est petit. Non que nous ne puissions la voir quand nous nous y efforçons. Notre race aurait-elle seulement cherché qu'elle aurait découvert, en son sein, son Watt ou son Boulton, son Marconi ou son Edison, si seulement elle avait appris à ne pas mépriser les petites choses. Certains d'entre nous connaissent ces hommes à travers leurs lectures, mais n'aspirent pas à les imiter. Lorsque nous allons au théâtre ou au concert, nous nous contentons de commenter la voix du chanteur, le costume de l'acteur, et nous nous intéressons aux actions qui suscitent le rire, mais nous n'allons jamais creuser plus avant pour comprendre ce qu'est véritablement la pièce, si elle est enrichissante ou décourageante, si elle s'accorde ou non avec la religion que nous professons.

Aujourd'hui, dans notre pays, c'est une bénédiction de voir notre peuple commencer à apprécier les portraits de nos parents, des grands hommes, et de tous ceux qui nous sont chers. Quelque chose nous manque encore cependant : nous n'avons pas appris à distinguer un tableau d'une photographie en couleur, ni à reconnaître les qualités nécessaires à l'exécution d'une bonne toile. Si l'on demandait à certains d'entre nous pourquoi ils estiment bon tel portrait de telle ou telle personne de leur connaissance, ils répondraient que c'est parce qu'ils y retrouvent tous les traits et détails – veines, rides, moindre petit poil – du visage tel qu'ils le connaissent dans la vraie vie. À ceux qui pensent ainsi, je demanderai ici de réfléchir un peu avec moi afin que nous puissions mieux, à l'avenir, juger de ce qui fait la qualité d'un tableau et l'admirer en toute connaissance de cause.

Le mot « tableau » est employé, dans ce catalogue, pour désigner la représentation des objets tels qu'ils sont perçus depuis un point de vue présumé. Cette définition devrait immédiatement suggérer à mon lecteur l'idée de perspective et de centre focal. Le mot « perspective » étant formé sur l'association des termes latins *per* (à travers) et *specto* (voir), la perspective est donc l'art de dessiner les objets tels qu'ils apparaîtraient s'ils étaient projetés sur une surface de verre ou un plan transparent. Il faut distinguer ici la perspective de la géométrie : la perspective montre les objets tels qu'ils apparaissent, tandis que la géométrie les montre tels qu'ils sont. Le centre focal est ce vers quoi se concentre le regard. Ainsi, nul tableau d'où la perspective ou le centre focal serait absent ne devrait passer pour bon. Si vous allez vous promener, par exemple, au Glover Memorial Hall, vous y découvrirez deux portraits exposés côte à côte, l'un du regretté Docteur Bailey, et l'autre, du regretté honorable Christopher Sapara Williams, Bachelor of Laws, Companion of St Michael and St George.

Dans le premier portrait, il n'y a ni centre focal, ni gradation dans les couleurs, ni souffle vital, ni harmonie. Les doigts du Docteur Bailey, qui a les mains posées sur ses genoux, sont aussi inertes et rigides que ceux d'un mort ; les pétales des fleurs de la couronne, à l'arrière-plan, sont figurés de manière si appuyée qu'ils rivalisent avec le modèle. Ce tableau, censé être d'intérêt public, ne devrait pas passer pour un bon portrait de ce noble personnage. La faute n'en est pas entièrement imputable au modèle, mais au photographe. Le deuxième portrait qui, par contraste, apparaît bien meilleur est, eu égard à la tête, trop faible pour être jugé désirable.

Dans les jours qui suivirent la mort de l'évêque Johnson, plusieurs réunions se tinrent dans des lieux publics du centre-ville, rassemblant hommes et femmes des classes moyenne et supérieure soucieux de savoir ce qu'ils pouvaient faire pour perpétuer la mémoire du grand homme. Les hommes proposèrent de lui ériger un monument avec fontaines dans la partie la plus centrale et la plus visible de la ville. Les femmes chrétiennes de Lagos, pour leur part, proposèrent de faire peindre son portrait en Angleterre ; grâce à lui, la mémoire de l'évêque passerait à la postérité. L'intention était louable, mais les efforts mal orientés : le produit final n'était pas un tableau, mais une photographie sur laquelle, de par la couleur de ses mains et de son visage, l'évêque avait l'air d'être arabe ; et pour autant que je sache, une photographie ne dure jamais aussi longtemps qu'un tableau. Un autre portrait du même acabit est celui du regretté Monsieur A. C. Willoughby. Dévoilé au Glover Memorial Hall il y a vingt-six ans environ, il était très abimé lorsque l'on me l'apporta à l'atelier, six mois avant l'incendie de l'Hôtel de ville. Quand les femmes de Lagos reçurent le grand portrait en couleur de l'évêque, elles me firent venir et me demandèrent si je pouvais le retoucher. Je leur répondis très franchement qu'il valait mieux laisser l'image en l'état, mais que je ne serais pas contre l'idée de peindre mon propre portrait de l'évêque.

Je suis heureux que ce portrait, que j'ai peint de ma propre initiative, compte aujourd'hui parmi mes œuvres.

L'objet de mon discours, cependant, n'est pas de faire autre chose que d'éveiller l'attention de ceux de mes lecteurs qui se sentent impuissants à distinguer un bon d'un mauvais tableau et cherchent à savoir quelle est l'utilité d'une œuvre peinte. Je ne peux ici m'étendre sur le sujet, mais sachez qu'afin de comprendre et d'apprécier un bon tableau, il faut avoir quelques connaissances en art – de même qu'il faut connaître un peu la musique pour en apprécier la qualité.

Considérant le peu de temps dont je dispose, je dois à présent retracer brièvement l'histoire de l'art, qui ne saurait être traitée correctement qu'en plusieurs volumes.

Depuis la Préhistoire, l'esprit humain cherche le moyen d'exprimer ce qu'il ressent et la peinture constitue le biais le plus satisfaisant qu'il ait trouvé, devançant en cela la sculpture, la musique et le langage. Les origines les plus reculées de l'histoire de l'art remontent à l'Égypte qui, comme nous le savons tous, est la plus ancienne des civilisations de l'Antiquité. Ses premières expressions étaient frustes, le progrès fut lent et suivit le rythme du développement de l'esprit humain.

Aux seuls peintres et sculpteurs revenait le traitement de sujets sacrés, leur art étant à ce point glorifié qu'il ne pouvait être confié à d'autres. En Égypte, la peinture et la sculpture étaient des vocations sacrées ; les professeurs, des hommes au service de la religion, liés par des règles strictes auxquelles ils n'osaient pas déroger. L'adhésion à des règles dictant des formes fixes, qui allaient empêcher pendant des siècles toute avancée en direction de la beauté, devint mécanique. Les formes fixes et monotones de la peinture chinoise moderne ont leur prototype dans la production des Égyptiens de l'Antiquité, dont les conventions sont reconnaissables, inspirées qu'elles furent, sans doute, par la politique des prêtres : susciter à la fois l'émerveillement et la crainte en représentant les divinités sous un aspect différent de celui de l'humanité ordinaire. De ce fait, ils n'ont jamais dépassé le stade de la rigidité des postures. En complète violation de toute cohérence du dessin et de la perspective – comme les gens d'ici –, ils représentaient un œil de face dans une tête de profil, des pieds et des mains tournés de côté dans une figure frontale, des cous tordus aux muscles hypertrophiés et des membres systématiquement raides.

L'art babylonien sera supérieur à l'art égyptien parce qu'il imite la nature. Depuis ce stade initial, l'art va progresser pour atteindre la perfection dans la Grèce antique vers 500 avant Jésus-Christ. L'art grec des débuts est encore très influencé par l'art égyptien. Mais la perfection qu'il atteint plus tard est due à l'enthousiasme de l'esprit grec qui glorifie l'art et fait de sa pratique une chose sacrée. Dans la Grèce ancienne, l'artiste était considéré comme un être supérieur : on l'honorait comme le dépositaire d'un don divin, et il était au service des dieux et de la communauté. Les arts représentaient le souffle de la vie pour les Grecs. Comme Cicéron le fait observer, rien n'aurait pu compenser à leurs yeux la perte d'une œuvre comme la *Vénus* [*de Milo*]. Ils l'auraient vécue comme une véritable calamité publique. Toujours est-il que, jusqu'à l'époque de Raphaël, la principale fonction de l'art était d'illustrer les Saintes Écritures et de préserver la mémoire des défunts en en faisant des portraits ressemblants. Avant le XVIe siècle, il n'y a pas de peintre de paysage au sens propre du mot, ni de peinture animalière ou florale, ni de nature morte.

Le déclin de l'art coïncide avec le déclin de la Grèce et l'essor de Rome. Les conquérants romains n'avaient pas pour l'art le même amour que les Grecs. Pour eux, l'art n'était qu'un luxe, et ils n'employaient les artistes grecs qu'à des fins de décoration et de commémoration de leurs exploits glorieux. Pendant cette ère de conquêtes et de barbarie, l'art connut un déclin en Grèce et redescendit quasiment à l'état primitif qui avait été le sien en Égypte.

Cependant, sous l'influence de l'Église, une fois le christianisme bien établi, l'art connut un renouveau en Italie. Les papes Léon X et Jules II furent de grands commanditaires à l'époque de Léonard de Vinci, de Michel-Ange et de Raphaël. Ainsi en Grèce, où l'art avait été porté à son point de perfection, il était l'affaire de la communauté tout entière – des honneurs sans fin, des récompenses illimitées étaient concédés aux grands maîtres. Et voilà qu'en Italie, de la même façon, grâce au soutien de l'Église et de l'État – du souverain pontife, de ses cardinaux, des aristocrates, des gens riches et instruits –, nous voyons ce que produit cette combinaison du génie, de la piété, de l'enthousiasme et du patronage. Là, comme dans d'autres pays d'Europe – la Hollande, l'Allemagne, la Flandre, l'Espagne –, des génies apparaissent que l'on nommera les Maîtres anciens.

Comme je l'ai déjà remarqué, il n'y a pas eu de peinture de paysage avant le XVIe siècle ; les premiers tableaux de paysage à cette époque, et même au-delà, sont entièrement dénués de perspective et de centre focal ; à telle enseigne qu'en 1750, le célèbre peintre anglais William Hogarth fit une amusante gravure dans laquelle il se moquait des erreurs de perspective que commettaient de nombreux artistes de l'époque qui ne connaissaient pas les règles de cette science. Ce peintre plein d'esprit entendait ainsi les punir de leur ignorance. Mais qu'il me soit permis de rappeler ici au lecteur que l'exécution d'un portrait est ce qu'il y a de plus noble et de plus difficile dans l'art pictural ; elle requiert une pratique étendue de la peinture ou, du moins, une connaissance de ses différentes branches. Comme le disait John Burnet, Fellow of the Royal Society, « combien de fois percevons-nous chez les peintres de paysage l'incapacité à rendre la figure humaine avec justesse ? Le problème vient entièrement du peu de soin apporté au dessin. Un arbre peut être figuré de façon imparfaite : s'il a suffisamment de vérité, il pourra satisfaire la plupart des spectateurs. Mais la figure humaine possède des proportions dont le non-respect est chose facile à voir ; et si l'occasion nous était donnée de comparer l'arbre figuré à l'arbre naturel, nous saisirions l'imperfection de la ressemblance, car tout œil capable d'une reproduction correcte peut reproduire n'importe quel objet, simple ou complexe, qui se présente à lui. »

Il y a maintenant près de deux cents ans que, grâce au bon [philanthrope] capitaine Coram et à la collaboration de personnalités telles que le célèbre musicien Georg Friedrich Haendel, William Hogarth, Joshua Reynolds, Allan Ramsay, Richard Wilson et plusieurs autres grands peintres de l'époque, une Académie nationale d'art a pu voir le jour à Londres. Avant cela, quelques tentatives avaient été menées pour fournir à l'artiste en herbe un moyen de se former ; mais faute d'intérêt et de fonds, rien de tout cela n'avait abouti. Il faut rendre hommage à Sir James Thornhill qui fit tout ce qu'il était humainement possible de faire pour promouvoir le développement de l'art en Angleterre. Il fonda une école de dessin dans sa maison de Covent Garden. Il avait une véritable passion pour son art et fit beaucoup pour l'encourager. Il faut aussi mentionner la Saint Martin's Lane Academy fondée par William Hogarth en 1735, qui devança de peu la création de la Royal Academy of Arts.

Certains étaient partisans de la création d'une Académie royale. Le Duc de Richmond ouvrit sa galerie d'antiquités de Spring Gardens aux jeunes artistes. La Society of Artists commença à prospérer et l'exposition qu'elle organisa en 1761 à Spring Gardens rapporta 650 livres sterling. Dans la préface au catalogue de l'exposition, Samuel Johnson déclarait : « Tout le monde n'est pas à même d'apprécier les œuvres d'art ou de s'en porter acquéreur. Mais l'expérience nous permet déjà de dire que tout le monde aime à voir une exposition. » La Society, à laquelle appartenaient Joshua Reynolds, Thomas Gainsborough, Johan Zoffany, Richard Wilson et Benjamin West, fut distinguée par une charte royale en 1765 et rebaptisée Incorporated Society of Artists of Great Britain. Quelque temps plus tard, les membres les plus éminents de la Society, jugeant l'état des choses insatisfaisant, démissionnèrent. Ils adressèrent un Mémoire au Roi, sollicitant son aide pour l'établissement d'une « école ou académie de dessin bien réglée pour l'usage des étudiants d'arts ».

George III accéda à leur requête sans tarder. Le Mémoire lui fut soumis le 28 novembre 1768. Le 10 décembre de la même année, le roi approuva officiellement l'Instrument of Foundation qui donnait naissance à la Royal Academy ou « société pour promouvoir l'art du dessin ». Joshua Reynolds, portraitiste inégalé, natif du Devonshire, devint le premier président de l'Académie, à la grande satisfaction de ses membres. La première réunion publique de l'Académie eut lieu le 2 janvier 1769 ; Joshua Reynolds y prononça le premier de ses célèbres discours, l'ouvrant par ces mots : « Messieurs, grâce à la munificence du roi, nous venons de voir s'ouvrir enfin parmi nous une académie où tous les beaux-arts pourront être cultivés régulièrement. Cet événement doit paraître d'un intérêt aussi grand non seulement pour les artistes mais bien pour toute la nation en général. »

La première exposition de la Royal Academy, à laquelle de très nombreux artistes participèrent, fut inaugurée à Pall Mall le 26 avril 1769 ; elle réunissait 136 tableaux.

Il faut savoir gré à George III d'avoir aidé l'institution par son charisme personnel, sa clairvoyance et son soutien financier. Il a garanti tout découvert résultant d'un déséquilibre entre les sommes rapportées par l'exposition et les dépenses encourues pour le fonctionnement des écoles et les œuvres de charité. Il a payé à cet effet la somme précise de 5116,11 ¾ livres sur ses fonds personnels, le dernier paiement ayant été effectué en 1780. C'était un véritable mécène.

La première exposition organisée à Somerset House comportait 489 tableaux des plus célèbres peintres de la fin du XVIIIe siècle – Joshua Reynolds, Thomas Gainsborough, Richard Wilson, Benjamin West, Thomas Stothard, H. W. Beechey, Richard Cosway et Philippe-Jacques de Loutherbourg. Elle fut un grand succès sur le plan financier. George III avait donné le ton. Les galeries étaient prises d'assaut. Les recettes pour la saison se montèrent à 3069 livres, soit 1700 livres de plus que l'année précédente – à l'époque, l'exposition se tenait chaque année.

Revenons-en à présent à nous autres Nigérians. Qu'avons-nous fait pour promouvoir l'art ou la science ? Nos sculptures – Gèlèdé, Alapafaja, Ibeji – et nos dessins sont encore frustes, dénués d'art et science ; nos canoës sont restés les mêmes depuis que nous avons commencé à nous en servir. Ils n'ont pas évolué. Pourquoi ? N'y a-t-il pas parmi nous des hommes jeunes ou intelligents capables d'améliorer notre sort et nos conditions de vie ? Je le dis avec force : nombreux sont, dans notre pays, les jeunes dont l'intelligence est brillante mais qui, par manque d'application ou de persévérance, ne parviennent pas à sortir du rang, et donc restent inconnus.

Jeunes hommes, prenons conscience de notre devoir : de nous dépend l'avenir du Nigéria. Souvenons-nous que tout ce que nous faisons à chaque moment de notre vie – que ce soit en bien ou en mal – est comme une graine que nous semons, qui produira inévitablement son fruit. Si nous sommes industrieux, nous récolterons le fruit de l'industrie ; si nous sommes indolents, celui de l'indolence. Qu'il me soit permis d'offrir à votre réflexion ces paroles de sagesse de l'un des plus grands peintres de paysage, l'Anglais William Turner :

> La lampe du génie, quoique allumée par la nature,
> Si elle n'est pas protégée et entretenue avec soin
> A tôt fait de s'éteindre ou de ne plus briller que
> Par intermittence.

Ou ces paroles du Révérend Swain : « Si l'on doit dire du génie qu'il est don du Ciel et lumière divine », il faut aussi dire qu'il est « capacité à se donner de la peine ».

Notre terre recelait de l'or, des minerais, du bitume. Nous l'ignorions jusqu'à ce que les Européens, avec leur capacité à discerner la grandeur dans les petites choses, avec leur ingéniosité et leur industrie, découvrent ces richesses et les mettent au jour.

NOTES — *

Texte paru, à compte d'auteur et sous le titre « A Short Discourse on Art », en mai 1920, précédé d'une introduction par A. O. Dolu Dosumu, marchand de Lagos et ancien étudiant en philosophie à Oxford, se concluant sur ces mots : « une mission d'importance attend Monsieur Onabolu : se faire l'interprète de l'Afrique pour le reste du monde ». Les notes qui suivent sont toutes de l'éditeur. Les titres honorifiques et hiérarchiques ont été conservés dans leur langue originale. Disponible en version originale anglaise sur https://library.si.edu/digital-library/book/shortdiscourseonooonab. Pour plus d'informations sur le parcours d'Aina Onabolu : https://artwa.africa/pioneers-of-modern-nigerian-art-biography-of-aina-onabolu. De nombreux noms – mécènes, soutiens et modèles de l'artiste – mentionnés page 123 y sont présentés.

1

Owen Meredith est le pseudonyme de Lord Robert Lytton, diplomate, homme d'État et poète britannique (1831-1891).

2

Peut-être le tableau *The Battle of Jutland, 31 May to 1 June, 1916*, peint en 1920 par Robert Henry Smith, actif entre 1906 et 1920.

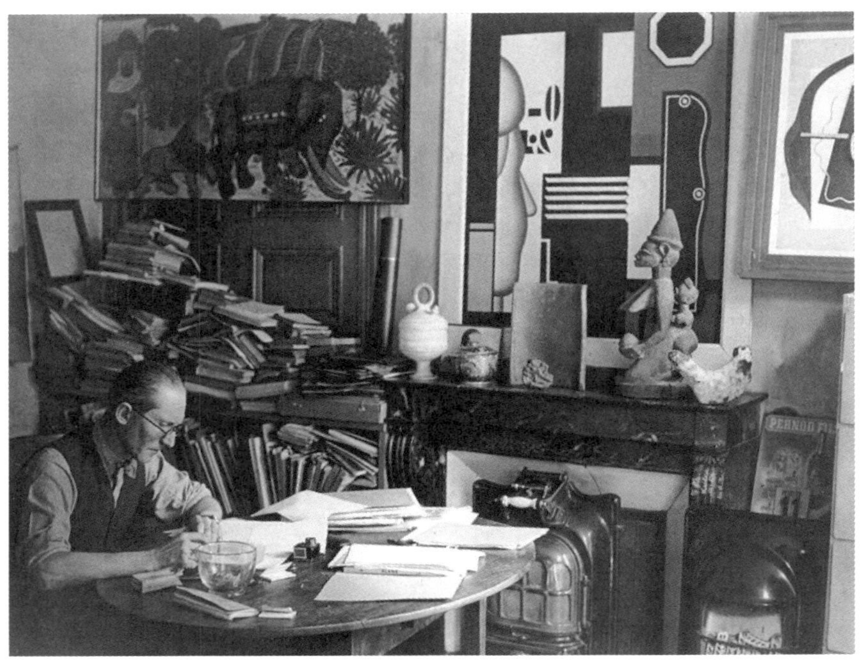

Un tableau de Kalifala Sidibé
est accroché dans le bureau de
Le Corbusier, à proximité
d'une toile de Fernand Léger,
rue Jacob, Paris, 1931

Compte-rendu d'exposition de Kalifala Sibidé, Galerie Georges-Bernheim

Michel Leiris

En incarnant le rapprochement entre les avant-gardes littéraires et artistiques parisiennes et l'ethnologie française de l'Entre-deux-Guerres, Michel Leiris (1901-1990) est reconnu comme un acteur majeur de la mise en avant des civilisations traditionnelles et contemporaines africaines dans la première moitié du XXe siècle. En 1929, après avoir rompu avec le mouvement surréaliste, il devient secrétaire de rédaction de la revue *Documents* où il rencontre Marcel Griaule, l'initiateur de la mission Dakar-Djibouti (1931-1933) à laquelle il participe et dont il témoigne dans *L'Afrique fantôme*, publié en 1934. Publiée entre avril 1929 et janvier 1931, la revue *Documents* est principalement animée par Georges Henri Rivière, Georges Bataille et Carl Einstein. L'ethnographie y est largement traitée, notamment concernant le continent africain, et de nombreux objets africains y sont reproduits. Cet article rend compte de la première exposition des œuvres de Kalifala Sidibé (1900?-1930), organisée à Paris du 15 au 30 octobre 1929. En quelques lignes, Michel Leiris promeut une vision « composite » de la création, au moment où les appréciations et réceptions de l'art africain traditionnel et de l'art français contemporain commencent à s'enrichir les unes les autres.

Vaniteuse et naïve, la race blanche s'imagine être seule au monde, et s'arroge le privilège de l'intelligence et de la civilisation. Il semblerait que plus les hommes ont la peau sombre, plus ils sont méprisés. Les blancs ont établi sans rire cette échelle de valeur : race blanche, race jaune, race rouge, race noire. Du fait de cette classification complètement arbitraire, établie en grande partie parce qu'elle se trouve conforme aux intérêts d'une féroce cupidité, tout ce qui vient des nègres est intéressant.

Le peintre soudanais[1] dont Madame Bolette Natanson[2] nous présente un ensemble de toiles n'est pas, comme tant d'autodidactes, un primaire prétentieux qui ne vise qu'à copier platement ce qu'il a vu au musée, ou chez d'autres autodidactes. Ses tableaux ont d'autres charmes que celui

– pire que discutable – de cette gaucherie soi-disant naïve qu'on loue d'ordinaire chez les « peintres du dimanche ».

Des scènes populaires, des scènes de chasse, des tableaux inspirés du folklore africain, voilà ce que nous montre Kalifala Sidibé, franchement et crûment, sans aucun maniérisme, lui qui découvrit la peinture en se servant, paraît-il, de pièces de cotonnade, et des couleurs employées à la factorerie de son pays pour le numérotage des sacs. Hommes et animaux vivent ici dans une merveilleuse intimité. C'est le plein totémisme, l'absence d'orgueil proprement humain, et l'on devient pareil à ces héros primitifs ayant le choix, pour se marier, entre une femme, un arbre, deux ou trois belettes, quelques buffles et un certain nombre de renards... On y retrouve aussi le charme des histoires de nursery, où de petits enfants, nègres ou blancs, sont victimes des mille tours que leur jouent les animaux facétieux, entre deux explosions de bonds et de cris. Invraisemblables histoires qu'on pourrait peut-être découvrir à la base de toute espèce de poésie... Le *Serpent avalant un homme* est aussi proche qu'il est possible des cauchemars enfantins, de ces constructions élémentaires et terribles qui, malgré leur futilité, leur burlesque apparents, laissent parfois des traces sur toute une vie.

Kalifala Sidibé est originaire du pays des Bambaras. Rien d'étonnant, donc, à ce que sa peinture soit assez composite. Certains le déploreront, au nom du préjugé de la « pureté du style », qui obnubile tant d'esprits, avec celui des « hautes époques ». J'aime, pour ma part, tout ce qui a ce côté mélangé, *sang-mêlé*, depuis les sarcophages d'époque romaine dont certains portent des visages de femme très réalistes et splendidement fardés, jusqu'au spectacle des Fuégiens vêtus de pantalons européens qu'ils ont trouvés dans les épaves, en passant par la philosophie alexandrine et l'élégance inimitable des nègres d'Harlem.

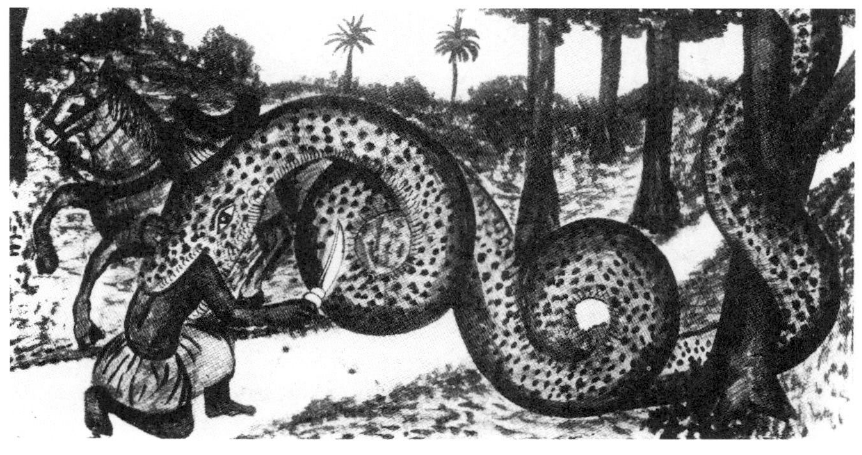

Kalifala Sidibé
Serpent avalant un homme, c. 1929
Tableau illustrant l'article
de Michel Leiris publié dans
Documents en 1929

NOTES — *

Texte paru, pour la première fois, dans *Documents*, 1929, repris dans *Documents*, deux volumes, éditions Jean-Michel Place, Paris 1991, p. 343. Pour une monographie sur Kalifala Sidibé, voir www.bigakukai. jp/aesthetics_online/aesthetics_20/text20/ text20_yanagisawafumiaki.pdf. Le catalogue de l'exposition réunit des textes de Roland Dorgelès, Georges Huisman et Le Corbusier. Les notes qui suivent sont toutes de l'éditeur.

1

Le Soudan français est le nom porté par la colonie française érigée sur le territoire de l'actuel Mali entre 1890 et 1899, puis de 1921 à 1958.

2

Architecte et designer, ayant notamment collaboré avec Jean-Charles Moreux et cofondé avec lui la galerie Les Cadres, située rue du Faubourg-Saint-Honoré, Bolette Natanson (1892-1936), fille d'Alexandre Natanson, directeur de *La Revue blanche*, a organisé de nombreuses expositions d'art moderne et africain à Paris dans les années 1920 et 1930.

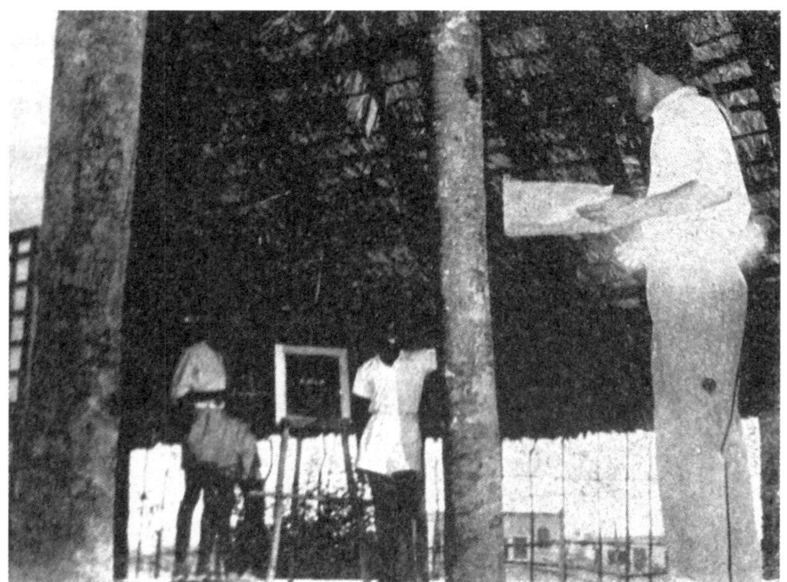

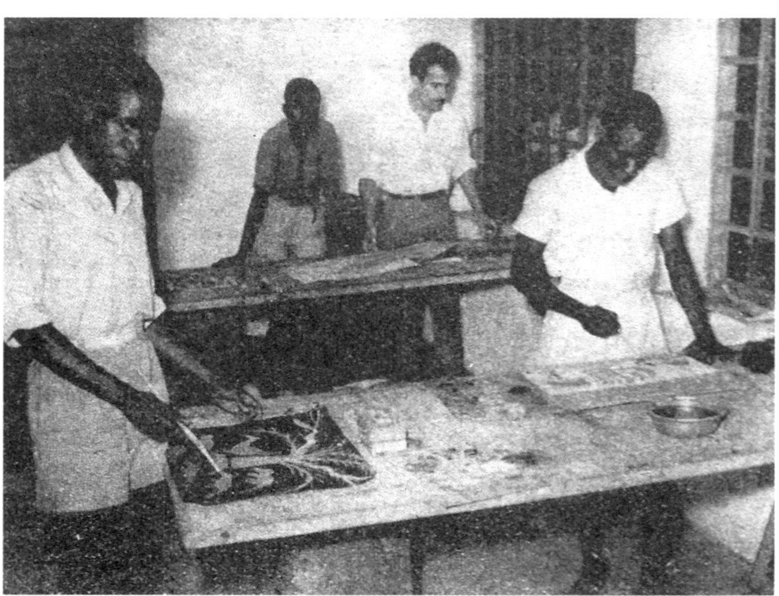

Pierre Lods et ses élèves
dans la véranda et l'atelier de l'École
de Poto-Poto, Brazzaville, août 1951

Photographies publiées dans *Liaison* (1950-1960), revue des centres culturels de l'Afrique-Équatoriale française, fédération regroupant quatre colonies d'Afrique centrale (1910-1958)

Les Peintres de Poto-Poto

Pierre Lods

Publié dans la revue *Présence Africaine* en 1959, ce texte reprend l'allocution donnée la même année par Pierre Lods (1921-1988) au deuxième Congrès des écrivains et artistes noirs de Rome. Ce dernier succède à un premier congrès organisé en 1956 à Paris, dans l'amphithéâtre Descartes de la Sorbonne, par Alioune Diop, fondateur en 1947 de la revue. Ancien militaire devenu peintre, Pierre Lods est arrivé à Brazzaville en 1949, accompagné d'ethnologues venus étudier les Pygmées de la région d'Owando. Ce texte demeure le seul document où Pierre Lods décrit sa pédagogie du « laissez-faire » et expose l'origine du Centre d'art africain qu'il ouvre en 1951 dans le quartier de Poto-Poto, Brazzaville, Congo, alors colonie française. Séduit par son intervention, Léopold Sédar Senghor, premier président de la République du Sénégal entre 1960 et 1980, le fit venir à l'École des Beaux-Arts de Dakar en 1961, persuadé qu'il permettrait l'élaboration d'un enseignement conforme aux aspirations de la Négritude. À Brazzaville, le Centre perdure suite à son départ, sous le nom d'École de Poto-Poto.

Ce siècle sans précédent nous a déjà comblés d'horreurs inimaginables, d'incurables blessures du corps et de l'esprit, mais aussi d'enthousiasmes inattendus et grandioses, de satisfactions inespérées dans le domaine de l'humain comme ne l'entrevoyaient pas nos pères occidentaux installés dans un humanisme de sarcophage par l'étude et la contemplation intérieure des civilisations mortes et, croyaient-ils, irremplaçables dans leur prestige lointain.

Nous avons subi, honteux, la révélation de la soudaine, sauvage et dégradante bestialité de nations réputées les plus civilisées de la terre, et la preuve de la plus subtile intelligence et des procédés culturels les plus raffinés de peuples taxés de la barbarie la plus primitive. Ce sera une des marques de notre temps.

« Un nouveau romantisme viendra, je ne l'attends pas, je l'annonce »
a dit déjà, en 1940, Léon Moussinac[1].

L'honnête homme moderne, débarrassé de ses complexes, poursuit,
émerveillé, l'inventaire culturel de l'humanité, aidé par la facilité des
voyages et des moyens techniques de reproduction des images et des
sons. Il n'y a pas de joie plus émouvante que d'appréhender la réalité de
son époque et d'y participer.

L'inoubliable camaraderie des maquis entre représentants des différentes catégories sociales, pendant l'Occupation, m'avait démontré la
vanité des préjugés de classe et si j'avais eu des préjugés de race, ils n'auraient pas résisté aux révélations de mon séjour en Afrique.

Je n'oublierai jamais cette nuit de conversation avec un vieux pêcheur
de la Sangha[2] – notre bateau à roues échoué sur un banc de sable –, et
sa question au blanc « omniscient et naïf » : « D'où vient ce chemin qui
marche depuis ma naissance, et depuis la naissance de mon père et celle
du père de mon père ? ».

Son français était sommaire, mon *lingala* dérisoire, mais l'intense
besoin de communiquer et cette « foule de choses, dans l'air, qu'on
n'aurait voulu manquer pour rien au monde », selon Mezz Mezzrow[3],
nous mettaient dans un état de réceptivité qui rendait les mots à peu
près inutiles pour comprendre ce qu'il ajouta des mythes de sa tribu à
mon explication trop rationnelle du cycle de l'eau... Un ange passa...
« Même chose pour l'eau, même chose pour l'homme », dit le pêcheur
de la Sangha en rejoignant ainsi des plus hautes philosophies, le « tout
est cercle et sphère ».

Alors une autre perception du monde se fit en moi ; de cette nuit,
j'emportais ma compréhension de l'Afrique et ma participation à sa vie
réelle. J'étais sur la voie de mon « enseignement futur à Poto-Poto ».

Je n'oublierai jamais la joie d'Ossali[4], mon domestique, lorsque je le
découvris après deux jours d'absence, en train de peindre des oiseaux
bleus sur une vieille carte de balisage de l'Oubangui. Ils étaient inquiétants et cocasses ces oiseaux, avec leur forme de couteau de jet ; ils
avaient une présence égale à celle des plus beaux masques africains. Je
n'avais jamais rien vu de semblable dans tous les arts d'Afrique, mais
ils étaient incontestablement nègres par leur efficacité dans le choc, la
grandeur et la magie qui s'en dégageaient.

Le même Ossali, le lendemain, posa une montagne vermillon sur un
fond noir à l'huile. En haut, cinq traits rouges figurèrent une palme,

comme une main ouverte, la même chose répétée deux fois en bas. Le pinceau entraîna du noir qui se mélangea au rouge. Devant ma remarque et mes conseils pour éviter ce que je croyais une maladresse, Ossali réplique : « Mais c'est plus beau comme ça ! ». Et il avait raison. Nous eûmes la plus mystérieuse montagne d'Afrique gorgée de vie et de mort, hallucinée et attirante.

Ce fut ma première leçon de *silence* et de *respect* et depuis, un des principes de ma méthode.

Les jours suivants, les petits frères, les cousins, les amis essayèrent. J'emmenai tout le monde chez moi, dans ma case-atelier à Poto-Poto. Ce fut alors une débauche de talents, un gaspillage d'idées, une ébouriffante floraison d'inspiration, un paradis de couleurs, de joie et de chants. Les papiers, cartons et toiles, un drap sacrifié, des planches, les murs, les fenêtres, les portes se couvrirent de personnages gesticulants, à la chasse, à la danse, au marché, à la pêche, à la guerre ; d'oiseaux, d'insectes, de poissons, de végétations, de masques, de têtes ahurissantes, quelquefois de tout cela mêlé ; point de fleurs ni d'arrangements d'objets qu'on appelle « nature morte » (et rien ne le laisse présager). Le tout maladroit peut-être au début, mais harmonieux de couleur, bien posé, fourmillant d'intentions comme par miracle, en un mot l'augure et le signe de l'imminence d'une vraie peinture loin des obsessions du « Musée imaginaire ».

Ému jusqu'aux larmes, fasciné, en train de perdre le sommeil pour plusieurs nuits, je n'osais rien dire de peur de rompre le charme.

En ce temps-là, il y a douze ans, j'avais l'âge de ces jeunes qui m'entouraient, avec ma vieille bicyclette et mes culottes courtes. Je fus leur copain. Nous nous tutoyions et, lorsque quelques années plus tard, j'achetai une voiture d'occasion et qu'on installa le téléphone dans l'atelier, Ossali me dit : « Maintenant tu es un directeur, il faut mettre des pantalons longs… »

La nuit sans sommeil où la cristallisation d'une possibilité d'aider à la naissance d'un art se fit en moi, j'errai la tête pleine de fièvre dans l'immense village quadrillé sous les palmes de Poto-Poto, dont la vie est déjà un opéra fabuleux et total. Il fallait absolument canaliser cette richesse de peinture, la faire s'épanouir, la montrer. Je repensais à cette année passée en brousse, à la sympathie et à l'accueil qui partout me firent participer à la vie des villages. Je notais un dialecte et les subtilités de sa grammaire (un beau langage est un chef-d'œuvre collectif et inconscient, a dit André Demaison[5]). Je reconnus sa tonalité au tambour, je fus bouleversé d'y saisir quelques mots, puis de les reproduire. On m'initia au balafon, à la chasse, à la pêche, plus tard à des cérémonies plus prestigieuses encore pour moi. J'assistai à des danses, à des récits, le soir, qui devenaient théâtre, puis ballets sans que finalement je puisse distinguer les acteurs des spectateurs.

Un matin, un chef de danse me conduisit près de sept tambours secrets, dans un fourré derrière un village : ceux qu'on entend, mais qu'on ne doit pas voir. Une autre fois, un féticheur m'emmena dans un coin reculé de la forêt voir les restes accrochés de masques et de statues qui finissaient de pourrir, rongés par les termites et l'humidité, et qui ne seraient jamais plus remplacés.

On imagine l'infinie tristesse de ces souvenirs. Et, puisque je n'avais rien à vendre ni à acheter, comme l'a dit Roger Erell, l'architecte de Sainte-Anne du Congo, et pour m'apaiser je me fis la promesse de me consacrer à la sauvegarde de cet art, tout au moins de son esprit vivant ; d'aider à son adaptation dans la vie moderne de l'Afrique. L'explosion fortuite et soudaine du talent des compagnons d'Ossali décida du commencement.

Des amis, M. et Mme Pepper, qui se consacraient de leur côté à l'étude et à l'enregistrement des musiques africaines, me présentèrent au directeur des Affaires Sociales. Je lui exposai mes idées. Intelligent et cultivé, il comprit et approuva mon plan d'atelier-musée, m'aida à le faire construire en matériaux du pays, principalement un grand toit très incliné de palmes sèches supporté par des piliers de palmier rônier et, au-dessous, une véranda et deux pièces en enfilade. Tout fut terminé en juin 1951.

Entre-temps les peintres s'étaient dispersés. Ossali disparut, alléché et cueilli par un rabatteur de main-d'œuvre au Gabon. Il fallut battre le rappel, essayer des néophytes. En quelques jours, l'atelier fut plein. Le miracle recommença et deux mois après, nous disposions déjà de plus de cent peintures qui nous permirent de faire une première exposition à Brazzaville, et qui fut un événement[6].

Et Max-Pol Fouchet[7] put dire à l'occasion de la première exposition à Paris, à la Galerie Palmes en 1952 : « Du même coup, l'Afrique battante pénètre dans la case. Spontanément, car elle se sent, cette fois, *libre* et *respectée*. Et nous avons ainsi de l'art à l'état d'oxygène naissant. Certes, il ne part pas de rien ; cela ne peut être. Les civilisations africaines s'expriment ici très fort, soucieuses de *signe*. Les motifs ornementaux de la case dans la brousse ou la forêt, ceux du tam-tam ou de l'objet rituel surgissent, réécrits avec de la gouache fabriquée à Paris.

Un *style*, heureusement, se maintient, c'est-à-dire la figuration que des hommes donnent non pas à la vie, mais au sens qu'ils confèrent à la vie. Ainsi des ‹ sauvages › courent-ils d'un premier mouvement à l'essentiel de la vérité esthétique. Ils abattent les termitières de l'erreur. Devant les immensités absurdes du trompe-l'œil, qui est plus gravement un trompe-l'âme et un trompe-l'homme, ils dessillent l'œil, décrassent l'âme, désentravent l'homme. »

Charles-Henri Favrod écrivit dans *La Gazette de Lausanne*, à propos d'une expérience similaire à Elisabethville (Congo) : « Cette liberté est une libération. Des images désentravées sortent du fond des âges, du temps de la peur et de la mort et elles émergent au temps du mépris qu'elles finiront par vaincre. »

Grâce à ce prodigieux et incroyable rassemblement de talents spontanés, je pus faire un choix précis et ne conserver que les peintres qui montrèrent, tout à coup, toutes les qualités naturelles de *dessin*, de *composition*, d'*harmonie* et d'*imagination*, ce qui me permet de n'*intervenir que* pour le maintien de la tension intérieure des artistes, pour les encourager ou les débarrasser de leurs doutes, pour leur distribuer le matériel et leur donner des indications indispensables sur l'emploi des couleurs, des pinceaux et l'utilisation du support, papier ou toile.

Les talents de nos débutants pouvaient s'orienter vers les différentes branches des arts plastiques. C'était mon premier projet, mais nous fûmes trop vite submergés par toutes les possibilités de la peinture et nous dûmes nous y tenir en attendant que des crédits, encouragés par notre réussite, nous permettent de nous développer.

Dans la crainte d'un incendie, je renonçai à collectionner de trop belles pièces d'art dans l'atelier couvert de chaume. Nous suspendîmes l'idée d'un musée en attendant de pouvoir le faire construire « en dur ».

Pour alimenter l'inspiration des peintres, je les entoure d'objets africains traditionnels, dans le jardin d'une grande variété de plantes ; j'organise des fêtes. Nous lisons quelquefois des légendes africaines, des proverbes, des poèmes qui ont une correspondance pour moi avec le monde noir ou qui participent des mêmes valeurs. (Léopold Sédar Senghor, Aimé Césaire, Saint-John Perse, Henri Michaud, Jacques Prévert…)

C'est le nombre *illimité* d'expériences possibles, dans une population où tout le monde est artiste qui *explique principalement* les succès de l'Atelier de Poto-Poto. Résultat impossible si l'on m'avait imposé des élèves même très doués. Nous aurions eu des pensums, peut-être d'excellents devoirs « d'écolier en classe, non pas en récréation » (Max-Pol Fouchet).

Pour ceux-là, des Écoles d'Art ou d'Artisanat sont nécessaires. Nous ne voulons pas entrer en compétition avec elles, mais leur apporter des idées ; notre collaboration peut être efficace et bénéfique, à condition que leurs directeurs ne prennent pas ombrage de l'antériorité de nos succès et ne s'essoufflent pas dans les voies différentes de nos recherches et de notre renommée.

Qu'on n'imagine pas que notre ambition soit d'imposer une méthode éternelle et immuable. Ce n'est qu'une étape, un témoignage, la moisson d'une saison de la culture ordonnée par les conditions fortuites de la vie actuelle des jeunes Africains ; pour la possibilité réservée d'un retour futur aux sources.

Au contraire, notre expérience complétée par une expérience semblable dans tous les arts, épuisée si l'on peut, préservée, conservée, nous devons espérer en Afrique l'introduction de la culture universelle pour balancer l'effet des mécaniques et des mauvais côtés inéluctables de la civilisation occidentale, comme lorsque devant cette jeune fille de Poto-Poto, apparemment ravie par les images roses et bleues de la bondieuserie, je montrai, pour préparer son « décrassage », des masques bakouélés et mpongwes puis les belles peintures religieuses de Raphaël.

André Parinaud, dans *Arts*, a écrit : « Le goût contemporain a subi une mutation prodigieuse et s'est enrichi de toutes les sensibilités passées » … et de celles actuelles d'autres peuples, a-t-on envie d'ajouter.

Et l'on peut prédire avec certitude que si la culture occidentale n'a pas commencé avec l'influence de l'Égypte noire, ce que personne n'a encore osé discuter publiquement avec Cheikh Anta Diop[8], la culture mondiale vivifiée récemment par l'Art Nègre sera digérée par l'Afrique et rendue au monde avec un nouveau visage dynamique et resplendissant.

NOTES — *

Texte paru, pour la première fois, dans *Présence Africaine*, n° 24-25, Paris 1959, p. 326-330. L'article se conclut par une bibliographie recensant les ouvrages suivants : Max-Pol Fouchet, *Les Peuples nus* ; Pierre Paraf, *Rendez-vous africains* ; Alexander Campbell, *The Heart of Africa (Les Deux Visages de l'Afrique)* ; Rolf Italiaander, *Won Urwald in die Wüste* ; Charles-Henri Favrod, *Le Poids de l'Afrique*. Les mots en italique sont de l'auteur. Sauf mention contraire, les notes qui suivent sont toutes de l'éditeur.

1

Écrivain et journaliste, Léon Moussinac (1890-1964) est un important historien et critique de cinéma, notamment pendant l'Entre-deux-Guerres.

2

La Sangha, tout comme l'Oubangui mentionné plus bas, est une rivière d'Afrique centrale, affluent du fleuve Congo. Le lingala est une langue bantoue parlée en République démocratique du Congo et en République du Congo.

3

Clarinettiste et saxophoniste de jazz états-unien, Mezz Mezzrow (1899-1972) est un fervent défenseur de la musique africaine-américaine traditionnelle.

4

Félix Ossali est, avec Nicolas Ondongo, l'un des artistes les plus réputés de l'École de Poto-Poto.

5

Écrivain français, André Demaison (1883-1956) est lauréat du Grand Prix du roman de l'Académie française en 1929.

6

[Note originale] Une série d'expositions ininterrompues suivit. En Afrique du Sud d'abord, en 1953 (Johannesburg, Pretoria, Salisbury, Le Cap) ; à New York [au Museum of Modern Art], en 1954 et 1955 ; à Hambourg, en 1956 ; en Suisse, en août-septembre 1957, et enfin, à l'Institut pédagogique national à Paris, en octobre et novembre 1957. [Signalons aussi l'exposition organisée dans le cadre de l'Exposition universelle de Bruxelles en 1958.]

7

Max-Pol Fouchet (1913-1980) est un poète, écrivain, critique d'art et homme de télévision français.

8

Cheikh Anta Diop (1923-1986) est un historien, anthropologue et homme politique sénégalais. Il s'est attaché à montrer l'apport de l'Afrique, en particulier de l'Afrique noire, à la culture et à la civilisation mondiale. Il a été pionnier dans sa volonté d'écrire l'histoire africaine précédant la colonisation et reste très controversé pour sa théorie de l'Égypte comme civilisation négro-africaine.

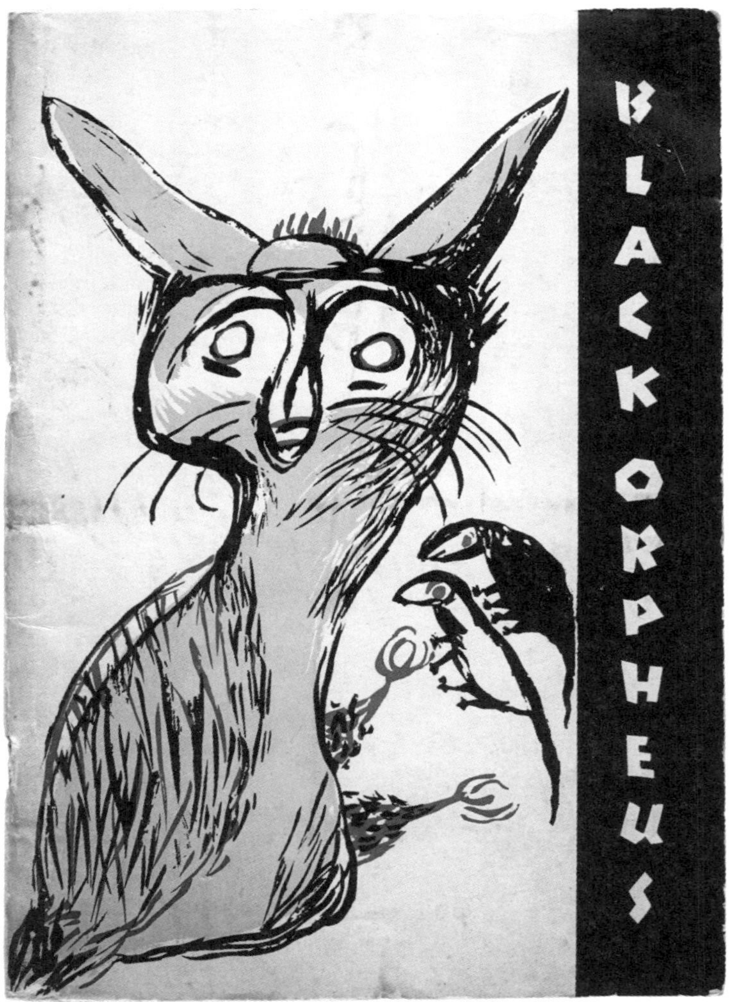

Couverture de la revue *Black Orpheus.*
A Journal of African and Afro-American
Literature, n° 11, 1961

Revue littéraire et artistique anglophone fondée à Ibadan, Nigéria, en 1957
par Ulli Beier, *Black Orpheus* s'inscrit dans la ligne du projet éditorial panafricain proposé
depuis 1947 par la revue parisienne *Présence Africaine*. Son titre reprend celui de
la préface (« Orphée noir ») rédigée par Jean-Paul Sartre pour *L'Anthologie de la poésie nègre
et malgache* publiée en 1948 par Léopold Sédar Senghor. Les couvertures sont souvent
réalisées par des artistes proches de la revue, comme Ibrahim El-Salahi.

L'art nigérian contemporain

Ulli Beier

En octobre 1960 est organisée sur Victoria Island à Lagos la manifestation *Exhibition of Arts and Crafts* dans le cadre des festivités célébrant l'indépendance du Nigéria. L'exposition entend présenter un état des lieux aussi exhaustif que possible de la scène artistique nationale. Sur la demande des organisateurs, Ulli Beier (1922-2011), professeur allemand de littérature, expatrié, écrivit ce compte-rendu pour *Nigeria Magazine*, une revue culturelle généraliste de renom. Ulli Beier n'était pas encore installé à Osogbo où il fonda son célèbre atelier en 1962, mais était déjà une figure influente de la scène nigériane pour avoir créé, en 1957, la revue littéraire et artistique *Black Orpheus*. Ce texte propose ainsi un panorama (subjectif) des expressions qui relevaient de l'art contemporain, au sein de l'une des scènes les plus dynamiques d'Afrique, et de celles, en conséquence, qui en était exclues.

L'exposition d'art contemporain organisée par la branche de Lagos du Conseil nigérian pour l'avancement des arts et de la culture, dans le cadre des célébrations de l'indépendance, a sans doute été une source de surprise, y compris pour ceux qui pensaient bien connaître l'activité artistique du Nigéria. Songeons qu'il y a seulement quelques années, les artistes contemporains de ce pays se comptaient sur les doigts d'une seule main. L'exposition a permis de faire connaître de nombreux jeunes artistes sérieusement et activement engagés dans la recherche de nouvelles formes d'expression typiquement nigérianes.

Conçue pour être plus représentative que sélective, l'exposition incluait inévitablement bon nombre d'œuvres médiocres. Il serait impossible – et même vain –, dans un article aussi court, de faire mention de tous les peintres exposés, et ma sélection sera nécessairement subjective. J'espère cependant qu'elle permettra d'entrevoir l'extrême diversité des œuvres présentées et le talent considérable de leurs auteurs.

Lorsque nous parlons de l'art nigérian d'aujourd'hui, nous faisons référence à toutes sortes d'artistes venus d'horizons très différents. Depuis Lamidi Fakeye, qui sculpte le bois dans la plus pure tradition yoruba, jusqu'à Ben Enwonwu, formé à la Slade School of Fine Art (Londres), dont la pratique est nourrie de concepts issus de la fréquentation, pendant plusieurs années, des cercles artistiques européens.

Lamidi Fakeye (1928-2009) est un homme remarquable. Formé aux techniques les plus classiques de la sculpture sur bois à Ila Orangun, il ne s'en tient pas à la tradition mais adapte son art aux besoins et aux conditions de l'époque moderne. Son œuvre la plus connue est sans doute l'ensemble de sculptures qu'il a réalisées pour la Western House of Assembly, où les formes traditionnelles yorubas se combinent harmonieusement avec l'architecture moderne. Un artiste similaire est le Béninois Idah, qui fut formé dès l'enfance dans le palais du roi Eweka. Certains de ses panneaux sculptés sont très proches du style traditionnel, mais Idah expérimente aussi beaucoup avec les formes et les supports. C'est lui qui introduisit la sculpture de l'ébène – dont d'autres, à sa suite, firent un lamentable commerce touristique. Il est aussi l'auteur d'étonnantes sculptures en ciment, que l'on peut voir au Bénin[1]. Enfin, il exerça également une influence importante en tant que professeur : de nombreux artistes nigérians passèrent entre ses mains, à un moment ou à un autre.

Lamidi Fakeye et Idah sont représentatifs de ce groupe d'artistes qui ont fait en sorte de garder l'art traditionnel vivant en l'adaptant aux conditions d'un pays en pleine transformation. D'autres d'artistes, en revanche, ont considéré que l'art traditionnel n'avait rien à leur offrir et que la seule façon pour un Nigérian de résister à l'impact de la culture occidentale était d'essayer de maîtriser la technique et le style des Occidentaux. On a alors vu se développer une tendance au réalisme scrupuleux – frisant l'ennui, dans bien des cas. Le pays doit à Aina Onabolu d'avoir redécouvert la perspective. Monsieur Lasebekan a été l'un des premiers artistes nigérians à peindre des portraits d'une parfaite justesse anatomique. On est très loin de l'art traditionnel yoruba, où la « ressemblance » était considérée comme indésirable ! Ce souci de réalisme photographique domine l'art nigérian depuis longtemps. Il n'a rien produit de très intéressant, mais sans doute correspond-il à une étape dont l'art nigérian ne peut faire l'économie. Même parmi les artistes de la jeune génération, l'école réaliste a ses partisans. Justus Akeredolu (1915-1984) et Isiaka Osunde (1936-1997) sont des portraitistes très talentueux. Ils manient la technique occidentale avec grâce et aisance, et savent rendre les visages vivants. Justus Akeredolu est aussi très connu pour ses miniatures en bois d'acacia, qui décrivent des scènes de la vie quotidienne nigériane. Ce sont des jouets charmants, sans prétention.

Les deux premiers artistes à s'être acquis une réputation internationale furent Ben Enwonwu et Felix Idubor. Ben Enwonwu (1917-1994) fut longtemps le seul artiste nigérian connu en dehors du pays. Bien qu'il ait été formé en Europe, à l'école du modernisme, et qu'il ait passé la majeure partie de sa vie à l'étranger, il s'est toujours efforcé de préserver dans son art une part typiquement nigériane. C'est d'ailleurs à cela qu'il doit son très grand succès en Angleterre et aux États-Unis. En un sens, Ben Enwonwu fut le premier Nigérian à être considéré comme un artiste « contemporain » par le public européen. De lui, l'exposition de Lagos présente plusieurs tableaux et bronzes, mais son travail est si connu qu'il n'est pas nécessaire de le détailler ici. Felix Idubor (1928-1991), pour sa part, a étudié moins longtemps que Ben Enwonwu en Europe, mais témoigne de la même volonté d'établir des passerelles entre les deux cultures. Il a moins d'expérience des sophistications du monde de l'art européen et sa sculpture est plus proche de la tradition africaine. Sa réputation a depuis peu également traversé les frontières. Sa grande œuvre, à ce jour, est la série de panneaux sculptés dont il a orné les portes du nouveau Théâtre national de Lagos. D'une extrême qualité, son travail décoratif convient parfaitement pour donner une touche nigériane à l'architecture moderne.

Jusqu'ici, nous sommes restés en terrain familier. Quiconque s'intéresse au Nigéria connaît ces artistes et ces mouvements. Mais le grand apport de l'exposition est qu'elle révèle de nouveaux talents, braque les projecteurs sur une génération de jeunes artistes porteurs d'idées neuves.

Parmi les sculpteurs, on retiendra les noms de Festus Idehen (*1928) et d'Osifo Osagie. Tous deux sont originaires du Bénin, et plus ou moins rompus aux techniques traditionnelles. Ils vivent à Lagos et ont travaillé sous la direction de Paul Mount au Yaba Technical College. C'est grâce à cette institution qu'ils se sont familiarisés avec ce qui venait d'Europe – techniques, concepts esthétiques et idées modernes. Voici un cas où, contrairement à ce que l'on observe le plus souvent, l'enseignement n'a pas cherché à évincer le patrimoine africain pour lui substituer aveuglément un autre code ou une autre tradition. Les idées nouvelles ont plutôt servi de stimulus pour élargir l'horizon. Le résultat est remarquable. Osifo Osagie et Festus Idehen ont tous deux préservé une qualité proprement africaine dans leur travail. Mais ils ne se contentent plus de perpétuer la tradition. Ils œuvrent de façon individuelle, avec un souci constant d'absorber et d'adapter des idées nouvelles. Les éléments africains que l'on retrouve dans leurs sculptures ne sont pas des survivances d'un savoir-faire antérieur, mais l'expression d'un usage conscient et réfléchi des formes traditionnelles. Pour réaliser sa *Princesse Igbo*, par exemple, Osifo Osagie a délibérément exploré et retravaillé les formes et proportions de la sculpture traditionnelle igbo – très différente de celle de son Bénin natal. Tant Osifo Osagie que Festus Idehen ont beaucoup étudié les sculptures des différentes tribus africaines. Ils ont porté sur elles le regard *conscient* de l'observateur européen. Il en résulte une grande richesse de formes et d'idées, et une certaine hétérogénéité stylistique. Cette hétérogénéité est compréhensible s'agissant d'artistes qui sont encore relativement jeunes et en pleine recherche. Et même s'ils donnent l'impression de ne s'être pas encore tout à fait trouvés, chacun apporte déjà sa propre touche individuelle à son travail. Les coups de burin vigoureux de Festus Idehen, ses formes compactes et audacieuses, le plaisir manifeste qu'il prend à sculpter, sa maîtrise du matériau, le sentiment de force fruste qui émane de ses meilleures œuvres sont autant de traits caractéristiques d'un style qui n'appartient qu'à lui. Son œuvre la plus remarquable, dans la présente exposition, est une puissante sculpture en ciment qui a la force impénétrable et mystérieuse d'un dieu antique.

Osifo Osagie, quant à lui, a une approche beaucoup plus amène. Son traitement des surfaces est délicat et son expression sensible. Bien que très proche des formes traditionnelles, son portrait en relief d'un chef béninois semble empreint d'une sensibilité pleine de douceur et de retenue qui ne caractérise pas la sculpture volontiers prosaïque du Bénin. La plus belle de ses œuvres présentées dans l'exposition est une *Déesse de la fécondité* d'une extrême profondeur et poésie.

Mais la grande surprise de l'exposition est assurément un groupe de jeunes peintres encore étudiants au Zaria Technical College. Ce qu'il y a d'intéressant et d'encourageant à propos de ces jeunes gens – Jimoh Akolo, Yusuf Grillo, Onabrakpeya, Uche Okeke, Simon Okeke, Demas Nwoko – est que leur attitude envers l'art est résolument moderne. Le conflit entre les formes traditionnelles africaines et les techniques occidentales ne les intéresse pas. Ils ne cherchent pas une solution formelle à ce conflit – ce qui les intéresse, c'est de résoudre leur conflit intérieur. Ils produisent des œuvres très individuelles – des toiles méditatives, pour l'essentiel. Ils prennent certaines idées à bras-le-corps, s'attaquent à des problèmes psychologiques et culturels. Leurs tableaux sont assez chargés sur le plan du contenu et de l'émotion. Certains tendent clairement vers l'expressionnisme.

Le plus posément formaliste du groupe est sans doute Jimoh Akolo (*1934). Originaire de la province de Kabba, il conserve dans sa peinture quelque chose de la dignité tranquille et détachée du Nord. Il semble apporter un soin particulier à la composition de ses toiles, dont il émane une impression de calme et d'équilibre parfait.

Yusuf Grillo (*1934) est un artiste particulièrement impressionnant sur le plan technique. Ses tableaux sont bien construits et il semble exceller dans la peinture murale. Sur le plan du contenu, cependant, sa peinture a moins de force que celle d'un Uche Okeke ou d'un Demas Nwoko ; nous ne pourrons véritablement juger de son travail que dans quelques années, lorsqu'il aura gagné en maturité.

C'est en tant qu'illustrateur que Bruce Onobrakpeya (*1932) manifeste le mieux son talent. Il a beaucoup d'imagination et un sens certain du décoratif. Il maîtrise toute une panoplie de techniques d'impression et a produit, à titre expérimental, plusieurs œuvres intéressantes.

Simon Okeke (1937-1969) est un artiste fascinant. Il crée des compositions équilibrées en utilisant une technique très précise de la Renaissance. Des formes humaines se voient ainsi déformées de façon étrange, mystérieuse selon une loi secrète que nous ne pouvons comprendre. Ces tableaux, qui laissent voir une facette effrayante de la vie, sont certes très inquiétants mais assez convaincants. L'artiste est, semble-t-il, lui-même perturbé par ces visions – aussi s'emploie-t-il parfois à peindre le versant plus aimable et plus souriant de la vie. Mais ces productions-là ne sont pas convaincantes artistiquement. Avec elles, Simon Okeke cherche à faire contrepoids à ses visions terribles, mais ce n'est pas en scindant la vie entre un « bon » côté et un versant effrayant qu'il s'approche de la vérité. On peut imaginer, cependant, qu'il comptera parmi les artistes importants du Nigéria dès lors qu'il parviendra à une vision plus globale et plus équilibrée de la vie.

À mes yeux, les œuvres les plus intéressantes dans cette exposition sont celles de Uche Okeke (1933-2016) et de Demas Nwoko (*1935). Les deux artistes ont un certain nombre de points communs. Ils ont l'avantage, en particulier, d'être igbos. Je dis « avantage » non seulement parce que l'art igbo constitue l'une des traditions les plus vigoureuses du

Nigéria – encore à l'heure actuelle –, mais aussi parce qu'il y a quelque chose, dans cet art, qui nous frappe comme étant « moderne » ; une transition presque directe semble donc pouvoir s'opérer entre les formes traditionnelles de l'art igbo et l'art contemporain. Ni l'art yoruba ni l'art bini n'offrent, à première vue, la même souplesse d'adaptation. Quelle qu'en soit la raison, Uche Okeke et Demas Nwoko sont des artistes essentiellement modernes, mais aussi typiquement africains. Leurs œuvres présentent des ressemblances formelles évidentes avec la sculpture traditionnelle igbo, sans toutefois emprunter délibérément à la tradition, comme chez Festus Idehen ou Osifo Osagie. Du fait de leur maturité, ils peuvent donner libre cours à l'expression de leur africanité.

Ils ont tous deux beaucoup à dire. Les problèmes formels et techniques trouvent avec eux leur solution. Ils veulent faire passer des idées et l'on voit bien à leur travail qu'ils ne se contentent pas de jeter rapidement un dessin sur la toile. Une idée mûrit pendant des mois avant qu'ils ne se mettent véritablement à peindre. Il y a, dans leur travail, une forte charge d'énergie et d'émotion.

Ce n'est pas la première fois que les dessins subtils d'Uche Okeke sont montrés au Nigéria, mais ce qu'on découvre ici avec surprise, c'est la grande force de sa peinture.

Le portrait du Chef Ogboni d'Abeokouta, peint par Demas Nwoko, affiche une superbe sérénité empreinte de spiritualité. Il a su recréer l'intensité et la vitalité, mais aussi la sincérité et l'intégrité que nous admirons dans les cultures nigérianes traditionnelles. Le grand tableau intitulé *Nigeria in 1959* est sans doute la pièce maîtresse de l'exposition. Trois officiers blancs désœuvrés sont assis, l'air blasé, devant une rangée de soldats africains qui semblent déterminés à de sinistres projets. Il y a une telle tension dans ce tableau qu'on s'attend à tout moment à une explosion de violence. Demas Nwoko donne ici la pleine expression de son penchant expressionniste.

Erhabor Emokpae (1934-1984) représente une catégorie à part. Il est avant tout un designer, et ses tableaux valent davantage par leur fonction décorative que par leur contenu signifiant. Mais l'originalité de l'artiste ne fait aucun doute, tout comme son sens extraordinaire de l'esthétique et des textures. Dans la transposition ingénieuse qu'il en propose, les dessins et motifs traditionnels acquièrent une certaine élégance.

Cette exposition témoigne de l'avènement d'une nouvelle phase dans l'art nigérian. Il y a encore quelques années, cet art se résumait à quelques tentatives plus ou moins réussies d'acclimatation des styles hérités de la tradition ou de l'école réaliste, laquelle cherchait souvent à affirmer son identité nigériane à travers l'utilisation de thèmes folkloriques – femmes portant de l'eau, scènes de marché, couchers de soleil, palmiers, mascarades, etc. La nouvelle génération d'artistes est née de ce que Michael Crowder[2] appelait « l'école du palmier et du canoë ».

Elle produit un art qui, tout en étant plus authentiquement « nigérian », est aussi beaucoup plus moderne dans sa démarche. Nous ne pouvions souhaiter de plus bel hommage à l'indépendance du pays.

NOTES — *

Texte paru, pour la première fois, sous le titre « Contemporary Nigerian Art », dans *Nigeria Magazine*, n° 68, mars 1961, p. 27-30, 49-51. Les notes qui suivent sont de l'éditeur. Pour en savoir plus sur Ulli Beier : www.theguardian.com/culture/2011/may/24/ulli-beier-obituary. En 1960, il publie *Art in Nigeria*, University Press, Cambridge.

1

L'appellation Bénin se réfère ici à la région située au sud du Nigéria autour de Benin City, l'ancienne capitale du royaume du Bénin, expliquant la référence au palais du roi Eweka, monarque du XIIIe siècle, fondateur de la dynastie régnant encore de nos jours sur la région. En 1975, la République de Dahomey, état voisin du Nigéria, devient l'actuel Bénin.

2

Historien anglais, spécialiste du Nigéria, Michael Crowder (1934-1988) s'est beaucoup investi dans la vie culturelle et artistique de ce pays. Il fut l'éditeur de *Nigeria Magazine* et le directeur de l'Exhibition Center de Lagos, le principal espace d'expositions de la grande ville nigériane, créé en 1946 par le gouvernement colonial.

III — Définir une modernité artistique pour l'Afrique

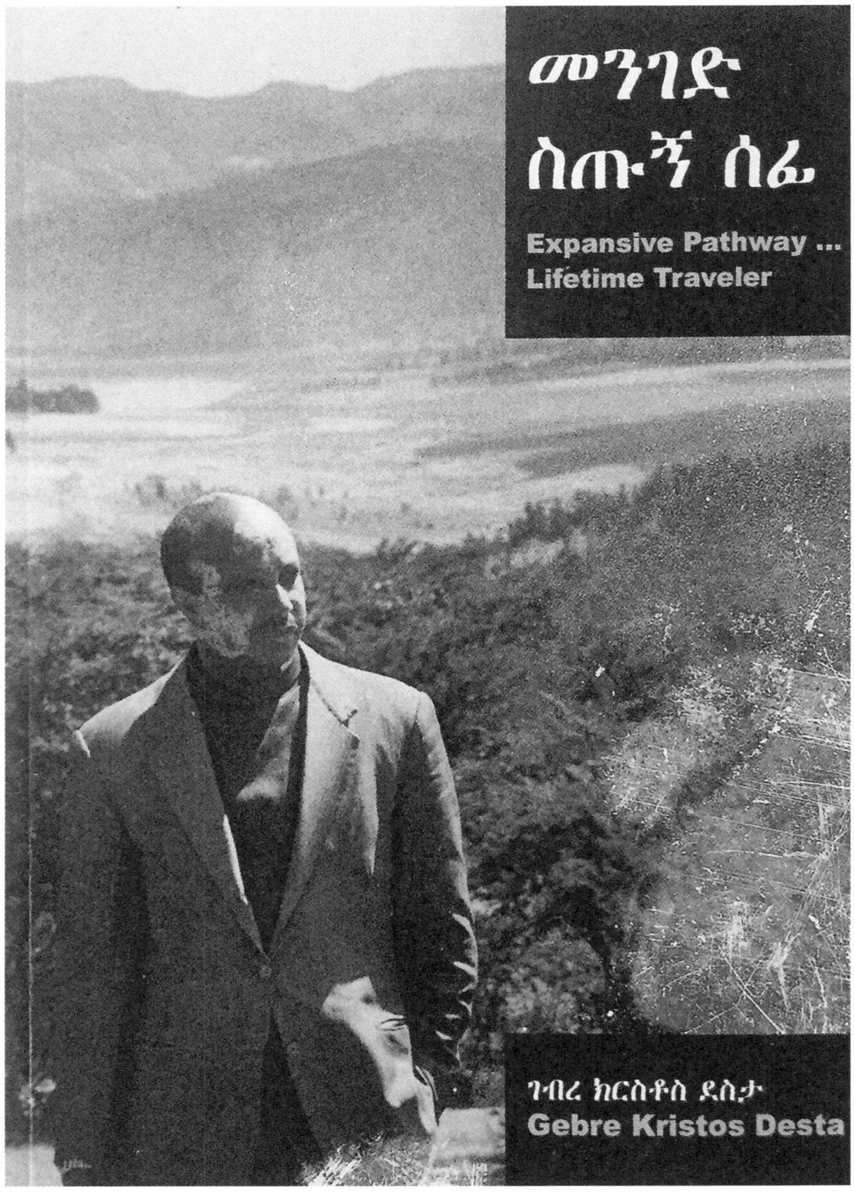

Couverture de l'anthologie de poésie
de Gebre Kristos Desta publiée par
Ethiopian Studies, Addis-Abeba, 2006

Entretien avec Gebre Kristos Desta

Sydney W. Head

Publié en 1969, cet entretien retrace les débuts de Gebre Kristos Desta (1932-1981). Également reconnu pour sa poésie, il fut l'un des chefs de file de la peinture éthiopienne moderne – ce qui lui valut de figurer dans l'exposition *The Short Century. Independence and Liberation Movements in Africa 1945-1994*, organisée par Okwui Enwezor à Munich, Berlin, Chicago et New York en 2001-2002. De 1957 à 1961, il étudie à l'Académie des arts de Cologne où il se passionne pour la peinture abstraite. En 1965, il devient le premier lauréat du prix Haïlé Sélassié – du nom de l'empereur d'Éthiopie alors régnant. L'intérêt de cet entretien réside principalement dans l'échange contradictoire entre les deux interlocuteurs quant à leur conception de l'art contemporain africain, offrant ainsi un état des lieux de la question à la fin des années 1960. En 2005, le Modern Art Museum Gebre Kristos Desta est fondé à Addis-Abeba. Pour l'occasion, une trentaine de ses peintures sont rapatriées du Staatliches Museum für Völkerkunde, actuel Musée des Cinq Continents, de Munich où elles étaient en dépôt.

Sydney W. Head — Dites-nous d'abord comment vous êtes devenu artiste. Cela remonte-t-il à l'enfance ?

Gebre Kristos Desta — Mon père était graphiste et il a très tôt encouragé mon intérêt pour l'art. Il faisait des livres ; il enluminait des textes religieux sur parchemin.

Sydney W. Head — Quel matériel utilisait-il ?

Gebre Kristos Desta — De l'aquarelle, qu'il émulsionnait, je crois, selon la technique de la tempera. Il fabriquait ses propres couleurs.

Sydney W. Head — Préparait-il aussi le parchemin ?

Gebre Kristos Desta — Oh oui, et il devait aussi faire les reliures. Les choses se passaient ainsi à l'époque – il y a presque soixante ans.

Sydney W. Head — C'était son métier ?

Gebre Kristos Desta — Oui, recopier les Livres saints – les Évangiles, les Psaumes de David, tous les livres nécessaires à notre église.

Sydney W. Head — C'était une profession bien établie, je suppose ? Et de longue date ?

Gebre Kristos Desta — Oui, et elle se pratique toujours, dans certaines parties du pays.

Sydney W. Head — Travaillait-il pour une seule église ou devait-il se déplacer de l'une à l'autre ?

Gebre Kristos Desta — Il travaillait en fait pour le ras Mekonnen, le père de l'actuel empereur [Haïlé Sélassié]. Le ras Mekonnen était le gouverneur de la province de Harar. Il avait entendu mon père lire l'Évangile dans une église et s'était enquis de lui. C'est son professeur qui, ayant conduit mon père chez le prince, lui dit qu'il avait aussi une très belle écriture. Après avoir vu ses calligraphies, le ras emmena mon père au palais, où il l'autorisa à travailler sur des livres.

Sydney W. Head — Le tracé des caractères et l'enluminure étaient donc confiés au même artiste ?

Gebre Kristos Desta — Absolument. En fait, mon père n'était pas un artiste au sens moderne du terme. C'était plutôt un artisan. Il ornait les manuscrits de vignettes copiées des enluminures qui, traditionnellement, accompagnaient les textes sacrés. Ce n'étaient pas des créations originales.

Sydney W. Head — Enfant, désiriez-vous devenir calligraphe et enlumineur, comme votre père ?

Gebre Kristos Desta — Non, pas du tout, absolument pas. J'ai d'abord voulu être soldat. Comme vous savez, on a quantité de rêves et d'ambitions quand on est enfant. Plus tard, j'ai pensé que ma voie était l'agriculture scientifique, et j'ai passé deux ans à étudier les sciences à l'University College d'Addis-Abeba.

Sydney W. Head — Y a-t-il eu un événement, dans votre vie, qui ait éveillé votre intérêt pour l'art moderne et vous ait convaincu que votre avenir était dans ce domaine plutôt que dans l'agriculture ?

Gebre Kristos Desta — Aucun événement en particulier. J'ai poursuivi la voie ouverte par mon père en lisant tout ce que je pouvais trouver sur l'art, avant même d'entamer mes études supérieures. Mon intérêt se portait notamment sur les impressionnistes.

Sydney W. Head — Mais vous êtes quand même entré à la faculté des sciences. Était-ce parce qu'il n'y avait pas d'école d'art pour vous accueillir ?

Gebre Kristos Desta — Oui, c'est l'une des raisons, mais il y avait aussi des considérations pratiques. Chez nous, si l'on y songe, ce n'est pas en faisant de l'art qu'on prospère. Mes parents voulaient que j'étudie l'agriculture. Cela semblait la chose la plus pragmatique à faire dans un pays comme le nôtre. Mais, avec le temps, je me suis aperçu que je n'étais pas fait pour ce genre d'études. J'ai alors quitté l'université pour devenir artiste – j'étais bien décidé à réussir dans cette voie, quoi qu'il m'en coûte.

Sydney W. Head — Vous êtes allé étudier à Cologne. Était-ce un choix délibéré ou avez-vous juste saisi une occasion qui se présentait au moment opportun ?

Gebre Kristos Desta — J'avais bien sûr postulé à toutes les bourses existantes. J'ai reçu deux propositions – l'une en Inde, l'autre en Allemagne. La bourse indienne, finalement, est tombée à l'eau, si bien que je n'ai même pas eu à choisir. J'ai eu de la chance. À Cologne, j'ai fait la connaissance de nombreux peintres connus, qui pratiquaient l'art abstrait. Et voilà. C'est ainsi que moi-même je me suis engagé dans cette voie.

Sydney W. Head — Pensez-vous parfois à cette autre voie, celle que vous avez refusé de suivre en quittant l'université ? Avez-vous le sentiment d'un conflit entre ce que vous faites et les besoins terriblement urgents, pratiques, qui sont ceux de votre pays ?

Gebre Kristos Desta — Il est vrai que nous sommes un pays « en voie de développement ». Et que les besoins sont nombreux et urgents. Mais de quoi parle-t-on, au fond, quand on dit « développement » ? On parle assurément du développement de l'agriculture, de l'industrie, etc. Mais ces choses ne se développent pas indépendamment de tout ce qui fait le reste de l'existence. Certaines personnes choisissent l'agriculture, d'autres, l'industrie, d'autres encore les sciences. Il se trouve que moi, j'ai choisi l'art. L'art aussi a besoin de se développer. Et je ne considère pas que l'art soit une échappatoire facile. Être un artiste professionnel n'est nulle part facile, je suppose. Et certes pas dans un pays comme le nôtre. Cela demande beaucoup de sacrifices ; il faut se battre, faire face à toutes sortes de difficultés, de choses décourageantes. Il serait beaucoup plus facile, en un sens, de suivre la voie « évidente » du développement. Mais je fais ce pour quoi je me sens le mieux équipé, et qui me paraît aussi important, à sa façon, que d'autres formes de participation au développement.

Sydney W. Head — On constate une tendance des journaux éthiopiens à critiquer les artistes qui, comme vous, laissent de côté les formes traditionnelles de leur pays pour choisir des formes plus modernes. Ils vous reprochent de vous être à ce point éloigné de la tradition et de l'expérience propres à votre peuple que vous ne parlez plus son langage.

Gebre Kristos Desta — Il est toujours amusant de constater que des gens qui ne savent rien de l'histoire de l'art attachent une importance démesurée à l'art de leur pays. Ils ne perçoivent pas la dimension véritablement internationale de l'art. Pablo Picasso n'aurait sans doute pas inventé le cubisme s'il n'avait découvert l'art africain. Henri Matisse était influencé par les traditions de l'islam. Paul Gauguin est allé jusqu'à Tahiti pour trouver une inspiration nouvelle. Nous construisons des maisons ultramodernes dans nos pays en voie de développement. Des autoroutes très performantes sur lesquelles nous conduisons des voitures venues du monde entier, dont nous possédons le dernier modèle. Nous utilisons des outils de pointe internationaux dans le domaine technologique, scientifique, éducatif, médical, et j'en passe. Pourquoi diable faudrait-il que ce soit différent dans l'art ?

Sydney W. Head — Vous n'êtes donc pas d'accord avec ceux qui prétendent, comme on l'entend souvent dire en Afrique aujourd'hui, que la culture occidentale s'exerce de façon écrasante, au point d'avilir les cultures indigènes africaines.

Gebre Kristos Desta — Je ne peux pas parler au nom des autres pays, mais je ferai remarquer, par exemple, que l'art religieux éthiopien, qui passe pour être une part importante de notre héritage culturel et que l'on me reproche parfois de rejeter au profit de styles étrangers – cet art censément « indigène » – est en réalité d'esprit byzantin. Lui aussi incorpore des éléments « étrangers » pour parvenir à une synthèse qui est peut-être ce que cet art a de proprement éthiopien. Et c'est aussi ce qui va se passer pour notre époque. Dans cinquante ans, on verra peut-être apparaître une nouvelle tradition éthiopienne, qui s'inspirera de ce que les autres pays du monde ont à offrir, mais dont le résultat sera plus que la somme de ses parties. Comprenez-moi bien : je ne nie pas l'importance qu'il y a à préserver les arts traditionnels, et nous avons ici des artistes dont c'est précisément le travail. Mais tout le monde n'a pas à participer à cette entreprise de préservation. En art comme ailleurs, il y a des pionniers. Ce qui m'intéresse, c'est d'aller de l'avant, de montrer à notre société qu'un Éthiopien peut réussir en suivant une voie résolument moderne.

Sydney W. Head — Mais avez-vous malgré tout le sentiment de trouver votre inspiration, ou du moins vos thèmes, vos motifs, dans la tradition éthiopienne ?

Gebre Kristos Desta — Pas vraiment, non. Je connais, bien sûr, la peinture religieuse de notre pays, et j'apprécie ses qualités particulières. Mais ce que je veux, c'est introduire des idées nouvelles. En ce moment, par exemple, j'expérimente en utilisant des boîtes de conserve – c'est une sorte de Pop art, si vous voulez. J'utilise aussi du cordage, du sable – bref, toutes choses qui n'ont rien à voir avec l'art traditionnel éthiopien.

Sydney W. Head — Cependant, vous avez peint une série de tableaux dans lesquels figurent des instruments de musique, dont beaucoup sont en fait des instruments traditionnels éthiopiens tels que le *washint* ou le *masenqo*.

Gebre Kristos Desta — Je vois ce que vous voulez dire, et cela m'oblige à rectifier, jusqu'à un certain point, ce que je viens juste de déclarer : étant un artiste éthiopien vivant en Éthiopie, il est normal que j'utilise des thèmes éthiopiens, au sens d'objets concrets qui sont pour moi des modèles ou des supports. Lorsque j'étais en Allemagne, je peignais ce que je voyais là-bas : des gens, des paysages, des objets. Ici, en Éthiopie, j'utilise des modèles éthiopiens, non seulement pour les gens que je peins, mais aussi pour les paysages et les objets. Il n'y a pas que les instruments de musique qui soient traditionnels dans ma peinture : il y aussi la poterie, les tissus, la vannerie. Mais mon style et les techniques que j'utilise ne sont en rien traditionnels.

Sydney W. Head — Vous pratiquez l'art, mais vous l'enseignez aussi. Est-ce par nécessité, parce que vous en avez besoin pour vivre, ou bien par vocation ?

Gebre Kristos Desta — J'aime enseigner. Certes, j'ai besoin de cet argent pour vivre, mais même si je pouvais m'en passer, je continuerais à vouloir être auprès des jeunes pour les aider à démarrer. Nous avons besoin de cette jeunesse ; quant à eux, je dirais qu'ils ont de la chance. Quand j'avais 16 ou 17 ans, je n'ai pas eu cette chance. Nous avons une école d'art aujourd'hui, et des professeurs qualifiés, aussi bien éthiopiens qu'étrangers.

Sydney W. Head — Quelle est, selon vous, la finalité de votre enseignement ? Préparer les étudiants à une carrière artistique ou satisfaire leurs besoins de développement personnel ?

Gebre Kristos Desta — Tout dépend d'eux, en fin de compte. Mais il est vrai que nous faisons toujours en sorte de leur assurer une chance de réussir en tant que professionnels. Avant d'être admis à l'école, les candidats reçoivent un enseignement probatoire d'une durée de quatre à six semaines. Nous choisissons ceux chez qui nous détectons les signes probants d'un potentiel talent. S'ils persistent dans leur volonté de devenir artistes, l'aspect matériel est alors très secondaire. Les artistes sont des gens qui, par définition, se donnent à ce qu'ils font. Leur principale récompense est la satisfaction qu'ils tirent du processus de création lui-même.

Sydney W. Head — Sur le plan du style, quelle direction vos étudiants ont-ils tendance à prendre, une fois sortis de l'école ?

Gebre Kristos Desta — Les étudiants de première et de deuxième année doivent travailler de façon très concrète. Ils passent cinq ans dans notre école et les fondements de notre enseignement reposent sur l'observation et le rendu adéquats. Pendant les quatrième et cinquième années, nous les laissons faire ce qu'ils veulent, et la plupart semblent s'orienter vers des styles modernes.

Sydney W. Head — Sont-ils suffisamment avertis du choix qui s'offre à eux ? Le programme inclut-il l'enseignement de l'histoire, des techniques et des médias de l'art traditionnel éthiopien ?

Gebre Kristos Desta — Oui, absolument. Ils doivent connaître l'art de leur propre pays. Certains cherchent des points de rencontre entre l'art traditionnel et des idées plus modernes. Par exemple, ils font des sculptures en bois qu'ils peignent ensuite. Certains de nos jeunes artistes sont célèbres pour ce genre de travail. Ils expérimentent de nombreuses techniques. Mais ce qu'il faut souligner, c'est qu'ils ne se contentent pas d'imiter ces modes traditionnels : ils les interprètent et les revivifient.

Sydney W. Head — Revenons à votre travail. Comment abordez-vous une toile vierge ? Avez-vous d'entrée de jeu une idée très précise de ce que vous allez peindre ?

Gebre Kristos Desta — Cela dépend. J'ai deux façons de procéder. Parfois, comme vous dites, l'idée est déjà toute prête dans ma tête, et je n'ai plus qu'à la transposer sur la toile. À d'autres moments, je suis devant la toile, et mon esprit est aussi vide qu'elle. Alors cela devient comme un défi. Il faut attaquer la toile. L'entamer par une sorte de gribouillage et voir si cela mène quelque part. Ce peut être quelque chose d'enfoui dans le subconscient, qui cherche une chance de s'exprimer. Vous sentez que c'est là, mais il faut trouver le moyen de le faire remonter jusqu'à la surface. C'est comme trouver une solution à un problème.

Sydney W. Head — Je me souviens d'avoir parcouru le livre d'or de l'une de vos expositions à Addis-Abeba. À l'évidence, il y avait eu des visites de groupes scolaires. Pour ces enfants, bien sûr, l'art abstrait était quelque chose d'entièrement nouveau. Mais cela ne les avait pas empêchés d'écrire des choses comme « je ne comprends rien, mais j'aime beaucoup ». Avez-vous le sentiment d'avoir atteint votre but artistique devant ce genre de réaction ? Ou bien aspirez-vous à quelque chose de plus tangible ?

Gebre Kristos Desta — Je crois que l'émotion vient en premier, et qu'ensuite la logique peut suivre. Quand vous voyez un coucher de soleil, votre première réaction peut être simplement de vous exclamer « Oh ! ». C'est une réaction instinctive. Ensuite, on peut commencer à analyser, à se poser des questions telles que « qu'est-ce qui nous fait dire ‹ Oh ! › ? ». Mais en tant qu'artiste, je n'essaie pas d'impressionner les gens. Tant mieux s'ils sont impressionnés, bien sûr, mais comme je l'ai dit, on peint pour résoudre un problème. Pour moi, il y a le problème, d'un côté, et de l'autre, la solution – si tant est qu'il y ait une solution –, et tout cela est indépendant de ce que les gens qui envisagent le résultat peuvent penser.

Sydney W. Head — Je vais poser la question autrement. Vous êtes aussi poète. Quel rapport voyez-vous entre peinture et poésie ? Pouvez-vous traduire en mots la signification de votre peinture, ou bien les deux arts sont-ils pour vous séparés ?

Gebre Kristos Desta — Dans le fond, ils ne sont pas si différents. Au fondement de tout processus créatif, il y a l'observation. La poésie et la peinture sont en fait inséparables, en ce qui me concerne. Ils se soutiennent mutuellement. Il y a certaines choses que je ne parviens pas à exprimer avec des mots, alors je me tourne vers les couleurs. Et les idées dont je ne peux faire des images peuvent parfois s'exprimer par des mots. Il y a un an environ, un soir au crépuscule, j'étais sur la route d'Addis-Abeba ; je rentrais de la campagne avec quelques amis. Soudain, nous avons vu que le monde était devenu entièrement rouge. J'ai arrêté la voiture et nous sommes descendus pour regarder ce coucher de soleil d'un genre particulier. Un long nuage mince, près de la ligne d'horizon, coupait le soleil en deux – ou plutôt, c'était comme s'il y avait deux soleils, superposés. Un grand 8 de couleur rouge orangé embrasait tout le paysage. C'était un spectacle splendide, très inhabituel. Mes amis n'avaient de cesse de dire que je devrais peindre la scène. Mais je ne l'ai jamais fait. Le sentiment que j'avais éprouvé devant ce spectacle ne pouvait se traduire en peinture. Si je m'y étais risqué, j'aurais détruit l'image qu'il m'avait laissée, et qui m'était très chère. Mais plus tard, j'ai écrit plusieurs poèmes sur les couchers de soleil. Le thème original s'était présenté en couleurs, et pourtant j'ai trouvé plus facile d'exprimer ce qu'il signifiait pour moi par la poésie que par la peinture.

Sydney W. Head — Il y a une convention poétique en Éthiopie – la tradition dite « cire et or » – qui veut qu'il y ait deux niveaux de sens dans ce que l'on écrit : un sens évident, de surface, et un sens « intérieur », caché. Transportez-vous ce procédé dans votre peinture ?

Gebre Kristos Desta — Pas de façon intentionnelle, en tout cas. Non que je trouve le procédé compliqué, mais lorsque je peins un tableau – notamment une toile abstraite –, je n'utilise pas l'abstraction pour masquer le sens. Bien sûr, lorsque mes amis viennent voir mes toiles, ils découvrent toutes sortes de choses que je n'avais pas vues moi-même. « Ah oui, là il y a un oiseau (un arbre, une maison) », disent-ils, mais jamais je n'ai eu l'idée de peindre un oiseau, un arbre ou une maison. Il est vrai, cependant, que dans des toiles plus réalistes, il m'arrive d'insérer des éléments qui n'apparaissent pas au premier regard. Je peins un paysage, par exemple, et il peut y avoir des êtres humains, mais on ne les remarque pas immédiatement. J'utilise parfois ce procédé, mais je ne dirais pas que c'est une transposition délibérée de la technique « cire et or » de la poésie amharique.

Sydney W. Head — Revenons à vos premiers contacts avec l'art – par le biais de votre père, calligraphe et enlumineur de manuscrits. Certains artistes africains, notamment des pays de langue arabe, mais aussi d'Éthiopie, d'après ce que je sais, trouvent leur inspiration dans le langage, dans les formes mêmes des symboles utilisés pour l'écriture. N'avez-vous jamais eu envie d'utiliser les caractères amhariques[1] – qui sont de toute beauté – dans votre peinture ?

Gebre Kristos Desta — Non, jamais. C'est quelque chose qui ne m'a jamais attiré.

Sydney W. Head — Diriez-vous la même chose des autres symboles de votre culture ? Avez-vous conscience d'influences ?

Gebre Kristos Desta — Non, mais il se peut qu'il y ait des influences inconscientes. On a pu dire, par exemple, que le cercle – forme dont je fais grand usage dans mes toiles – fait écho à l'auréole qui entoure la tête des saints dans la peinture religieuse de notre pays. C'est possible, mais je n'ai pas une conscience claire de cette influence.

Sydney W. Head — Je voulais justement vous interroger à propos des cercles. Ils sont presque votre marque de fabrique. En fait, j'ai remarqué que, depuis que nous sommes assis ici pour parler, vous n'avez cessé de gribouiller ces mêmes cercles sur le papier. Ont-ils une valeur symbolique pour vous ?

Gebre Kristos Desta — En aucun cas. C'est le pur jeu des formes et des couleurs qui m'intéresse. Je ne suis nullement attiré par les aspects politiques ou religieux de l'art.

Sydney W. Head — À propos de politique, vous avez remporté il y a quatre ans le prix Haïlé Sélassié. On vous a distingué alors que vous étiez encore relativement jeune. Vous n'avez pas eu à attendre d'avoir soixante ans pour être « élevé », pour ainsi dire, aux honneurs de l'Académie. Cette reconnaissance officielle – couplée au fait que vous enseignez dans une école d'État – a-t-elle un effet inhibant ? Nous sommes habitués à l'idée que l'artiste novateur est en rupture avec la société et le statu quo. Le sentiment d'une obligation ou d'une dépendance à l'égard du statu quo pourrait-il faire de vous quelqu'un de moins radical ?

Gebre Kristos Desta — On m'a donné ce prix pour ce que l'on considère être une tentative audacieuse d'introduire l'art moderne, abstrait en Éthiopie. Je vois donc ce prix comme un encouragement à poursuivre dans une voie aussi radicale. Ce que je fais aujourd'hui est encore plus radical que ce pour quoi j'ai été distingué, et je continuerai à ouvrir de nouvelles perspectives.

NOTES — *

Entretien paru, pour la première fois, dans *African Arts*, vol. 2, n° 4, UCLA James S. Coleman African Studies Center, Los Angeles, été 1969, p. 20-25. Version originale accessible sur www.jstor.org/stable/3334375, avec illustrations. La note suivante est de l'éditeur. Dans les années 1960, Sydney W. Head (1913-1991) est un haut fonctionnaire états-unien et international, établi en Afrique (Éthiopie, Soudan, Somalie, Ghana), spécialiste des médias.

Le texte original de 1969 est précédé du chapeau suivant : « Gebre Kristos Desta est l'un des trois principaux chefs de file de la peinture éthiopienne moderne. Les deux autres sont Afewerk Tekle (1932-2012) et Skunder Boghossian (1936-2003). Chacun a introduit en Éthiopie une influence européenne particulière – ils ont respectivement étudié à Cologne, Londres et Paris – et développé son propre style. Tous trois ont reçu le prix Haïlé Sélassié (d'une valeur de 14 000 francs). Lauréat en 1965, Gebre Kristos Desta fut distingué comme ‹ l'un des principaux introducteurs de l'art non figuratif dans ce pays ›, dont l'œuvre a ‹ contribué, de façon exceptionnelle, à l'épanouissement et l'évolution de l'art éthiopien. ›

Gebre Kristos Desta est né en 1932 dans la province du Harar au sud-ouest de l'Éthiopie. Après deux années passées à étudier les sciences à l'University College d'Addis-Abeba, il quitte l'université et obtient une bourse, laquelle lui permet d'étudier l'art en Allemagne de l'Ouest. Il y reste cinq ans. Depuis 1963, il enseigne à l'École des Beaux-Arts d'Addis-Abeba. Il expose régulièrement en Allemagne de l'Ouest, en Grèce, au Sénégal, au Canada, en Russie, en Yougoslavie, au Brésil et au Ghana. Les propos qui suivent sont extraits d'une conversation récemment enregistrée à Addis-Abeba. »

1

L'amharique (ou « abyssin ») fut la langue officielle de l'Empire éthiopien. En dehors de l'Éthiopie, elle est parlée par environ 2,7 millions de personnes vivant en Égypte, Israël, Djibouti, Yémen, Soudan, États-Unis et Érythrée. L'amharique s'écrit à l'aide de l'alphasyllabaire éthiopien.

Contemporary Shona Sculpture
at the Musée Rodin, Paris

The extraordinary collection of stone sculptures by the Shona artists of Rhodesia—on exhibition at the Musée Rodin during the months of October and November, 1971—was the second opportunity for Parisians to view the work of this unique group of contemporary African sculptors who first came together some fifteen years ago under the subtle but determined guidance of Frank McEwen, the dynamic Director of the National Museum of Art of Rhodesia, and the creator of its original Workshop School.

The Shona sculptors' first exposure in Paris took place in May and June of 1970 at the Musée d'Art Moderne de la Ville de Paris, and was so successful that the entire exhibition of thirty pieces was completely sold on the first day of the showing. The excitement generated among major collectors and museum officials was phenomenal. One of the most enthusiastic viewers was Madame Cecile Goldscheider, Director of the Musée Rodin, who requested a more extensive exhibition of the artists' works for the following year. The result of Madame Gold-

scheider's gratifying interest and involvement was the Fall 1971 exhibition which featured over one hundred pieces, carved in a variety of hard stones, in a wide range of sizes, including several terra cotta works by women artists.

The honor extended to the Shona sculptors in being selected to exhibit at the Musée Rodin (whose policy committee attempts to choose for exhibition works of art which it feels Rodin, himself, would have liked) is particularly meaningful to Frank McEwen, who considers the Musée Rodin to be the world's most prestigious museum for an exhibition of sculpture.

The overall idea of the presentation was conceived in terms of a festival, featuring lectures and films by Frank McEwen which highlighted the Shona artists' relationships within their own cultural, religious, and environmental milieu; additional showings of the films were scheduled at the Ecole des Beaux Arts.

Attendance at the Fall exhibition was extremely rewarding. Although, according to Frank McEwen, it is

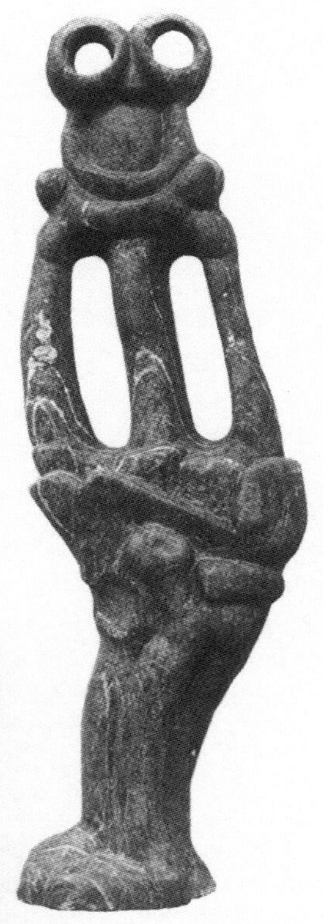

SYLVESTER MUBAYI, **MAGIC PERSONAGE.** WHITE AND BROWN RIVER STONE, 8.4'

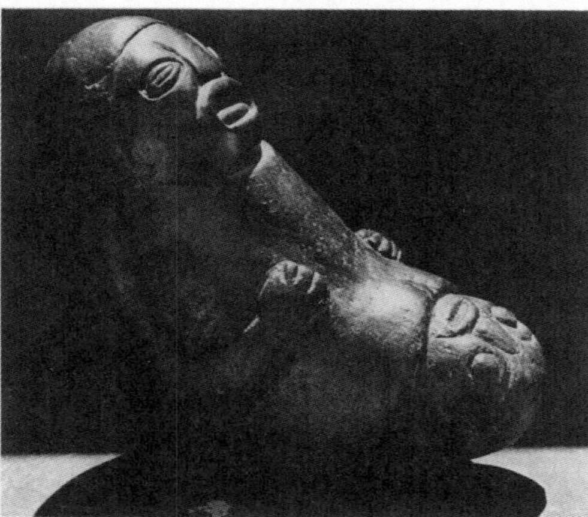

PAUL GWICHIRI, **BIRTH GIVING FIGURE.** GREEN SERPENTINE, 18'

57

Compte-rendu par Claire Polakoff de l'exposition consacrée à la sculpture shona au Musée Rodin, automne 1971, publié dans la revue *African Arts*, vol. 5, n° 3, printemps 1972

La peinture et la sculpture africaines modernes

Frank McEwen

Frank McEwen (1907-1994) dirige depuis près de dix ans la National Gallery de Salisbury, Rhodésie du Sud, alors colonie autonome britannique (actuel Harare, Zimbabwe), lorsqu'il est invité au colloque du Festival mondial des arts nègres, organisé en 1966 à Dakar, à l'initiative de la Société africaine de culture, par Léopold Sédar Senghor. L'axe de son intervention porte sur la Workshop School, l'atelier qu'il instaura au sein du musée dès 1960 pour, explique-t-il, revitaliser la production artistique locale. Mais ce récit s'inscrit surtout dans la volonté de promouvoir la « nouvelle » sculpture sur pierre shona qu'il avait aidé à initier. Il s'agissait de définir et valider son authenticité comme un art moderne africain, en convoquant, pour cela, aussi bien Gustave Moreau que l'Expressionnisme allemand. Cet ancien délégué des beaux-arts du British Council organise en effet, au tournant des années 1970, une série d'expositions de sculpture shona au Museum of Modern Art de New York en 1968, au musée d'Art moderne de Paris en 1970 et au Musée Rodin en 1971.

Introduction

J'ai été dernièrement Directeur de la Galerie Nationale de la Rhodésie du Sud, poste dont je viens juste de démissionner[1]. Je voudrais maintenant vous faire un exposé de mes expériences durant neuf années de travail intense pour promouvoir l'art africain, vous décrire quelques-uns de nos résultats, de nos succès et vous donner une idée des méthodes quelque peu originales que nous avons employées pour atteindre ces résultats.

C'est avec un grand chagrin que j'ai abandonné le groupe de plus en plus prospère de quelque 70 artistes, dont j'ai été le pilier central et le corps administratif.

Nous sommes vraiment partis de zéro en 1957 et, à une échelle toujours plus vaste, nous nous sommes frayés un chemin jusqu'à devenir un atelier prospère qui est maintenant reconnu dans plusieurs parties du monde.

Si la situation avait été moins défavorable, je serais encore là-bas, à travailler parmi ces artistes qui ont des dispositions excellentes et dont le caractère varie des types humains les plus délicatement subtils et complexes aux campagnards à la mentalité paysanne plus simple, doués d'un riche bon sens et d'une joyeuse source d'énergie créatrice.

Il est difficile à ce stade de deviner ce qu'il adviendra de l'Atelier et des artistes pris séparément. On espère qu'avec l'impulsion qui a été déjà donnée à cette entreprise, celle-ci va continuer pour quelque temps. Notre atelier est entouré d'éléments sympathiques mais aussi d'éléments très antipathiques qui détestent fort la promotion et les succès de l'Art Africain. Entre les mains de ces dernières personnes, il peut être anéanti et réduit en ruine en l'espace de quelques semaines ou même de quelques jours.

J'espère que cela ne sera pas, mais je désire également que le récit de nos expériences puisse servir à semer des graines ailleurs en Afrique où, de nos jours, le sol est excessivement fertile.

La peinture et la sculpture africaines modernes

La fin de l'Art Traditionnel

L'histoire de l'art universel est marquée par des périodes de changement pendant lesquelles de nouvelles orientations de pensée ont conduit les arts à suivre des modèles inédits et à faire de nouvelles découvertes. Il s'est souvent produit une volte-face complète ou même une coupure absolue avec le passé qui semble ne laisser aucun lien de conception ou de forme entre une période esthétique et une autre.

C'est une coupure complète de ce genre qui s'est maintenant produite en Afrique.

La fin de l'Art Traditionnel Africain est venue parce que ses raisons d'être ont disparu, ou qu'elles se sont lentement évanouies au contact de la mentalité technologique du XXe siècle pour laquelle la pénétration du XIXe siècle a préparé le chemin.

Actuellement en Afrique, la coupure entre le passé et le présent est beaucoup plus complète que le changement qui s'est opéré, lorsque, du mysticisme religieux dominant, l'Europe médiévale a évolué vers les conceptions cartésiennes et logiques de ce qu'on appelle la Renaissance.

Le grand passé de l'Art africain subsaharien a rarement, sinon jamais, eu son égal quant à la profondeur et à la complexité de sa signification esthétique – ses prodigieuses variétés de styles et de conceptions qui doivent largement dépasser en nombre les productions des autres groupes continentaux. En dépit des destructions de peut-être 95 % ou plus de toutes les productions artistiques africaines, destructions dues au cours des siècles aux termites, au feu, à la guerre, à l'iconoclasme, etc. (pour ne pas mentionner les missionnaires), le gros de l'art le plus rituel qui reste demandera à des légions d'historiens de l'art un nombre considérable d'années pour les classer même d'une façon inadéquate, et encore ne seront-ils pas capables de combler les lacunes dans les rapports existants entre des styles qui semblent avoir un dénominateur commun ou de les rattacher à une source lointaine originale.

Beaucoup demeurera un mystère que seule notre sensibilité esthétique expérimentée peut percer pour tirer des conclusions non confirmées par la discipline du fait historique.

De nos jours, une grande part du mysticisme religieux prédominant en Afrique a lâché prise. Dans la plupart des cas, ses hauts rites ont perdu leur substance pour évoluer vers un folklore rustique de village, où la danse et la musique, toujours très vitales, ont tout juste une nature carnavalesque.

Ce développement laisse apparaître que les arts plastiques sont ceux qui ont le plus souffert et nous pouvons maintenant le dire sans crainte, même pour les sanctuaires de forêt les mieux conservés de la Société Poro ou les autels de village yorubas, on ne fait pas encore beaucoup d'art traditionnel.

Avec le développement de l'industrie moderne vers les villes, les usines et les mines, la musique et la danse sont restées vitales, mais non strictement traditionnelles. L'interpénétration de tant de thèmes modernes a donné naissance à de nouvelles et de passionnantes [formes comme le] Highlife Quella[2] et à l'Afro-jazz et, dans une large mesure, a répondu à l'urgente nécessité d'éveiller l'Afrique à une puissante expression d'elle-même.

Cette analyse nous ramène à notre sujet, qui est de traiter la position de la créativité contemporaine dans les arts plastiques en Afrique.

Le Potentiel de l'énergie créatrice de l'Afrique

Nous assistons de nos jours en Afrique à un vide artistique. Un vide créé par la disparition de l'art traditionnel d'un continent si riche en création et en chefs-d'œuvre. Car on doit avoir à l'esprit que l'art traditionnel a été très souvent créateur dans ses variations et ses développements toujours inspirés sur un thème donné.

Maintenant, les sculpteurs et ciseleurs africains qui sont encore en vie se sont pour la plupart retirés du commerce. Ils ont été obligés de choisir des métiers plus matérialistes. Mais la grande impulsion créatrice, l'énergie fluide présente dans la grande masse de la communauté, dont ces artistes ont été jadis seulement les agents d'exécution, sont encore largement intactes mais inopérantes. À cause de ce fait et pour la raison encore plus actuelle que l'Afrique qui s'éveille est mue par l'urgente nécessité de trouver une nouvelle expression, une grande force latente d'énergie créatrice cherche maintenant à se manifester.

Dans tout mouvement artistique nouveau qui cherche à incarner et à exprimer les idées avancées de pensée collective, il y a une grande part de gaspillage. À ce stade, l'art est comparable à une fourmilière qui dépêche des milliers de reines possibles pour n'en couronner que quelques-unes. Cette situation est commune à tous les nouveaux mouvements expérimentaux avant que ne se dessine l'apparence de nouvelles traditions pour canaliser le tout.

Il en fut de même pour l'École de Paris, au tournant de ce siècle, et Fernand Léger me dit un jour : « nous marchons sur des cadavres », faisant allusion aux contributions sporadiques de centaines d'artistes mineurs, à raison de cent échecs pour un succès[3].

Un mouvement artistique doit être suffisamment riche pour se permettre les extravagances d'une fourmilière, c'est ainsi seulement qu'il peut réussir.

Heureusement, ce n'est pas la situation pour l'Afrique, et je crois qu'à l'heure actuelle, ce n'est pas non plus la situation nulle part dans le monde ; il y a une réserve formidable et sans précédent de créativité.

Cette énergie exsude de tous les pores et actuellement, comme on pouvait s'y attendre, elle est soit inopérante, soit canalisée vers des voies désespérément stériles.

Art d'aéroport

L'industrie d'« art d'aéroport » fabriqué et produit en masse est un moyen de destruction démoralisant, mais peut-être pas le plus dégradant pour le commerce touristique.

Le volume de ce travail est presque impensable. On exige à une cadence sans cesse accrue des centaines de tonnes de camelotes de série de travailleurs exploités, penchés sur de longues rangées d'établi. Ces usines se développent avec l'élimination progressive de talent qui en découle.

Il est assez significatif qu'il faille une quantité de « meurtres » pour rabaisser le jet d'effervescence de la créativité africaine. Parmi les longues rangées d'art d'aéroport que nous trouvons étalé dans les centres touristiques, on trouve, dans certains cas, quelque chose de fascinant là où tout n'est pas mécanisé. Nous pouvons même y relever un intérêt esthétique qui, tout en permettant quelque espoir, donne à « l'élimination » de tant de talents spontanés l'aspect d'une atteinte plus haïssable à d'innocentes vies humaines.

J'ai visité des « usines d'aéroport » dans plusieurs parties de l'Afrique orientale et de l'Afrique centrale. Ce n'est pas une tâche facile parce que ces maîtres sévères qui exploitent odieusement des armées de travailleurs endurants répugnent instinctivement à permettre l'intrusion de témoins chez eux. Ils semblent se sentir coupables de tant de destruction. Pour cette raison, je regrette de ne pouvoir faire état des statistiques de production, ni vous faire un récit des conditions de travail dans les usines d'aéroport. Je ne possède à l'appui que quelques photographies prises à la hâte et à la dérobée.

L'École d'Art de modèle occidental

À part la large production d'art d'aéroport, qui maintenant fait son chemin dans le monde, un autre agent de destruction majeur du talent africain est l'école d'art occidentalisée, ou l'influence et l'autorité de ce type d'institution néfaste. Non content de neutraliser et de standardiser le talent occidental, il déploie maintenant son manteau sur des parties de l'Afrique. Cette influence se manifeste à travers l'établissement du modèle occidental des écoles d'art dans plusieurs parties de l'Afrique, dirigées par des Occidentaux, les soi-disant professeurs « d'art » rompus à toutes sortes de pompeuses supercheries destructrices de l'âme des établissements « d'art » occidentaux ou, tout aussi nuisible, elle se manifeste en la présence d'artistes africains de formation occidentale qui reçoivent, c'est triste à dire, de l'avancement et un pouvoir presque dictatorial. Ceci se passe dans certains États sérieux nouvellement établis qui commettent la faute commune à tous les États occidentaux, dans la promotion de nullités académiques décorées de médailles.

Ces personnes sont les plus dangereuses ; elles disposent de l'autorité et sont capables de détruire ou de ridiculiser, quelquefois par ignorance, mais quelquefois avec une intention délibérée, la révélation authentique du vrai talent local – on en connaît même qui qualifient de « sauvage » l'art classique africain. Je peux personnellement les désigner dans plusieurs parties de l'Afrique.

L'artiste africain créateur se trouve dans une situation encore plus tragique que son collègue européen du siècle dernier, qui avait l'habitude de vivre affamé dans une mansarde mais, d'une façon ou d'une autre, arrivait à se débrouiller en attendant la reconnaissance partielle de sympathisants bienveillants. Ce genre de « petite bourgeoisie » n'existe pas en Afrique pour encourager les futurs artistes et l'unique malencontreuse solution qui leur reste est de se joindre au commerce d'aérodrome. J'ai également connu intimement plusieurs de ceux-là.

La production esthétique des Écoles d'Art occidentalisées est pitoyable en Afrique. Elle ressemble dans la répétition de sa monotonie sans inspiration aux productions de l'étudiant occidental en art : l'étudiant en art qui devient « étudiant » à vie, porté toujours à plagier, suivant le modèle du maître, jamais imaginatif, s'éloignant toujours davantage de la créativité authentique. Il développe quelques talents manuels stériles avec lesquels tout ce qu'il peut faire est de devenir un autre professeur d'art. Une fois de plus, c'est le cas de l'aveugle conduisant l'aveugle…

La liberté de créer

Comment peut-on maintenant résoudre ce triste problème ? A-t-il jamais été résolu quelque part dans le monde, et quelque part en Afrique en particulier ?

Ce problème a été résolu par cette catégorie d'enseignants qui n'enseignent pas. Par ces quelques sages, sensibles aux valeurs humaines latentes, qui cherchent à encourager, à développer plutôt qu'à interrompre et à détruire chez l'artiste virtuellement créateur cette voix encore faible et mal assurée pour se faire entendre. L'artiste novice n'a pas à apprendre à « dessiner » – à être dressé, à faire des copies physiques ininspirées d'objets naturels. Au contraire, son âme colorée, aimable et dynamique doit être découverte ; on doit lui donner confiance en sa personne souvent intimidée. Quand il commence à prendre cet aspect hésitant et original en forme et en couleur, c'est alors qu'il faut l'analyser avec sympathie en respectant sa personnalité particulière. Ses nouvelles directions doivent être interprétées et « construites » avec une appréciation compréhensive... C'est alors seulement qu'on peut offrir une assistance – des explications et des exemples techniques qui l'aideront à tracer la voie de créativité unique et personnelle.

Cette méthode, l'encouragement personnel du talent inné, bien que difficile à expliquer et difficile en pratique sans un don naturel instinctif, peut ne pas se différencier davantage de ces doctrines d'éducation malheureusement acceptées, abusivement employées dans le monde occidental.

Le système d'éducation du monde occidental, maintenant largement répandu, tend à modeler tous les hommes suivant un type donné, utile à l'État moderne mais contraire dans son intention à l'éclosion du don le plus précieux de l'homme : son individualité. Il ignore le fait que chaque personne en particulier, indépendamment de sa race et de limitations héréditaires, possède plus ou moins une âme entièrement personnelle.

Gustave Moreau

Contrairement aux pratiques établies d'éducation, la méthode susmentionnée d'encouragement individuel a été employée avec succès en Europe et en Afrique. À Paris, à la fin du siècle dernier, Gustave Moreau, à l'École des Beaux-Arts de Paris, avec une sensibilité persuasive et une profonde compréhension, a formé un grand nombre de personnalités artistiques. Elles se sont développées librement suivant leurs directions personnelles et, tout en devant beaucoup à leur maître pour ce qui est de la confiance et de l'affranchissement, leurs œuvres purement originales ne portent aucune trace de l'imitation servile du maître. Le maître augmente leur foi tout en dirigeant l'emploi de leurs instruments.

Possédant une grande discipline et noblement dépourvu de vanité personnelle, il met de côté ses propres sentiments et leur inspire la découverte d'elles-mêmes. Ce furent Henri Matisse, Albert Marquet, Georges Rouault, Léon Bonhomme et d'autres. Ils produisirent chacun un univers personnel aussi différent que possible de celui de l'autre ou de celui du maître.

La « Découverte » de ce qu'on a appelé « l'Art Primitif »

Cette tendance vers l'individualité devait gagner en force. Non seulement elle guida les élèves libres de Gustave Moreau, mais elle devait gagner toute l'École de Paris, conduisant, pendant une période de quelques années qui a fait date, vers l'expérience et la découverte de mondes universels d'arts nouveaux ou oubliés.

C'est ainsi qu'on « découvrit » l'art africain et que l'art des Mers du Sud devait apporter une vision profonde dans la conception de l'art créateur pendant les cinquante années suivantes. C'est ainsi que l'école rayonnante de Pablo Picasso et des Expressionnistes allemands devait, de différentes manières, s'imprégner d'une façon occulte, non seulement visuellement, mais aussi dans la conception, de la force vive qui a pris naissance en Afrique.

L'Atelier en Afrique

Pour en revenir maintenant à mon sujet, le principal objet de mon exposé est de traiter seulement d'une petite partie de l'Afrique. D'une Afrique où n'existe que peu ou pas d'art traditionnel.

C'est la Rhodésie et une « école-atelier » (Workshop School) que nous avons créée pendant les neuf dernières années.

Elle a commencé avec un ou deux artistes africains et après avoir soumis à l'épreuve peut-être près de 1 000 débutants dont la plupart furent refusés, elle s'occupe maintenant de 70 artistes adultes environ, dont quelques-uns ont déjà atteint un succès international.

L'École commença par la méthode de Gustave Moreau qui consiste à encourager et à aller souvent par la simple admiration vers les débutants pris individuellement. Elle commença par la peinture et ne prit la sculpture que quelques années plus tard. Elle commença comme une petite exposition personnelle secondaire se rattachant aux grandes activités de la Galerie Nationale de la Rhodésie du Sud et, d'année en année, lentement mais progressivement, elle a pris les dimensions d'une activité majeure. Six studios sont maintenant incorporés au bâtiment où travaillent irrégulièrement 24 artistes environ, suivant le temps libre dont ils disposent, pendant que d'autres travaillent « sur le chantier » et apportent toutes leurs œuvres pour être critiquées et comparées. Un ferme esprit d'individualité, qu'on inculque dès le départ, est à l'ordre du jour et on ne connaît presque pas de plagiat.

Quelle est la grande différence entre cette École-Atelier et une École d'Art ordinaire pompeusement instituée ?

Tout d'abord, il y a une liberté absolue de mouvement. Les artistes vont et viennent quand ils le peuvent.

Deuxièmement, leur talent est soumis à l'épreuve et à la discipline pendant une longue période d'observation. Si les artistes sont prometteurs, on les garde, sinon, ils s'en vont.

Base financière

Contrairement à l'étudiant bourgeois en art, aucune dépense n'est exigée des artistes. Quand leurs œuvres atteignent un degré de valeur marchande, nous les exposons dans nos grandes galeries de vente. Pour commencer, les prix sont bas ; ils augmentent suivant les succès qu'enregistre la vente. La Galerie retient 25 % des prix sur l'achat des matériels, des brochures pour favoriser la vente.

On fait un effort particulier pour que chaque artiste soit suffisamment pourvu pour faire face aux nécessités de la vie. Quelques artistes réussissent très bien, gagnent régulièrement de bons salaires. D'autres connaissent une lutte irrégulière pour l'existence et, pour ceux-là, nous donnons de temps en temps des avances, sur les fonds que nous accumulons, ou nous achetons leurs œuvres pour une nouvelle vente.

L'École a maintenant, avec sa réputation internationale, réussi à devenir une entreprise payante, et plus de 1 500 productions ont été vendues à des musées ou des collectionneurs privés de par le monde depuis que nous avons ouvert nos grandes galeries de vente, il y a environ un an et demi. Onze œuvres se trouvent au Museum of Modern Art de New York, et dans d'autres établissements d'Europe, d'Amérique et d'Afrique.

On a donné une analyse des méthodes de procédés, et des résultats, mais il est virtuellement impossible d'évaluer en termes littéraires la valeur esthétique de ces œuvres d'art. On espère qu'une petite exposition de 15 œuvres de sculpture sera disponible pour Dakar et qu'en plus, je pourrai y être avec une série de photo-diapositives qui montreront aussi l'importance et de la sculpture et de la peinture qui viennent de l'École-Atelier.

Il est autrement impossible de s'étendre dans cet exposé sur l'« école » vitale qui a été créée en Afrique centrale.

La vraie Création Africaine

L'examen de ces œuvres montrera cependant un phénomène intéressant. On verra que ces œuvres, toutes variées qu'elles soient, ne doivent rien à l'art traditionnel africain parce que, comme il a été dit plus haut, il n'en existe pas. Elles doivent encore moins à l'influence européenne – on ne peut même pas y déceler 1 % de ces influences. D'autre part, on peut observer sans s'y tromper que les œuvres, surtout la sculpture, possèdent une qualité « africaine » ; on ne peut guère les confondre avec les œuvres d'un autre continent ; on a avancé l'Amérique précolombienne, mais c'est là une hypothèse non réaliste et tirée par les cheveux.

D'autre part, on peut relever plusieurs traits authentiquement africains dans les formes sculptées.

Les grandes proportions de la tête sont communes à plusieurs styles de l'Afrique de l'Ouest ou du Congo, tandis que les membres courts, lourds, aux formes arrondies ressemblent aux représentations d'ancêtres de Baulé. Un autre trait est l'évidente allure élancée et verticale de la colonne vertébrale, alors que presque toutes les figures se présentent de face sans se tourner ni regarder de côté, donnant l'effet de pose statique fréquente dans l'art africain. En cela, ils possèdent un style distinctif, mais on ne peut en aucun sens attribuer ce style à quelque influence d'emprunt, qu'il s'agisse de Dogon, Senufo, Baulé ou d'autres. Il n'y a pas ici d'influence superficielle, mais une conception pan-africaine innée, très profonde, inhérente à la vie, au sang du continent dans son ensemble.

Sculpture en pierre

On peut dire que nos artistes, s'écartant principalement des traditions majeures du travail du bois en Afrique, travaillent presque exclusivement la pierre. Très rarement, on emploie la terre cuite, cuite souvent en plein air dans un feu de bois – tandis que la sculpture sur bois est presque inexistante.

Pourquoi cette prédominance de la pierre qui n'a été employée que rarement dans l'histoire de l'Art africain ? Certains critiques ont prétendu que c'est par réaction contre la vulgarisation sans limites du bois, moyen d'expression [privilégié] par le commerce d'aéroport – il est difficile d'éviter l'emploi du bois pour le modèle commun archi-connu.

Il y a une autre raison, certainement une vraie raison en partie. Les anciens artistes du Zimbabwe ont sculpté la stéatite et on peut trouver ici une réminiscence consciente ou inconsciente.

Contrairement aux anciennes sculptures en stéatite de Kissi et d'Esie[4], les sculptures de l'Atelier au volume compact et ramassé possèdent une gamme fluide de volume et une sensualité esthétique qui les rapprocheraient par leur aspect de la sculpture sur bois.

Cependant, cette classification ne peut s'appliquer qu'aux sculpteurs de stéatite. Il y a aussi un certain nombre de sculpteurs qui ne craignent pas de s'attaquer aux types de pierre les plus dures, et ce travail qui est probablement le plus important de l'École possède l'entière majesté statique de la pierre éternelle.

Ces œuvres ont une puissance de pierre qui défie les siècles, et on peut leur appliquer l'étiquette de grand conformément aux critères de l'histoire de l'art en général. Cette sculpture de pierre dure est unique en son genre en Afrique, et ce n'est possible que grâce à l'emploi d'instruments modernes ; cependant, quand ces instruments étaient rares ou ne se trouvaient pas, il est connu que nos artistes ont continué, suivant la technique archaïque, à frotter une pierre l'une contre l'autre pour obtenir une forme.

La Peinture et l'Expressionnisme Naturel

Dans notre école, la peinture locale africaine a définitivement suivi une orientation différente de celle de la sculpture. Tandis que vers 1904, les Expressionnistes allemands ont découvert la sculpture africaine et exprimé l'énergique émotion qui en résulte dans l'Expressionnisme allemand, ces peintres africains ont découvert une matière colorante, brillante, presque entièrement nouvelle pour l'Afrique. Il se produisit un phénomène étrange. Ils ont développé une sorte de peinture qui, dans la conception, même dans la forme et dans l'exécution, est très proche de l'Expressionnisme allemand.

Cela paraît une tendance naturelle et s'est produit dans des cas isolés sans aucun lien commun entre eux. C'est un cas intéressant, mais il n'en serait pas de même si les artistes en question avaient accès aux reproductions de peintures expressionnistes, ce qui aurait pu activer ou canaliser une tendance naturelle. Mais ce n'est pas le cas, et les artistes n'ont pas eu le moindre contact. En maints exemples tout au long d'une période de neuf années, ce phénomène s'est présenté dans des cas différents et isolés au point de prouver souvent et d'une manière concluante son authenticité.

Et maintenant, avec un frisson d'horreur anticipée, on peut imaginer ce qu'auraient été les résultats si on avait établi une École d'Art régulière où des professeurs routiniers instruiraient et détruiraient le talent en puissance.

Je crois qu'actuellement, l'Afrique possède un grand et glorieux potentiel, un talent explosif !

La force vive africaine

Plus que dans n'importe quel continent, cette force vive est intacte. Elle peut donner au monde extérieur en essence humaine vitale autant sinon plus que le monde technologique peut donner en échange à l'Afrique. Mais elle peut se perdre. Elle peut entièrement s'écouler dans le grand canal où 80 % de nos riches facultés humaines sont étouffées et méprisées au profit du petit pourcentage qui reste, engagé d'une façon matérialiste, dans la voie à sens unique du progrès technologique.

Pour combien de temps l'Afrique peut-elle demeurer africaine ? Au dernier Festival d'Art du Commonwealth en Angleterre, où tant de pays ont participé aux expositions d'Art, il a été mis en évidence que seul existe un modèle global. Aucun pays ne se distinguait nationalement ; tous reflétaient d'une façon plutôt abjecte l'actuel modèle d'art universel de Paris-New York. Seule l'Afrique avait un cachet authentique, personnel – l'Afrique seule pouvait être appelée créatrice et soucieuse de sa réalité profonde.

NOTES — *

Texte paru, pour la première fois, dans *Festival mondial des arts nègres, Colloque Fonction et signification de l'art nègre dans la vie du peuple et pour le peuple*, Présence Africaine, tome 1, Paris, 1967, p. 439-450. Pour une contextualisation du premier Festival mondial des arts nègres, voir Éloi Ficquet et Lorraine Gallimardet, « On ne peut nier longtemps l'art nègre », *Gradhiva*, n° 10, 2009, https://journals.openedition.org/gradhiva/1560. Les notes qui suivent sont toutes de l'éditeur.

1

En dépit de ce qu'il annonce, Frank McEwen quitte effectivement son poste en 1973, devant la montée des tensions politiques en Rhodésie du Sud. Sa déclaration doit être replacée dans la situation du pays en 1966 : un an plus tôt, Ian Smith, Premier ministre de la Rhodésie du Sud, proclama unilatéralement l'indépendance de cette colonie britannique autonome. La communauté internationale ne reconnut pas le nouveau pays et imposa des sanctions qui se répercutèrent notamment sur le budget de la National Gallery. Ce régime draconien a pu décourager un temps Frank McEwen de poursuivre son action à la tête du musée.

2

Le Highlife est un style de musique africain apparu dans les années 1900 à Accra en Côte-de-l'Or (actuel Ghana), né du croisement entre chants d'églises, musique militaire et musiques vernaculaires comme le calypso. Après la Seconde Guerre mondiale, il est un signe de ralliement des nationalismes africains.

3

Né au Mexique, élevé dans le Devon, Frank McEwen a grandi entouré d'art d'Afrique de l'Ouest, collectionné par son père lors de divers voyages d'affaires. Il se rend à Paris en 1926 pour étudier l'histoire de l'art à la Sorbonne et à l'Institut d'Art et d'Archéologie où son professeur est Henri Focillon. Grâce à lui, Frank McEwen se lie d'amitié avec des artistes tels que Constantin Brâncuși, Georges Braque, Henri Matisse, Pablo Picasso et Fernand Léger.

4

Deux styles de statuaire de pierre en Afrique noire pratiqués par les Kissis dans les actuelles Sierra Leone et Guinée et dans l'actuel Nigéria (style Esie).

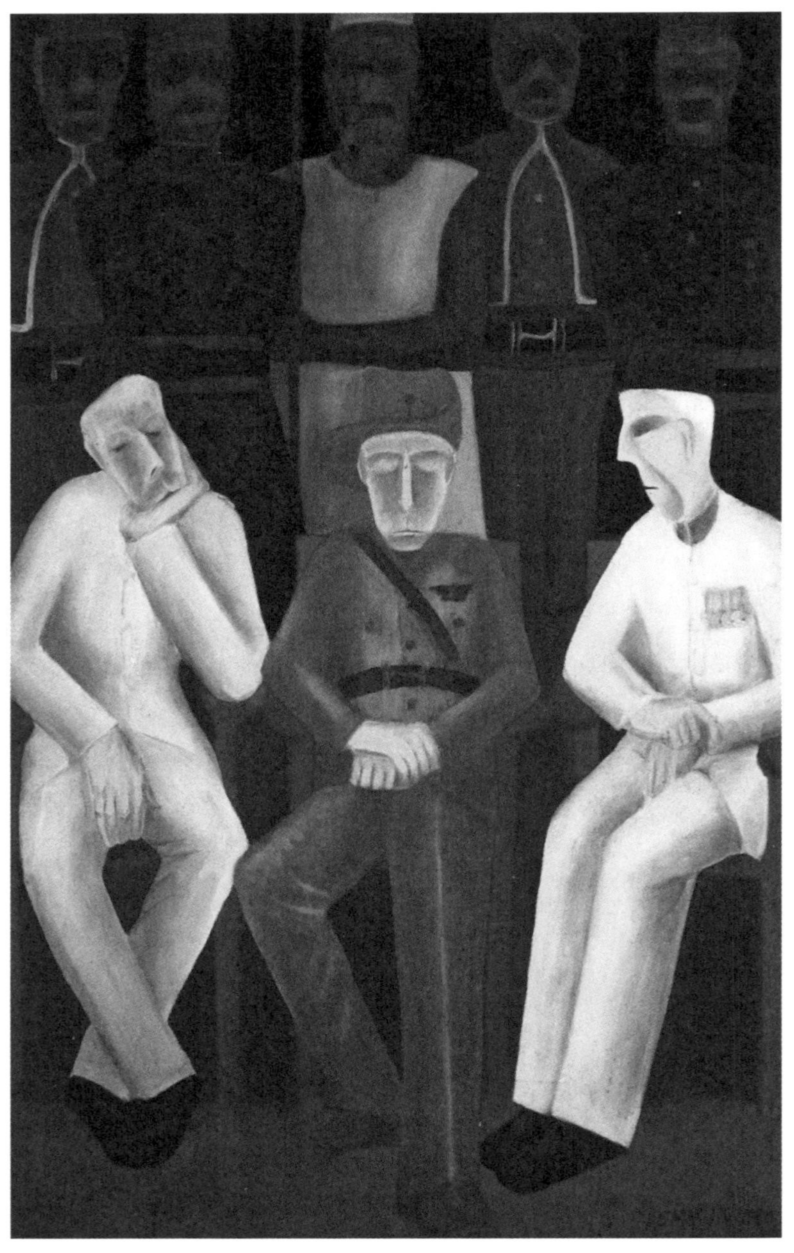

Demas Nwoko
Nigeria in 1959, 1960

Huile sur toile, 136×96,5 cm

Synthèse naturelle
Manifeste

Uche Okeke

Uche Okeke (1933-2016) est le chef de file et théoricien de la Zaria Art Society, un mouvement d'artistes nigérians fondé en 1958, qui a fortement influencé les artistes actifs au Nigéria dans les années 1960 et 1970. Alors étudiants au Nigerian College of Arts, Science and Technology à Zaria (aujourd'hui Université Ahmadu Bello), les artistes de la Zaria Art Society contestent la pédagogie de l'université, la jugeant trop académique et empreinte d'un fort parti pris eurocentriste. Rédigé en 1960, l'année de l'indépendance du Nigéria, le manifeste *Natural Synthesis* en établit la position rhétorique et théorique. Ni un appel à la rupture avec les formes et styles importés par la culture coloniale, ni une déclaration de rejet de la modernité européenne au profit d'un retour à une forme de culture indigène authentique, la « synthèse naturelle » cherchait à concilier deux esthétiques – les traditions de l'art nigérian et de l'art européen – dans le but d'en expérimenter la dialectique. Le manifeste représente le premier essai conscient de constituer un nouveau canon artistique pour une nation nouvellement indépendante. La Zaria Art Society fut dissoute en 1962 après l'obtention de leurs diplômes par les étudiants. Au côté d'Uche Okeke, ses principaux membres sont Demas Nwoko (*1935) et Bruce Onobrakpeya (*1932).

Jeunes artistes d'une jeune nation, voilà ce que nous sommes ! Nous devons grandir avec le nouveau Nigéria et faire en sorte de satisfaire sa tradition d'amour de l'art ou périr avec notre passé colonial. Notre jeune nation fait peser d'énormes responsabilités sur ses hommes et ses femmes dans tous les secteurs de la vie, mais plus lourde encore est la charge qui incombe aux artistes contemporains. J'ai confiance qu'en vouant notre être tout entier à la cause de l'art et en travaillant de toutes nos forces, nous finirons par triompher. Mais le temps du triomphe n'est pas encore venu : nous devons d'abord transformer profondément notre état d'esprit et nos attitudes à l'égard des problèmes culturels et sociaux qui assaillent de part en part notre continent. Le tissu même de notre vie sociale est profondément affecté par cet inévitable changement. Nous devons donc aborder de façon très réaliste l'immense tâche d'édification d'une nouvelle culture artistique pour la nouvelle société de cette seconde moitié du XXe siècle.

Voici venu le temps d'interroger et de réaffirmer nos valeurs culturelles. Le temps de notre renaissance ! Dans notre quête de vérité, notre liberté nouvellement acquise doit être source de fermeté, de confiance et de joie. Nous ne devons laisser personne nous guider dans notre vie artistique, car l'art est la vie même et le reflet de notre expérience physique et spirituelle du monde. C'est notre travail d'artistes que de choisir, parmi nos réactions aux objets et aux événements, celles que nous traduisons dans un langage pictural ou plastique. La création n'est pas seulement un acte matériel, c'est aussi un acte solennel. Dans l'ordre ancien qui nous était propre, l'artiste remplissait une fonction très importante. Il était celui dont l'ardeur sacrée s'appliquait indifféremment à résoudre les problèmes religieux et les questions sociales. Il avait une place particulière dans la communauté et faisait çà et là office de prêtre, sa noble tâche de création étant considérée comme inspirée.

Le Nigéria a besoin d'une école d'art virile, inspirée par la nouvelle philosophie de l'ère nouvelle – celle de notre renaissance. Ce que nos écrivains appellent « négritude », nos politiciens l'appellent « personnalité africaine », mais quel que soit son nom, il s'agit de la même aspiration à la liberté pour tous les Noirs de par le monde. Les artistes nigérians contemporains peuvent et doivent soutenir la cause de ce mouvement. Qu'il me soit permis de citer humblement quelques vers de mon poème *Okolobia*, à travers lesquels j'essaie de résoudre le chaos social et culturel auquel nous sommes aujourd'hui confrontés. Le mot-clé est synthèse – une synthèse que je suis souvent tenté de décrire comme naturelle, car elle doit être inconsciente, et non forcée.

> Les fils d'Okolobia apprendront la vie des erreurs de leur père ;
> En mélangeant les cultures,
> En accommodant à l'étranger ce que le natif a de meilleur ;
> L'aube d'un âge nouveau – la saison du salut.[1]

L'artiste est essentiellement un individu travaillant dans un environnement social particulier et guidé par une philosophie de l'existence propre à sa société. Je ne suis pas d'accord avec les tenants d'une philosophie internationale de l'art. Ni avec ceux qui, vivant en Afrique, imitent les artistes européens. Les générations futures d'Africains n'auront que mépris pour leurs simagrées. Notre jeune société appelle la synthèse de l'ancien et du moderne, de l'art fonctionnel et de l'art pour l'art. Que les plus grandes œuvres d'art jamais conçues par l'homme aient eu vocation religieuse est bien la preuve que le fonctionnel peut constituer la base de l'expérience créatrice la plus satisfaisante.

L'art occidental d'aujourd'hui est dans un état de confusion généralisée. La plupart des artistes ont failli dans leur mission envers l'humanité. Leur art a cessé d'être humain. La machine, symbole de la science, de la richesse matérielle et de l'ère spatiale, règne aujourd'hui en maître. Quelle forme de sentiments – de sentiments humains – l'espace vide peut-il inspirer à un artiste-machine ? Il est tout aussi futile de copier les œuvres héritées du passé, puisqu'elles représentent l'ordre ancien. La culture vit de changements. Les problèmes sociaux d'aujourd'hui ne sont pas ceux d'hier, et nous desservirions grandement l'Afrique et l'humanité en demeurant prisonniers des accomplissements de nos pères, car ce serait comme demeurer dans un environnement culturel entièrement étranger.

NOTES — *

Manifeste publié sous le titre « Natural Synthesis » par la Zaria Art Society, rédigé par Uche Okeke, Zaria 1960.

1

Version originale : « Okolobia's sons shall learn to live from father's failing ; blending diverse culture types, the cream of native kind adaptable alien type ; the dawn of an age – the season of salvation. »

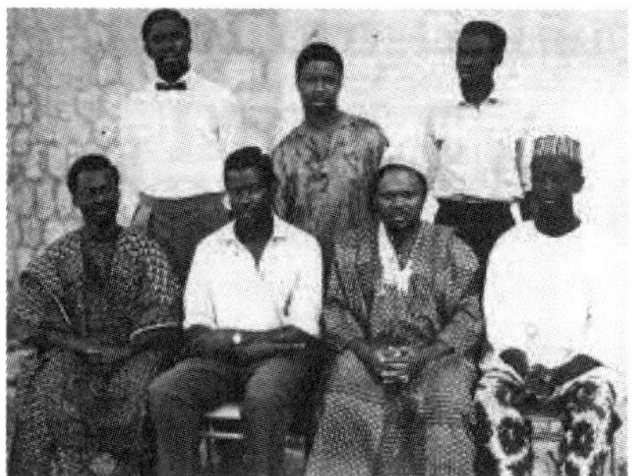

Membres de la Zaria Art Society, Zaria, c. 1960

De gauche à droite : assis, Bruce Onobrakpeya, Yusuf Grillo, Uche Okeke et Demas Nwoko ; debout : Oseloka Osadebe, Ogbonnaya Nwagbara et Okechukwu Odita

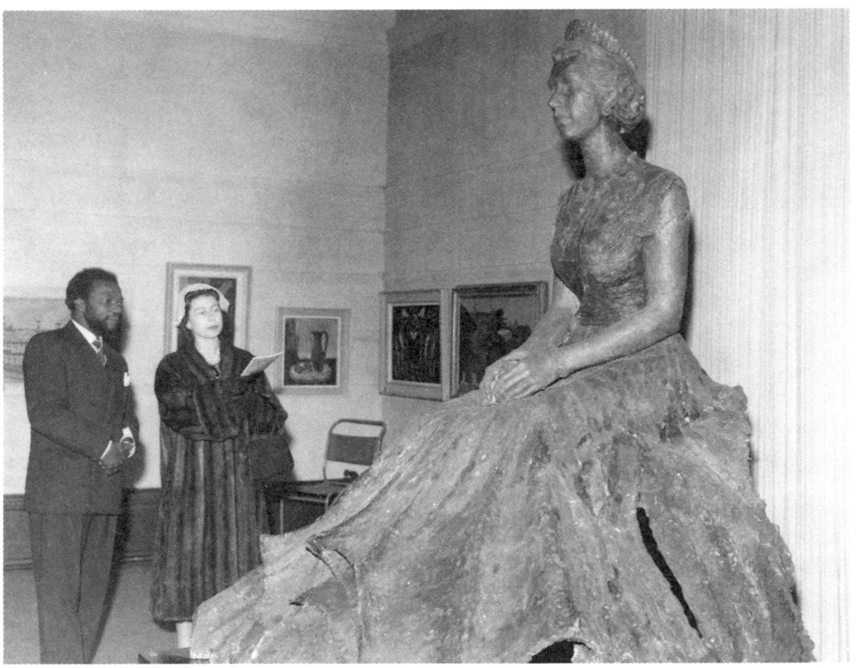

Ben Enwonwu et Elizabeth II
devant son portrait sculpté en bronze
réalisé par l'artiste, Royal Society
of British Artists, Londres, 1957 :
Ben Enwonwu est le premier artiste
africain chargé de réaliser un portrait
officiel d'un monarque européen.

Photographie : The Ben Enwonwu Foundation

Le point de vue de l'Afrique sur l'art et les problèmes qui se posent aujourd'hui aux artistes africains

Ben Enwonwu

Ben Enwonwu (1917-1994) est un artiste établi lorsque ce texte est publié dans le catalogue-programme du premier Festival mondial des arts nègres, organisé en 1966 à Dakar à l'initiative de la Société africaine de culture par Léopold Sédar Senghor. L'artiste nigérian est également un compagnon de route de *Présence Africaine* depuis 1951. Il participe aux deux Congrès des écrivains et artistes noirs (Paris, 1956, et Rome, 1959). Lors de l'édition de 1956, il fait un exposé remarqué, soulignant la condition de l'artiste africain sous un angle politique et plus seulement culturel[1]. En ligne de mire : les organes critiques contrôlés par les Européens, les catégories esthétiques importées avec lesquelles il faut s'arranger tout en travaillant dans la crainte de se voir incriminé comme « artiste européen ». Dix ans plus tard, le présent article poursuit dans la même veine, marqué par une vigueur nationaliste stimulée par les promesses des Indépendances. Notons que le terme « Nka » – traduction du mot « art » en igbo –, qu'il utilise, sera choisi pour être le titre de la revue fondée en 1994 par Okwui Enwezor, Salah M. Hassan et Olu Oguibe.

L'importance du rôle que joue l'art dans la société de la nouvelle Afrique retient l'attention de tous ceux qui s'intéressent à la culture africaine, à la pensée africaine et à la personnalité africaine. Il doit intéresser au premier chef l'actuelle génération africaine qu'elle soit ou non attirée par l'art pour l'art. En réalité, aucun jeune État africain ne peut ignorer aujourd'hui les services que l'art peut rendre dans la marche vers la Renaissance. Car l'art de l'Afrique n'est plus désormais regardé comme « fétichiste » ainsi qu'il le fut par les premiers Européens qui explorèrent le continent ; il n'est plus traité avec cette condescendance qu'affectèrent les premiers anthropologues, missionnaires et voyageurs qui mélangèrent sans discernement des objets d'art authentiques aux objets sans valeur. L'art africain ne doit pas se contenter d'avoir exercé

une influence historique sur l'art moderne. Les termes « art noir africain », « art africain traditionnel », « art primitif », « art tribal », ainsi
que toutes les chapelles esthétiques se réclamant de telles définitions
en s'attribuant le droit d'évaluer la valeur esthétique du travail africain, doivent maintenant être reconsidérés du seul point de vue africain. Ces chapelles et l'influence qu'elles exercèrent sur l'esprit critique
doivent être aujourd'hui tenues pour un vestige des chapitres évangé-
lique, économique, éducatif et même politique du passé colonial. L'art
dans l'Afrique moderne doit jouer un rôle nouveau et ce rôle doit lui
être confié par les Africains eux-mêmes, qui détermineront la forme
qu'il doit prendre pour être le miroir des aspirations des peuples indépendants de l'Afrique.

L'art n'est pas statique. Comme la culture, il se métamorphose
avec le temps. Il serait rétrograde d'attendre que l'art africain actuel
ressemble à celui d'hier ; il ne donnerait pas alors une image authentique de l'Afrique. L'art africain a toujours – bien avant l'intervention
des influences occidentales – évolué pour s'adapter à des conditions
nouvelles. En bref, la conception artistique africaine a suivi jusqu'aux
temps modernes les tendances générales de l'évolution culturelle. Mais
il apparaît maintenant que les jeunes peintres ou sculpteurs africains
déforment par exemple délibérément les traits ou dessins de leurs
ouvrages pour leur donner un style typiquement africain ; s'ils ne le
faisaient pas, leurs ouvrages imiteraient simplement l'art européen.
Mais l'artiste, d'un autre côté, ne peut traduire cette réalité nouvelle
qu'avec les vieux moyens techniques dont il dispose. Cette situation
est due à l'action psychologique du colonialisme ; elle n'est pas due au
génie africain.

Dans le vieux contexte social africain, la conception africaine de
l'art s'identifiait avec toutes les autres conceptions de la vie. Elle n'était
ni objective ni analytique. Les réalités de la vie s'exprimaient à travers
la structure symbolique de l'œuvre d'art, l'Image servant de lien. La
conception de l'art ne jaillit pas de l'art lui-même mais de l'ensemble
d'une idéologie socialo-religieuse de l'art adoptée par une même communauté spirituelle. Pour cette raison, la conception africaine de l'art résultait d'une sorte d'instinct profond et d'une véritable communion : elle
n'était pas le fruit d'une réflexion critique et analytique. La première
découle directement de l'art tandis que la seconde en est détachée.
Un critique occidental écrit à propos de l'art, mais il ne participe pas
à cet art, étant étranger au processus créateur de l'image représentée.

Le critique africain, au contraire, est à la fois un observateur et un participant ; il peut être aussi, pour la communauté dont il fait partie, le créateur de l'œuvre. Ce que nous appelons art au sens occidental du mot n'a aucun rapport avec ce qu'on nomme art au sens africain du terme.

Résultat de ces contacts occidentaux : les plus évolués ont subi l'influence des chefs-d'œuvre de l'art africain, les ont adaptés à leur propre conception et se sont particulièrement attachés aux caractéristiques de la sculpture africaine traditionnelle, notamment aux images représentatives des dieux ancestraux ; ils se sont empressés d'exploiter ces dessins et ces volumes dont la vitalité primitive était avidement recherchée par les civilisations hautement développées.

Les peintres et les sculpteurs de l'Afrique moderne auraient tort d'accepter ou d'adopter ce point de vue occidental en recherchant la tradition africaine à travers des œuvres occidentales influencées par l'Afrique.

Bien des livres ont traité des formes de l'art africain directement assimilables par l'Occident. Bien que les raisons de leur choix affichent le plus grand respect pour la sculpture africaine, elles demeurent fâcheusement liées au code esthétique de la pensée occidentale à l'égard de l'art africain et sont demeurées immuables en dépit de la rapide évolution de l'Afrique contemporaine. La plupart de ces livres – de même que les articles de journaux, des magazines et des illustrés – ont plus ou moins repris à leur compte la façon de penser adoptée par les explorateurs, les voyageurs, les missionnaires dans leurs mémoires ou leurs reportages : ils ont accrédité l'idée d'un art africain dont les canons esthétiques seraient étrangers aux réalités de la culture africaine. Sauf pour des écrivains très érudits et informés comme Leo Frobenius ou pour quelques écrivains africains en colère, il était jusqu'ici très difficile de récuser les écrits de savants tel Lucien Lévy-Bruhl[2] qui traita le problème de la pensée africaine comme s'il s'agissait de celui de « l'Homo sapiens ». D'autres, pendant ce temps, tel [Richard] Burton, poussaient beaucoup trop loin la théorie colonialiste selon laquelle les civilisations noires et blanches ne pourraient jamais se rencontrer. Tous les autres étaient aveugles aux différences qui existent. Je crois à des différences entre les Noirs et les Blancs ; mais elles doivent les compléter et non pas les opposer.

Aucun livre à grand tirage d'un Africain n'a encore, à ma connaissance, traité de l'art africain. La responsabilité en incombe aux difficultés de traduction d'un texte abstrait dans nos différents dialectes. Sans parler des difficultés d'écrire sur l'imagination créatrice. L'art africain est tellement intégré à des conceptions socialo-religieuses qu'il donne spontanément sa pleine mesure à travers des activités récréatives. Même la légende contée au sein d'une communauté familiale prend un aspect socialement éducatif. Elle était transmise oralement et non par écrit. Mais avant que la nécessité ne se fasse sentir pour un Africain d'écrire longuement sur son art, il est inutile d'imposer un commentaire analytique à un milieu culturel qui ne le réclame pas. Parler aujourd'hui de l'art africain revient à parler de l'art traditionnel, de l'art ancien, de l'art tribal, de l'art primitif tel qu'il est défini par les exégèses occidentales. Cela ne peut être le point de vue africain contemporain.

La première fois que nous, Africains, entendîmes le mot « art » appliqué aux produits de l'imagination créatrice de nos ancêtres se situe aux débuts de la colonisation européenne. Les Anglais ayant introduit chez nous la langue anglaise, le mot « art » fut adopté, en même temps que plusieurs milliers d'autres mots anglais. Ce mot possède une signification bien définie quand on lui donne, par exemple, le même sens que le mot ibgo « nka ». Art est défini dans le dictionnaire britannique comme « habileté humaine par opposition à celle de la nature ; exécution adroite d'un objet, habileté appliquée à la reproduction et au dessin, dans la peinture par exemple ; domaine dans lequel cette habileté s'exerce ; certaines branches de l'enseignement destinées à favoriser le développement intellectuel en vue d'effectuer des études supérieures menant au titre de bachelier ou de maître d'art ; par extension, celui qui parvient à un niveau élevé dans ces branches ; magie noire ; application pratique de quelques sciences ; recherche industrielle, métier, corporation ; assemblées d'artisans ; en résumé tous ceux dont l'esprit et l'imagination sont au premier chef concernés ; adresse, finesse, stratagème ».

L'art ainsi défini prend d'innombrables significations, mais aucune ne saurait traduire le mot « nka ».

« Nka » doit être entendu dans le sens de « fabrication ». Fabrication d'un genre particulier ; son but est d'être spécialement artistique, et la fabrication est personnifiée par le professionnel du « nka ». Ainsi déterminé, l'objectif du « nka » est spécifique ; il ne se réfère à aucun autre genre de fabrication ou d'action ; il est strictement l'art exercé par des professionnels compétents. Je le répète, « nka » possède également la signification traditionnelle d'art transmis de génération en génération – ainsi est-il un héritage de famille ou de communauté villageoise dans le Bénin où ce phénomène est bien connu. « Nka » n'oppose pas l'habileté humaine à celle de la nature ; il implique au contraire leur identification. L'art est subjectif et par conséquent sans limites ; le « nka » suppose la représentation objective d'images observées plus à travers le sens qu'à travers une habileté manuelle. Des formes d'art, tels l'art de courir, de nager, la magie noire, la photographie, les stratagèmes n'ont rien à avoir avec le « nka ».

« Ome-nka » signifie artisans de « nka ». En parlant strictement dans la perspective « nka », l'art et l'artisan ont tous deux des affinités religieuses et sociales. Ainsi le champ d'action de l'art africain socialisé est en réalité le royaume de l'antique monde des images limité pour ainsi dire à l'action créatrice dans le sens spirituel. En résumé, l'art africain n'est pas l'art suivant la conception occidentale, mais une invocation des esprits ancestraux auxquels sont conférés des corps et des formes concrètes, de manière qu'ils puissent entrer dans le monde humain. Une illustration de cette idée est résumée dans une brève histoire qui doit être commencée par la fin.

Juwa s'empara du corps spirituel de son père mort, de ce corps par l'intermédiaire duquel son père pouvait exécuter la traditionnelle métamorphose du corps spirituel en corps humain. Quand le père voulut revenir du monde terrestre à l'univers spirituel où il habitait, il ne put retrouver son corps spirituel. Alors il chanta une chanson : Juwa, Juwa Oh, Nyem ofo mo, Ofo'n ji eje Uwa, Onye eji mia elu Mmuo, Uwa dede !!! Le père appelait Juwa, il lui demandait de restituer ce corps spirituel avec lequel il était revenu sur terre, parce que celui qui l'a perdu ne peut retourner dans l'univers spirituel.

Le mot « art » est par conséquent uniquement un terme classique. Quand nous autres, Africains, parlons d'art, nous pensons à ses manifestations dans un point de vue exclusivement occidental. Nous ne pensons pas au « nka » et à tout ce que cela implique. « Nka », qui est un mot ibgo, couvre le sens et le but de l'art africain.

Le problème de traduire le mot « art » dans un concept néo-africain est avant tout un problème de langage. Il faudrait effectuer des recherches et des études dans les divers dialectes et langues d'Afrique pour rassembler dans chaque région et chaque tribu les mots qui peuvent avoir le même sens que « nka » ou « ome-nka ». Par conséquent, en fonction des communautés tribales et de leur possibilité d'unification linguistique, nous pourrons entreprendre de traduire le mot « art » en un mot africain qui aura, à peu de chose près, partout la même signification. À l'époque où ceux d'entre nous qui vivaient sous la domination britannique prenaient l'habitude d'utiliser le mot « art », nos frères qui vivaient sous la domination de la France, de la Belgique, de l'Allemagne ou d'autres puissances européennes s'habituèrent à des termes équivalents à ce mot « art ». Ainsi, en définitive, nous pouvons commencer à jeter les bases de termes linguistiques régionaux communs. Tel est le premier problème que les spécialistes du langage doivent aborder.

Il est avant tout nécessaire que l'activité artistique créatrice de l'Afrique moderne trouve une orientation et des buts précis afin de refléter non pas l'image falsifiée des qualités typiques du vieil art visionnaire et des habiles artisans de notre « ome-nka », mais les tendances d'une Afrique transformée par le contact de la culture occidentale. Cela signifie que l'on doit espérer mieux qu'une synthèse entre l'ancien et le moderne si l'on veut voir apparaître un nouveau concept de l'art.

On doit regretter que les peintres et les sculpteurs africains ne cherchent pas à traduire les réalités présentes du monde africain. En même temps qu'ils doivent puiser leur inspiration dans l'art ancien, dans le « nka », ils doivent approfondir leurs connaissances pour découvrir le point de jonction entre l'inspiration et les idées. Ils ne doivent pas imiter l'art occidental, mais ils ne doivent pas copier notre art antique.

Les opinions exprimées par des anthropologues européens, collectionneurs de vieilles sculptures africaines, comportent des considérations esthétiques valables. Mais les fondements et la philosophie de ces opinions sont tellement éloignés des conceptions africaines qu'ils ne peuvent servir à juger les canons esthétiques de ce qu'est l'art, de ce qu'il devrait ou ne devrait pas être dans l'Afrique actuelle. De même, beaucoup d'interprétations européennes de l'art africain moderne ne peuvent être valables. Le statut colonial imposait ses lois à tout le système d'éducation civique et culturel dont dépend cependant, dans tous les pays, l'orientation de l'art. L'indépendance des pays africains change désormais la situation par le fait même que le pouvoir politique a changé de main.

Qu'ils soient européens ou africains, les critiques plus ou moins spécialisés peuvent influencer par leur autorité politique ou privée l'orientation artistique d'une Afrique en pleine transformation. Suivant l'importance de leur opinion, ils peuvent encourager ou décourager la production artistique et même la pensée artistique dont l'épanouissement peut dépendre de la générosité des gouvernements. La presse joue un rôle d'intermédiaire en publiant les ouvrages des sculpteurs et peintres africains contemporains alors qu'autrefois on ne voyait les masques et les figures antiques que dans les danses et les tombeaux. L'adoption de ce procédé occidental de publicité peut être un moyen puissamment efficace de communiquer et de répandre la pensée artistique ainsi que de faire comprendre le rôle que doit jouer l'art dans la société africaine moderne ; mais, dans le même temps, elle peut être utilisée, et l'a déjà été, pour introduire la politique dans l'art.

Quand les opinions artistiques sont fausses et lourdes de préjugés, le moyen de la presse ne peut que provoquer des torts regrettables. Dennis Duerden – un critique d'art anglais naguère professeur d'art au Nigéria du Nord[3] – a écrit un très long article sur l'évolution esthétique de l'Afrique aujourd'hui et sur ses conséquences. Dans le supplément du *London Times* daté du 13 septembre 1965, Monsieur Duerden décrit l'art africain comme « un art anticonformiste ». Il n'explique pas ensuite en quoi cet art est anticonformiste. Monsieur Duerden écrit à Londres sans avoir eu connaissance de la vertigineuse évolution sociale, économique, culturelle et même religieuse qui s'est imposée dans les pays africains depuis qu'il a quitté le Nigéria.

Une critique artistique valable doit être fondée sur des idées philosophiques. Pour rendre cette méthode possible, une attitude spéculative doit permettre au critique d'art de former ses jugements lorsqu'il contemple une œuvre d'art ; celle-ci, en effet, doit frapper le regard mais sa compréhension profonde dépend de toute formation sociale, économique et culturelle. Le critique doit connaître l'esprit de l'artiste dont il décrit les ouvrages[4]. Si nous considérons des critiques, tel Monsieur Duerden, nous devons d'abord nous rappeler l'affirmation de Lucien Lévy-Bruhl selon laquelle l'esprit primitif – c'est-à-dire l'esprit africain – est incapable de logique. Traduisez que l'esprit africain travaille sur une orbite différente de l'esprit européen et qu'il n'a pas besoin de logique pour trouver son aboutissement. Les recherches scientifiques sur l'évolution biologique ont démontré que les races humaines sont toutes strictement identiques. La philosophie africaine de la Négritude dont nous sommes redevables au Président Senghor et à Aimé Césaire a défini le genre de « connaissance » qui caractérise l'esprit et le cerveau africains : c'est la faculté de s'identifier soi-même avec l'objet, ce qui a l'avantage de préserver la « mystique », c'est-à-dire la force vitale dans la création artistique et spécialement le « nka ». Ce qui n'a rien à voir avec l'esprit défini comme un esprit libre de donner et de recevoir, capable d'analyser un sujet ou un objet, mais incapable de s'identifier à ce dernier.

L'intégration de plusieurs aspects de la vie africaine rend possible la coexistence de l'esprit et de la matière en préservant les forces vitales de la spiritualité profonde et du *Innerer Klang* [la résonance intérieure].

Cela ne veut pas dire que l'esprit d'une race particulière d'êtres humains s'avère seulement capable d'appliquer ses facultés à des exercices déterminés mais est incapable d'exercer son talent sur des orbites différentes. L'analyse d'un problème suppose simplement de l'objectivité et de l'indépendance ; le temps est venu de modifier les perspectives de jugements humains sur le passé et le présent. Dès que l'esprit humain est enfermé dans des problèmes émotionnels d'expression – tristesse, colère ou joie –, sa réaction est spontanée. La spontanéité apporte avec elle la force spirituelle que chaque homme a reçue de la puissance divine. La modification dont nous parlions plus haut peut seulement affecter le raisonnement, et cela à toutes les époques, dès que l'objectivité devient nécessaire pour se protéger soi-même, pour protéger l'art, l'histoire et tout ce que l'esprit humain a créé dans le monde entier.

L'identification de la personne avec les objets inanimés, particulièrement dans l'activité créatrice du « nka », donne aux œuvres d'art la « mystique », la force vitale baptisée magie. Un grand savant africain, le président Senghor, a si bien analysé le problème de l'inspiration, de l'ontologie et de la religion de l'Afrique noire que ce sujet est devenu l'un des mieux connus du contexte culturel africain.

L'artiste africain moderne doit faire face à une double responsabilité : trouver un nouveau credo esthétique et une philosophie pour étayer ses idées révolutionnaires. Les révolutions artistiques ne se diagnostiquent pas par leur capacité d'adapter un art à un autre, mais par leur idéologie révolutionnaire. D'abord, il doit y avoir une période de colère : les artistes rejettent tout principe esthétique qui pourrait influencer leur action créatrice. Puis viennent les spéculations et les discussions. Une révolution en définitive peut être plus intellectuelle que pratique. La synthèse recherchée par l'art africain contemporain entre l'ancien et le moderne, entre l'art autochtone et les influences des civilisations occidentales dépend, pour réussir, non pas des facultés d'imitation des artistes, mais de leur aptitude à discuter des idées. Dans cette perspective, une école nouvelle qui favorisera l'individualisme peut naître.

En l'état présent de l'évolution de l'art africain, tout le monde s'accorde pour estimer que les artistes africains progressistes expriment non pas l'image de l'Afrique en marche, mais la conception de l'école européenne dont la pensée s'inspire des œuvres d'art de l'Afrique antique. Pratiquement, chaque artiste progressiste africain est tenté par l'art abstrait. Son idéal et sa technique ressemblent à ceux des artistes européens d'aujourd'hui. Cela n'est pas l'Afrique.

L'art africain moderne ne doit pas demeurer non figuratif sous le simple prétexte de conserver sa qualification d'africain. Il devrait en réalité évoluer vers le réalisme depuis que les problèmes de l'Afrique sont réglés avec un dynamisme réaliste. Les réunions politiques dans les différents États africains reflètent la position actuelle du génie africain. Elles montrent un équilibre de pensée et une maturité qui sont le lot des vieilles nations. Quand les pays africains sont tenus pour « jeunes », cela veut simplement dire que, chez eux, la science et la technique commencent seulement à s'imposer pour favoriser leur développement et leur modernisation. Cela ne veut pas dire que ce qui existe dans le passé africain n'a pas atteint un degré d'évolution très avancé. Ce serait une erreur de condamner l'aristocratie de la pensée africaine parce qu'elle ne ressemble pas à celle de l'Europe. Et les conceptions étrangères doivent être triées et étudiées avant d'être tenues pour assimilables par nos sociétés nouvelles. L'Africain doit trouver une solution aux problèmes économiques qui commandent l'art contemporain car le processus de l'évolution en dépend d'une manière très étroite. Si l'art ne trouve pas de débouchés, il ne peut progresser. L'Africain évolué et intelligent doit évaluer la valeur financière de son art en fonction du système monétaire occidental. Dire qu'une œuvre d'art coûte trop cher revient non seulement à accorder aux produits de l'industrie occidentale, telles les automobiles, une valeur supérieure à celle de l'art, mais aussi à nier la valeur culturelle de l'art dont il faut être convaincu, ou à tout le moins conscient, si l'on s'estime profondément éduqué. Si la confrontation de l'argent et de l'art paraît difficile à admettre par l'esprit d'un intellectuel africain, ce dernier doit comprendre que son raisonnement manque de réalisme et de sincérité.

L'importance économique de l'art africain contemporain participe de l'importance civique de l'art. Les gouvernements de l'Afrique indépendante doivent soigneusement choisir les lieux où il est bon d'organiser des manifestations artistiques, cela non seulement en fonction des endroits où l'art est pratiqué ou enseigné dans les collèges, mais en tenant compte du besoin de réaliser une jonction entre l'indépendance politique et la liberté culturelle. La liberté politique, particulièrement en Afrique, peut chausser les bottes de la culture de façon à présenter les divers aspects de l'authentique culture africaine dans les domaines de la décoration, de la construction et de tous les autres moyens d'expression par lesquels le prestige d'un gouvernement se manifeste.

Ainsi se posent les problèmes de l'artiste africain contemporain lié par principe à certains thèmes artistiques et à leur stylisation par des forces extérieures ; il en résulte qu'il faut conserver quelques idées de l'art ancien, par exemple le sous-réalisme de la représentation figurative, le rythme et la forme. Mais, au-delà de ces problèmes, les gouvernements africains doivent considérer l'art africain comme un atout politique qui les concerne directement. Ne pas lutter contre le décorum occidental, les imitations de l'art occidental revient, pour les gouvernements de l'Afrique indépendante, à perpétuer le colonialisme. Aucun gouvernement indépendant de l'Afrique n'imite désormais le système démocratique occidental. Il est donc possible à chacun d'eux de réserver une place d'honneur à l'art africain contemporain afin qu'il reflète nos aspirations politiques, sociales, civiques, culturelles et religieuses. Ainsi chaque gouvernement servira-t-il les artistes de l'Afrique moderne en même temps qu'il fournira une solution au plus important de leurs problèmes : la création d'un art indépendant dans des pays africains indépendants.

NOTES — *

Texte paru en anglais et en français, pour la première fois, dans le catalogue-programme *Premier Festival mondial des arts nègres, Dakar*, 1er-24 avril 1966, Société africaine de culture, Commissariat national du Festival-Commission de presse, Dakar 1966, p. 56-67. Les notes sont toutes de l'éditeur.

1

Ben Enwonwu, « Problems of the African Artists Today », *Présence Africaine*, n° 8-10, été-automne 1956, p. 174-178.

2

Collaborateur d'Émile Durkheim, Lucien Lévy-Bruhl (1857-1939) est un philosophe, sociologue et anthropologue français connu pour ses travaux, au début du XXe siècle, sur l'étude des peuples sans écriture.

3

Voir le compte-rendu de Dennis Duerden dans le chapitre VII.

4

Notons le parallèle avec les arguments échangés par Jean-Hubert Martin et Simon Njami dans le chapitre I.

IV — Réinventer l'art contemporain africain : inclusions et réappropriations

6° 48' Sud 38° 39' Est

André Magnin

Conçue par l'historien d'art et conservateur Jean-Hubert Martin (*1944), l'exposition *Magiciens de la terre*, simultanément organisée à Paris en 1989 au Centre Pompidou et à la Grande Halle de la Villette, a placé pour la première fois sur la scène internationale 101 artistes contemporains non occidentaux – africains, inuits et océaniens –, présentés à côté d'artistes occidentaux reconnus. Son influence et la vigueur des controverses qu'elle a suscitées sont encore patentes aujourd'hui, qu'il s'agisse du débat sur le statut des œuvres et leur cadre de monstration ou des modalités de la remise en cause des grilles de lecture artistiques occidentales. Commissaire adjoint de l'exposition, notamment en charge de l'Afrique, André Magnin (*1952) a effectué de nombreux voyages de recherche à cette occasion : Mozambique, Kenya, Congo, Botswana, Namibie et Afrique du Sud. Le présent texte rend compte, sur un ton que l'auteur regrette en partie aujourd'hui, de son enquête « rocambolesque » sur les traces de John Fundi (1939-1991), l'un des sculpteurs contemporains mozambicains, de tradition makondé, les plus renommés. Quelques jours avant la fin de l'exposition, sa rencontre avec Jean Pigozzi le conduit à créer la plus grande collection d'art contemporain africain. En 2009, il fonde à Paris la galerie d'art contemporain africain MAGNIN-A.

La radio diffusait quelques nouvelles sans importance. Du moins je le crois. Le taxi me conduisant à Roissy me rapprochait déjà de la province de Cabo Delgado, dont je fis préalablement usage par publications et atlas interposés.

Des croix crayonnées en des points précis de la carte brillaient comme chargées d'une puissance inouïe. À l'endroit de ces points je retrouverais, si le temps et les événements jouaient en ma faveur, des sculpteurs makondés dont les noms furent identifiés, pour certains, voilà plus de vingt ans, par une poignée d'amateurs éclairés. J'embarquai vers un extrême, emportant avec moi une petite valise de carton bouilli emplie du strict minimum et d'un peu de papier, allégé au possible des questions subsidiaires et de mauvais genre, me refusant tous les luxes susceptibles de freiner mes recherches et d'anéantir ma détermination. Une douzaine d'heures plus tard, je franchis les frontières de l'ancienne Lourenço Marquès[1] : Maputo, Mozambique. 16 heures, heure locale. Quelques rares taxis se répartirent à la criée des visiteurs du vol M502. Déjà, la nuit tombait et je me mis à marcher comme sous l'effet d'une violente et vertigineuse distance provoquant en moi un sentiment d'urgence. Je parcourais la ville vide ou presque comme sous le couvre-feu ; parfois un camion emballé roulait sans un bruit de ferraille et soulevait un nuage de petites feuilles et de poussière. Marcher devenait l'acte nécessaire pour recevoir en plein l'indicible, l'impudique, l'obscène, le précieux qu'exhalait la ville. Je le savais, je n'étais pas venu là pour me garnir d'exotisme ou d'anecdotes, mais je voudrais dire à ceux qui sont aptes à l'entendre avec ivresse que ce pays du monde a mal. J'étais là maintenant, à la table d'une immense salle de café silencieuse, sous un ventilateur immobile, sans verre ni rien, parfaitement disponible à tout. Au fond, ces premiers moments à Maputo me troublèrent et je me découvris des exigences supplémentaires. En japonais, écrit Nicolas Bouvier, on ne dit pas « j'ai gravi une montage », mais « la montagne m'a porté jusqu'au sommet ».

Les jours suivants, quelques autorités m'accompagnèrent chez les rares artistes peignant ou sculptant encore dans les lieux inattendus pour d'improbables visiteurs : Malangatana, récemment célébré en Europe, Chissano, Manku, Chissoro, Naguib dont je photographiais les œuvres. Le petit musée de Maputo étant en cours de rénovation, son directeur m'en ouvrit les réserves où dormaient, à l'abri d'enveloppes de papier, quelques dizaines de petites sculptures d'ébène significatives de l'art makondé. Il y en avait aussi au marché de la ville basse, alignées sur des étagères, cirées, brillées, mais elles me fournirent la preuve de la survivance d'un petit commerce, d'une technique du bois pour des objets décoratifs. Les foyers de sculpture – s'il en subsistait encore –, on me le confirma, étaient localisés, comme par le passé, à 2 000 km environ, tout au nord du pays, sur les hauts plateaux arides où se fixèrent les Makondés, il y a très longtemps, hors de l'influence de l'esprit des Eaux. Les Makondés continuaient-ils à sculpter ? Comment ? Dans quelles conditions ? Pour quoi ? Pour qui ? John Fundi y vivait-il encore ? et Christiano Madango ? Personne ici ne put me le dire. Se rendre à Mueda n'était une nécessité pour personne, le chemin trop long et trop risqué. Si on ne me dissuada pas de m'y rendre, je pressentis, par le respect et les politesses de ceux qui facilitaient ma mission, les difficultés auxquelles je devrais faire face. Après de multiples essais de liaison radio, je parvins à informer Pascoal de mon arrivée à Pemba, petite ville côtière à 1 500 km plus au nord, par le prochain vol, l'avion ayant pu être approvisionné en kérosène. Pascoal, le « roi » comme on le surnomme dans cette région, m'y accueillit et grâce à son influence, j'obtins un *guia de marche*, permis indispensable à quiconque voulant se déplacer. Il s'agissait maintenant d'atteindre le village de Mueda, distant de 400 km. La guérilla, sanglante dans cette région, rendait les pistes impraticables. À condition de signer une décharge, j'aurais pu profiter de convois militaires pour progresser, mais sur les conseils pressants de Pascoal, je n'en pris pas le risque. J'appris bientôt qu'un bac chargé de bois et sur lequel je pourrais embarquer partirait quatre jours plus tard pour Mocimboa da Praia. Pendant les jours qui suivirent, être arrivé à Pemba et attendre le départ du bac me tinrent lieu d'occupation. Je ne cherchais plus à connaître l'heure ; les jours étaient immobiles et je rêvais de rendez-vous inutiles ; ma mémoire ne me quittait pas d'une semelle ; Mueda prenait des allures de mirage, j'étais tantôt miné d'incertitudes, tantôt gonflé de détermination. Le soir, je m'installais au bord de l'océan Indien, suivant du regard les pêcheurs qui s'en allaient, loin, sur leurs pirogues et je m'inventais la compagnie de Roy Orbison qui chantait et chantait encore *Ride Away*.

Le soir du jour dit, le bac, chargé de troncs d'arbres à destination de Mocimboa da Praia, fut immobilisé à quai, la tempête ayant plié le gouvernail. Le départ une fois de plus repoussé, Pascoal m'invita alors à passer la soirée chez lui, quand arriva, dans la nuit, à l'improviste, un jeune pilote d'avion de Maputo réquisitionné pour conduire en toute sécurité députés et officiers de la province à Mueda, où se préparait la commémoration du triste et célèbre massacre[2]. Le lendemain soir, j'occupais la sixième place restée disponible pour arriver de nuit à Mueda.

Mueda était plongée dans l'obscurité et la fraîcheur des hauts plateaux, sans vie perceptible. Mueda inaccessible était pourtant là. Je n'en distinguais rien, mais je m'y sentais bien et plus calme… Demain matin, je marcherais jusqu'au village voisin, Nandimba : c'est là que je retrouverais enfin John Fundi, Christiano Madango et peut-être d'autres encore, inconnus de toujours. Ils me montreraient les sculptures inimaginables qu'ils auraient inventées patiemment envers et contre tout ; ils auraient produit peu en l'absence de demande et, dans l'attente d'hypothétiques visiteurs, ils se seraient surpassés, auraient donné forme à des rêves, des secrets, des histoires incroyables… Le lendemain matin, je me mis en route avant que ce petit monde ne se mette à bouger. J'empruntai l'unique sentier qui conduisait à Nandimba, distant d'une dizaine de kilomètres. Il faisait frais, comme sur tous les hauts plateaux du monde, je marchais vite, mes pas résonnaient, le sable et la terre crissaient sous mes pas, la nature était encore tout endormie.

Voilà Nandimba, je le sus à l'inscription malhabile tracée en blanc sur le premier arbre ; les chiens me flairaient et se mirent à aboyer, se répondaient les uns aux autres par des aboiements de plus en plus forts. Les coqs s'y mirent aussi, à faire poindre le soleil. Les habitants sortirent un à un des cases, troublés en plein sommeil par cet inhabituel tintamarre et bientôt le village tout entier formait un cercle autour de moi, blottis dans de fines couvertures ; les enfants riaient timidement et se « protégeaient » derrière un grand frère. Je prononçais alors les noms de John… John Fundi, Christiano Madango. Un vieil homme puis d'autres levèrent leurs bras, un lointain par-delà les arbres, les collines et la Rowuma, l'endroit de la Tanzanie où ils avaient fui depuis de nombreuses années. L'instant fut vertigineux, et j'en oubliai tout.

En Afrique, les informations se colportent de village en village, et par-delà les frontières, de façon obscure. Ainsi, John Fundi sculpterait encore du côté de Dar es Salam et Madango pourrait être mort. Ils avaient fui, dépourvus d'outils et d'acheteurs, tandis que d'autres étaient restés là, redevenus agriculteurs. Néanmoins, je visitai toutes les coopératives de sculpteurs des villages voisins : Miula, Sicalanga, Magogo, Idovo, Nimo, Wawi, Npeme, où l'on m'attendait déjà, prévenu par les voies du ciel. Les Makondés y sculptaient encore, après les travaux des champs, des petits morceaux d'ébène avec des outils usés. Ce sont ces petits objets que l'on retrouve au marché de la capitale. Les Makondés sont des guerriers traqués depuis toujours, d'une nature expansive, impétueuse et tourmentée ; c'est un monde inquiet que le mystère enserre et torture. Ce que dit ou veut dire le Makondé dans sa sculpture, c'est la totalité de l'expérience de son peuple ; le sexe est toujours à découvrir derrière les symboles ; les sculpteurs tentent d'expliquer le sens du réel, des rêves, de l'imagination, mais il est difficile de discerner ce qui appartient au sacré, au magique, à la pression du groupe, à la pure imagination ou à l'usage du chanvre.

Les sculptures, reprenant les formes connues, étaient devenues plus grossières, moins travaillées ; elles semblaient inachevées – peut-être était-ce un « style » nouveau ? – et étaient de petite taille. Je cherchai à comprendre et appris bien vite que l'aspect inachevé tenait à l'usure des outils qui n'avaient jamais pu être remplacés, ainsi qu'au manque de papier abrasif, devenu introuvable. Quant à la petite taille des sculptures, elle était dictée par décret gouvernemental dans le but de protéger l'ébène, qui se raréfie – autant de conditions de travail, de vie, trop rudes, qui décidèrent les artistes à quitter leur terre natale pour la Tanzanie proche et plus facile. Je ne retrouvai pas les qualités de puissance et d'imagination des œuvres d'un John Fundi que j'avais pu étudier dans un petit livre. C'est pourquoi il me fallait désormais atteindre Dar es Salam et Mengwé où j'espérais le retrouver.

Quinze jours plus tard, j'enquêtais à Dar es Salam. On m'envoya à Mengwé où peut-être je l'y verrais. Il y avait là des dizaines de sculpteurs s'appliquant à satisfaire le goût des touristes avec des objets brillants et sans âme. John Fundi ne pouvait être tombé dans cette complaisance. Je réussis à obtenir pour seule information qu'il vivait certainement dans la région nord-est de la capitale. Quatre personnes le connaissant de vue acceptèrent de prendre place dans la Land Rover louée pour l'occasion. Durant deux jours, nous prîmes toutes les routes, toutes les pistes, nous renseignant dans tous les villages, quand, à l'exacte croisée de deux pistes, l'un de mes passagers me toucha l'épaule et me dit : « Here is John Fundi. » Je stoppai net. Je le reconnus aussi pour avoir vu sa photographie dans le petit livre de Max Mohl[3]. Je lui serrai longuement les mains, songeant à ces 32 000 km que je venais de parcourir pour le retrouver. John sortit d'une toile de jute sa dernière œuvre, *Ève*. Je n'avais pas encore vu pendant ce périple de telles sculptures. « *Ève*, me dit-il, est son titre ; son mari est parti travailler au champ et elle profite de son absence pour se promener dans la forêt et faire l'amour avec un serpent. Punie pour son infidélité, son sein droit est transformé en épi de maïs. » John rit aux éclats : « Je ne pratique pas la magie mais, pendant mon sommeil, je soupçonne mon esprit de s'enfuir pour assister à des réunions secrètes. »

« [...] Tu n'as qu'à essayer, regarde-moi, ouvre à peine les yeux et fixe-moi longtemps, tu verras alors mon corps se déformer ; c'est ainsi que j'invente mes formes. »

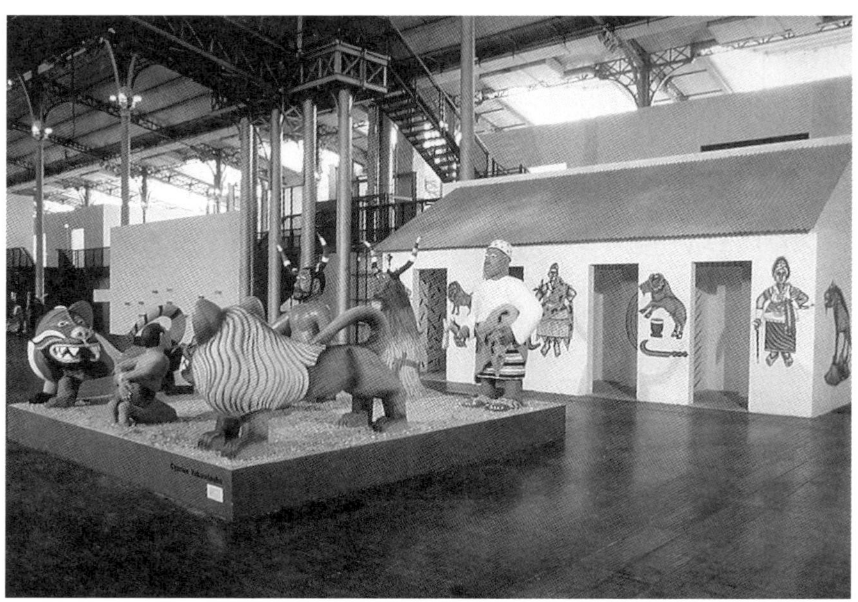

Vue de l'exposition *Magiciens de la terre*, œuvres de Cyprien Tokoudagba, Grande Halle de la Villette, Paris, 1989

NOTES — *

Texte paru dans *Magiciens de la terre*, cat. exp., Centre Pompidou-Grande Halle de la Villette, Paris 1989, p. 16-17. Les notes qui suivent sont toutes de l'éditeur.

1

Lourenço Marquès est un explorateur portugais du XVIe siècle. Maputo s'est d'abord appelée Lourenço Marquès avant de devenir la capitale de l'État indépendant du Mozambique le 3 février 1976.

2

Le 16 juin 1960, le massacre de Mueda, perpétré par les colons portugais contre des paysans autochtones lors d'une manifestation pacifique, est considéré comme le déclencheur du soulèvement contre la puissance coloniale.

3

Auteur allemand de *Masterpieces of the Makonde: Ebony sculptures from East Africa*, trois volumes.

« J'ai besoin d'une AIDE spéciale »

Jean Pigozzi

Jean Pigozzi, héritier des usines automobiles Simca et collectionneur invétéré, a constitué à partir de 1989, avec l'aide du commissaire d'exposition français André Magnin, la Contemporary African Art Collection (CAAC), devenue la plus importante collection privée d'art contemporain africain. En 1991, *Africa Hoy* constitue sa première présentation publique (Centro Atlántico de Arte Moderno, Las Palmas, Grande Canarie, puis itinérante aux Pays-Bas et au Mexique). Ce texte est extrait du catalogue. Il y énonce à la fois le récit fondateur de sa collection et les partis pris esthétiques qui la régulent. L'importance de ce court texte se mesure aux réactions qu'il a générées, notamment le reproche de promouvoir une vision exotique voire néocoloniale de l'art africain, au point que l'opérateur culturel sud-africain Mario Pissarra évoque un « paradigme Pigozzi ». Au-delà de la controverse, l'entreprise du collectionneur français est à considérer dans le prolongement des initiatives et conceptions de l'art de promoteurs et médiateurs comme Pierre Lods et Frank McEwen.

J'ai besoin d'une AIDE spéciale.

J'aimerais qu'il y ait un chapitre des C. A. (Collectionneurs Anonymes). J'ai besoin d'un traitement urgent, immédiat. J'ai commencé une collection d'art africain contemporain. Cela ne devrait pas représenter un véritable problème. Il me suffirait de l'ajouter à ma collection de photographies de Weegee, de céramiques provençales kitsch des années 1960, de figurines et de temples Mezcala précolombiens, de petits avions, de dinosaures en plastique, de tableaux d'ovni, de trains en fer-blanc et en bois des années 1940, d'astronefs miniatures japonais du début des années 1960, d'artistes contemporains tels que Francesco Clemente, Jean-Michel Basquiat, Julian Schnabel, Sol Lewitt, mais celle-ci est différente.

Je suis vraiment en train de devenir fou. C'est ma dernière obsession. Je suis totalement enthousiaste et j'y suis totalement consacré.

J'espère que *Africa Hoy* vous procurera autant de plaisir et d'amusement qu'à moi. Attention ! Collectionner de l'art africain contemporain peut devenir une lubie et requiert beaucoup de temps, mais c'est sensiblement moins cher que de collectionner des Van Gogh ou des Cy Twombly.

Voilà comment tout a commencé, En juillet 1989, je suis allé voir au Centre Pompidou à Paris *Magiciens de la terre*, une exposition très bizarre et très controversée. Une surprise totale. Jusqu'alors je pensais qu'on ne pouvait trouver de l'art contemporain innovateur et intéressant que dans les galeries d'art sérieuses, souvent très prétentieuses et quelquefois fastidieuses de West Broadway à New York, sur Cork Street à Londres, ou dans le quartier de la Bastille à Paris. Eh bien je me trompais du tout au tout. Un nouvel art extraordinaire était en train d'être créé par des artistes aux noms étranges et dont je soupçonnais qu'ils ne connaissaient rien à Picasso, Klee, Michel-Ange, Matisse ou Ryman. Des gens qui n'avaient jamais entendu parler de noms tels que Castelli, Saatchi et Gagosian. Ces artistes innovateurs et authentiques vivaient dans des conditions incroyablement difficiles à des endroits comme Kinshasa au Zaïre, Jaipur en Inde, Pékin en Chine, Alice Springs en Australie et beaucoup, beaucoup d'autres villes lointaines, avec des noms que je ne sais pas prononcer ou dans des pays que je ne peux pas situer sur ma grosse mappemonde en plastique. J'ai été sur-le-champ totalement enthousiasmé. Je voulais acheter toute l'exposition. Bon, pas l'exposition tout entière, seulement les œuvres des artistes qui vivaient dans des lieux exotiques. J'ai pris contact avec les responsables au Centre Pompidou qui m'ont fait savoir qu'une grande compagnie française avait acheté la presque totalité. Quelle déception, mais, peut-être…

Pour raconter en bref une longue histoire, ils m'ont mis en relation avec André Magnin, l'un des jeunes commissaires des *Magiciens* et, au bout de quinze minutes, nous scellions un marché. Ensemble, nous allions créer une grande collection d'art contemporain du Tiers-Monde, en commençant par l'Afrique. Pendant ces deux dernières années, André a parcouru en long et en large ce vaste continent, rapportant de plus en plus de trésors. Ces pièces merveilleuses ont été créées par des grands artistes avec toutes sortes de talents et de contextes historiques différents. Certains travaillent comme John Fundi, suivant la tradition de leurs ancêtres, et d'autres, comme Bodys Isek Kingelez (1948-2015), ont adopté des techniques plus occidentales en les adaptant à leur art et à leurs visions. La leçon la plus importante que nous ayons apprise en réunissant cette collection est que des artistes, s'ils sont dotés de pouvoir, imagination, énergie et vision, n'ont pas besoin d'aller à une école d'art ou de visiter le Louvre ou le Whitney. S'ils possèdent le feu intérieur de la création, il ressortira dans leurs œuvres.

Je tiens à remercier tout spécialement Danielle Tilkin et le Centre Atlántico de Arte Moderno de Las Palmas de Gran Canaria en Espagne, Frans Haks du Groninger Museum à Groningen en Hollande et Robert R. Littman du Centro Cultural de Arte Contemporáneo de Mexico au Mexique qui, en exposant cette collection, vont aider le monde à se rendre compte que le processus créatif est encore très vivant en Afrique, un continent qui a été ravagé pendant les trente dernières années par des désastres naturels, politiques et financiers.

P.S. : Espérons tous qu'André Magnin ne sera pas dévoré par un lion. Cela compromettrait sérieusement la poursuite de cette collection excitante.

NOTES — *
Texte paru dans *Africa Hoy*, cat. exp., Centro Atlántico de Arte Moderno, Las Palmas, Grande Canarie, cat. exp., Las Palmas 1991, p. 85.

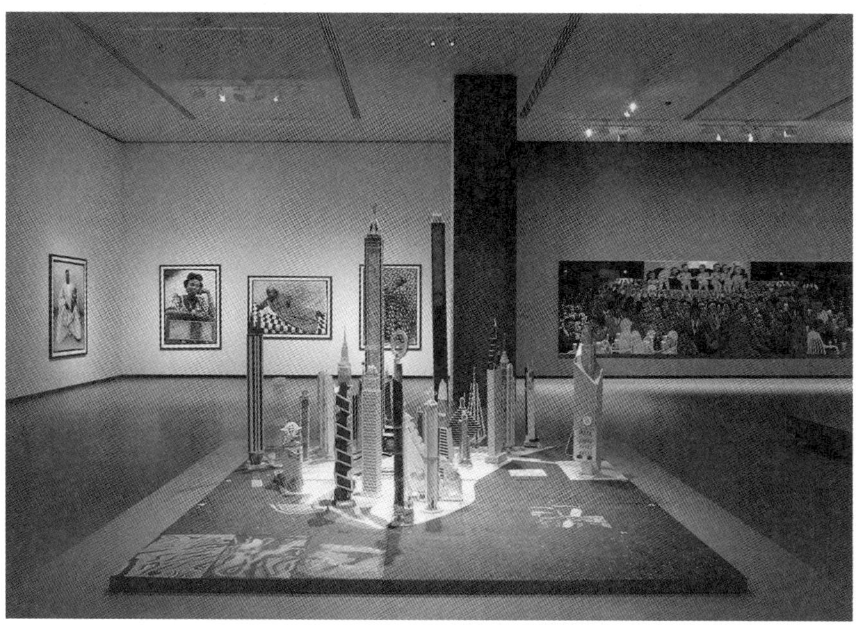

Vue de l'exposition *Les Initiés. Un choix d'œuvres de la collection d'art contemporain africain de Jean Pigozzi*, avec Bodys Isek Kingelez (premier plan), Fondation Louis-Vuitton, Paris, 2018

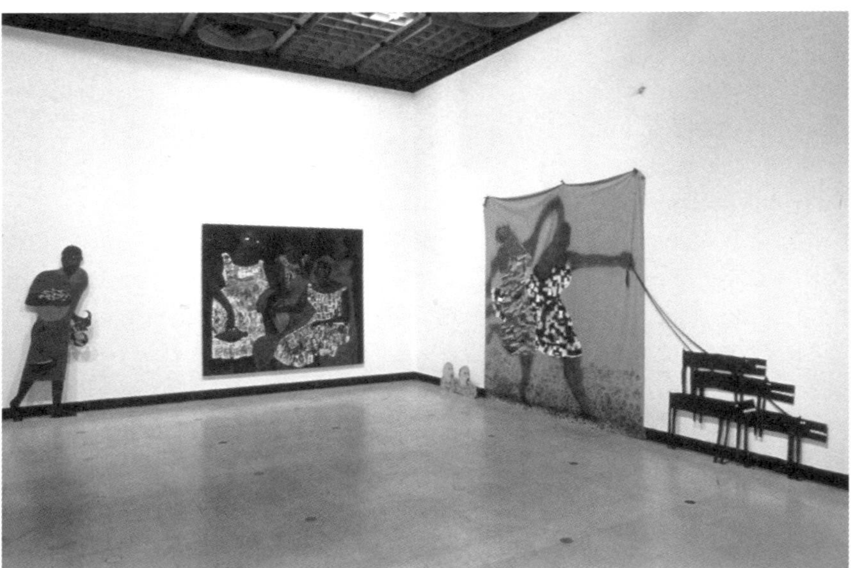

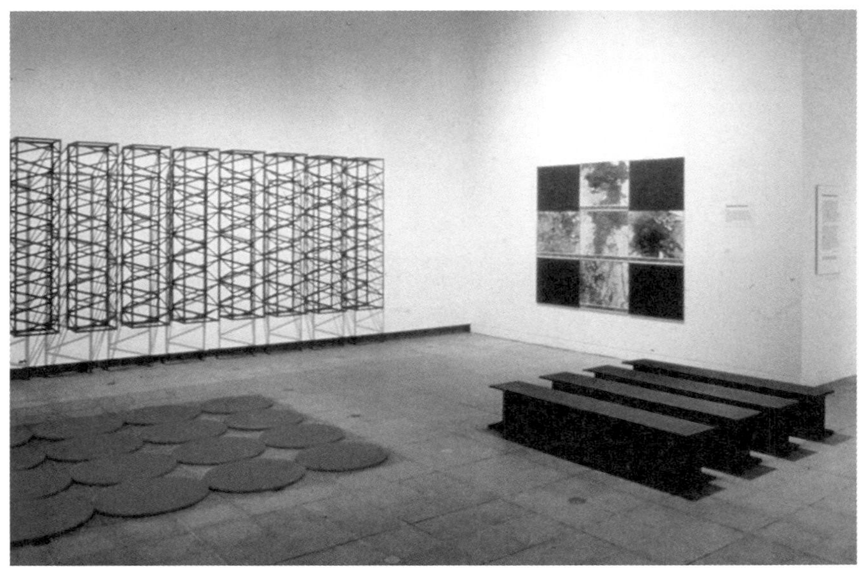

Vues de l'exposition *The Other Story :*
Afro-Asian Artists in Post-War Britain,
Hayward Gallery, Londres, 1989

Commissaire : Rasheed Araeen
En haut : œuvres de Lubaina Himid ; en bas : œuvres de Rasheed Araeen

Par-delà
les arts ethniques

Eddie Chambers

Ce texte est l'un des premiers que l'artiste, commissaire d'exposition et critique d'art Eddie Chambers (*1960) consacre au mouvement « Black Art » dont il fut l'un des principaux protagonistes. Paru dans le magazine d'art irlandais *Circa* en 1985, l'article décrit tout à la fois le sentiment d'éveil collectif des artistes africains, asiatiques et caribéens, sous l'ombrelle du « Black Art », et la stratégie d'*empowerment*, d'émancipation, ayant animé une partie de la scène britannique des années 1980. L'exposition *The Other Story*, organisée en 1989 par Rasheed Araeen à la Hayward Gallery, Londres, à laquelle Eddie Chambers participa, en constitua l'un des moments décisifs, agissant comme un contrepoint à *Magiciens de la terre*[1].

J'avais espéré pouvoir fonder mon propos sur certaines analogies entre la façon dont les « Black Artists » contestent la domination culturelle et la résistance des artistes irlandais à la même oppression. Mais la réalité – telle qu'elle m'est apparue à travers le travail des artistes que j'ai vu à Belfast et Dublin – me dit clairement que ces analogies ne sont pas nécessairement pertinentes ni honnêtes. Reste que l'attitude de la Grande-Bretagne à l'égard des Africains et des Irlandais semble la même, à en juger par ces deux citations, extraites d'une encyclopédie déjà ancienne. Voici ce que cet ouvrage, destiné aux enfants, dit de l'Afrique :

L'Amérique fut découverte, colonisée, conquise et civilisée, mais l'Afrique demeura une terre mystérieuse. L'Australie s'ouvrit à l'homme blanc, mais au Congo, les forêts lui barrèrent la route. [...] Le récit de la façon dont le voile sombre, presque immobile, qui enveloppait l'Afrique depuis des siècles, fut soudain déchiré en l'espace de vingt-cinq ans constitue l'une des pages les plus romantiques de l'histoire de la civilisation.

Tournons les pages jusqu'à la rubrique « Irlande », où l'on peut lire :

> Plus encore que la religion, ce sont des antagonismes historiques qui séparent l'Ulster protestant du sud catholique. Les différences économiques alimentent aussi la division sur l'île d'émeraude. Les Irlandais de l'Ulster sont des hommes d'affaires volontaires, qui ont enrichi leur province par leur activité commerciale et industrielle. Ils sont habitués à occuper les principaux postes politiques et représentent la classe dirigeante. Le sud, quant à lui, est peuplé de paysans catholiques moins progressistes que leurs voisins du nord. Ils chérissent les traditions de toujours autant que les vieilles doléances ; mais ce sont des gens essentiellement gentils, généreux et pleins de talent.

Cela étant posé, dans le contexte du présent article – qui entend montrer pourquoi et selon quelles modalités spécifiques les Black Artists de Grande-Bretagne ont choisi de réagir contre la domination culturelle dont ils font l'objet en Afrique et dans la diaspora –, on peut espérer que les traits communs à l'expérience culturelle des Noirs et à celle des Irlandais apparaîtront d'eux-mêmes.

Sans doute me faut-il, à ce stade, expliquer ce que j'entends par l'expression Black Artists [artistes noirs]. On pourrait penser qu'elle désigne les artistes dont la peau est noire. Mais ce n'est pas le cas. Les artistes noirs se répartissent, grosso modo, en deux groupes : les artistes qui, bien que Noirs, n'éprouvent pas le besoin de relier leur pratique aux réalités politiques induites par la couleur de leur peau – appartenir à une « race » qui a une longue histoire d'exploitation, d'oppression et de discrimination de la part des Européens/Occidentaux. Le fait d'être « Noir » n'a aucun effet ou presque sur cette catégorie d'artistes à la peau noire qui défendent l'individualisme esthétique. Et, diamétralement opposés à ce groupe nombriliste, il y a les activistes culturels – donc politiques : ce sont eux que j'appelle ici les « Black Artists ». Ils produisent des œuvres qui sont directement liées au fait qu'ils appartiennent à une « race » opprimée. On pourrait dire, pour résumer, qu'ils produisent ces œuvres parce qu'ils sont Noirs et non malgré cela. Les Black Artists produisent non pas de l'« art » mais de l'« Art noir » [*Black Art*]. Une définition rudimentaire mais suffisante du Black Art consiste à dire que c'est de l'art produit par les Noirs, sur les Noirs et pour les Noirs. Ce sont ces artistes-là qui, par leur travail, constituent un défi collectif et offensif à la domination culturelle.

L'un des aspects les plus sournois du colonialisme britannique est la domination culturelle. Là où la force brutale et la puissance de feu ont permis l'instauration du colonialisme, la domination culturelle favorise son maintien. Là où les lois et les institutions *normalisent* la répression, la domination culturelle la renforce. Là où l'agitation et la lutte menacent le néocolonialisme, la domination culturelle le réaffirme. En bref, la domination culturelle que la Grande-Bretagne exerce sur les Africains, tant chez eux qu'à l'étranger, est un élément essentiel de son pouvoir d'oppression politique. Elle est le processus par lequel la culture et l'histoire de la victime se voient brutalement dévalorisées et sapées par l'agresseur – dévalorisées au point que la victime commence à croire que son identité culturelle doit être méprisée, rejetée. Le système de valeurs et la culture de l'oppresseur deviennent ceux de l'opprimé.

En ce qui concerne les Noirs, le processus de domination culturelle s'est accompagné d'un processus de déshumanisation. Ce dernier a lui-même été promu comme complément au pillage systématique de l'Afrique en marchandise humaine. En Amérique et aux Antilles, l'esclavage, né aux XVIe et XVIIe siècles, a perduré jusqu'au milieu du XIXe siècle, voire au-delà. Pendant cette période, longue de plusieurs siècles, l'esclavage des Noirs a été « complet ». J'entends par là qu'il était complètement institutionnalisé, incontesté, accepté comme étant la norme par la majorité des Blancs nord-américains et leurs homologues aux Antilles. L'esclavage était perçu comme l'ordre naturel. Il n'était pas rare qu'on le croie permis par Dieu. Pour que l'esclavage devienne la norme, il a fallu que les Noirs récemment débarqués d'Afrique, et bientôt leurs descendants, soient spoliés de leur histoire et de leur identité, des cultures et religions qui étaient les leurs en Afrique. Cette déshumanisation fut le facteur décisif qui permit l'institutionnalisation absolue de l'esclavage en Amérique et aux Antilles. Cette déshumanisation impliquait que les Noirs soient perçus comme une sous-catégorie sur l'échelle humaine – plusieurs barreaux en-dessous des Blancs.

Leur seule perspective était d'être élevés comme des bêtes de somme. À leur arrivée d'Afrique, les Noirs furent violemment dépouillés de leur africanité, de leur culture. Ils furent dépossédés de leur nom et contraints d'adopter celui de leur maître, ou un nom qui proclamait leur condition d'esclaves. On fit table rase de tout ce qui avait fait leur existence en tant qu'Africains et on leur imposa une forme abâtardie de christianisme. On s'appliqua à détruire leur histoire jusqu'à ce que l'idée prévale que les Noirs n'avaient ni histoire, ni culture, ni religion propres. Déplacés, les Africains se tenaient à l'écart de tout lien avec leur pays d'origine. D'où une institutionnalisation sans précédent de l'esclavage.

Les activistes politiques noirs ont toujours été conscients du fait que le renversement du processus de déshumanisation ne se ferait pas « naturellement ». Les modes de pensée et de conduite tournés vers l'échec se perpétueraient d'eux-mêmes, tant la déshumanisation des Africains avait été systématiquement organisée. L'idée s'imposa qu'un élément vital de la lutte des Noirs pour la liberté et l'égalité était la récupération de leur individualité personnelle, de leur culture et de leur histoire. À telle enseigne qu'aujourd'hui, l'expression « roots and culture » [racines et culture] est devenue synonyme de conscience et lutte des Noirs. Le groupe de reggae Steel Pulse[2] a résumé l'urgence de la quête à travers ces paroles : « We must recapture our culture by any means » – Nous devons recouvrir notre culture à tout prix. L'un des tout premiers avocats de l'activisme « racines et culture » fut le leader jamaïcain Marcus Garvey (1887-1940), auteur de cette phrase souvent citée : « Un peuple qui ne connaît pas son histoire, ses origines et sa culture est comme un arbre sans racines. » Le même motif allait être repris plusieurs décennies plus tard. Dans l'introduction du livre accompagnant la deuxième édition du Festival mondial des arts nègres, qui se tint à Lagos (Nigéria) en 1977, Olusegun Obasanjo[3] écrivait : « Peuple et culture sont inséparables. Car la culture est la somme des concepts et des valeurs qui caractérisent une communauté. D'où il s'ensuit qu'un peuple sans culture ne jouit pas d'une existence pleine. »

Réaffirmant l'importance d'une réappropriation de l'identité culturelle, les activistes nord-américains du Black Power, dans les années 1960, lançaient l'appel suivant : « Urgent : nous recherchons des Noirs sérieux et motivés, désireux d'entreprendre une tâche colossale : permettre à la ‹ race › noire de se réapproprier son individualité et sa culture brisées. Une « race » détruite sur tous les continents, qui vit dans la fange du cachot nauséabond qu'est devenu le monde aux mains du pouvoir blanc. » Tandis que les déclarations passionnées de ce genre se multipliaient, les artistes d'origine africaine ne s'engageaient pas. Pour diverses raisons, ils hésitaient à s'impliquer réellement dans la lutte contre la domination culturelle. L'une des raisons en était que beaucoup d'artistes conservaient de la « culture » la vision que nous en avions lorsque nous étions des Africains d'Afrique.

Les artistes étaient donc non seulement coupés de leur identité culturelle par l'idéologie raciste, mais ils se coupaient eux-mêmes de leurs pratiques culturelles en acceptant comme une fatalité leur séparation géographique et historique d'avec la culture africaine. Et cela, au point que l'idée s'imposa bientôt, chez nombre d'activistes et d'artistes, que cette séparation constituait la principale cause des problèmes politiques que les Noirs devaient affronter. Ces artistes, conformément à leur ligne de pensée, se mirent à produire de l'« art ethnique », selon l'appellation choisie (par les Blancs). (La pratique de l'art ethnique devint une composante intégrante de l'idéologie connue aujourd'hui sous le nom de « nationalisme culturel », soit l'idée que la réappropriation et la préservation, dans le contexte contemporain, de la culture tribale traditionnelle sont l'un des objectifs les plus importants de la lutte des Noirs.)

D'une manière générale, cette situation perdura sans grand changement jusqu'à la fin des années 1970. D'origine pakistanaise, Rasheed Araeen[4] produisait des œuvres depuis l'âge de quatorze ans. Mais ce n'est qu'en 1971 – il avait alors 36 ans – que, comme il le dit lui-même, il traversa « une crise d'identité, perdant tout intérêt, à la fin de l'année, pour l'activité artistique classique ; lisant quantité de livres sur la lutte des Noirs et du Tiers-Monde, notamment *Les Damnés de la terre* (1961) de Frantz Fanon ; apprenant aussi, par le journal, la mort de David Oluwale, un sans-abri africain tué par des policiers de Leeds [en 1969], et réfléchissant à une œuvre qui lui rendrait hommage ». Rasheed Araeen fut l'un des premiers Black Artists de renom à se prononcer vigoureusement contre le concept, alors très populaire, d'« art ethnique ». Son argument, qui allait puissamment influencer toute une génération (future) de Black Artists, était que les Noirs devaient tourner leur pratique artistique vers les problèmes sociaux, économiques et politiques qui régissent la vie des Noirs. (C'est là un point que les auteurs noirs nord-américains radicaux ont maintes fois souligné. La différence, c'est que Rasheed Araeen s'adressait au contexte britannique.) Il ne se contentait donc pas seulement de récuser la notion quasiment souveraine d'« art pour l'art » : il plaidait aussi en faveur du rejet de la pratique des arts ethniques, qu'il jugeait non progressiste. Il faisait valoir que cette façon d'étiqueter l'art produit par les Noirs, de leur imposer le terme d'« art ethnique » n'était en fait qu'un aspect de la domination culturelle. C'était – et c'est toujours – une position discutable.

Rasheed Araeen exposa superbement ses idées dans un article de 1976 intitulé « En réponse à l'art ethnique » [« In Response to Ethnic Art »]. En voici quelques extraits :

Le concept qui fait de l'« art ethnique » un art à part ne peut [donc] servir qu'un seul objectif. Outre qu'il fournit à la société blanche un divertissement exotique, il cantonne la communauté noire dans un rôle culturel bien précis, qui pourrait bien aboutir à restreindre sa capacité d'exprimer sa réalité dans le contexte contemporain.

Plus loin :

Les portes du monde de l'art ne sont pas vraiment ouvertes aux Noirs comme elles le sont aux minorités européennes. Il vaudrait donc mieux que nous regardions le monde dans lequel nous vivons aujourd'hui plutôt que celui que nous avons laissé derrière nous. C'est un monde conçu et dominé par l'Occident ; un monde divisé entre riches et pauvres, pays développés et sous-développés, catégories de l'universel et de l'ethnique, etc. [...] C'est un monde qui appartient à l'Occident, à charge pour les autres de se contenter de ce qu'il cautionne. [...] C'est un monde où les Blancs ont tous les droits. Ils peuvent explorer n'importe quelle partie du monde et vivre où bon leur semble ; ils peuvent participer à n'importe quelle activité à n'importe quel niveau, qu'il s'agisse d'une petite communauté ou du monde au sens large.

Et enfin :

J'espère cependant ne pas vous avoir donné l'impression que je mésestime l'importance des traditions culturelles dans notre évolution. Il va sans dire que nos traditions afro/asiatiques font partie de notre existence. Le problème n'est donc pas tant celui de l'ignorance ou de la préservation de nos traditions dans ce pays que de la façon dont nous les manifestons. Redonner vie au passé soit comme pure manifestation de nostalgie, soit par souci de préserver les traditions de toujours, soit encore pour teinter d'exotisme la société d'aujourd'hui ne peut que nous détourner de la réalité présente.

Le véritable enjeu ne concerne donc pas nos cultures traditionnelles, qu'elles soient africaines ou asiatiques. Celles-ci seront mieux préservées en Afrique et en Asie, ou même aux Caraïbes. Ce à quoi nous sommes confrontés aujourd'hui, c'est la question de l'égalité des droits et des chances dans tous les domaines et à tous les niveaux de la société britannique. Nous devons avoir tous les choix possibles. Il faut que soit reconnu notre droit à envisager cette société de notre propre point de vue, quel qu'il soit. C'est la condition pour qu'il puisse être attendu de nous que nous contribuions de façon créative à sa vie culturelle.

En 1978, Rasheed Araeen fonda et édita (avec l'aide de Mahmood Jamal) *Black Phoenix*, un magazine d'art qui traitait de l'art contemporain selon une perspective tiers-mondiste radicale. Avec ce magazine, aujourd'hui disparu, était lancé l'un des premiers défis reconnaissables à la suprématie des artistes blancs et à la domination culturelle exercée par les Blancs, y compris dans la définition du monde de l'art. On pouvait lire dans l'un des premiers éditoriaux de *Black Phoenix* : « Il serait naïf de penser que l'art ou l'activité culturelle seuls peuvent changer le monde, ou que notre combat culturel peut faire fi des forces socio-économiques. Mais le combat mené dans le domaine de l'art et de la culture peut, de fait, renforcer la lutte générale. » Rasheed Araeen posait ici un lien très net entre pratique artistique des Noirs et résistance active à la domination culturelle – lien qui, jusqu'alors, avait été largement passé sous silence.

Pendant ce temps, à Coventry, deux jeunes Noirs des Midlands [Eddie Chambers et Keith Piper], étudiants de première année en art et design, venaient de se rencontrer. Un an plus tard, ils montaient un projet d'exposition de leurs œuvres et y associaient trois autres jeunes Black Artists. L'exposition ouvrit à la Wolverhampton Art Gallery en juin 1981, alors que les « émeutes » se répandaient en Angleterre comme une traînée de poudre. L'un de ces artistes était Keith Piper (*1960), entièrement dévoué depuis lors à la promotion du Black Art. On peut le citer comme l'un des artistes les plus prolifiques du mouvement collectif d'affirmation de la culture noire. Il possède, par ailleurs, un talent que peu de ses contemporains blancs partagent : faire que ce qu'il dit et écrit soit aussi important que l'art qu'il produit. Abordant un point difficile et sensible l'an dernier, voici ce qu'il a écrit :

Ce que nous recherchons aujourd'hui, voyez-vous, c'est une esthétique visuelle propre aux Noirs, une façon de travailler qui n'appartienne qu'à nous, tout comme les formes entièrement « noires » qu'ont inventées nos musiciens. Nous avons besoin d'une esthétique visuelle noire parce qu'en tant qu'artistes, nous dépendons encore de formes et de concepts empruntés à l'histoire de l'art européenne. C'est cette histoire et la domination que ses valeurs exercent sur nous qu'il nous faut rejeter, car elles ne peuvent nous être utiles dans la lutte.

De son travail artistique, Keith Piper dit :

> Il témoigne essentiellement d'un souci politique – ce dont je n'ai pas à m'excuser puisque l'existence même des Noirs dans ce pays, mère patrie de l'impérialisme, est politique. Dominée par des forces culturelles, historiques, économiques et sociales qui nous ont façonnés sans que nous ayons eu le choix de les façonner nous-mêmes.
>
> Mon travail constitue une réponse à ces forces et aux problèmes réels nés du conflit entre ces forces et la vie des Noirs. Ma tâche première a toujours été d'analyse – d'examen des conditions actuelles et des événements historiques dans lesquelles celle-ci s'enracinent ; d'examen du passé imparfait et de ses conséquences sur le présent. Le deuxième objectif de mon travail est prescriptif : il concerne la question des stratégies à mettre en œuvre et des termes de la lutte, car les lignes de bataille sont déjà tracées – d'un côté, les forces de la réaction et de l'exploitation ; de l'autre, ceux que l'histoire a brutalisés et opprimés. Le conflit est inévitable…

Le groupe cofondé par Keith Piper [avec Eddie Chambers, Marlene Smith et Donald Rodney] exposa ensuite à Londres, Birmingham, Coventry et Nottingham. Il existe aujourd'hui sous le nom de The BLK Art Group et offre une programmation sans cesse renouvelée grâce à un éventail de jeunes artistes et d'étudiants en art qui, au cours des trois dernières années, ont beaucoup enrichi le Black Art tout en encourageant et stimulant le débat.

Entre le tournant des années 1970 et aujourd'hui, plusieurs groupes se sont impliqués dans une démarche de réaction positive à l'encontre de la domination culturelle. Entre autres, le collectif Creation For Liberation (CFL) et l'Organisation for Black Arts Advancement and Leisure Activities (OBAALA). CFL est un collectif d'activisme culturel actif à Brixton. On lui doit l'organisation, en juin 1983, de ce qui a constitué la « première exposition publique du Black Art en Grande Bretagne »

(*The First Open Exhibition of Black Art in Britain*). Le communiqué de presse annonçant la manifestation contenait ces lignes : « L'exposition entend soutenir et encourager le développement de la dimension culturelle et artistique qui caractérise le combat entrepris par les Noirs pour briser la mainmise économique, politique, sociale et culturelle que l'ordre existant tente de nous imposer. »

La domination culturelle avait eu pour effet non seulement la marginalisation du travail des Black Artists, mais aussi le désintérêt des galeries britanniques, dans lesquelles ils étaient sous-représentés. Racisme chronique, intolérance et indifférence, telle était la situation qui créait le besoin d'expositions comme celles du CFL. Les seuls lieux proposant une politique assumée de soutien aux Black Artists étaient l'Africa Centre et le Commonwealth Institute, tous deux à Londres.

Les artistes qui n'avaient pas la chance de se voir offrir un espace dans ces lieux n'avaient que très peu de possibilités d'exposer ailleurs. Ils devaient composer avec la « ghettoïsation » de leur travail – accepter de n'être autorisés à exposer que dans des centres socioculturels, des maisons de jeunes, des bibliothèques, etc. De cette situation désespérée est cependant né un projet ambitieux : fonder une galerie exclusivement réservée aux Black Artists.

Le 4 septembre 1983, quelques mois après la première exposition du CFL, la Black-Art Gallery ouvrit à Finsbury Park, Londres[5]. C'était, et de loin, l'événement le plus important dans la sphère du Black Art. La direction de la galerie était assurée par le collectif OBAALA. L'ouverture d'un espace géré par les Noirs permit aux artistes de consolider les acquis (relatifs) qu'ils avaient obtenus au cours des années précédentes. Désormais, les Black Artists étaient au moins en mesure de contrôler un prestigieux espace d'exposition réservé à leur communauté.

Le temps passant, de plus en plus d'artistes y exposent leurs œuvres. L'artiste et activiste Lubaina Himid[6] a récemment organisé deux expositions présentant le travail d'artistes femmes pour qui la situation est encore plus difficile que pour leurs collègues masculins. Plusieurs jeunes photographes se font peu à peu connaître, qui contestent la vision anthropologique que leurs homologues blancs offrent des Noirs. Rasheed Araeen continue de produire des œuvres et le CFL a tenu l'an dernier sa deuxième exposition ouverte. Je ne me risquerai pas à dire que ces artistes ont fait un sort à la domination culturelle, et que ladite oppression est en voie de disparition. Quelques années excitantes ne peuvent suffire à faire table rase de siècles d'endoctrinement barbare.

Un point reste incontestable cependant : l'élan collectif qui anime les Black Artists de Grande-Bretagne et les fervents défenseurs de la culture est en train d'offrir à la communauté noire une identité très différente de celle que leur ont imposée leurs oppresseurs coloniaux. Une identité qui, sans être une identité africaine traditionnelle, n'en constitue pas moins un élément essentiel de l'équipement dont nous avons besoin pour lutter contre la domination culturelle, l'exploitation politique et l'oppression. Pour reprendre la formule d'un artiste noir, le Black Art est « un précieux adjuvant de notre combat pour la libération ».

NOTES — *

Texte paru, pour la première fois, sous le titre « Beyond Ethnic Arts », dans *Circa Art Magazine*, n° 6, Dublin, printemps 1985, p. 64-70. Pour plus d'informations sur Eddie Chambers : www.eddiechambers.com. Il est l'auteur de deux ouvrages importants : *Black Artists in British Art: A History from 1950 to the Present*, I.B.T. Tauris, Londres 2014 ; *The Routledge Companion to African American Art History*, Routledge, Londres 2019. Les notes qui suivent sont toutes de l'éditeur. Choix a été fait de conserver les terminologies en langue anglaise « Black Art » et « Black Artists » pour souligner leur apport théorique.

1

Pour une étude de l'exposition *The Other Story: Afro-Asian Artists in Post-War Britain*, Hayward Gallery, 29 novembre 1989-4 février 1990 : Jean Fisher, « The Other Story and the Past Imperfect », www.tate.org.uk/research/publications/tate-papers/no-12/the-other-story-and-the-past-imperfect. Parmi les artistes exposé·e·s : Rasheed Araeen, Sonia Boyce, Frank Bowling, Eddie Chambers, Mona Hatoum, Lubaina Himid, David Medalla et Keith Piper. Eddie Chambers y présente notamment *Destruction of the National Front* (1979-1980), polyptyque « dans lequel l'Union Jack, recouvert de blocs rouges et noirs et prenant l'apparence désagréable d'un svastika, est progressivement déchiqueté, symbolisant le rejet de la ‹ neutralité › et de l'‹ universalisme › politiques présumés du modernisme international et de son échec dans la perspective particulière du sujet noir », selon Jean Fisher, art. cit.

2

Groupe de reggae britannique formé en 1975 à Birmingham, Angleterre.

3

Olusegun Obasanjo (*1937) est un militaire et homme d'État nigérian, chrétien de l'ethnie yoruba. Il devient une première fois chef de l'État de 1976 à 1979 au sein du gouvernement militaire fédéral puis, revenu à la vie civile, il est élu président de la République pour deux mandats successifs, de 1999 à 2007.

4

Précurseur du minimalisme et figure de l'art postcolonial, Rasheed Araeen (*1935) est un artiste, activiste, écrivain, éditeur et curateur. En 1964, il s'installe au Royaume-Uni, où il suit d'abord une formation d'ingénieur civil. Tout au long des années 1970 à 1990, l'artiste défie l'eurocentrisme de l'establishment artistique britannique et défend le rôle des artistes issus des minorités, en particulier ceux originaires d'Asie, d'Afrique et des Caraïbes. Rasheed Araeen devient également un activiste politique au sein d'organisations comme les Black Panthers et Artists for Democracy, et fonde les revues critiques *Black Phoenix* (1978), *Third Text* (depuis 1987) et *Third Text Asia* (depuis 2008). Voir Nick Aikens (éd.), *Rasheed Araeen*, JRP|Ringier, Zurich 2018.

5

Voir Sam Gelder, « The Black-Art Gallery: How small space in Finsbury Park proved seminal in bringing diversity to UK art scene », Islington Gazette, 12 novembre 2019, www.islingtongazette.co.uk/news/heritage/the-black-art-gallery-the-seven-sisters-road-gallery-at-the-centre-of-the-1980s-black-art-scene-1-6371797.

6

Pour une biographie en français de Lubaina Himid (*1954) : https://awarewomenartists.com/artiste/lubaina-himid.

At the Johannesburg Biennale ...

The curator as God

From PAGE 5

city councillors and serfs. And if one examines the origins of the biennale itself, its role as asserter of power and centrality is reinforced.

In many ways it began as multi-cultural equivalent of the ancient Olympic Games. It was inaugurated in Venice during 1885 at the height of the colonial period, a mere 10 years after the Berlin Conference carved Africa up for the West's taking. It was only after the colonial era that former colonies began instituting their own art events as a riposte to Western Europe's assertion of cultural hegemony. The first Third World country to hold its own biennale was India in 1969, closely followed by biennales in Sao Paolo and Havana.

"Previously colonised communities tried to reconstruct identities that had been repressed or ravaged through foreign or internal control," explained *Artforum* critic Thomas McEvilley during the 1995 Johannesburg Biennale. "They tried to turn the tables by having their own international art exhibitions, by experiencing themselves not as peripheries but as centres. At the same time they were still aspiring to be accepted by the real (in the West-is-best sense of the term) cultural centres, like New York."

Africus, the first Johannesburg Biennale, succeeded both as a promotional exercise and as an installation revolving around the theme of utopian multiculturalism. But, like the first Documenta exhibition in post-war Germany, held in 1952, it didn't really address the problems of its own recent history; and it didn't attempt to critique or redefine South African identity.

Like the 1996 Kwangju Biennale in Korea — the largest and costliest event of its kind in Asia — it sought primarily to legitimise, mainly in the eyes of the Western elite, the South African art world's ascent into the international ranks.

And will this Biennale be different? We have a curator who straddles (in origin, anyway) both the margins and the mainstream, yet whose discourse is vintage West.

He professes to want cultural peregrination along the multiple routes of a migrating world. To Enwezor, art history is not separable from history and the laws that govern life in the real world. The problem is, this biennale has already separated itself from the imbalances that continue to afflict a country that has not yet located its own centre of gravity.

Perhaps in the context of the global art mart, this doesn't matter.

After all, to the cosmopolitan cultural consumer the world is little more than a huge vine with grapes ripe for the picking. Enwezor might or might not be Bacchus. And who cares if, once the lights of this biennale have been switched off, we all go home and think — in the words of McEvilley — that the whole thing was nothing more than a lot of art?

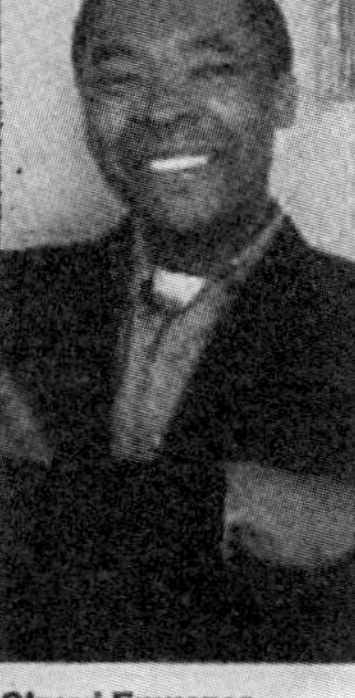

Okwui Enwezor

Extrait de l'article « The curator as God » d'Hazel Friedman consacré à Okwui Enwezor publié dans l'hebdomadaire sud-africain *Mail & Guardian*, 10-16 octobre 1997, à l'occasion de la Biennale de Johannesburg, automne 1997, dont Okwui Enwezor est commissaire général.

Entre localisme
et cosmopolitisme

Okwui Enwezor

Ce texte inaugure la longue contribution d'Okwui Enwezor (1963-2019) à l'art africain en imposant l'idée qu'il faut étendre la catégorie aux « artistes de la diaspora ». Il s'agit de promouvoir une position postcoloniale et transnationale, ce que le commissaire d'exposition argentin Carlos Basualdo (*1964) exprime en ces termes : « l'Afrique comme idée et non comme lieu ». Cette approche constitue la marque de fabrique de la pratique curatoriale d'Okwui Enwezor dès la Biennale de Johannesburg de 1997 dont il fut le directeur artistique. D'abord, publié dans la revue *Atlántica. Revista de Arte y Pensamiento* (Las Palmas, 1995), ce texte est repris dans une nouvelle version dans le catalogue de *Cross/ing: Time, Space, Movement* (University of South Florida Art Museum, Tampa, Floride, 1997), exposition-manifeste organisée par l'historien d'art et commissaire d'exposition Olu Oguibe (*1964), puis l'année suivante dans *Art Journal* – version publiée ici.

Daughters of the Dust (1992), le film de Julie Dash, est le récit épique d'un déracinement, d'une migration et d'une série de gestes de survie culturelle à travers lesquels se lit l'ombre tyrannique et mystérieuse de l'esclavage. Ce récit, qui se déroule à la veille du départ de la famille Peazant d'Ibo Landing[1], dans l'archipel des Sea Islands (Géorgie), met en scène une forme de dispersion et de séparation très similaire à celle que connaissent aujourd'hui nombre d'artistes africains. La présence de ces artistes dans de nombreux pays du monde traduit une réalité tangible et composite – celle de la circulation qui s'opère chaque jour dans les aéroports, les gares, les ports, etc. Comment le langage de ces artistes a-t-il changé depuis leur migration ? Comment leur identité, leur sentiment d'appartenance ou de non-appartenance à un lieu a-t-il été modifié par leur déplacement et réinstallation ailleurs et comment ont-ils transformé les formes normatives d'expression dans les sites qu'ils occupent ? La migration implique-t-elle nécessairement de laisser derrière soi son pays, sa culture, son appartenance ethnique ou bien entraîne-t-elle d'autres formes de voyage que celles qui consistent à franchir les frontières ?

Cette dernière question est importante au regard des nombreux changements qui se sont produits ces cinquante dernières années. Les mouvements de populations – le passage du rural à l'urbain, de l'agraire à l'industriel, du national au post-national et au transnational – est un élément clé de la redéfinition de notions comme l'identité, l'identification, l'affiliation, l'allégeance. En introduisant les concepts d'hybridité, d'ambivalence et d'indétermination dans la *lingua franca* du discours culturel et politique, ces mouvements ont favorisé la dissémination des valeurs d'ethnicité, d'origine et d'authenticité. Ces réajustements de trajectoire n'induisent pas seulement une remise en question des appartenances : ils les bouleversent de fond en comble et favorisent l'apparition d'innombrables lieux de pensée politique, culturelle, sociale et expressive, à telle enseigne que parler de l'Afrique « noire » non seulement ne correspond plus aujourd'hui à une catégorisation adéquate, mais constitue un anachronisme. À cet égard, plusieurs discours commencent à faire valoir que d'autres appartenances – maghrébine, caucasienne, etc. – font partie intégrante de la définition élargie que nous devrions avoir de l'Afrique et de l'africanité.

Ainsi donc, si nous parlons de l'Afrique aujourd'hui, nous devons nous demander comment les luttes pour l'indépendance, les problèmes de souveraineté des États nationaux, l'élargissement des notions de culture et de citoyenneté, le cosmopolitisme – autant de phénomènes en partie liés au malaise économique, à l'obsolescence sociale et à la déstabilisation politique – façonnent la subjectivité. Quel rôle la notion de liberté individuelle et le désir jouent-ils dans la construction de l'identité ? Comment ces définitions induisent-elles des processus de réflexion critique, de reconsidération radicale, de traduction, de post-nationalité ? Ces questions sont urgentes, car nous devons pouvoir répondre de ces nouvelles formations diasporiques qui font partie de l'expérience postcoloniale des artistes et des intellectuels africains. Nous devons examiner les productions culturelles et intellectuelles auxquelles cette expérience de la diaspora a donné lieu, nous demander quels nouveaux motifs, quels défis au discours que tient l'Afrique les conditions de l'exil et de l'expatriation ont engendrés en cette fin du XXe siècle. Cette question de l'exil et de l'expatriation, nous devons l'envisager non seulement par rapport au mouvement vers les grandes métropoles de l'hémisphère occidental, mais aussi en tenant compte des migrations transnationales qui s'observent aujourd'hui à Lagos, Abidjan, Johannesburg, Dakar et au Caire. S'il est vrai que mouvement et migration sont des motifs constants du XXe siècle et que beaucoup d'entre nous se font une idée biaisée du déracinement et du déplacement – convoquant notamment des distinctions spatiales entre l'ici et l'ailleurs, le pays d'origine et l'exil –, nous ne devons pas oublier que quantité de mouvements migratoires s'opèrent à l'intérieur même des frontières des territoires nationaux. Même lorsque les mouvements sont internes, ils ne s'opèrent pas toujours sur la base d'une parcellisation de la spatialité, où certains migrants forment des regroupements qui, en plus de redéfinir la physionomie spatiale de la cité, véhiculent de nouveaux archétypes culturels et de nouveaux langages qui se heurtent à ceux des communautés déjà en place.

Bien que ces convergences ne soient souvent qu'un autre nom pour le conflit, la découverte d'une nouvelle temporalité au sein de l'espace urbain est à ce prix. Ainsi, est-il possible de vivre dans son propre pays, sa propre ville, sa propre culture tout en demeurant aussi étranger au fonctionnement de sa société que ceux qui s'embarquent pour l'inconnu par-delà les limites de la métropole mondiale. Cette condition minimale de la migrance, du déracinement et de l'exil constitue une métaphore de ce qu'incarnent aujourd'hui les artistes africains. Ils voyagent à l'intérieur et en dehors de l'Afrique ; ils se déplacent physiquement et psychiquement ; ils migrent par le biais de sites saturés d'informations et des pixels du cyberespace ; ils investissent les matrices complexes de la culture populaire qui composent en partie la trans-territorialité du réseau et des systèmes d'échanges mondiaux. Ils introduisent des attitudes et des expériences différentes dans leurs zones de transaction (où l'échange n'est pas seulement symbolique) et contribuent à redéfinir la physionomie de la pratique culturelle contemporaine. Ces artistes soulèvent de manière critique les épineuses questions du lieu, de l'identité et de la mémoire, qui revêtent de nouvelles significations dans la mesure où elles déconstruisent le discours d'un espace psychique africain et le désolidarisent du discours homogénéisé, politique d'une économie de la « race » fidèle à une seule de ses multiples identités.

Bien que j'évoque ici certaines des problématiques qui ont servi de chair à canon pour le discours sur l'identité africaine, je récuse ces modes d'adresse éculés du post-colonialisme qui, friands de distinctions binaires, isolent deux catégories d'artistes africains, selon qu'ils vivent ou non en Afrique. Je récuse de même les distinctions au sein de leur pratique entre autochtone/étranger, authentique/inauthentique ; les vapeurs toxiques du nationalisme, de l'ethnocentrisme et du racisme circulent dans des espaces de pensée si restreints. Il faut bien concéder, cependant, que certaines différences existent de fait et creusent quelques-unes des polarités en question. Reste qu'isoler des différences n'a d'intérêt que si nous les utilisons pour repérer les concordances qui existent entre les disciplines, les discours, les lieux et les pratiques.

Ces artistes ont pour nom Georges Adéagbo, Oladélé Bamgboyé, Bili Bidjocka, Mary Evans, Kendell Geers, Kay Hassan, Bodys Isek Kingelez, Abdoulaye Konaté, Moshekwa Langa, Wangechi Mutu, Donald Odita, Olu Oguibe, Ouattara Watts, Peet Pienaar, Jo Ratcliff, Tracey Rose, Folake Shoga, Yinka Shonibare, Pascale Martine Tayou, Iké Udé, etc. Ils viennent de Johannesburg, Douala, Lagos, Cotonou, Kinshasa, Le Cap, Aba, Nairobi, Bamako et Dakar ; ils vivent et travaillent à New York, Londres, Amsterdam, Paris, Berlin et Tokyo.

Ces artistes s'expriment à travers de nombreuses techniques d'avant-garde : la vidéo, le cinéma, l'installation, la performance, la photographie, le numérique. Bien qu'ils ne s'interdisent pas le recours à des médiums plus traditionnels, ils ont élu domicile dans la matrice conceptuelle et postmoderne. Se fondant souvent sur une critique de l'hégémonie de certaines pratiques sociales, politiques et culturelles, leurs œuvres entendent interroger, déstabiliser et réindexer le terrain mondial de la culture comme un territoire complexe où elles ont leur place à l'instar de n'importe quelle autre pratique artistique venue de Grande-Bretagne, des États-Unis, de France ou d'Allemagne. Leur démarche même implique quantité de mouvements transgressifs et subversifs et d'articulations critiques marquées au sceau du radicalisme.

Mais parler ainsi de ces artistes ne donne pas une image complète de ce qu'est un artiste africain à l'ère de la mondialisation. Cela ne revient qu'à dire et répéter ce que l'on sait déjà : que l'Afrique est une somme d'identités, de cultures, de territoires multiples et disparates. Cependant, si c'est là suivre une piste d'analyse des plus traditionnelles, le parcours nous impose d'examiner ce que Homi Bhabha[2] a appelé « prendre la mesure de sa demeure »[3], qui est ce par quoi nous déterminons notre appartenance à un lieu. Quelles sont, en cette fin de XXe siècle, les conditions d'appartenance et de domiciliation des Africains qui vivent hors d'Afrique ?

Je soulève périodiquement ces questions car rares sont les réflexions sur l'appartenance, l'identité, la nationalité ou l'exil qui explorent adéquatement cette question de l'endroit où les Africains vivent, pensent, créent et, dans certains cas, tuent le temps en rêvant paradoxalement à un « chez eux ». Chez eux, où est-ce exactement ? Et là où « chez eux » n'est plus envisageable que sous la forme de quelques lambeaux de vieilles photographies en noir et blanc, quels impératifs ces immigrants convoquent-ils, parmi les récits embryonnaires de migration, d'installation et de trans-territorialisation, pour trouver à se situer dans ce nouveau pays et suturer les turbulences originaires ? Comment concilient-ils les lieux du départ et de l'arrivée ?

Nous disposons de très peu de réponses à ces questions difficiles, notamment si nous les cherchons dans les discours expressifs et sociaux qui se sont formés dans les fissures temporelles des migrations postcoloniales. Nous ne pourrons comprendre dans quelles nouvelles temporalités et configurations spatiales nombre d'Africains sont entrés aujourd'hui – dans quel espace entre « localisme et cosmopolitisme », pour reprendre l'expression de James Clifford[4] – que si nous acquérons une connaissance intime de la forme que prend la subjectivité africaine dans cette réalité. Les moments de migration que fabriquent les histoires contingentes se répètent à travers des signes, des fragments de conversations ou des souvenirs (des discours qui s'articulent sur fond de fragmentation de la mémoire collective). Même lorsque l'on cherche à déguiser les manifestations accidentelles de l'étrangeté et de l'hybridité – ce couple exemplaire, issu pour une part du mythe, et pour l'autre, de l'expérience –, on glisse facilement d'une forme de discours à une autre, du parler igbo à l'anglais affecté des Britanniques ; du yoruba classique au swahili, à l'arabe ou à l'hindi. Toutes ces formes disent l'Afrique, chez elle et à l'étranger.

En ces temps de contingence et d'indétermination des histoires culturelles, nous devons nous demander pourquoi si peu de commentateurs de l'Afrique contemporaine ont prêté attention aux schémas migratoires et à la matière même du mouvement. Premièrement, pour autant qu'on ait tenté de se représenter la migration, il semblerait qu'on ait toujours perçu l'espace liminal comme temporaire. Il n'y a donc pas nécessité à forger et définir une appartenance plus vaste des Africains au pays d'accueil, puisqu'ils rentrent toujours chez eux. Deuxièmement, nombreux sont les Africains partis avant ou pendant les Indépendances qui n'imaginaient jamais que certaines situations critiques, tant sur le plan économique que politique, pourraient réfréner à ce point leur désir de rentrer. Il y a tous ceux, en outre, qui ont trouvé des situations stables dans les endroits où ils se sont installés, et pour lesquels ces endroits sont devenus des seconds foyers légitimes. Si l'on affine le portrait de l'Afrique de cette fin du XXe siècle, on découvrira que le mot « diaspora » n'est pas un terme équivoque qui exclut les artistes africains. Considérer les liens que la diaspora propose, de par son mode même de constitution – progressif et multidirectionnel – comme des outils d'appréciation critique de l'art africain nous donne de fait accès à la dimension transnationale et transcontinentale de la production contemporaine de ses artistes. On court-circuite ainsi toute interprétation essentialiste d'une « africanité » prisonnière d'une intemporalité réduite aux traditions précoloniales. James Clifford l'exprime très bien lorsqu'il dit que la diaspora peut être considérée comme « un mode de subversion de la nationalité – une façon de maintenir des liens avec plus d'un pays tout en pratiquant une forme de citoyenneté non absolutiste ». Il me semble que notre tentative de définition de ce qui est « africain », en cette fin de XXe siècle, repose sur les valeurs portées par cette forme non absolutiste, non essentielle d'affiliation. Le monde des artistes africains d'aujourd'hui ne se laisse circonscrire par aucun absolutisme identitaire ou territorial. En ce sens, leur travail soulève des questions capitales non seulement pour ceux qui partagent leur vision de ce qu'est un artiste africain, mais aussi pour les institutions occidentales qui ne manqueront pas d'essayer de les reléguer dans des catégories ethniques inadaptées.

Mais, chose plus importante, ces artistes soulèvent une autre question, plus singulière et plus pérenne. Lorsque, telle la famille Peazant dans *Daughters of the Dust*, nous effectuons nos migrations, nous installant ici puis là, comment les nouveaux accents que nous contractons en cours de route, les contacts que nous avons avec d'autres cultures modifient-ils notre sentiment de l'appartenance ? Comment créons-nous de nouvelles communautés, endossons-nous de nouvelles identités ? Comment reterritorialisons-nous les vestiges de notre culture d'origine ? Quelles nouvelles façons d'être et de faire expérimentons-nous ? Comment créons-nous de nouvelles économies d'échange et de circulation des récits, des valeurs symboliques et politiques ? De fait, comment peut-on être ou devenir africain au milieu du tumulte que fait résonner l'appel millénaire à une identité globale homogénéisée – et transformée en marchandise.

NOTES — *

Texte paru, pour la première fois, sous le titre « Between localism and worldliness », dans *Art Journal*, n° 57, vol. 4, 1998, p. 32-36. Les notes qui suivent sont toutes de l'éditeur.

1

En 1803, Ibo Landing, ou Igbo Landing, a été le théâtre d'un suicide collectif d'Igbos captifs ayant pris le contrôle de leur navire négrier et refusé de se soumettre à l'esclavage aux États-Unis. La valeur morale de l'événement en tant qu'histoire de résistance à l'esclavage revêt une importance symbolique dans le folklore et l'histoire littéraire africains-américains.

2

Avec Gayatri Chakravorty Spivak et Edward Saïd, Homi Bhabha (*1949) fait partie des théoriciens et critiques postcoloniaux les plus influents sur la recherche contemporaine. Ses principales publications sont *Nation and Narration*, 1990, et *The Location of Culture*, 1994, traduit en français par Françoise Bouillot : *Les Lieux de culture. Une théorie postcoloniale*, Payot, Paris 2007.

3

[NdT] En réalité, l'expression « the measure of [her] dwelling » est d'abord empruntée au roman de Henry James, *The Portrait of a Lady* (1881) : « She could live it over again, the incredulous terror with which she had taken the measure of her dwelling », in Henry James, *The Portrait of a Lady*, Oxford University Press, « The World's Classics », Oxford 1981, p. 466.

4

Figure importante de l'anthropologie et de son histoire, James Clifford (*1945) est l'auteur de *The Predicament of Culture: Twentieth-Century Ethnography, Literature, and Art* (1988), de *Routes: Travel and Translation in the Late 20th Century* (1997) et *Returns: Becoming Indigenous in the 21st Century* (2013). Sa critique de l'autorité ethnographique, de l'anthropologie classique fondée sur l'objectification de « l'indigène » et de la construction du savoir anthropologique appuyée sur cette objectification a eu une influence considérable dans le champ de l'anthropologie et au-delà.

Anthology

Revue Noire

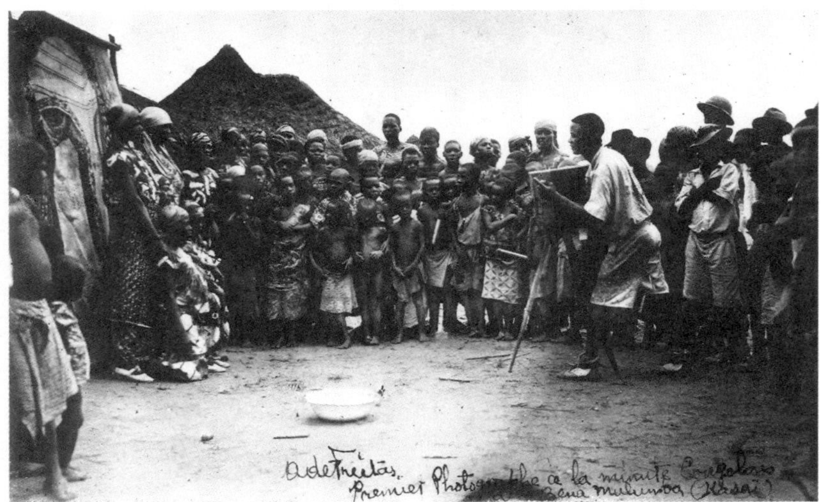

of african & Indian Ocean
Photography

XIX & XX century
NADAR Awards 1998 Les Gens d'Images

Couverture de l'édition anglaise de l'*Anthologie de la photographie africaine
et de l'océan Indien*, ouvrage publié par Revue Noire sous la direction de Jean Loup Pivin
et Pascal Martin Saint Léon en 1998 ; y figure une photographie prise par
Antoine Freitas, photographe congolais et pionnier de la photographie africaine,
à Bena Mulumba (Kasaï), République démocratique du Congo, en 1939 ; voir page 227

L'ouvrage a été publié en français, anglais et portugais.

La photographie africaine dans la culture visuelle contemporaine

Kobena Mercer

La « découverte » de la photographie africaine, c'est-à-dire sa construction en tant qu'objet d'étude et sa reconnaissance comme objet d'art et marchand, est un phénomène récent alors même que la photographie fut introduite en Afrique peu de temps après son invention[1]. C'est en effet au début des années 1990 qu'une poignée d'experts et de chercheurs, en majorité d'origine européenne ou nord-américaine, ont entrepris dans un climat d'intense compétition de défricher cette *terra incognita* de la culture africaine. Paru en 2001 dans *Camera Austria*, l'article de l'historien d'art états-unien Kobena Mercer (*1960) offre une analyse des manières de traiter de la photographie africaine selon ces divers promoteurs, posant ainsi les bases d'une réflexion sur les conditions de sa circulation.

La mise en circulation mondiale de la photographie africaine s'est opérée dans les années 1990. Plusieurs grandes expositions – dont *In/ Sight: African Photographers, 1940 to the Present*[2] (1996) au Guggenheim Museum de New York, *L'Afrique par elle-même* (1998) à la Maison européenne de la photographie de Paris, et *Africa by Africa* (1999) au Barbican Arts Center de Londres – ont alors permis au public de découvrir la diversité des pratiques photographiques. Le travail de Seydou Keïta (1921-2001), Malick Sidibé (1936-2016) et Samuel Fosso (*1962) a suscité une immense attention suite à la production de ce flot d'images. De fait, si le « visage » singulier de la photographie africaine constitue une nouvelle source de plaisir visuel, il soulève également de nouvelles questions quant à une lecture cosmopolite de l'histoire de la photographie. Le présent article propose une réflexion sur les différentes modalités de sélection des œuvres par les commissaires d'exposition et examine les paradigmes de recherche sous-jacents, révélant d'importantes disparités quant au regard porté sur la photographie africaine et la place qu'elle occupe dans le discours.

Selon Pline l'Ancien, « ex Africa semper aliquid novi » – de l'Afrique vient toujours quelque chose de nouveau. La richesse et la variété du matériau photographique que le continent livre aujourd'hui semblent donner raison à l'historien romain. Des trois expositions citées ci-dessus, celle de la Maison européenne de la photographie – que prolonge le catalogue intitulé *Anthologie de la photographie africaine et de l'océan Indien* – couvrait un champ historique étonnamment vaste. Des portraits de studio réalisés à Zanzibar, Dakar, Lagos et Le Cap vers 1890-1920 au travail photographique des artistes de la diaspora, en passant par le photojournalisme des années 1950-1960 et la photographie des agences de presse, une évidence s'impose : la « nouveauté », concernant l'histoire de la photographie africaine, est qu'elle est aussi vieille que l'histoire de la photographie occidentale !

Prises dans leur ensemble, les œuvres présentées dans les trois expositions permettent de poser l'hypothèse transculturelle d'une histoire de la photographie africaine coextensive à celle de la photographie en général – du moins, telle que l'Occident la conçoit. La chronologie selon laquelle la photographie africaine a évolué du portrait à la photographie d'art en transitant par le photojournalisme confirme l'idée que ce qui définit la photographie, en tant que procédé de fabrication des images, n'est pas tant la spécificité du médium que la diversité de ses usages sociaux et culturels. Par ailleurs, comme pour confirmer ce qu'Olu Oguibe, dans le catalogue d'*In/Sight*, appelle « l'absolue nécessité de l'entremise humaine »[3], les images produites par les photographes africains portent témoignage d'une dialectique inhérente à la culture visuelle de la modernité. D'une part, en effet, la photographie constituait l'un des instruments clés d'une technologie visuelle qui plaçait la représentation au centre de la politique colonialiste – l'appareil permettait de documenter les faits et gestes des explorateurs, des armées, des missionnaires et des administrateurs, produisant des images où l'Africain était toujours décrit comme radicalement « autre ». Mais d'autre part, pour que les images existent réellement, les Européens avaient besoin des Africains, car c'étaient eux, la plupart du temps, qui portaient l'encombrante chambre 30 × 50 dont dépendait le prétendu « regard colonial ». Cette double dynamique a produit une situation de transfert de technologie où le savoir-faire que l'Africain avait acquis en tant qu'« apprenti » du photographe européen s'est progressivement transformé jusqu'à devenir ce par quoi, en tant que sujet, il exprime aujourd'hui ses besoins expressifs et ses choix esthétiques.

Les studios photographiques dont le nombre se multiplie dans les villes portuaires et côtières à partir de 1890 témoignent de ce processus souterrain d'adaptation et d'appropriation. On doit à Alex Agbaglo Acolatse (1880-1975) d'élégants portraits sépia de la bourgeoisie togolaise, semblables aux portraits de l'élite locale que Ramilijoana (1887-1948) et Razakar (1871-1939) ont réalisés dans leurs studios de Madagascar. Ce point est important car il enrichit notre compréhension des phases d'hybridité transculturelle dans l'histoire de la photographie. Loin du mythe consacré de l'indigène superstitieux craignant que la caméra ne lui vole son âme, une photographie telle que celle prise en 1939 par Antoine Freitas (1919-1990) dans un village du Congo – où une foule curieuse et attentive entoure le photographe alors qu'il officie à l'extérieur – va à l'encontre du présupposé eurocentriste selon lequel les cultures africaines constitueraient l'antithèse de la modernité. Elle signale, au contraire, l'existence d'une histoire interactive, dans laquelle certains aspects des cultures africaines et européennes se sont modifiés sous l'effet d'une confrontation dynamique au sein des sociétés coloniales, dans les conditions d'inégalité que l'on connaît. Je me propose, à partir de ce contexte, d'évaluer les présupposés et limites de trois grands paradigmes de recherche, ma visée finale étant de parvenir à une interprétation synthétisante.

Des approches divergentes

Il peut paraître étrange de commencer par opposer les mondes anglophone et francophone – comme si les différences nationales pouvaient constituer un mode d'explication –, mais il est important de préciser qu'en matière de recherche, ce sont les Français qui ont initié le mouvement. L'*Anthologie de la photographie africaine et de l'océan Indien* est l'aboutissement d'une recherche menée par l'équipe éditoriale de la *Revue Noire* – Jean Loup Pivin, Pascal Martin Saint Léon et Simon Njami – depuis sa fondation en 1988. À peu près à la même époque, André Magnin, qui aime à rappeler que « la photographie a joué un rôle central dans ses recherches sur l'art de l'Afrique subsaharienne entreprises en 1987 », a commencé à collectionner les photographies de Seydou Keïta ; il est, par ailleurs, l'auteur d'une monographie sur Malick Sidibé[4].

Présentant sa recherche sous la forme d'un commentaire descriptif des conditions empiriques de production des images, André Magnin a

collaboré avec le chercheur malien Youssouf Tata Cissé (1935-2013) –
qui a rédigé les légendes des photographies de Seydou Keïta ; de même,
Jean Loup Pivin a travaillé avec Bouna Medoune Seye (1956-2017) au
Musée national du Mali, à Bamako. Le travail de collecte des données
concernant le nombre et l'état des images, la vie et la carrière des photographes, le contexte de leur pratique a été établi par les auteurs francophones : on peut donc les considérer comme les premiers acteurs
d'un processus ayant engendré un flot d'images dans lequel un matériau
jusqu'alors anonyme s'est vu « traduit » d'un environnement culturel à
un autre. La prose d'André Magnin, quant à elle, est certes riche en information factuelle, mais n'offre aucune réflexion critique sur les processus
par lesquels elle contribue activement à donner du sens et de la valeur
au matériau « découvert ». André Magnin déploie une démarche esthétique, évaluant les qualités stylistiques des photographies de Seydou
Keïta, mais évacue le fait qu'en tant que photographe de studio réalisant
des portraits pour sa clientèle de Bamako dans les années 1950-1960,
il ne considérait pas ses images comme des objets d'art destinés à être
exposés dans un musée ou une galerie.

L'équipe de *Revue Noire*, pour sa part, reconnaît s'intéresser à l'attrait
plaisant qu'exercent les styles distinctifs de la photographie africaine,
mais le caractère souvent impressionniste des commentaires – que les
auteurs veulent « poétiques » – tend à supplanter l'évaluation critique
du contexte colonial ou postcolonial de production des images. Dans la
mesure où ce type d'écrits ne semble guère développer une conscience
réflexive de la façon dont les images voyagent ou circulent, le doute s'insinue inévitablement : la recherche n'est-elle pas motivée par des intérêts
commerciaux ? N'est-ce pas là une forme néocoloniale d'appropriation,
qui coupe l'esthétique de la photographie africaine de son contexte social
et historique ? Ces questions se font jour avec la différence qu'introduisent les écrits d'Okwui Enwezor et d'Olu Oguibe – lesquels n'ont pas
seulement fondé [en 1994] la revue *Nka: Journal of Contemporary African Art*,
mais ont également participé à l'organisation de nombreuses expositions
internationales, comme la seconde Biennale de Johannesburg (1997) –
qui ont transformé la réception de l'art contemporain.

Contrastant avec la démarche des auteurs francophones, l'approche
d'Okwui Enwezor et d'Octavio Zaya, telle qu'ils la précisent dans l'introduction au catalogue *In/Sight*[5], « se soutient d'une ambition critique :
rendre compte des facteurs historiques, sociaux et politiques qui
distinguent la photographie africaine comme objet d'intérêt esthétique ».

Ce qui ressort de leur perspective est une torsion dialectique par laquelle les photographes africains deviennent les instruments actifs d'une destruction de l'imagerie « primitiviste » – celle-là même que la photographie du XIXe siècle, suppôt par excellence du pouvoir colonial, avait engendrée en resserrant les liens entre art, science et spectacle[6].

Okwui Enwezor et Octavio Zaya mettent explicitement en avant une éthique de la « traduction » transculturelle lorsqu'ils écrivent : « puisqu'aucun langage ne préexiste par lequel on pourrait décrire l'activité photographique telle qu'elle se propose en Afrique (encore qu'elle ne soit pas différente de celle des autres régions du monde), ce qui ressort de l'interprétation du regard ou du champ de vision est qu'elle revendique implicitement son titre de propriété »[7]. Pleinement conscients des conditions politiques qui compliquent, par leur dissymétrie, les rapports que l'Afrique et l'Europe entretiennent avec l'art, la culture ou le commerce, ils déclarent : « Il existe des structures qui, historiquement, se sont approprié l'accès, la diffusion, la circulation et la représentation de l'art africain, de Londres à Paris en passant par Zurich ; et cette appropriation, cette restriction et ce contrôle se sont aussi exercés sur la photographie. Comment donc pouvons-nous aborder les questions de représentation, d'image de soi et de liberté artistique quand ces initiatives sont elles-mêmes contrées par des impératifs économiques plus puissants et que les aléas du contrôle social et épistémologique sont eux-mêmes soumis à l'influence du pouvoir et du droit de regard ? »

Une nette disparité se fait jour à ce stade. Là où les auteurs francophones nous offrent une description de qualité qui reste très proche des résultats « bruts » de la recherche, les auteurs anglophones se préoccupent de la politique culturelle de l'interprétation des œuvres d'art. Certes, André Bazin et Roland Barthes sont tous deux ostensiblement absents des écrits d'André Magnin ; et certes, le vocabulaire post-structuraliste de la théorie critique n'est pas la prose favorite de *Revue Noire*. Mais la démarche des auteurs de *In/Sight* rencontre elle aussi ses limites, en ceci que leur interprétation de la « différence » stylistique tend à être surdéterminée par une volonté politique de redresser une somme d'inégalités héritées du colonialisme.

De telles différences qualitatives signalent une disparité des situations institutionnelles. La validité du propos d'Okwui Enwezor et d'Octavio Zaya n'est pas mise en doute, car la circulation des photographies de Seydou Keïta constitue un cas d'école. D'abord exposé au

Centre for African Art de New York dans le cadre de l'exposition *Africa Explores* (1991) de Susan Vogel, son travail a ensuite été montré par André Magnin, qui l'a introduit auprès de la Fondation Cartier (Paris) puis fait entrer dans la collection de l'industriel Jean Pigozzi – dont l'intérêt pour l'art contemporain africain date, dit-on, de sa visite de l'exposition du Centre Pompidou, *Magiciens de la terre*, en 1989[8]. Contestant la lecture « néo-primitiviste » de l'art africain, le modèle d'*In/Sight* met au jour l'existence d'une dialectique tendue entre l'appareil de contrôle que représente la photographie coloniale et la naissance de la photographie africaine comme mode distinct de fabrication de l'image. Un regard plus attentif permet néanmoins de déceler d'étonnantes convergences dans la manière dont les deux démarches « traduisent » des artéfacts jusqu'ici anonymes en objets d'art.

**« Traduire » l'art et la culture,
ou comment les images se transportent**

Dans quelle mesure la circulation actuelle de la photographie africaine fait-elle écho au détournement de la sculpture tribale comme influence moderniste au début du XXe siècle ?

Dans son analyse du « système artistique et culturel », James Clifford montre comment les pratiques occidentales de taxinomie et de classification se chargent de « traduire » les artéfacts non occidentaux en objets qui, dans le processus, acquièrent une valeur esthétique. À la lumière de cette analyse, nous pouvons dire que derrière la diffusion de plus en plus ample de la photographie africaine, il y a aussi une opération de « traduction » transculturelle[9]. Une foule de photographies anonymes répondant aux besoins les plus divers – réaliser un portrait, un instantané, conserver une trace – font aujourd'hui l'objet d'un repositionnement : transférées dans les musées et les galeries, elles deviennent des objets d'art individualisés, différenciés qui, de ce fait, sont esthétiquement et commercialement prisés. Ces transferts s'étant opérés dans un contexte d'inégalité politique et économique, tout débat visant à conceptualiser les interactions culturelles entre l'Afrique et l'Europe se révèle complexe, mais cette complexité est souvent éclipsée par la crainte éthique de « décontextualiser » l'art africain. Le pillage de l'art tribal pendant la conquête coloniale fait inévitablement écho au rapt des Africains vendus comme esclaves et à l'inhumaine terreur qu'il inspirait.

Hal Foster, analysant le primitivisme moderniste, fait un parallèle très net entre la logique d'extraction de l'économie coloniale et la fonction d'« abstraction » que remplissent les artéfacts africains eu égard à la rupture opérée par Pablo Picasso dans *Les Demoiselles d'Avignon* (1907), où l'« altérité » du corps de la femme noire est l'instrument par lequel l'artiste occidental accouche de lui-même[10]. Plus généralement, il n'a pas été nécessaire de s'entendre sur telle ou telle conception de l'art africain pour rejeter la décontextualisation, conséquence structurelle de l'économie de marché moderne (laquelle inclut les marchés de l'art et de la culture). Adoptant le paradigme anthropologique du sauvage, certains défendent le point de vue puriste ou folkloriste selon lequel la décontextualisation constitue une perte d'authenticité ; d'autres, se plaçant dans une perspective essentialiste, voient dans cette perte un motif à restitution et réparation, l'implication étant que les objets « volés » ne peuvent trouver leur sens qu'une fois rendus à leur culture d'origine. Dans la façon dont les deux points de vue traitent la « culture » – comme le bien fixe et inaliénable d'une identité ethnique –, une convergence implicite se fait jour, qui sous-estime le degré d'ambivalence auquel l'interaction culturelle livre les identités.

Se souvenir que la décontextualisation est l'une des conditions premières de la « polysémie » de l'image photographique permet de desserrer le lien entre esthétique et politique, et ainsi d'entrevoir une complexité insoupçonnée de la « rencontre coloniale ». C'est à Olu Oguibe que nous devons l'idée selon laquelle la photographie dite « africaine » n'a d'existence que dans un rapport dialectique ou dialogique à l'histoire de la photographie occidentale. Cependant, l'importance accordée, par les auteurs d'*In/Sight*, à la question du « contrôle social et épistémologique » signale ici une conception de la culture comme bien propre, qui semblerait reconduire l'ancien débat, à ceci près que l'accent est mis sur la dynamique que représente le mélange ou l'hybridité des cultures – dynamique dans laquelle certains éléments culturels discrets, tels que l'appareil photographique, ne peuvent être considérés comme propriété fixe et inaliénable du discours de l'identité culturelle. Olu Oguibe nous fournit un exemple probant de la manière dont la photographie, pourvu qu'on l'envisage comme un système de signes, peut s'ouvrir à des modifications et altérations inattendues sous l'effet de processus de traduction transculturelle.

Parlant des *ibejis*, ces figures jumelles traditionnellement fabriquées par les Yorubas pour honorer le jumeau défunt, Olu Oguibe explique comment des photographies reproduisant deux fois la même image peuvent servir d'effigies spirituelles, assumant la fonction précédemment dévolue aux statuettes de bois[11]. Il montre que, loin de tout naturalisme ou réalisme, lorsqu'une photographie est « indigénisée », personnalisée, en somme adaptée aux conventions locales, c'est son pouvoir d'invocation qui est prisé, et non sa capacité empirique à traduire la ressemblance.

Le processus de « traduction » enclenché par l'essor, au tournant du XXe siècle, de la photographie de portrait dans les villes portuaires est un bon indicateur de la dynamique qui préside à la naissance de la photographie africaine. Présentant le portraitiste afro-brésilien George Da Costa (1853-1929), qui abandonna son poste de directeur de la librairie de la Church Missionary Society pour ouvrir un studio à Lagos en 1895, Olu Oguibe écrit : « Loin de décrire une société de ‹ cannibales › et de ‹ barbares impies ›, ses photographies nous révèlent un monde cosmopolite fortement imprégné de la conscience des autres cultures » ; sa clientèle, en effet, se compose de « marchands internationaux, d'avocats prestigieux, de politiciens occupés à courir le monde, de magnats de la presse et de femmes de la haute société »[12]. George Da Costa, que le publicitaire londonien Allister Macmillan considérait comme « le photographe professionnel le plus talentueux et le plus célèbre du Nigéria » avait plusieurs concurrents – dont les frères Lisk-Carew, fabricants de cartes postales en Sierra Leone (actifs 1905-1925), et N. Walwin Holm (1865/6-circa 1927), qui ouvrit un studio à Accra (Ghana) en 1883 et entra à la Royal Photographic Society de Londres en 1897. Dans ce foisonnement cosmopolite qui donne naissance à la tradition du portrait photographique en Afrique, une dialectique se fait jour entre apprentissage et autonomie. Ainsi, dans les années 1920, le photographe sénégalais Mama Casset (1908-1992) se forme d'abord auprès de l'expatrié français Oscar Lataque avant d'ouvrir son propre studio à Dakar, après la Seconde Guerre mondiale ; de même, Meïssa Gaye (1892-1982) commence sa carrière comme préposé aux photographies d'identité dans l'administration avant d'ouvrir son propre studio – Tropical – à Saint Louis, en 1945.

Si elle met en évidence l'importance de l'appropriation des usages de la photographie comme moteur de la création des premiers studios – prouvant ainsi que le médium photographique n'était pas en essence l'apanage de l'oppresseur –, l'analyse d'Olu Oguibe tend cependant à sous-estimer l'importance du phénomène sociologique d'« équivalence » transculturelle, à savoir le fait que la photographie, en facilitant l'accès de la bourgeoisie urbaine à sa propre image, a rendu le portrait africain « semblable » au portrait occidental. Ce qui est en jeu, dans cette question de savoir où l'accent doit se porter, ce sont les tensions entre l'histoire de l'art et l'anthropologie eu égard à leur interprétation respective des « différences » stylistiques et sémiotiques que produisent les écrits sur la culture africaine moderne. Bien qu'elle prenne acte de l'influence des déterminants politiques – coloniaux, postcoloniaux ou néocoloniaux – sur la pratique photographique, l'approche des auteurs de *In/Sight* tend vers un modèle « auteuriste », soucieux de déceler une intention artistique chez des « artisans » qui n'envisageaient pas nécessairement leur travail comme relevant d'un projet esthétique. Dans ces conditions, où le besoin d'« auteur » est la conséquence de notre « lecture » d'images longtemps anonymes, ne faudrait-il pas se pencher davantage sur le rôle que les critiques et les commissaires d'exposition jouent dans la construction et la mise en circulation des artéfacts comme « objets d'art » ?

Identifier les intentions de façon à établir la « fonction auctoriale » a toujours constitué l'une des opérations majeures du système artistique et culturel moderniste. Jusqu'où inventons-nous l'objet lorsque nous disons artistiques les images de Cornelius Yao Augustt Azaglo (1924-2001) qui faisait des photographies d'identité de paysans et de marchands dans son studio à ciel ouvert à la frontière du Ghana et de la Côte d'Ivoire – la contenance impassible des modèles se « retournant » rétrospectivement en confrontation avec le spectateur ? Non que la question essentielle soit celle du décalage entre l'intention du photographe et la traduction que nous faisons de ses images à une époque où il n'est plus possible de les regarder sans penser aux *Mondes dans une petite pièce* (1970) d'Irving Penn ; elle serait plutôt celle de la décontextualisation, dont la logique est telle que nous ne retrouverons ou ne reconstruirons jamais le sens véritable de ces photographies faites à « l'intention » des douanes locales et des services d'immigration. Cette situation n'engendre-t-elle pas un désaccord possible entre deux conceptions – l'une, « auctoriale », donnant la priorité aux intentions de l'encodeur, et l'autre, tournée vers la réception, privilégiant le lecteur comme décodeur de la polysémie photographique ?

Si, comme le suggère Olu Oguibe, les photographes africains ont un rôle d'« opposants » à jouer, la fonction du portrait de studio devient de contrer l'imagerie impérialiste et de réfuter les stéréotypes. L'hypothèse selon laquelle les photographes africains auraient voulu « redresser » les déformations induites par le regard colonial permet certes d'ancrer certaines caractéristiques stylistiques dans un contexte social et historique, mais comporte également le risque d'une réduction de l'éventail des pratiques africaines au seul modèle « auteuriste » de la photographie d'art. Par exemple, l'une des principales qualités du portrait de studio africain, comme l'ont bien remarqué la plupart des auteurs, est l'atmosphère intime et détendue qui caractérise l'univers commun au photographe et au client, et confère au genre son propre répertoire visuel – très différent de ce que produit la distinction tranchée, en Occident, entre sujet et objet de la représentation. Mais cette différence qualitative n'implique pas nécessairement une intention de subvertir, de défier ou de détruire le regard colonial. Ne pourrions-nous pas envisager aussi la possibilité que les photographes africains et leur clientèle aient été plus ou moins indifférents à l'image que les Européens se faisaient d'eux ?

En faisant de la réfutation des codes visuels coloniaux le marqueur de la « différence » de la photographie africaine, les auteurs d'*In/Sight* courent aussi le risque d'oublier une donnée fondamentale, à savoir que la photographie coloniale n'avait pas pour vocation première d'être exposée en Afrique, mais d'être distribuée et consommée en Occident. Dans la mesure où la culture visuelle s'y est développée sur la base de l'imprimé – les journaux, les magazines, les livres servant de support à la circulation de la photographie –, ce n'est pas en Afrique subsaharienne que l'afflux d'images coloniales a eu le plus d'impact, mais dans les sociétés métropolitaines, composées entre autres des populations africaines de la diaspora. À considérer le travail des portraitistes africains-américains de l'époque – par exemple, James Presley Ball (1825-1905), qui vivait dans l'Ohio –, on peut dire que le besoin de réfuter le regard raciste s'exprimait surtout chez les Noirs de la diaspora, qui ne pouvaient s'identifier facilement à l'« Afrique », son « altérité » s'interposant telle une barrière dressée par le fantasme colonial[13]. Si le modèle dialogique de la « riposte » peut être perçu comme un instrument nécessaire à la formation de l'image de soi dans le contexte de la diaspora, il n'en va pas de même en Afrique, où les rapports politiques ont été définis, dans des conditions historiques et sociales très différentes, par la « réponse » à la domination coloniale que constituent certaines formes d'adaptation et de résistance culturelle.

Une approche transversale du flot d'images

Je poserai l'hypothèse que l'approche des « Visual Studies » offre peut-être une solution au dilemme de la décontextualisation que le modèle « auteuriste » de *In/Sight* et de *Revue Noire*, pour sa part, laisse ouvert. Les deux expositions présentent une sélection d'images de *Drum,* le magazine de Jim Bailey[14] qui, refusant la discrimination, employait des photographes tels que Bob Gosani (1934-1972) et servit de tremplin à Alf Kumalo (1930-2012) et Peter Magubane (*1932). De David Goldblatt (1930-2019) à Santu Mofokeng (1956-2020) et Zwelethu Mthethwa (*1960), le réalisme notoirement pointu du photojournalisme sud-africain reflète le mouvement par lequel le développement d'une infrastructure commerciale dans les villes a permis un certain degré de spécialisation chez les photographes et, en conséquence, l'apparition de praticiens individuels dotés d'un style propre. L'imprimé constitue donc un facteur structurel du développement de la photographie africaine dans la période qui a suivi les Indépendances. Un autre facteur structurel, pour le versant artistique de la pratique, est le réseau de connexions qui s'est établi par-delà les frontières, nombre de photographes africains résidant en Europe. La thématique du déplacement joue un rôle très important dans le travail des Africains de la diaspora – je songe par exemple à l'écrivain et photographe algérien Mohammed Dib (1920-2003), à l'artiste marocain Touhami Ennadre (*1953) installé à Paris, ou encore au photographe britannique d'origine nigériane Rotimi Fani-Kayodé (1955-1989). Ce qui mérite réflexion, outre la spécificité régionale, ce sont les voies intertextuelles qu'emprunte l'esthétique de la diaspora pour se rabattre sur les espaces fictifs de la « terre d'origine ».

Les textes de Manthia Diawara (*1953) offrent un bon exemple d'une approche en termes de culture visuelle. Réintroduisant le studio de Seydou Keïta à Bamako parmi les principaux éléments du paysage urbain – la gare, le marché, la prison et le cinéma –, il écrit : « J'éprouve le même sentiment devant les portraits de Seydou Keïta que devant le film de Charlie Chaplin, *Les Temps modernes* (1936). Les sujets photographiés sont semblables à nous, mais ils ne sont pas nous. Ils sont notre histoire, l'histoire de notre Modernité. Ils ont ceci de troublant qu'ils nous représentent sans nous représenter »[15]. Puisant dans l'autobiographie de quoi secouer l'immobilisme du discours historique et ethnographique, Manthia Diawara choisit la voie à double sens de l'Afro-Modernité et en fait l'horizon conceptuel de sa lecture « située ». Il nomme ouvertement l'attrait esthétique que le trouble identificatoire exerce sur les spectateurs contemporains. Il reconnaît que cette oscillation entre le « nous/ pas nous » est précisément ce qui fait la séduction, au niveau sémiotique, de la photographie africaine : c'est elle qui, dévoilant le caractère polysémique ou pluriel des mondes décrits, les rend d'autant plus fascinants.

Il est frappant de voir à quel point l'actuel succès de la photographie africaine est redevable à cette polysémie. Certains spectateurs « règlent » le problème en considérant que l'ambivalence est l'expression de l'incommensurabilité culturelle ; d'autres sont tentés par l'attrait de la sur-identification ; pour d'autres enfin, c'est un peu tout cela à la fois. La parodie des autoportraits de Samuel Fosso à laquelle se livre Janet Jackson dans son clip *Got Till It's Gone* (1998) suggère que l'expression culturelle de la diaspora africaine dépend peut-être, pour une part, d'un processus de décontextualisation, qui prend possession des images pour les soumettre à des usages non désirés. L'un des moments les plus surprenants, pour moi, de l'exposition de *Revue Noire* a été la découverte du portrait de l'Empereur Haïlé Selassié réalisé, dans les années 1920, par l'Arménien Bedros Boyadjian (1868-1928), photographe officiel de la cour d'Éthiopie[16]. Son image transforme l'empereur en une icône de la culture rasta tout droit sortie de la pochette de l'album *Exodus* de Bob Marley (1977). Pouvoir identifier l'auteur nous permet aujourd'hui de comprendre à quel point les différentes diasporas – l'africaine et l'arménienne, dans le cas présent – ont partie liée dans la constitution des cultures visuelles de la modernité.

Enfin, en abandonnant l'idée de culture comme « bien inaliénable » au profit du terrain instable des phénomènes d'appropriation et de contre-appropriation, le thème récurrent de la parallaxe transculturelle semble aller dans le sens d'une sociologie de l'hybridité à la Jan Nederveen Pieterse (*1946). Fort de l'idée que les croisements hybrides ne perturbent pas toujours la norme par la seule vertu de la « différence », l'universitaire néerlandais pose que les correspondances et « équivalences » transculturelles ont elles aussi le pouvoir de défier les systèmes ordinaires de classification qui fixent les limites rigides entre « nous » et ce qui n'est « pas nous »[17]. Ce qu'il y a d'intéressant à propos de ces trésors d'archive photographique et des différentes voies d'approche qu'ils suscitent, c'est que ce ne sont là que quelques-unes des grandes pistes pour l'enquête sur le passé que l'avenir nous réserve.

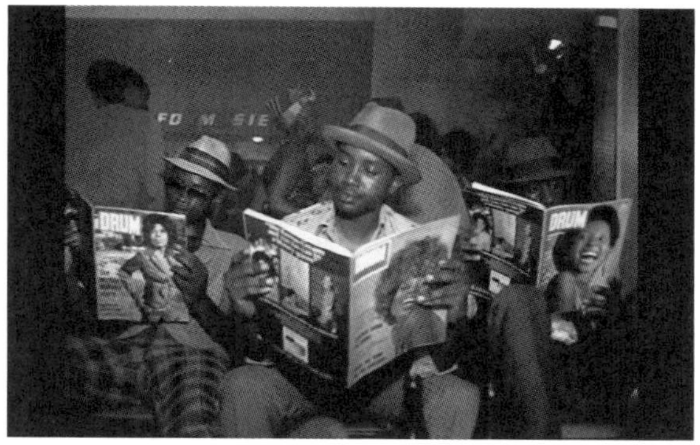

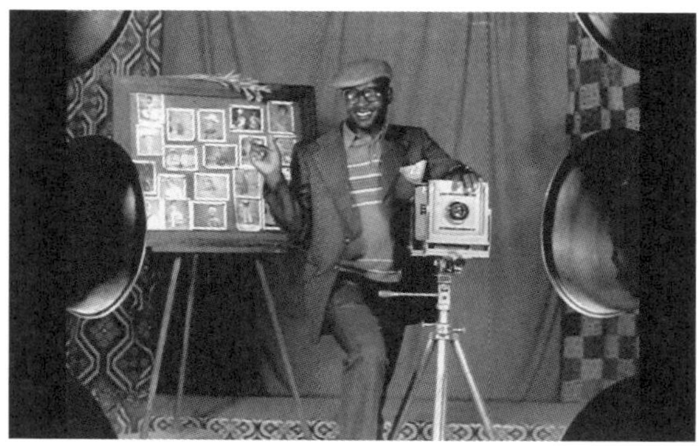

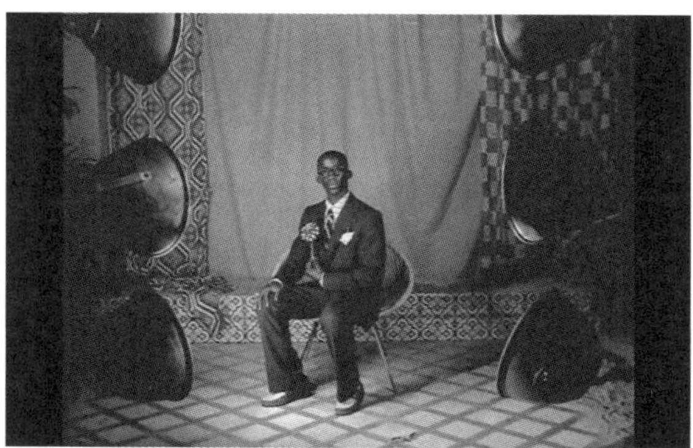

Images issues du clip de la chanson
Got Til It's Gone de Janet Jackson, 1997
Réalisé par Mark Romanek,
il reçoit le Grammy Award
du meilleur clip en 1998.

En haut : des lecteurs de *Drum*, le « premier magazine noir lifestyle » ; au milieu et en bas : re-création de portraits typiques de « l'âge d'or » de la photographie de studio africaine

NOTES — *

Texte paru, pour la première fois, sous le titre « African Photography in Contemporary Visual Culture », dans *Camera Austria*, n° 75, 2001, p. 28-37.

1

[NdE] Voir Stephen F. Sprague, « Yoruba Photography: How the Yoruba see Themselves », *African Arts*, vol. 5, n° 1, 1978, p. 9-29, https://repository.upenn.edu/svc/vol5/iss1/3.

2

Voir *Camera Austria*, n° 56, 1996, p. 97.

3

Olu Oguibe, « Photography and the Substance of the Image », in Clare Bell, Okwui Enwezor, Danielle Tilkin, Octavio Zaya (éds.), *In/Sight: African Photographers, 1940 to the Present*, Guggenheim Museum/ Abrams, New York 1996.

4

André Magnin, *Seydou Keïta*, Scalo, Zurich/ New York 1997. Voir aussi Youssouf Tata Cissé, *Seydou Keïta*, Centre national de la photographie, Paris 1995 ; André Magnin, *Malick Sidibé*, Scalo, Zurich/New York 1998.

5

Okwui Enwezor et Olu Oguibe, « Colonial Imaginary, Tropes of Disruption: History, Culture and Representation in the Works of African Photographers », in *In/Sight, op. cit.*, p. 17-47.

6

Voir Elizabeth Edwards (éd.), *Anthropology and Photography: 1860-1920*, Yale University Press, New Haven, 1992 ; Nicholas Monti, *Africa Then: Photographs, 1840-1919*, Knopf, New York 1987.

7

Ici et suivante : *In/Sight, op. cit.*, p. 21, p. 22.

8

La collection Jean Pigozzi a fait l'objet d'un article de John Picton, « In Vogue, or the Flavour of the Month: The New Way to Wear Black », in Olu Oguibe et Okwui Enwezor (éds.), *Reading the Contemporary: African Art from Theory to the Marketplace*, Institute of International Visual Arts, Londres 1999,

p. 114-126. Voir aussi *Contemporary African Art from the Jean Pigozzi Collection*, catalogue de vente aux enchères, Sotheby's, Londres 1999.

9

James Clifford, « On Collecting Art and Culture », in *The Predicament of Culture*, Harvard University Press, Cambridge 1988. Voir aussi Annie Coombes, *Reinventing Africa*, Yale University Press, New Haven 1995.

10

Hal Foster, « The ‹ primitive ›, the unconscious of modern art, or White skin, black masks », in *Recordings: Art, Spectacle, Cultural Politics*, Bay Press, Seattle 1986.

11

Olu Oguibe, *In/Sight, op. cit.*, p. 231-250. Il se fonde sur la description de Stephen F. Sprague, « Yoruba Photography: How the Yoruba See Themselves », art. cit.

12

Olu Oguibe, *op. cit.*, p. 233.

13

Deborah Willis, *Reflections in Black: Afro-American Photographers, 1840 to the Present*, Norton, New York 2000.

14

[NdE] Pilote de chasse pendant la Seconde Guerre mondiale, écrivain, poète et éditeur anglo-sud-africain, James Richard Abe Bailey, dit Jim Bailey (1919-2000), est le cofondateur en 1951 de *Drum*, le « premier magazine noir lifestyle », longtemps le magazine le plus lu en Afrique.

15

Manthia Diawara, « Talk of the Town », *Artforum International*, vol. XXXVI, n° 6, février 1998, p. 70. J'ai éprouvé la même ambivalence devant les portraits de Seydou Keïta. Voir Kobena Mercer, « Home from Home: Portraits from Places In-Between », in *Self Evident*, cat. exp., Ikon Gallery, Birmingham 1995. Sur l'utilisation de l'autobiographie dans les Visual Studies, voir aussi Manthia Diawara, « The 1960s in Bamako: Malick Sidibé and James Brown », in *Paper Series on the Arts, Culture and Society*, Andy Warhol Foundation for the Arts, Pittsburgh 2001.

16

Richard Pankhurst et Denis Gérard, « Photographes de cour en Éthiopie », in *Anthologie de la photographie africaine et de l'océan Indien*, *op. cit.*, p. 133-146.

17

Jan Nederveen Pieterse, « Globalization as Hybridization », in Mike Featherstone *et al.* (éd.), *Global Modernities*, Sage, Londres 1995.

v — Frictions : changer les termes des qualifications

out the subject's ability to self-articulate, to not only enunciate but also expantiate, to exercise their author-rity.

The Pornographic Intent

The effaced African artist, the faceless, anonymous native, is the correlative of Fanon's "palatable Negro," the tolerable, consumable Other who, stripped of authority and enunciatory autonomy, is opened to the penetrative and dominatory advances of the West. The appeal of the faceless, anonymous native is in the fact that she is also a pornographic object, a docile, manipulable object of desire and pleasure. Pornography as a strategy rests on the localization of desire and the intensification of pleasure through the effacement of the subject, the detachment of the locality of desire from the web of subjective associations and reality which impinge on the possessor's sense of social responsibility. In other words, its principal device is the objectivization of the source of pleasure, and through this, the banishment of guilt. For maximum derivative effect, the purveyor as well as the consumer of pornography must detach and frame the object, this enhanced through the combined mechanisms of magnification and erasure, the decapitated close-up which fills the frame with only that which satisfies the specifications of desire. Even this is further aided by positioning the object within an appropriate narrative, the right sound, the further from speech the better, all of which, by playing on the extremes of perversion and provocativeness sufficiently hold it within the frames of the spread. Of course, the erasure of the subject, or her transfiguration into the realms of virtuality, equally consolidates the purveyor's fiction of ownership, and thus of power. And power, the ability to possess unquestionably, to exercise uncontested authority over and manipulate at will, is the essence of pornography.

It has been argued, and rightly so, that the pornographic object is a colony, the terminal site of the colonized body. In occidental discourses African artists and African art in turn continue to occupy this site. Decoupled and anonymized, each is turned into a silent colony, a vassal enclave of pleasure and power. Each is fragmented and projected in close-up sequences and pastiches which magnify pleasure for the all-knowing critic or collector. Each is parcelled and packaged to suit the West's machinations and taste, to satisfy its desires and fit within its frames of preference.

Even the pricing of contemporary African art and artists on the international art market positions them within the frame of the cheap, pornographic object. Once, an art dealer friend of mine received a painting by Gerald Santoni, the Ivorian artist, from one of the leading galleries in New York, with a price tag that would be considered quite modest in a graduate exhibit.

Santoni is a deservedly well regarded artist whose work has been shown at the Biennials of Venice and Sao Paolo and other reputable international and contemporary art spaces. He has practised for several decades and, even with the fragmentation of values which ostentatiously characterises our age, his works would be generally considered to be of the highest standard. But Santoni is underpriced because he and his work are displaced into the frame of the pornographic as

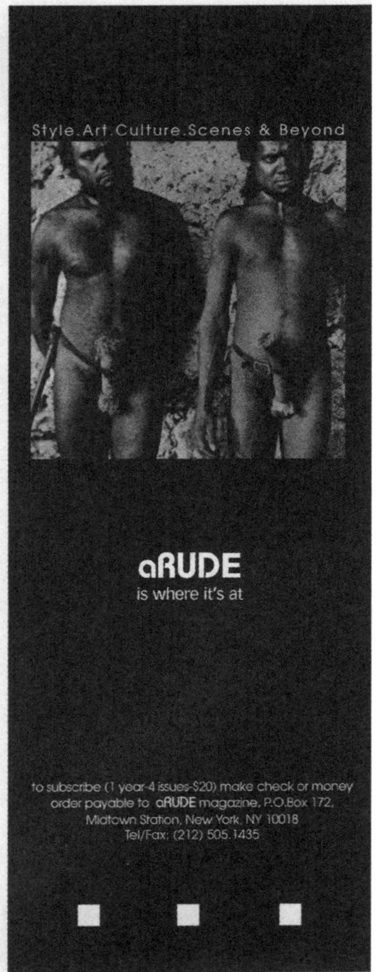

Mise en page originale de la première parution de l'article d'Olu Oguibe dans la revue *Nka : Journal of Contemporary African Art*, n° 3, automne-hiver 1995

Art, identité, frontières : l'art africain contemporain et le postmodernisme

Olu Oguibe

L'artiste et historien d'art Olu Oguibe (*1964) publie cet article pour la première fois dans *Nka : Journal of Contemporary African Art* en 1995. Il y formule une réponse cinglante à l'idée d'art contemporain africain telle qu'elle s'imposait alors sur le terrain institutionnel et marchand sous les traits de la collection de Jean Pigozzi. La version publiée ici est issue de son recueil *The Culture Game* (2004) et dévoile la palette de son projet analytique d'une critique institutionnelle nourrie aux études postcoloniales. Il s'y livre à un examen cinglant du regard exotisant entravant, selon lui, la pleine reconnaissance de l'art contemporain africain. Par l'expression « culture game », il désigne le système surplombant par lequel le parcours de l'artiste africain se trouve tout à la fois tracé a priori et totalement miné.

Interrogeant le peintre ivoirien Ouattara[1] pour un volume d'entretiens illustrés, le critique états-unien Thomas McEvilley[2] lui demande : « Où et quand êtes-vous né ? » Le peintre répond, réprimant une vague irritation. La question pourrait paraître innocente et banale, d'autant que le but avoué est de nous présenter un peintre relativement peu connu. Que Thomas McEvilley procède de la sorte, s'enquérant de façon détaillée sur les origines du peintre, semble donc justifié. Le critique poursuit avec cette autre question : « En 1957, Abidjan était-elle déjà, comme aujourd'hui, un grand centre urbain ? » À quoi Ouattara fournit la réponse attendue. Sur la page, en regard du texte de l'entretien, figure une photographie de l'artiste, dont le visage songeur dit assez l'impatience que suscite en lui l'angle d'attaque du critique. On sent presque la tension monter en lui. Thomas McEvilley, en revanche, est très détendu, comme nous le révèle une lecture attentive du texte. Pour lui, la conversation prend bonne tournure. Il est à l'aise. Et puisqu'il est à l'aise, l'autre l'est aussi – forcément. Sans quitter l'artiste des yeux, il puise mentalement dans sa collection de cartes postales et en sort l'image d'un vieil autobus africain portant au flanc cette formule populaire : « Dans la vie, rien ne presse ». Et puis, il le sait bien : c'est dans la nature de ces gens d'être ainsi – patients, généreux, accommodants. Prenant la vie du bon côté, il parcourt mentalement l'atelier, oublieux de son interlocuteur qui a commencé à s'agiter sur sa chaise, à maugréer entre ses dents. Comme on pouvait s'y attendre, l'homme blanc ne sait pas lire le visage de l'indigène. Ses gestes sont pour lui des signes invisibles.

Le critique effleure sa barbe de son stylo et dit, sur le ton de quelqu'un qui s'adresse à un enfant au premier jour d'école : « Et si vous me parliez un peu de votre famille ? » Tiens donc ! Ouattara bouillonne. Mais seulement dans son for intérieur. Comme un gentleman. Ultime tour de singe. Il comprend – car tout dans son histoire l'a déjà préparé à comprendre et à accepter – qu'en ayant commerce avec le pouvoir que Thomas McEvilley incarne, il s'engage dans un jeu de survie où les forces sont inégales, un jeu qu'il lui faut jouer finement s'il ne veut pas en subir les conséquences, un jeu qu'il doit aborder avec patience pour n'être pas annihilé, effacé, un jeu auquel il lui faut consentir pour sauver sa peau. Vivant à New York, Ouattara a bien compris comment, par-delà les frontières géographiques du déplacement, le numérique a aseptisé désormais jusqu'à l'effacement, en faisant un acte propre et sans trace. Il sait à quel point la rature, la marque hideuse de l'annulation et de l'effacement, la page biffée, scarifiée, l'inscription portée en marge, tout ce qui pouvait témoigner du processus d'oblitération et, partant, le subvertir est désormais chose du passé, et que l'objet excisé disparaît aujourd'hui en même temps que la preuve de son excision, vouant l'effacement lui-même à l'absence de trace. Ce savoir se double du caractère inquiétant du lieu où il prend forme. Ouattara comprend le besoin qu'il a de Thomas McEvilley, l'intérêt qu'il a à gagner sa sympathie. Il reconnaît – mais avec quelle douleur – que le terrain qu'il occupe, le terrain auquel il est perpétuellement consigné, circonscrit, est un terrain placé sous haute surveillance, où chaque mot, chaque geste entraîne de lourdes conséquences tant pour la personne qu'il est – l'Africain – que pour l'art qu'il pratique. Plus important encore : il reconnaît que ce terrain est un avant-poste, un emplacement à la périphérie de la principauté que Thomas McEvilley représente, un poste frontière dont le critique est l'officier en chef. Tel est le lieu dévolu à l'artiste africain qui a commerce avec un Occident irrespectueux de son domicile.

Alors, retenant son souffle, serrant les dents pour faire barrage silencieusement mais énergiquement à la demi-douzaine de noms d'oiseaux qui s'agitent dans sa tête alors qu'il s'exhorte au calme, Ouattara énonce sa seule mais vaine demande : « Je préférerais qu'on parle de mon travail. » Nous y voilà ? Pas tout à fait. La circonspection polie de l'artiste reste sans écho. D'un geste adroit mais ferme, Thomas McEvilley congédie la remarque et reprend le cours de ses questions. Il se sent maître de la situation, il faut que cela se voie. « S'il braille, lâche-le ! » conseille un vieux dicton de planteur. Mais non. Ce ne sont pas les protestations d'un indigène qui vont l'ébranler. Le maître triomphera cette fois. Décrivant les villageoises de Huxian dans *Des Chinoises*, Julia Kristeva se figure l'indigène comme une présence silencieuse[3]. En lisant le récit de la rencontre entre Ouattara et Thomas McEvilley, on songe à un autre type de présence silencieuse, plus proche sans doute de celle qu'a identifiée l'écrivain nigérian Chinua Achebe (1930-2013) dans *Au cœur des ténèbres*[4], le roman de Joseph Conrad : l'indigène dont le silence, devenant objet de projection, peut être dit « signifiant ». Bien que ce ne soit pas un silence au sens propre, sa présence est palpable, car dans la confrontation entre l'Un et son Autre, entre le sujet dominant et l'objet de son questionnement, par-delà les récits dont on se berce et la ritournelle rhétorique des constructions plaisantes de l'altérité, ce qui sort de la bouche de l'indigène ne relève pas du discours. Ce qu'il dit est relégué à la sphère du guttural, redirigé et confiné à la périphérie du sens, à l'espace de l'inintelligible, là où les mots se livrent une lutte sauvage et les sons se transforment en bruits, mimant le langage de façon surréelle. Dans cet espace déshérité où règne l'incohérence, l'énonciation devient silence puisqu'on lui dénie le privilège d'un public. Et sans public, il n'y a pas de discours.

Qu'on le traque tel Roland Barthes à Tanger ou qu'il s'insinue entre les étals d'un marché à Abidjan, le fumet ésotérique qui se dégage du discours de l'indigène constitue bien sûr l'ultime point de fixation du désir occidental, l'objet privilégié de sa quête de plaisirs exotiques. Mais le voyage n'est pas une partie de plaisir. Thomas McEvilley a un livre à écrire, il lui *faut* cette histoire. Dans ces conditions, l'aspiration de l'indigène au dialogue (« Je préférerais… ») et sa soi-disant capacité d'intellectualisation (« parler de mon travail ») sont immédiatement déplacées au profit du retrait autoritaire de tout public – façon de rétablir la hiérarchie de l'Un sur l'Autre, l'ascendance de l'establishment critique occidental sur l'artiste africain. Dans ce simulacre de dialogue, une seule voix compte. L'autre ne peut exister que comme projection, écho, retentissement déplacé d'une fracture. Thomas McEvilley oriente ainsi l'entretien pour qu'il lui livre son récit favori. Ses questions ne visent pas à faire apparaître l'artiste comme sujet, mais comme objet – objet exotique ayant pouvoir de fascination. « Vous aviez beaucoup de frères et sœurs ? À quelle école êtes-vous allé ? Quelle langue parliez-vous à la maison ? Quelle religion pratiquait-on dans votre famille ? Impliquait-elle le sacrifice d'animaux ? » À la fin, ayant rejoint sa vision, accompli sa mission, Thomas McEvilley annonce triomphalement à Ouattara : « Je n'ai plus de questions. Avez-vous autre chose à ajouter ? »

Mais pour Ouattara, le jeu est terminé. Il était terminé avant même de commencer. Il a pris fin à l'instant même où il est né, où sa venue au monde l'a désigné comme Autre. Ouattara hésite, il fouille dans sa tête à la recherche d'une réponse qui soit profonde, philosophique, originale, une réponse qui soit de lui et non du maître, une formule désespérée qui puisse se faufiler dans l'étroit passage qui lui a été concédé, quelque chose qui représente son histoire à lui, et non la version préférée du maître. Il lutte pour accéder au discours, reprendre possession de son corps, lui rendre une humanité, un langage, une expression. Il lutte pour accéder au statut de sujet.

En regard du texte, à cet endroit précis, une autre photographie de l'artiste, comme pour conclure. Plus rien à présent de la détermination, voire de la défiance qui caractérisait le premier portrait. L'artiste ne projette plus cette attitude de tension songeuse, il ne projette plus *rien*, c'est-à-dire, il *n'aspire* plus à rien. Plus aucun signe d'une disposition à l'audace, d'une volonté de proclamer avec Frantz Fanon : « Accommodez-vous de moi, je ne m'accommode de personne »[5]. La photographie nous le montre le regard dans le vague, la mine triste et perdue ; à la colère a succédé le désespoir de voir ses efforts pour gagner le territoire de la parole anéantis par les stratégies annexionnistes de Thomas McEvilley. Avortée, sa tentative de tourner le regard du critique vers son travail, de légitimer son œuvre comme objet de contemplation – partant, d'exercer l'*auctoritas*. Le voici résolument, et contre sa volonté, reconduit au statut d'objet. Et alors qu'on le somme de définir les contours de cet objet, de se raconter et d'ethnographier son propre corps, il doit se plier aux limites définies par d'autres. Se mettre à nu pour le bon plaisir de Thomas McEvilley.

L'entretien illustre, par bien des aspects, les limites de l'appréciation et de l'attente critiques ; ou, pour le dire autrement, délimite les frontières à l'intérieur desquelles la perception se représente l'artiste africain ou lui demande de se représenter lui-même. Il révèle les mécanismes de pouvoir et d'enfermement qui, en Occident, sous-tendent l'appréciation de l'art moderne africain, les opérations de régulation du discours et de l'énonciation par lesquelles l'artiste africain, privé du droit au langage et à l'expression, se retrouve piégé dans l'enclave policée du désir occidental.

Dans sa *Leçon inaugurale au Collège de France*, Roland Barthes assimile le langage à une législation, dont la langue, parlée ou écrite – et, pourrions-nous ajouter, peinte ou sculptée – est le code ; tout ce que nous produisons comme texte, comme enchaînement de signifiants, entre immanquablement au service du pouvoir dès sa profération. Bien que ce pouvoir puisse prendre la forme, selon Roland Barthes, d'un désir de dominer, *libido domini*, sa nature fondamentale est d'être la condition d'expression et de définition du soi en tant qu'*auctoritas*. Le but premier de l'artiste qui crée ou du musicien qui compose est d'offrir un double de lui-même, de se reconduire en tant qu'être, de se projeter sur le réel pour l'influencer, de s'affirmer comme auteur jouissant d'une autorité. Lorsque Ouattara peint ou sculpte, son geste vise d'abord à délimiter, sur le site même où il opère, les contours spécifiques de son être, de son histoire, de son expérience, de son existence en tant qu'ils participent de la constitution du réel et de sa physionomie. L'artiste cherche à projeter sur le Temps l'empreinte de son être – de ses amours, de sa philosophie, de son enveloppe originaire ou existentielle. Et si nous considérons avec Roland Barthes que l'énonciation est le code de la législation[6], alors sa fonction est assurément de définir les règles qui commandent les interactions entre les gens, de poser les limites de l'intervention et de l'incursion dominatrice, de la violation de l'individualité et de la subjectivité, de nous permettre d'affirmer notre autorité non seulement sur nos créations, mais aussi – et c'est plus important – sur nous-mêmes. C'est l'énonciation, l'aptitude à réitérer notre pouvoir sur *nous-mêmes* qui fait de nous des sujets. C'est aussi cette capacité et cette liberté d'énoncer qui nous préserve de la domination des autres, nous transportant, pour ainsi dire, par-delà les frontières du pouvoir.

Mettre l'énonciation – la parole, l'écriture ou l'art – sous surveillance, c'est donc attenter au code. Et dès lors que le code est dénaturé, endommagé ou frappé d'interdiction, la voie est ouverte à la violation de ces zones du réel où nous puisons notre définition de nous-mêmes. Tenir l'acte créateur sous contrôle par la sanction institutionnelle ou critique, c'est transgresser les frontières de l'autonomie du sujet, les confiner aux limites de l'assujettissement et du pouvoir.

Autonomie. Expression de soi. Autographie. Tels sont les territoires contestés où l'artiste africain d'aujourd'hui lutte pour survivre, lutte contre les déplacements opérés par les innombrables stratégies de régulation et de surveillance qui caractérisent le rapport de l'Occident à l'art qu'il produit. Tel que ce rapport existe, il lui dénie tout pouvoir d'auto-définition, tout droit à l'*auctoritas*. Il lui interdit de parler en dehors du regard de l'autre ou de la menace de son intervention. Et c'est cette contestation de toute la sphère de la subjectivité et du droit de l'artiste africain à co-légiférer les modalités de l'interaction qu'illustre l'entretien entre Thomas McEvilley et Ouattara.

Opposer un veto à l'énonciation, c'est priver l'être humain de sa voix et l'écrouer symboliquement, car c'est dans le territoire, en l'occurrence contesté, de l'énonciation, dans la capacité à se prononcer ou à revendiquer son choix que résident le droit au suffrage et la capacité à l'exprimer. Le corps sur lequel le veto s'exerce cesse de s'appartenir et devient pur vassal. Et comme pour confirmer sa condition, on le contraint à un récit d'autodépréciation, à se rendre étranger à lui-même aux seules fins de raffermir l'autorité de l'autre. Ouattara se voit ainsi contraint de reprendre à son compte un bio-récit du sauvage, d'insinuer son corps dans la marge nécessaire, entre inexistence et subjectivité, pour qu'il se transforme en objet – objet du désir de l'autre, simple reflet inerte fixé par le Polaroid.

En s'opposant au droit de Ouattara à l'expression de lui-même, en lui interdisant de choisir le lieu de son discours, Thomas McEvilley procède à une reconduction exemplaire du ventriloquisme comme structure emblématique de l'attitude de l'Occidental envers l'artiste africain. Cette structure trouve son origine dans l'ethnographie coloniale et son désir d'un indigène sans visage, anonyme. Sans visage, privé d'individualité et fondu dans la tribu, dans la meute, l'indigène convoque et justifie la représentation parce que c'est l'indice du manque. En l'occurrence, d'une autorité déniée qui, transférée à un autre, s'appliquera à construire de lui une image propre à satisfaire le goût occidental. L'absence de visage signifie aussi le maintien de l'indigène en terre inconnue. Relégué dans quelque zone obscure et reculée de l'épistémè, il devient susceptible de découverte – une découverte qui fera de l'inventeur une *autorité*, le savoir qu'on lui prête se retraduisant souvent en droit à représenter.

De façon plus spécifique encore, l'anonymat imposé à l'indigène annihile en lui toute revendication de subjectivité et participe de son exclusion du terrain de la normalité. L'anonymat le consacre non seulement comme Autre, inférieur, étranger, mais il magnifie aussi l'exotisme prétendu de sa culture matérielle, pour ensuite y voir l'indice d'un exotisme de pure fabrication. L'ethnographie, dans son désir de souligner l'altérité des cultures non occidentales, a longtemps soumis leur art à des règles d'attribution différentes, passant sous silence les noms des artistes même lorsqu'ils étaient connus. La figure du génie, qui, mieux que toute autre, définit les Lumières et la modernité, était réservée à l'Europe, le reste de l'humanité endossant la production indifférenciée connue sous le nom de primitivisme. Jusqu'à une date récente, les œuvres de l'art classique africain étaient le fait de la « tribu » et non de l'artiste individuel, dont le nom n'avait jamais sa place dans le grand récit de l'histoire de l'art. Cette pratique perdure dans le discours contemporain, prenant la forme des stratégies nouvelles par lesquelles un Thomas McEvilley maintient l'art africain dans l'anonymat, soit en déconnectant l'œuvre de son auteur – et donc en sapant l'autorité de l'artiste –, soit en présentant l'artiste comme une figure isolée eu égard aux normes contemporaines.

Du travail pionnier d'Ulli Beier sur l'art africain des années 1960 aux réflexions plus récentes d'André Magnin sur l'art néo-indigène, une coupure s'instaure entre l'œuvre et l'artiste qui, de fait, ne rend pas justice à l'artiste. Là où Ulli Beier, tout comme Thomas McEvilley, privilégie le détail biographique et l'appartenance ethnique, d'autres préfèrent souligner la singularité de l'œuvre, perçue le plus souvent sur fond d'ésotérisme factice et de sous-modernité hargneuse. Dans les deux cas, le regard est dévié vers l'utopie, vers l'importance de l'élément d'altérité. Thomas McEvilley préfère attirer notre attention sur la place du vaudou et du sacrifice animal dans la vie de Ouattara ou de Moustapha Dimé (1952-1998) que de définir l'importance de leur pratique et de leur discours dans le paysage artistique contemporain. En Twins Seven Seven, Ulli Beier voit davantage l'enfant abiku et le chef de village que l'artiste graphique. Chéri Samba n'a guère sa place parmi les satiristes de notre temps ; il nous est présenté, au contraire, comme le représentant d'un mimétisme kitsch symptomatique de la désagrégation de la contemporanéité africaine. Ces dénaturations sont rendues possibles, à chaque fois, par la négation de la capacité du sujet non seulement à énoncer, mais à discourir, à exercer pleinement son *auctoritas*.

Ainsi effacé, rendu à son statut d'indigène sans visage, l'artiste africain devient le pendant du Noir « convenablement assaisonné » de Frantz Fanon – cet Autre acceptable, consommable qui, privé d'autonomie énonciative et d'*auctoritas*, est ouvert au désir de pénétration et d'hégémonie de l'Occident. Sa séduction, l'indigène anonyme la tire aussi de ce qu'il est un objet pornographique, un instrument de plaisir docile et manipulable. La pornographie, en tant que stratégie, se fonde sur une localisation du désir et une intensification du plaisir qui passe par l'effacement du sujet ; il s'agit de détacher le lieu du désir du réseau d'associations subjectives et de réalités concrètes qui empiètent sur le terrain de la responsabilité sociale. Le but, en d'autres termes, est l'objectivation de la source de plaisir. Pour tirer le maximum de plaisir de la pornographie, le consommateur, comme du reste le pourvoyeur, doit détacher et circonscrire l'objet, actionnant pour cela le double mécanisme de la magnification et de l'effacement, investissant l'objet de cela seul qui satisfait les exigences de son désir. Le processus est rendu d'autant plus facile que l'objet s'inscrit dans le récit idoine, le son juste (et moins il relève du discours articulé, mieux c'est) – toutes choses qui, en jouant sur les extrêmes de la perversion et de la provocation, parviennent à maintenir l'objet dans son cadre. Bien sûr, l'effacement du sujet, ou sa transfiguration imaginaire, consolide le sentiment de possession, et donc de pouvoir du pourvoyeur. Et le pouvoir, la capacité à jouir d'un bien ou à exercer son autorité hors de toute contestation, à manipuler l'autre à volonté, est l'essence même de la pornographie.

Andrea Dworkin[7] a décrit la pornographie comme le site terminal du corps colonisé. L'artiste africain et sa production restent assignés à ce site dans le discours occidental. Dissociés l'un de l'autre, frappés d'anonymat, l'art et l'artiste deviennent des colonies silencieuses, de petites enclaves vassalisées de plaisir et de pouvoir. Des isolats fractionnés en séquences parodiques que l'on projette en gros plan pour magnifier le plaisir du critique ou du collectionneur omniscient – de cet « étranger intime » qui entretient une relation positive avec l'objet de ses fantasmes. L'art et l'artiste sont ainsi conditionnés pour satisfaire le goût et les machinations de l'Occident, répondre à ses désirs selon la ligne prescrite.

Il n'est jusqu'à l'évaluation de l'art africain sur le marché international qui ne prolonge l'analogie avec l'objet pornographique. L'un de mes amis africains, marchand d'art de son état, reçut un jour, de l'une des principales galeries new-yorkaises, un tableau du peintre ivoirien

Gérard Santoni (1943-2008). La toile s'accompagnait d'une étiquette affichant un prix qui aurait été considéré comme modeste si l'œuvre avait été présentée dans le cadre d'une exposition de fin d'études. Or Gérard Santoni est un artiste reconnu qui, entre autres grandes expositions internationales d'art contemporain, a participé à la Biennale de Venise. Il a derrière lui plusieurs dizaines d'années de production d'une œuvre en général très prisée. Mais ses tableaux sont sous-évalués parce que considérés comme de simples objets de plaisir et de fascination et, à ce titre, assignés à la sphère du pornographique. Ils restent cantonnés à cette périphérie du génie créateur où l'expérience esthétique ne trouve pas d'écho dans la valeur matérielle. Le pornographique est recyclable ; son attrait est temporaire. Voilà pourquoi il ne vaut guère en soi, et son objet vaut moins encore. Ni l'un ni l'autre n'ont leur place parmi les grands objets de la culture : leur place, c'est l'étagère du supermarché, le trottoir, les marges instables du goût normé. Lorsque ces attributs sont, comme c'est souvent le cas, projetés sur les artistes africains, ils les ravalent au niveau le plus bas d'un marché hiérarchisé de façon stricte, dans lequel toute ascension est quasiment impossible.

La manifestation la plus significative de ce désir perverti, cependant, est la prédilection durable de l'Occident pour l'art africain dans lequel il est aisé de voir non pas ce qui *nous* apparaît comme art, mais un signe de l'occulte, une inscription du fantastique, de l'ésotérique. Les dessins ingénus du [septuagénaire] Frédéric Bruly Bouabré (1923-2014) ne seraient normalement pas considérés en Occident comme l'expression d'un immense talent et n'auraient jamais suscité un tel engouement s'ils ne faisaient surgir un monde simple et inhabituel, s'ils n'avaient pas cette apparence à la fois fruste et juvénile. Si l'Occident préfère aujourd'hui les dessins de Frédéric Bruly Bouabré à d'autres, plus familiers, c'est précisément parce que ses œuvres dérogent aux critères occidentaux en vigueur, satisfaisant ainsi, malgré elles, certaines attentes ou projections douteuses. Sur le plan formel, ces dessins représentent un écart par rapport à la norme ; ils matérialisent une distance convoitée entre l'Occidental et l'Africain ; ils satisfont le désir du fantastique ; ils ont cette étrangeté qui les prédispose à une traduction en termes pornographiques. Il n'y a pas si longtemps, ce désir pornographique de l'anormal trouvait satisfaction dans l'art brut – l'art des aveugles, des autistes, des handicapés mentaux, des psychotiques. Aujourd'hui, il se projette sur l'Afrique, et c'est cette perversion qui fait le succès d'œuvres comme celle de Frédéric Bruly Bouabré.

Eu égard à la création, les implications de ce qui précède sont nombreuses et profondes. Travaillant dans l'orbite de stratégies déformantes et régulatrices, les artistes africains se sentent vulnérables au potentiel de destruction des pressions qu'ils subissent. On exige d'eux qu'ils règlent leur production sur des critères spécifiques, qu'ils affectent l'anonymat, qu'ils bornent leur discours aux normes prescrites. Mais il y a plus significatif encore : pour ces artistes, la possibilité même que leur travail fasse l'objet d'un discours critique est subordonnée à cette exigence de sous-normalité. D'où l'importance de l'entretien entre Ouattara et Thomas McEvilley. Car s'il illustre les désirs réclusionnaires qu'un critique peut nourrir à l'endroit d'un artiste africain, il est encore plus symptomatique du ségrégationnisme et de l'ambivalence des soi-disant tenants du postmodernisme, qui bornent leur discours critique à une interrogation sur l'identité de l'Autre en lui demandant « où êtes-vous né ? ». L'entretien montre à quel point le discours postmoderniste ne fait que reconduire les attitudes et les méthodes consacrées de la critique moderniste – « poursuit et répète », comme le suggère Peter Hitchcock, « la logique propre à la critique culturelle occidentale, à savoir ‹ altériser › les sujets du Tiers-Monde[8]. »

Ce sont là, assurément, des obstacles particuliers, qui se situent en dehors du champ habituel de la polarité limitation/transgression. Les défis qu'ils proposent aux artistes exigent des stratégies qui sont davantage de résistance que de transgression. Mais ils soulèvent des problèmes plus importants encore pour la théorie culturelle contemporaine et la fonction critique du postmodernisme. C'est le devoir de toute critique que d'induire la crise de son objet, et cette responsabilité, le postmodernisme doit l'étendre à l'art africain, mais plus encore à la logique qui commande son point de vue sur la contemporanéité non occidentale. Une approche sérieuse du contemporain exige de la critique postmoderniste qu'elle confronte sa propre ambivalence et étende le discours critique par-delà le seuil de la normalité et de l'identité.

NOTES — *

Texte paru, pour la première fois, sous le titre « Art, Identities, Boundaries: The Roma Lecture », dans *Nka: Journal of Contemporary African Art*, n° 3, automne-hiver 1995, p. 26-33 ; repris dans *The Culture Game*, University of Minnesota Press, Minneapolis 2004, p. 10-17. Les notes qui suivent sont toutes de l'éditeur.

1

Né en Côte d'Ivoire en 1957, Bakari Ouattara, dit Ouattara Watts, vit et travaille aux États-Unis et en France depuis les années 1980.

2

Thomas McEvilley, *Fusions: West African Artists at the Venice Biennale*, cat. exp., Museum for African Art, New York 1994.

3

Julia Kristeva, *Des Chinoises* [1974], Pauvert, Paris 2005.

4

Parue en 1899, *Au cœur des ténèbres* est largement inspirée d'éléments de la vie de Joseph Conrad. La nouvelle relate le voyage de Charles Marlow, un jeune officier de la marine marchande britannique, qui remonte le cours d'un fleuve au cœur de l'Afrique noire. Embauché par une compagnie belge, il doit rétablir des liens commerciaux avec le directeur d'un comptoir au cœur de la jungle, Kurtz, dont on est sans nouvelles.

5

Frantz Fanon, *Peau noire, masques blancs* [1952], Le Seuil, Paris 2015, p. 106. Cette phrase est reprise d'Aimé Césaire, *Cahier d'un retour au pays natal*, 1939 : « Accommodez-vous de moi, je ne m'accommode de personne ».

6

Roland Barthes, *Leçon* (texte de la leçon inaugurale de la chaire de sémiologie littéraire du Collège de France prononcée le 7 janvier 1977), Points, Paris 2015.

7

Essayiste états-unienne et théoricienne du féminisme radical, Andrea Dworkin (1946-2005) est surtout connue pour sa critique de la pornographie, qu'elle rapproche du viol et d'autres formes de violence contre les femmes.

8

Peter Hitchcock, « The Othering of Cultural Studies », *Third Text*, vol. 7, n° 25, hiver 1993-1994, p. 11-20.

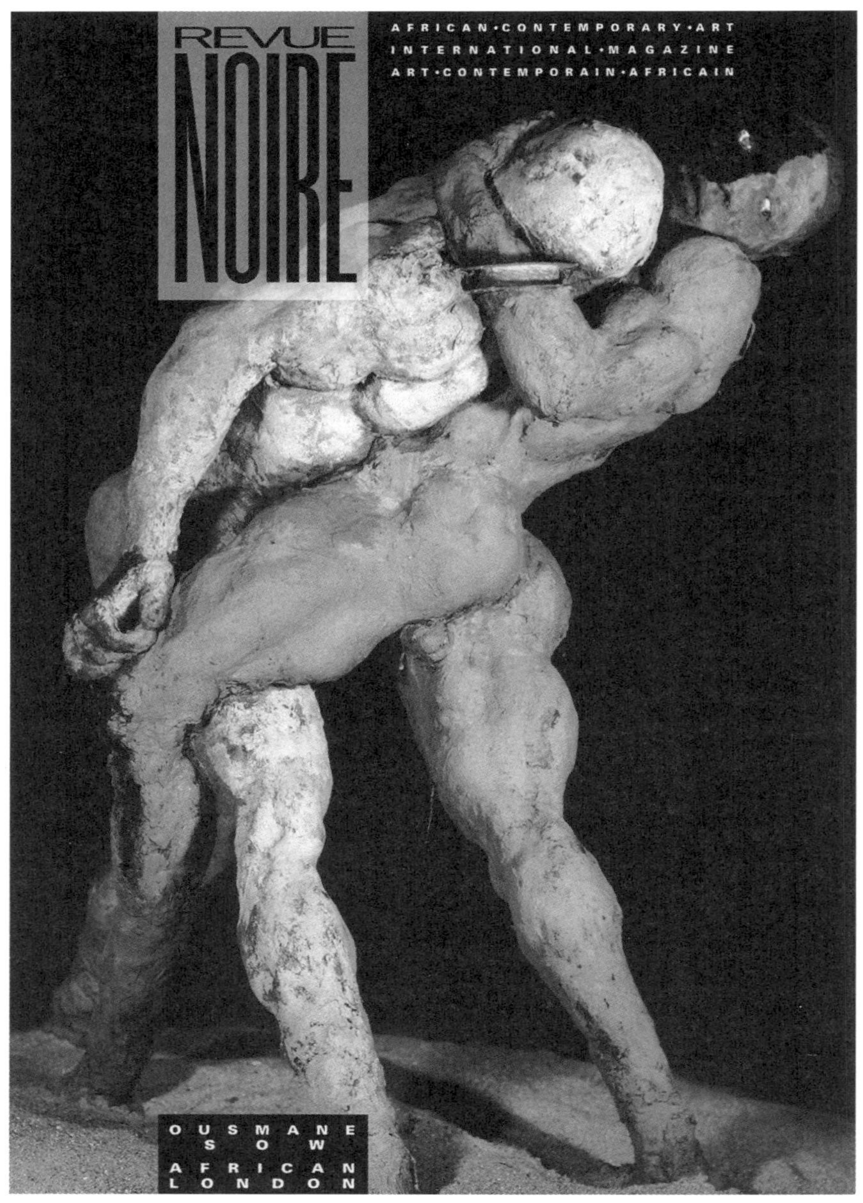

Couverture du premier numéro
de *Revue Noire* publié en mai 1991

Regards anthropométriques

Simon Njami

Commissaire d'exposition, écrivain et critique d'art camerounais, Simon Njami (*1962) fonde en 1991, avec Jean Loup Pivin et Pascal Martin Saint Léon, la *Revue Noire*, un magazine, visuellement ambitieux, consacré à l'art africain et non occidental créé dans les soubresauts intellectuels de l'exposition *Magiciens de la terre* (Paris, 1989). « On voulait redresser les bêtises qu'on entendait, inscrire l'Afrique dans le monde »[1], se rappelle-t-il en 2015.

Dans ce compte-rendu de symposiums – le premier nord-américain, le second européen –, il soulève les questions cruciales de l'énonciation et des catégorisations : qui prend la parole sur l'art contemporain africain ? À partir de quelle discipline ? Avec quel bagage culturel et académique ? Il prône en filigrane une vision ouverte et proprement contemporaine, adaptée à son objet d'étude, la seule à même de décoloniser le regard et les œuvres.

L'approche sur l'art contemporain africain est du même ordre que le regard anthropométrique des premiers explorateurs du continent. Il s'agit encore d'établir une sorte de typologie des genres et des races.

Deux symposiums importants ont eu lieu l'année dernière autour de l'art contemporain africain, l'un à New York, organisé par Susan Vogel, directrice du Center for African Art, l'autre au Kunstsammlung Nordrhein-Westfalen de Düsseldorf, initié par Nadja Taskov-Köhler et Elisabeth Luchesi. Le but avoué de ces manifestations était de dresser un bilan prospectif de l'art africain d'aujourd'hui. Et si le symposium nord-américain a essayé de poser les nombreuses interrogations que l'on soulève dès qu'il est question d'art africain contemporain, Düsseldorf s'est intéressée d'une manière plus précise au Nigéria. Il ressort de ces manifestations que la façon dont l'art contemporain africain est abordé en Occident est entachée d'une méconnaissance qui frise parfois la malveillance.

En effet, à Düsseldorf comme à New York, les personnes qui furent chargées de lire leurs communications répondaient toutes aux mêmes critères : universitaires, scientifiques, conservateurs de musées ethnologiques – un critique et une galeriste à Düsseldorf – comme si à l'art africain, fût-il de ce XXe siècle finissant, correspondaient des grilles de lecture spécifiques auxquelles seule une étude approfondie de la civilisation et de l'histoire des peuples considérés pouvait permettre de donner un sens. Il s'est même trouvé des intervenants en Allemagne pour affirmer que la place de l'art contemporain africain était dans les musées d'ethnologie. Il n'a hélas pas été dit si l'on pouvait en dire autant d'un artiste contemporain européen ! Dieu merci, à New York comme à Düsseldorf, des artistes ont pu s'exprimer avec leur propre langage.

Alors pour quelle raison ce regard spécifique ou plus exactement ce non-regard persiste-t-il encore aujourd'hui, alors que des artistes venus du sud du Sahara ont fait la preuve que les seuls critères de jugement et d'appréciation de l'art contemporain, fût-il chinois, japonais, mexicain ou ivoirien, sont des critères d'émotion et de sensibilité ? Mais, me répondrait Jan Hoet, directeur de la Documenta de Kassel [en 1992], l'Afrique ne dispose pas d'une histoire de l'art, d'une théorie de l'art suffisamment élaborées pour que l'on puisse s'appuyer dessus et, par ailleurs, le discours européen développé depuis la fin de la Renaissance est tellement lié à un contexte spécifique qu'il serait vain de tenter de les appliquer à l'Afrique. Alors quoi ? Tout se ramènerait donc à une question de sémantique ? Et le domaine de référence lié à l'Afrique se cantonnerait à des termes comme post-colonial, artisanat, art urbain ou utilitaire ? Je me refuse à y souscrire. Hélas, ces deux symposiums furent là pour montrer la fragilité de certaines évidences, dès lors qu'elles ne sont pas partagées. Avant que l'art, d'où qu'il vienne, soit d'abord considéré pour ce qu'il est, et non par rapport à des préjugés impuissants à insuffler de l'émotion et une réelle liberté de choix, il faudra encore et toujours affirmer la légitimité de notre position. Le marché, et les musées d'art contemporain, sont déjà débordés par l'incapacité chronique de ranger dans des classifications qui font florès. Et je n'irais pas jusqu'à prendre les accents indignés de l'artiste nigérian Emmanuel Taiwo Jegede (*1943) qui, lors de son intervention à Düsseldorf, s'opposait à l'idée que des sculptures funéraires aient pu être présentées comme étant de l'art africain contemporain. « Qui, disait-il, aurait l'idée de se rendre dans un cimetière occidental pour y rechercher l'essence de l'expression artistique contemporaine d'un pays ? »

Cette inanité des débats reflète en fait, à mon sens, les limites atteintes par les gens qui, jusqu'à aujourd'hui, se faisaient les grands représentants, spécialistes et promoteurs de cet art. Car ils souffrent d'un problème d'objectivité. Ils sont incapables d'envisager une œuvre d'art africaine en dehors des tics et des références auxquels leurs formations ou leur passé les a condamnés. Il serait vain d'attendre d'eux qu'ils insufflent quoi que ce soit de nouveau à ce débat qui commence à peine. L'ère qui s'ouvre, avec son cortège de complexités nouvelles, n'a rien qui puisse les satisfaire, rien à quoi ils puissent s'accrocher. Le monde a bougé trop vite pour que des certitudes trop vieilles puissent encore servir de quelconque référence. On ne regarde plus un artiste, fût-il africain, en ne tenant compte que du seul critère de son village natal. Et au reste, qui ce village protégé des ravages du temps peut-il encore intéresser si ce n'est l'artiste lui-même, dans le processus très complexe et très secret de sa création ?

Le problème majeur dans l'organisation d'un symposium est que l'on ne vient pas pour y entendre, mais pour délivrer une science autarcique, une prétendue vérité qui ne supporte pas la confrontation.

NOTES — *
Texte paru dans *Revue Noire,* n° 4, 1992, p. 5.

1

Roxana Azimi, « Simon Njami, Africain mais pas que », *Le Monde,* 15 octobre 2015, www. lemonde.fr/afrique/article/2015/10/15/ simon-njami-africain-mais-pas-trop_ 4790221_3212.html.

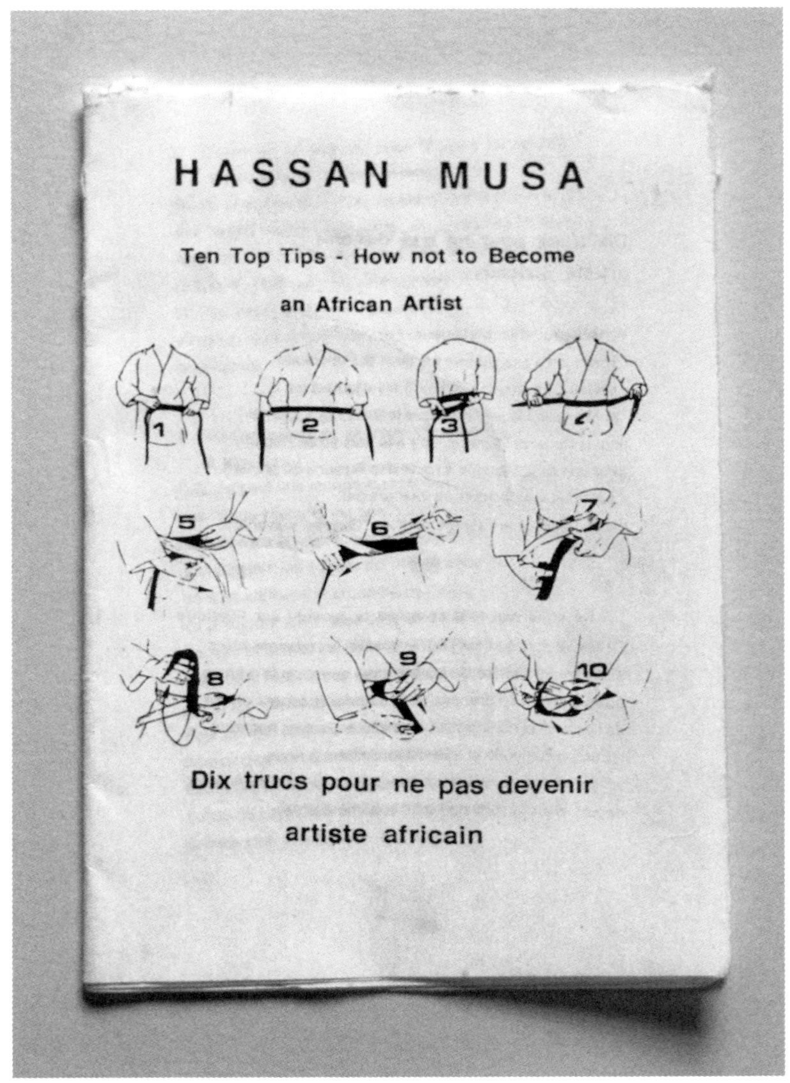

Hassan Musa
Dix trucs pour ne pas devenir artiste africain, 1995

Parmi eux : Cesse de te prendre pour « l'Autre » simplement parce que
d'autres l'envisagent ; Pas la peine de réécrire l'Histoire, on l'a déjà écrite à ton insu ;
Méfie-toi des cartes que tu n'as pas dessinées !

Initialement rédigée en trois langues (français, anglais et arabe), cette brochure
accompagna une performance donnée à l'occasion d'*africa95*, Londres.

De « l'art-africanisme »

Hassan Musa

Souvent comprise comme un refus de participer à *Partage d'exotisme*, la cinquième Biennale d'art contemporain de Lyon conçue par Jean-Hubert Martin en 2000 (27 juin-24 septembre), cette lettre d'Hassan Musa[1] adressée au commissaire se voulait au contraire une explication préalable à sa participation, « ne se reconnaissant pas dans les catégories mises à sa disposition par la machine de l'art contemporain européen ». Finalement, la lettre fut préférée à ses œuvres et publiée intégralement dans le catalogue, introduisant au grand public sa verve, ici mise au service de la notion d'« art-africanisme ». La conversation avec Jean-Hubert Martin s'est poursuivie jusqu'en 2015, notamment dans les pages de la revue *Nka : Journal of Contemporary African Art*[2].

Domessargues, le 5 mai 1999

Cher Jean-Hubert Martin,

Suite à votre lettre du 8 mars 1999, je vous envoie, ci-joint, quelques documents comportant des textes personnels.

En parcourant ces documents dont certains remontent au début des années 1990, je me suis aperçu qu'une partie considérable de mes propos traite du phénomène de l'art africain. Pourtant mes intentions artistiques initiales étaient très éloignées de ce domaine. Peut-être que mon intérêt pour l'art africain est lié à mon séjour en France durant ces deux dernières décennies. Il m'est en effet arrivé de nombreuses fois où, en tant qu'artiste, on me renvoie à mes origines africaines et à une certaine image de l'Afrique. J'ai été contraint – moi, artiste venant de l'Afrique ! – de considérer l'art africain plutôt comme une entrave à mes projets artistiques que comme un cadre propre à leur épanouissement. « C'est quand même ton identité et tes racines ! » s'indignait un ami jamaïcain qui a toujours résidé à Londres, à qui je disais qu'il n'y a pas d'art africain.

Aujourd'hui, je me dis parfois que tant mieux si mon nom figure dans les fichiers de quelques organisateurs d'expositions d'art africain. Ces quelques dizaines de personnes dispersées dans les capitales européennes, souvent liées à des organismes internationaux, et impliquées, d'une manière ou d'une autre, dans la présentation des productions artistiques extra-européennes en Occident, sont la seule possibilité pour les créateurs africains de montrer leur art au monde.

« No problem » si les artistes « africains » concernés sont en conformité avec les normes de « l'art-africanisme » du moment où il s'agit de leur choix, mais moi, quand je dis que je ne suis pas d'accord avec ces normes, je risque de me trouver ignoré – voire maudit – par les seules institutions qui pourraient m'aider à montrer mon travail.

L'art africain est un grand malentendu éthique et j'essaie d'en profiter sans l'aggraver mais cela ne me laisse qu'une étroite marge de manœuvre. Moi, artiste né en Afrique, n'ayant aucun enthousiasme à porter le fardeau de l'artiste africain, je sais que les seules occasions qui m'ont permis de présenter mon travail au public, en dehors de l'Afrique, sont des occasions de type « ethnique » où d'autres m'attribuent le rôle de « l'autre africain » dans des lieux conçus pour ces rituels saisonniers où une certaine Afrique est « à l'honneur ». Cette situation qui ne manque pas d'ambiguïté me donne l'impression d'être un otage de cette machine étrange qui intègre les artistes nés en Afrique dans le monde de l'Art tout en les excluant dans une catégorie à part.

Quand je dis que les artistes africains ne constituent pas une catégorie, cela étonne davantage les observateurs européens que les amis artistes nés en Afrique, peut-être parce que les artistes nés en Afrique ne se reconnaissent comme artistes africains que par rapport à l'Europe. Peut-être que l'art africain n'est pas concevable en dehors de l'Europe ou peut-être que « l'art-africanisme » est la seule catégorie artistique européenne où une place leur est réservée.

Moi, artiste né en Afrique (ça c'est une catégorie !), je pense que ce qu'on appelle l'art africain contemporain n'est qu'une évolution possible de la tradition européenne, et que si, à notre époque, on favorise la production artistique des Africains au lieu de celle des Esquimaux ou celle des Amérindiens, cela ne tient pas à la qualité artistique de cette production africaine mais plutôt aux circonstances de l'évolution de la pensée esthétique européenne. Le jour viendra où l'esthétique européenne tournera le dos à l'art africain pour d'autres catégories plus aptes à porter ses attentes.

Quelles sont donc ces attentes de l'esthétique européenne qui poussent les Européens à s'inventer leur propre art africain ? Un art africain que les Africains ne voient jamais car cet art est souvent produit en Europe pour les Européens qui le collectionnent, l'exposent et en font un objet de réflexion esthétique.

La principale attente de l'esthétique européenne est éthique (nous n'avons plus de sacré depuis que nous avons mis le Christ au musée, écrit Pierre Gaudibert[3] qui voyait dans l'art africain une immense réserve du sacré). L'éthique permet aux hommes de se définir par rapport à eux-mêmes, de définir les limites entre le bien et le mal, de fixer les normes de la vie et de l'art, etc.

Or si l'obsession éthique européenne se focalise sur l'Afrique, c'est peut-être parce que c'est en Afrique où les Européens se sont comportés, et se comportent encore aujourd'hui, de manière dénuée d'éthique.

Ainsi ces âmes troublées se livrent régulièrement au rituel du « lavement des pieds » des Africains dans ces manifestations artistiques européennes où l'Africain est consacré artiste ayant son faire-valoir « dans le sang » !

Oui, mon nom figure dans les fichiers de quelques organisateurs d'expositions d'art africain et on m'invite de temps en temps à participer à des manifestations « art-africanismes ». Je trouve ça plutôt bien car ces manifestations m'offrent une formidable plate-forme pour semer le doute sur les fondements de l'« art-africanisme » parmi les participants au risque de me faire « accepter » comme « l'anti-artiste africain » qui s'agite au sein de l'Institution. Mais je suis optimiste car le monde change de plus en plus vite et de plus en plus de gens sont critiques à l'égard de la catégorie « art africain ».

Hassan Musa

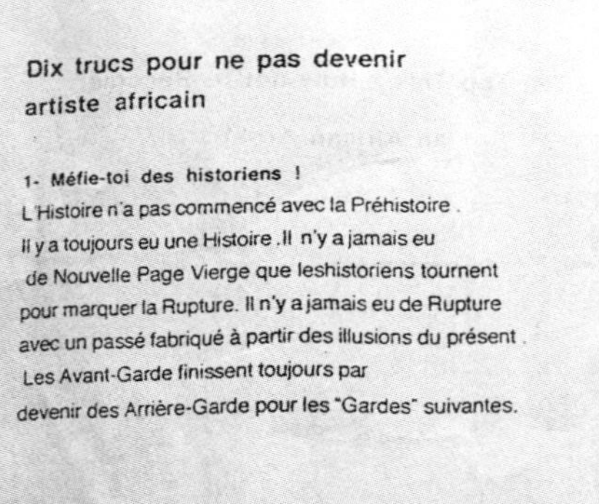

Hassan Musa
Dix trucs pour ne pas devenir artiste africain, 1995

NOTES — *

Lettre parue dans Jean-Hubert Martin, Thierry Prat, Thierry Raspail (éds.), *Partage d'exotismes*, cat. exp., Biennale de Lyon, Réunion des musées nationaux, Paris 2000, p. 15-16. Les notes qui suivent sont toutes de l'éditeur.

1

Né au Soudan en 1951, Hassan Musa vit et travaille dans le sud de la France. Après des études aux Beaux-Arts de Khartoum, il s'installe en France en 1978 où il obtient un doctorat en histoire de l'art à l'université de Montpellier.

2

Hassan Musa et Jean-Hubert Martin, « Eye for an Eye, Image for an Image : Hassan Musa in Conversation with Jean-Hubert Martin », *Nka: Journal of Contemporary African Art*, n° 35, automne 2014.

3

Pierre Gaudibert (1928-2006) est un conservateur, critique d'art et écrivain français. Dans les années 1980, son intérêt se porte sur l'art contemporain africain. Responsable du Musée national des arts d'Afrique et d'Océanie (Palais de La Porte dorée), il publie *L'Art africain contemporain* en 1991.

Le curateur comme trader culturel

Sylvester Okwunodu Ogbechie

Initialement présenté en 2010 lors de la conférence « The Task of Curator: Translation, Intervention, and Innovation in Exhibitionary Practice », organisée par l'University of California de Santa Cruz, ce texte de l'historien d'art Sylvester Okwunodu Ogbechie (*1965) connut un impact considérable – donc peut-être salutaire – dès lors qu'il fut posté sur son blog aachronym.blogspot.com. Outre la critique frontale de la pratique curatoriale d'Okwui Enwezor, son propos fait écho aux initiatives qui se développaient alors sur le continent africain pour la mise en place de centres d'art indépendants. Certains commissaires d'exposition l'ont par ailleurs revendiqué comme source d'inspiration, notamment Melissa Goba pour son exposition *!Kauru. Cultural Brokerage–Africa Imagined (Acte 1)*, Pretoria Art Museum, 2013.

Introduction

Quel est le sens de l'entreprise curatoriale d'Okwui Enwezor et comment influence-t-elle le type de savoir animant le discours sur l'art contemporain africain ? Le travail mené par Okwui Enwezor, au cours des dix dernières années, constitue l'une des contributions les plus importantes à ce savoir. Il a permis la légitimation de la scène africaine dans le paysage global de l'art contemporain mais, ironiquement, ce succès s'accompagne du refus de prêter une attention critique à ce que l'Afrique a elle-même produit d'art moderne et contemporain ou de formes indigènes dont la contemporanéité n'a pas été théorisée. La stratégie curatoriale d'Okwui Enwezor s'organise autour de deux pôles : une conception radicale de la contemporanéité, qui se fonde essentiellement sur le travail des artistes africains vivant en Occident, et une définition de l'art contemporain africain comme contexte émergeant avec le sujet postcolonial. Son travail débouche donc sur des interprétations anhistoriques et corrobore la critique de Marianne Eigenheer dans *Curating Critique*[1], selon laquelle les commissaires d'exposition « perpétuent l'automatisation, à l'intérieur de ‹ mises en contexte › closes, de systèmes autoréflexifs indépendants » – autrement dit privilégient une version autoréférentielle de la création contemporaine, où le même petit nombre d'artistes, recyclé d'une exposition à l'autre, tourne en circuit fermé. La politique curatoriale d'Okwui Enwezor repose aussi sur une conception de la mondialisation qui suppose la libre circulation des producteurs de biens culturels. Mais rien n'est plus faux : la globalisation met en place des protocoles de plus en plus stricts qui interdisent toute mobilité des Africains par-delà leurs frontières. On estime à 2 500 le nombre d'artistes africains vivant aujourd'hui en Occident. C'est une estimation très généreuse : ils sont sans doute beaucoup moins nombreux. Quelle légitimité peut-on accorder à un discours qui dresse le portrait de « l'art contemporain africain » à partir d'une poignée d'artistes ? Mon hypothèse, à cet égard, est la suivante : le régime curatorial d'Okwui Enwezor présente le défaut de légitimer une idée de l'Afrique qui dénie au continent sa fonction de théâtre historique des avancées de l'art contemporain et de la culture visuelle. Une analyse formelle de ce régime me semble donc nécessaire.

Le commissaire comme trader culturel

Le présent article est né de mon intérêt récent pour l'économie de la production culturelle et la manière dont elle détermine la valeur de la culture et de l'art africains dans le contexte de la mondialisation. Plus précisément, il s'agit ici d'examiner la valeur attribuée aux biens culturels et l'incidence des intermédiaires sur la façon dont certains objets prennent de la valeur et d'autres non. L'art africain, quelle qu'en soit la forme, a toujours été moins prisé que l'art occidental, et, sous sa forme contemporaine, le discours de l'histoire de l'art ne lui a donné droit de cité que très récemment. L'avènement d'Okwui Enwezor aux fonctions de curateur international venait à point nommé comme une occasion unique d'attirer l'attention sur des pratiques artistiques marginalisées. Ces dix dernières années, Okwui Enwezor a produit d'importantes expositions qui ont attiré l'attention du monde sur une catégorie d'artistes désormais reconnue. Le temps me semble donc venu de mesurer l'impact de son travail, de se demander en quoi consistent précisément ses interventions et quelle image de l'art contemporain africain elles véhiculent. On gardera en mémoire, à cet égard, l'idée que le curateur, de nos jours, se substitue volontiers aux artistes et aux historiens pour ce qui est du « processus de constitution du sens »[2]. On a beaucoup commenté la question de l'importance croissante du rôle du curateur dans l'art contemporain, et il n'est pas utile d'y revenir ici. Qu'il suffise de dire que le rôle qui, à l'époque moderniste, était dévolu aux artistes – représenter l'avant-garde et définir eux-mêmes l'horizon d'intelligibilité de leur travail – tend à être usurpé aujourd'hui par les curateurs, et que les expositions se donnent de plus en plus souvent comme une forme d'installation artistique rassemblant divers objets et artéfacts dans le seul but de produire une structure d'interprétation de la pratique contemporaine. Si nous posons, avec Beatrice von Bismarck, que la pratique curatoriale est l'opération permettant de lier entre eux des objets de nature et de provenance très diverses, alors nous devons admettre que les installations produites par les curateurs détiennent « le pouvoir d'interpréter les processus de connexion ». Le travail du curateur, en tant qu'il est celui qui crée les liens entre les objets et les discours qui s'y rapportent, a donc tôt fait de se substituer au travail de l'artiste. En cette ère de l'information où l'agrégation de contenus constitue le principal mode de gestion des données, la pratique curatoriale transforme les œuvres en données et reconfigure le curateur lui-même. Tel un puissant moteur de recherche, il est celui qui hiérarchise les artistes et les œuvres sur la base d'algorithmes plutôt obscurs, déterminant au passage la visibilité de telle ou telle forme de pratique culturelle en fonction d'une logique purement autoréférentielle. Et de même que les systèmes d'information valorisent davantage les agrégateurs de contenu et les moteurs de recherche que les données elles-mêmes, le monde de l'art valorise de plus en plus le curateur au détriment de l'artiste. Éclipsant l'artiste, le curateur devient en fait celui qui retire le plus de bénéfices directs de la production artistique.

Mon deuxième élément moteur, pour la rédaction de ce texte, a été la crise économique mondiale et la façon dont les intermédiaires financiers (banquiers, gestionnaires de fonds spéculatifs, etc.) ont favorisé son déclenchement en reconfigurant la valeur des denrées fongibles. À la faveur de cette crise, les gestionnaires de fonds spéculatifs, en particulier, se sont imposés comme les stars du moment en hissant le courtage à des hauteurs stratosphériques et en manipulant l'information financière de façon à créer de nouveaux instruments financiers susceptibles de générer de plus grands profits. Ce glissement des opérations « élémentaires » de banque et de gestion de l'argent vers le terrain plus exotique du courtage de l'information financière est du même ordre que ce que l'on observe dans le monde de l'art concernant les attributions du curateur. Selon Paul Kaiser, « le succès et la notoriété dont jouissent les curateurs depuis quelques années s'expliquent par le vieux dilemme auquel est confronté l'art à l'époque (post)moderne, à savoir la nécessité d'affirmer son ‹ autonomie › dans un marché essentiellement régulé par des forces économiques[3] ». La popularité et le prestige dont jouissent aujourd'hui nombre de curateurs jouent un rôle non négligeable dans la réorganisation de la production culturelle comme processus de courtage et de gestion[4]. Ils trouvent leur place dans la nouvelle économie en endossant le rôle de traders culturels par qui transite la valeur des œuvres dans le discours économique et critique. Nous vivons une époque, comme je l'ai dit plus haut, où l'objet connu gagne en valeur du seul fait d'être connu, tandis que d'autres objets, de même valeur mais rendus invisibles par les choix des curateurs, peinent à attirer l'attention. À cet égard, les questions relatives à la valeur économique de l'art et de la production culturelle sont encore plus importantes aujourd'hui puisqu'un objet culturel ne devient œuvre d'art qu'à la condition d'être médiatisé, tout comme l'argent ne crée de la richesse qu'à la condition d'être rendu fongible. « Le culte de l'originalité, la détermination de la valeur, l'économie de la pénurie, de l'offre et de la demande, s'appliquent avec une singulière vigueur aux arts visuels »[5], et il existe une corrélation directe entre la visibilité que le discours donne à une œuvre et sa valeur financière/culturelle. C'est cette corrélation qui soutient les affaires de maisons comme Sotheby's tout comme la valeur culturelle des œuvres dans les musées et les institutions artistiques. Et dans cette production de la valeur, le curateur joue aujourd'hui un rôle clé. En fait, la question de la validation des objets culturels et de leur conversion en œuvres d'art fait partie du débat qui oppose artistes, historiens d'art, critiques et, désormais, curateurs quant à savoir qui a « statut et pouvoir »[6] de contrôler le discours et l'économie de la production culturelle.

Je poserai cette hypothèse : que le curateur négocie les objets de la culture de la même manière que le gestionnaire de fonds spéculatifs négocie ses instruments financiers. Selon Beatrice von Bismarck, certaines similitudes qui se sont fait jour récemment entre pratiques artistiques et pratiques de communication – et qui, empruntées au champ économique, « visent la constitution, la gestion et la distribution du sens plutôt que la production d'un objet matériel – doivent être comprises comme le pendant direct des stratégies d'assemblement, d'agencement et de communication qui caractérisent la pratique curatoriale ». Les implications post-fordistes de cette conception du « travail » sont évidentes si l'on considère la disparité entre la rémunération consentie au travail réel (de l'artiste, dans le cas présent, ou du caissier à la banque) et celle dont bénéficie le courtier (gestionnaire de fonds ou, comme ici, curateur). Il en ressort que le curateur tire de son travail un bénéfice tout à fait disproportionné par rapport à sa contribution à la production artistique et culturelle – autre point de comparaison avec le trader financier. Cette rémunération excessive s'accorde parfaitement avec une économie dans laquelle ce sont les dirigeants qui récoltent tous les bénéfices du travail des ouvriers.

L'Afrique en tant que lieu, espace et temps

En examinant la place que l'art contemporain africain occupe dans le discours sur l'art, c'est toute la question du rôle des pratiques culturelles à l'ère de la mondialisation qui se pose : quelle valeur accorde-t-on à l'Afrique comme terrain d'exercice de la mondialisation ? Comme lieu de production d'un langage visuel propre, de stratégies de représentation spécifiques ? Le succès international d'Okwui Enwezor a tourné les regards vers l'Afrique par le biais d'expositions signalant l'intérêt de l'art contemporain africain en général. Reste que sa pratique curatoriale consacre une conception radicale de la contemporanéité fondée sur un double postulat : d'une part, que les meilleurs représentants de l'art africain sont les Africains de la diaspora ; d'autre part, que l'Africain postcolonial est un sujet autonome, dont l'histoire culturelle n'a aucune pertinence pour notre compréhension de la contemporanéité. Si, de ces deux postulats, le premier – poser le transnationalisme comme le cadre fondamental de la culture mondiale – est juste, le deuxième – considérer la mondialisation comme un arrière-plan neutre des mouvements transnationaux – est faux. On peut certes avoir l'impression que la mondialisation invalide la vieille opposition moderniste centre/périphérie, mais elle ne fait en réalité que la renforcer puisqu'elle n'admet la périphérie (en l'occurrence, l'Afrique) à l'intérieur du centre (l'Occident, et son discours hégémonique sur l'art) qu'à la condition que la périphérie (l'art africain) se conforme aux prescriptions du centre. Voilà qui explique l'impression de monotonie qui se dégage souvent de l'art contemporain – l'uniformité s'impose dans les styles (art conceptuel/installations), les pratiques curatoriales et critiques, voire les lieux d'exposition eux-mêmes. La possibilité, pour les artistes africains, de prendre part à la mondialisation dépend de forces politiques qu'ils n'ont pas le pouvoir de maîtriser, et ils n'ont pas d'accès direct à sa mise en œuvre théorique. En outre, l'espace mondial est une abstraction, personne n'y habite : les gens habitent à Cotonou, Katmandou ou Copenhague. L'idéal d'une culture globale, transnationale suppose la libre circulation des personnes, alors que les pays occidentaux (qui contrôlent une part disproportionnée de la richesse mondiale) mettent tout en œuvre pour limiter la mobilité internationale des Africains. La mondialisation est devenue un phénomène à sens unique, qui assigne les artistes africains à résidence sur le continent, présentant leur travail comme l'expression d'engagements culturels moribonds tout en affirmant l'universalité de l'art contemporain occidental (sans voir qu'il est un élément local d'une production globale). La mondialisation participe aussi à une réappropriation, par l'Occident, du patrimoine culturel africain en lui donnant plein pouvoir de déterminer sa valeur.

Dans mon compte-rendu de la direction artistique par Okwui Enwezor de la documenta 11[7], j'entrevoyais deux manières dont on se souviendrait plus tard de ce commissaire international d'origine africaine : soit comme celui qui a mis l'art contemporain africain au centre du discours sur l'art, soit comme celui qui l'a livré à l'appétit capitaliste toujours avide de marchandises nouvelles. Presque dix ans plus tard, il est évident qu'en valorisant un art essentiellement représenté par les artistes de la diaspora, Okwui Enwezor aboutit à un paradoxe : il légitime une forme d'art qui refuse toute confrontation critique avec la façon dont l'histoire de cet art s'est jouée à l'intérieur de l'Afrique même. À une mise en perspective historique, il préfère une vision autoréférentielle de l'art contemporain où les mêmes artistes sont perpétuellement recyclés d'une exposition à l'autre. Selon Douglas Hofstadter, cette récursivité produit des « boucles étranges », qui donnent l'impression « d'un mouvement vers le haut dans l'échelle hiérarchique, et cependant la montée suivante aboutit à une boucle fermée. C'est-à-dire, qu'en dépit de notre impression de nous éloigner de plus en plus loin de l'origine, nous échouons, à notre surprise et parfois à notre grand effarement, au point de départ »[8]. Étant donné que la notoriété d'Okwui Enwezor est en partie due à ses efforts pour ouvrir la boucle d'une histoire de l'art qui tourne tous les regards vers l'Occident, sa régression à un protocole de fonctionnement en circuit fermé souligne l'ironie d'une situation globale de l'art où les choses « changent » tout en restant fondamentalement les mêmes.

Le reproche adressé à Okwui Enwezor d'envisager les expressions de l'art contemporain africain comme de simples répliques des expressions occidentales est venu tôt dans sa carrière. Par exemple, son interrogation sur la possibilité d'une avant-garde au sein de documenta 11 a fait l'effet d'une interprétation particulièrement conservatrice et institutionnelle de la culture contemporaine – une interprétation qui donnait de l'importance aux paradigmes mêmes que documenta était censée viser dans son contre-récit. Massimiliano Gioni a reconnu là l'indice de l'hégémonie occidentale, tout en notant que « l'industrie de l'art a atteint un tel niveau de complexité et de sophisme qu'elle peut tout à fait se transformer dans le seul but de confirmer le caractère immuable de son statut et de son identité : tout doit changer afin que tout reste semblable à ce qu'il a toujours été ». Reste que les interventions d'Okwui Enwezor ont accru la visibilité de l'art contemporain africain et que son travail de pionnier mérite d'être salué. Personne ne le conteste. Le problème est que sa vision fait de l'Afrique un lieu « redondant » du déploiement de l'*ethos* artistique contemporain. On perçoit bien les limites de son approche dans son récent livre, coécrit avec Chika Okeke-Agulu, *Contemporary African Art since 1980*. Selon l'argumentaire de l'éditeur : « traiter de l'art contemporain africain implique nécessairement de traiter de la diaspora africaine, et de toutes les questions épineuses de politique et d'identité postcoloniales qui s'y rapportent : qu'est-ce que l'art contemporain africain et que peut-on ranger sous cette rubrique ? »[9] Qu'on ait encore à dire l'importance, pour ce livre, de ces questions de définition après des années vouées à la description de l'art contemporain africain montre bien comment l'idéal désinvolte d'une perpétuelle redécouverte de l'Afrique contribue en fait à sa marginalisation. Mais ce qui m'intéresse surtout, dans ce livre, c'est le rôle dévolu aux artistes de la diaspora comme principaux représentants de l'Africanité. Si c'est là un biais pour aborder la question des multiples localisations de l'art contemporain africain, on reste gêné par l'hypothèse selon laquelle la diaspora est au centre du dispositif. Une première tentative pour étudier l'Afrique en la tirant hors de ses frontières avait déjà été opérée par Paul Gilroy dans cet ouvrage séminal mais imparfait qu'est *L'Atlantique noir : modernité et double conscience* (1993). Elle atteint ici une phase critique. En tirant sans cesse l'Afrique vers sa diaspora, le plus éminent des curateurs d'art contemporain africain encourage une vision de la diaspora comme lieu cardinal de la culture visuelle africaine. Le déplacement se répercute comme une onde de choc dévastatrice sur tout un ensemble de pratiques discursives. L'Afrique est à la fois partout et nulle part, décrite essentiellement comme un non-lieu (sans compter le fait que l'assimilation de la diaspora à l'Afrique même empêche toute considération politique et culturelle de la place que la diaspora occupe dans le discours global).

Qu'il n'y ait pas de malentendu : je ne conteste pas l'intérêt qu'il y a, dans une étude sur l'art contemporain africain, à examiner la production des artistes de la diaspora. Je dis seulement que cet examen ne doit pas se faire au détriment de l'art qui se produit sur le sol africain. Considérons, à cet égard, la transformation affectant aujourd'hui les études africaines au sein de l'université nord-américaine : la quasi-totalité des postes d'histoire de l'art vont aux universitaires de la diaspora, et la discipline doit faire face à une réticence de plus en plus marquée, de la part des chercheurs, à aller sur le terrain pour mener des « études centrées sur l'Afrique ». À cela s'ajoute que les collections des musées qui s'intéressent à l'art contemporain africain privilégient les œuvres des artistes installés en Occident ; seul un petit nombre d'artistes vivant en Afrique échappent à cette règle – comme El Anatsui, qui a toujours refusé de quitter l'Afrique sans pour autant rester en marge de la mondialisation. Il est possible qu'El Anatsui soit l'un des rares artistes d'aujourd'hui à produire un art spécifiquement africain – à la fois fermement ancré dans ses origines, tourné vers l'international et accordé aux protocoles les plus sophistiqués de la scène contemporaine mondiale. Son succès signale l'importance de l'Afrique dans ce contexte. Il fournit un tremplin pour réinterpréter la scène africaine comme celle de l'invention de nouveaux langages visuels qui posent l'esthétique indigène comme le cadre possible de la pratique contemporaine, passant outre l'objection vile d'un nativisme moribond. Mais surtout, ce succès redonne à l'Afrique son importance comme moteur – et non simple élément marginal – de la mondialisation.

Conclusion : le champ visuel de la réception occidentale

Michel Foucault, parlant du panoptique de Jeremy Bentham, l'a décrit comme un curieux instrument permettant une surveillance de tous les instants : l'individu, dans ce dispositif, est à la fois entièrement visible

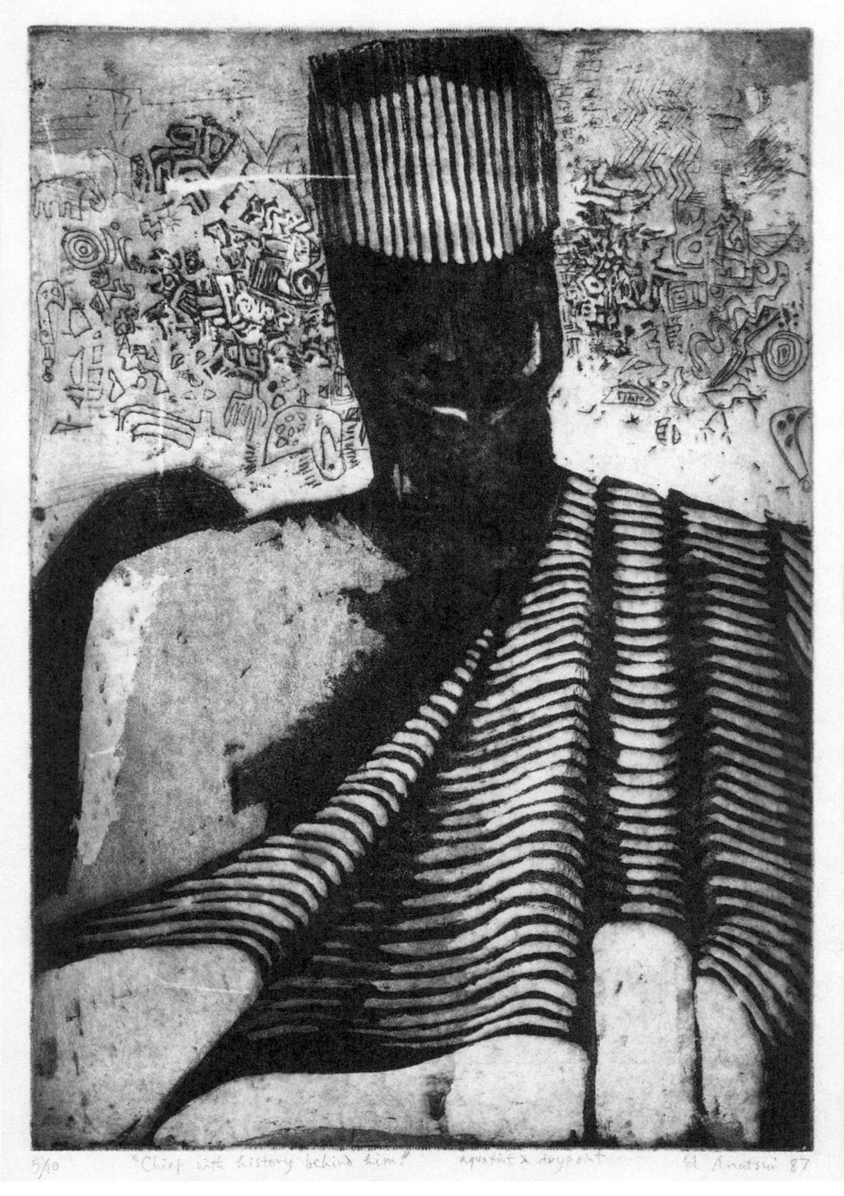

El Anatsui
Chief With History Behind Him, 1987

Aquatinte sur papier, 51,1 × 39,7 cm
Iwalewahaus, Université de Bayreuth

de celui qui l'observe et invisible aux autres puisque relégué dans un espace clos (le panoptique constitue ainsi le modèle de la prison idéale). L'effet majeur du panoptique est d'« induire chez le détenu un état conscient et permanent de visibilité qui assure le fonctionnement automatique du pouvoir »[10]. Il est également de s'arroger le pouvoir de l'individu assujetti pour le transférer à l'État. Pour entrer dans le champ visuel de la réception occidentale, l'art contemporain africain doit se conformer à un certain nombre de paradigmes. Très peu d'artistes y sont admis, mais pour ceux qui le sont, plus leur art se rapproche de ce qui se fait à New York, plus il est coté. Quantité d'œuvres visant à légitimer l'Afrique comme lieu du développement de l'art contemporain sont considérées comme irrecevables par Okwui Enwezor – ce qui tendrait à suggérer que seules sont bienvenues les œuvres qui s'avancent « nues », prêtes à revêtir la tenue conforme au goût et aux normes de l'Occident. J'ai dit plus haut que l'intérêt porté depuis peu à l'art non occidental répondait peut-être au besoin qu'avait le capitalisme de marchandises nouvelles. Si tel est le cas, l'entreprise d'Okwui Enwezor, en jetant l'éclairage sur certains artistes et lieux de production de l'art, aboutit à leur mise en circulation comme denrées consommables. Au lieu d'appuyer la quête d'identité et de reconnaissance des sociétés et structures marginalisées, son travail n'a fait jusqu'à présent que créer les conditions d'une nouvelle appropriation de l'« Autre » par l'Occident – une appropriation du même type que celle dont les arts premiers au début du XXᵉ siècle ont fait l'objet.

L'ironie veut que l'ascension d'Okwui Enwezor à une position de prestige international reproduise la courbe de la trajectoire décrite ci-dessus : son influence, en tant que curateur, est certes indéniable, mais son succès reste un exemple classique de la façon dont l'Occident privilégie l'amateurisme au détriment de la vraie compétence dans bien des domaines. Okwui Enwezor est devenu curateur au terme d'un parcours assez indéfini – une connaissance superficielle de l'histoire de l'art africain mais une participation active à la scène artistique new-yorkaise des années 1990. Le prestige que ses expositions lui ont valu dans le monde de l'art est impressionnant, mais il reflète aussi une certaine propension du discours occidental à contourner l'avis des Africains auxquels leur formation donne compétence dans certains domaines. La tendance, au XXᵉ siècle, était à la marginalisation des artistes sortis des écoles d'art ; on valorisait, en revanche, ceux qui s'étaient formés directement dans l'atelier sous prétexte que leurs œuvres étaient celles qui exprimaient le mieux le génie de l'art moderne africain – qu'on songe seulement au corpus réuni par Ulli Beier à Osogbo, par exemple. Nous retrouvons le même présupposé tendancieux en histoire de l'art, où l'opinion du chercheur occidental le plus mineur prévaut toujours sur celle du savant africain le plus averti. La réception de l'art contemporain africain en Occident a elle aussi suivi la même courbe, faisant d'Okwui Enwezor son interlocuteur privilégié bien que sa qualification première soit d'être le fondateur de la revue *Nka: Journal of Contemporary African Art*, avec Salah M. Hassan et Olu Oguibe, lesquels sont généralement omis – notamment Olu Oguibe – dès qu'il s'agit d'analyser les raisons de l'ascension d'Okwui Enwezor. En concentrant sur un seul individu la capacité à définir l'art contemporain africain, on a fabriqué un star-system dans lequel tout le travail d'analyse historique se trouve déconsidéré au profit d'une forme de critique qui, étant purement interprétative, se révèle problématique. Pour reprendre mon analogie initiale, le « curateur trader » n'a pas pour fonction de construire point par point un discours ordonné : tel un gestionnaire de fonds spéculatif, il prospère en se concentrant sur le court terme de façon strictement autoréférentielle. On peut également s'interroger sur la profondeur du travail produit dans ces conditions : une lecture attentive des textes d'Okwui Enwezor révèle une connaissance lacunaire de l'histoire de l'art, notamment en ce qui concerne l'art africain. Qui plus est, la place qu'il s'est acquise – et d'une manière générale les curateurs africains – dans le discours sur l'art contemporain, aux États-Unis, a permis d'éclipser tous ces artistes et activistes africains-américains qui, au début des années 1990, commençaient à vouloir s'asseoir autour de la table des négociations. En tournant l'attention vers les curateurs africains, l'establishment s'est débarrassé de ces fauteurs de troubles. Le refus d'Okwui Enwezor de collaborer avec ses confrères africains-américains en dit long sur sa complicité dans le processus de marginalisation.

Au reste, la pratique curatoriale est un processus éminemment collaboratif dans la mesure où le travail consiste à réunir des œuvres comme on accumule des données. L'idée qu'un curateur « possède » le savoir qui résulte de cette accumulation repose sur une conception obsolète (moderniste) de la toute-puissance de l'« auteur ». Je m'étonne toujours de constater que, malgré les critiques adressées à la notion d'auteur, malgré le consensus qui se fait autour du rôle du curateur comme gestionnaire de données, personne ne soulève la question de savoir à qui appartient le savoir ainsi produit. Lorsque, de façon répétée, on assigne

à un seul et même individu le produit d'une tâche collective, on crée
la concentration de pouvoir qui, à terme, limite l'horizon d'intelligibilité d'une pratique – ici, l'art contemporain africain – puisque le point
de vue d'un seul vaut pour l'ensemble des points de vue possibles. De
nouveaux curateurs ont certes fait leur apparition sur la scène de l'art
contemporain africain, mais la plupart perpétuent le modèle instauré
par Okwui Enwezor. (Le rejeter voudrait dire se priver des financements
institutionnels nécessaires à leur travail, puisque la plupart des institutions sont actives en Europe et aux États-Unis.) Les nouveaux curateurs
étendent ainsi la mainmise du discours occidental sur l'art africain et
renforcent l'hégémonie du régime curatorial d'Okwui Enwezor. Et c'est
là l'impact le plus négatif de toute son entreprise : en réduisant l'Afrique
à sa diaspora, il participe à un transfert de l'équité culturelle : des producteurs africains, elle passe aux collectionneurs occidentaux. Tandis que la
valeur de la production des artistes de la diaspora ne cesse d'augmenter
– la fresque murale dont la banque d'affaires Goldman Sachs a passé
commande à [l'artiste nord-américaine d'origine éthiopienne] Julie
Mehretu (*1970) pour son immeuble new-yorkais est estimée à 5 millions
de dollars – l'art des Africains résidant sur le continent est toujours aussi
peu coté. (On retrouve le même type de situation en Afrique du Sud,
où la cote des artistes blancs augmente quand celle des artistes noirs
des « townships » reste extrêmement basse.) La sous-évaluation de l'art
africain s'explique en partie par le refus de l'Occident de comprendre
que les Africains vivent dans la même contemporanéité que les Euro-
Américains. Les jeunes artistes africains participent de la même culture
globale, et nous devrions nous intéresser à la façon dont leur art reflète
la conscience qu'ils ont de leur situation en Afrique (si c'est là qu'ils
vivent) ou dans le monde occidental (si c'est là qu'ils s'installent parce
qu'ils souhaitent accroître la visibilité de leur travail). L'Afrique aussi
puise son renouveau dans les défis que lui lancent la modernisation et
la mondialisation. Notre tâche devrait être de comprendre les réponses
singulières qu'elle propose – et non de lui imposer les préférences esthétiques de l'art occidental. Sur ce front, Okwui Enwezor a manifestement
échoué et le temps est venu de soumettre sa pratique curatoriale à une
critique formelle.

NOTES — *

Texte paru, pour la première fois, sous le titre « The Curator as Culture Broker (A Critique of the Curatorial Regime of Okwui Enwezor in the Discourse of Contemporary African Art) », sur le site http://aachronym.blogspot.com/2010/06/curator-as-culture-broker-critique-of.html, 16 juin 2010.

La traduction française du sous-titre est « Une critique du régime curatorial d'Okwui Enwezor au sein du discours sur l'art contemporain africain ».

1

Marianne Eigenheer, Dorothee Richter, Barnaby Drabble (éds.), *Curating Critique*, Revolver, Francfort 2007, disponible également sur https://on-curating.org/files/oc/dateiverwaltung/old%20Issues/ONCURATING_Issue9.pdf

2

Ici et suivante : Beatrice von Bismarck, « Curatorial Criticality – On the Role of Freelance Curators in the Field of Contemporary Art », *Curating Critique*, Revolver, Francfort 2007, p. 63, 62.

3

Paul Kaiser, « Is the Curator a Product of the Cultural Crisis ? », in Christoph Tanner et Ute Tischler, *Men in Black: Handbook of Curatorial Practice*, Revolver, Francfort 2004, p. 198-199.

4

On se souviendra que Fredric Jameson présente le postmodernisme comme la logique du capitalisme tardif.

5

Brian O'Doherty, *The White Cube. L'espace de la galerie et son idéologie*, JRP|Ringier, collection « Lectures maison rouge », Zurich/Paris 2008, p. 147.

6

Ici et suivante Beatrice von Bismarck, *op. cit.*, p. 66, 67.

7

Sylvester Okwunodu Ogbechie, « Ordering the Universe: documenta 11 and the Apotheosis of the Occidental Gaze », *Art Journal*, vol. 64, n° 1, printemps 2005, p. 80-89, https://www.jstor.org/stable/i20068356.

8

Douglas Hofstadter, *Je suis une boucle étrange*, Dunod, Paris 2013.

9

Okwui Enwezor et Chika Okeke-Agulu, *Contemporary African Art since 1980*, Damiani, Bologne 2009. Je ne fais ici que mentionner l'existence de ce livre, la critique de son contenu ne constituant pas mon propos, qui porte sur le travail mené par Okwui Enwezor bien avant cette nouvelle publication.

10

Michel Foucault, *Surveiller et punir. Naissance de la prison*, Gallimard, coll. « Bibliothèque des histoires », Paris 1985, p. 202.

VI — Revisiter le canon

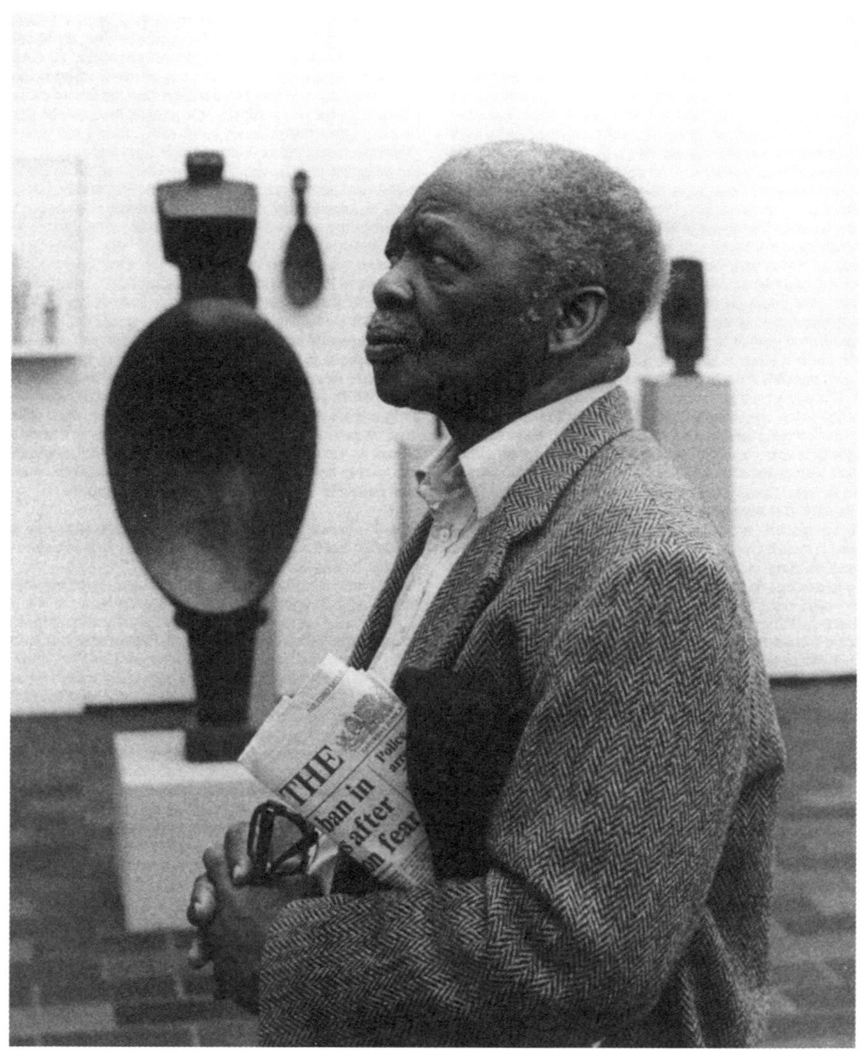

Ernest Mancoba, c. 2000

Photographie de Peter Johansen

Entretien avec Ernest Mancoba

Hans Ulrich Obrist

Cet entretien a été réalisé le 18 mars 2002 au domicile de l'artiste sud-africain Ernest Mancoba (1904-2002), en banlieue parisienne, quelques mois avant sa mort. D'abord publié dans un volume réunissant des entretiens réalisés par Hans Ulrich Obrist (*Interview Vol. 1*, Charta, 2003), il fut largement diffusé dans d'autres publications, étant l'un des rares témoignages disponibles de l'artiste, parfois dans des versions rééditées, notamment dans *Nka: Journal of Contemporary African Art* (2003) et *Third Text* (2010). Nous publions ici la version originale. Quant à l'enregistrement filmé de l'entretien, il a été utilisé par l'artiste sud-africain Kemang Wa Lehulere (*1984) pour concevoir un court-métrage présenté lors de l'exposition-hommage à Ernest Mancoba, *Liberated Subjects: Present Tense*, Foundation De 11 Lijnen, Oudenburg, 2015. Le Musée national d'Art moderne/Centre Pompidou a consacré une importante exposition à Ernest Mancoba en 2019 (*I Shall Dance In a Different Society*, 26 juin-23 septembre 2019), conjointement à celle consacrée à Sonja Ferlov Mancoba (1911-1984). Les deux artistes se rencontrent en 1939 et se marient en 1946.

Hans Ulrich Obrist — Commençons par le commencement. Comment êtes-vous devenu artiste en Afrique du Sud ?

Ernest Mancoba — Je suis né en 1904 à Turffontein, dans la zone aurifère du Main Reef, non loin de Johannesburg. Mon père était mineur. Je dois beaucoup à l'influence de ma mère, bien qu'elle n'ait pas été artiste elle-même. Mais elle sortait parfois, avec des femmes de son âge, comme il était d'usage à l'époque, pour aller fabriquer des poteries en terre cuite. Elle les faisait cuire dans un four à bois collectif, et nous les utilisions ensuite à la maison. Je me souviens qu'elle m'avait parlé de mes ancêtres Fingos. Les Fingos, à l'origine, étaient des Zoulous qui avaient émigré en raison des persécutions qu'ils subissaient pour s'être opposés à la conquête d'autres tribus par le roi Chaka – conquête qu'ils estimaient contraire à la tradition africaine de royauté démocratique, bien qu'elle pût se justifier si l'on considère la nécessité d'unir nos nations contre l'invasion coloniale. Les Fingos avaient donc trouvé refuge auprès des Xhosas – Fingo voulant dire « qui voyage ». Ma mère m'a enseigné l'*Ubuntu* – en « philosophie » africaine, c'est le terme qui désigne la fraternité, la solidarité humaine – et, en même temps, elle était très chrétienne. Elle nous lisait aussi de la poésie. Elle sortait un vieux livre enveloppé dans un morceau de tissu et nous lisait de la poésie africaine ; elle nous expliquait l'importance de la poésie, en particulier pour exprimer « l'indicible ».

Je n'ai suivi aucune formation particulière en art. J'ai découvert ma vocation pendant mes études secondaires à Grace-Dieu, une école anglicane de formation des instituteurs près de Pietersburg, où Sœur Pauline m'a appris à sculpter le bois. Je sculptais des façades d'autel, des pièces de mobilier liturgique. Plus tard, j'ai moi-même enseigné dans cette école. Mais j'avais déjà compris, entre-temps, que je voulais me consacrer à l'art à plein temps. À l'époque, je faisais surtout de la sculpture sur bois inspirée de l'art européen, dont j'essayais aussi de me démarquer pour trouver mon style. En 1929, l'une de mes pièces religieuses – *Bantu Madonna*, pour laquelle j'avais fait poser une camarade africaine – a même eu un certain succès. Mais j'ai poursuivi mes études et, après Pietersburg, j'ai rejoint l'université de Fort Hare à Alice, une petite ville de la province du Cap-Oriental. Fort Hare venait tout juste d'acquérir le statut d'université, abandonnant son nom de « South African Native College ». La religion et une certaine forme d'humanisme étaient les deux piliers de l'institution. Cette tradition était commune à l'« élite noire » – qu'on espérait voir se former – et aux libéraux blancs, en majorité des membres du clergé. À la différence de ce qu'allait prôner, à partir des années 1950, le système éducatif bantou, Fort Hare refusait l'idée d'une éducation différente et inférieure pour les Noirs. C'est à Fort Hare qu'étudièrent un certain nombre d'activistes tels que Nelson Mandela, mes amis Govan Mbeki, Isaac Tabata et Jane Cool ou des poètes comme Dennis Brutus[1] ; plus tard, il y eut aussi l'écrivain et futur journaliste de *Drum*, Can Themba. Mais je n'ai pas étudié l'art à Fort Hare – il n'y avait pas ce genre d'enseignement. J'ai suivi des cours d'anglais, d'histoire, de mathématiques, de psychologie et de biologie. Et comme beaucoup d'étudiants noirs de l'époque, j'ai aussi envisagé de devenir journaliste.

Hans Ulrich Obrist — Parliez-vous d'art avec les autres étudiants et du rôle de l'art en Afrique du Sud ?

Ernest Mancoba — À Pietersburg, je m'étais lié d'amitié avec Gerard Sekoto (1913-1993), qui allait devenir un peintre important ; et avec Thomas Masekela (1908-?) qui, bien qu'il ait plus tard consacré sa vie à l'organisation d'hôpitaux pour notre peuple, sculptait en privé. Notre dialogue était constant. En outre, avec d'autres étudiants et de jeunes enseignants – par exemple, Nimrod Ndebele, autre ami proche –, nous organisions des représentations théâtrales à l'école, et nous discutions beaucoup de l'avenir des arts en Afrique du Sud. À Fort Hare, où j'animais un club de discussion, il n'était que rarement question d'art. Une fois arrivé au Cap – j'avais fait le voyage en cargo depuis Port Elizabeth –, c'est sans doute avec Lippy Lipshitz (1903-1980) que j'ai eu les conversations les plus passionnées sur le sujet. J'allais souvent le voir dans son atelier – le mien était situé dans « District Six », le ghetto des gens de couleur. Lippy était sculpteur, émigré d'Europe de l'Est. Il m'a présenté à un autre sculpteur, Elza Dziomba (1906-1970), qui venait elle aussi d'Europe. Quand j'allais lui rendre visite, dans son atelier de Johannesburg, j'entrais par la porte de derrière ; c'était un quartier « réservé aux Blancs », si bien que je me faisais passer pour l'homme de ménage. C'est grâce à Lippy Lipshitz aussi que j'ai eu connaissance de l'intérêt grandissant que l'Europe portait à l'art africain, et compris l'influence qu'il avait eue au début du XXe siècle. L'ouvrage de Paul Guillaume, *La Sculpture nègre primitive* (1929), était au cœur de nos discussions. Sur le conseil de Lippy, je me souviens être allé exprès à la Bibliothèque nationale du Cap pour lire ce livre. C'était quelque chose d'incompréhensible pour les gens : qu'un Noir puisse avoir quelque chose à faire dans cet endroit et, qu'en plus, il demande à voir un livre d'un auteur français connu de si fraîche date ! Mais j'ai discuté, expliqué et, finalement, on m'a laissé m'asseoir et quelqu'un m'a fort aimablement apporté le livre. Tandis que j'absorbais ce que j'y découvrais – qui m'étonnait beaucoup –, j'ai commencé à imaginer à quel point il serait enrichissant de pouvoir échanger des idées avec un esprit aussi ouvert, quelqu'un qui parlait de l'expression des Africains avec tant de respect, alors que, dans mon propre pays, je n'étais même pas considéré comme un être humain à part entière.

Hans Ulrich Obrist — Vous avez donc décidé de quitter l'Afrique du Sud. C'était en 1938. Comment avez-vous su qu'il était temps de partir ? Comment voyiez-vous Paris ? Comme un lieu de liberté à la fois politique et artistique ?

Ernest Mancoba — Si je suis parti, c'est sans doute d'abord parce que j'avais compris que je n'avais aucun avenir, ni comme citoyen ni comme artiste, dans la terre de mes ancêtres. Et cela, je l'avais surtout compris après avoir rencontré le Commissaire aux affaires indigènes à Pretoria. Ce dernier avait vu des photographies de certaines de mes œuvres dans un journal (*The Star*, je crois) et il avait décidé que je devais participer à la toute prochaine *Empire Exhibition*[2]. L'idée était double : d'une part, il s'agissait de montrer aux visiteurs l'art folklorique produit par les indigènes ; d'autre part, de développer, à l'intention des touristes, tout un commerce de figures pseudo-tribales ou de gadgets prétendument aborigènes. Il m'a proposé un travail stable et un bon salaire pour que je déniche et forme de jeunes Africains susceptibles d'alimenter ce genre de trafic. J'étais très choqué et j'ai décliné l'offre aussi poliment que possible. Dans ma vie quotidienne, j'étais de plus en plus humilié par les conditions faites à mon peuple. Et j'avais de plus en plus de difficultés à contenir ma colère dans certaines occasions. Il m'est vite apparu que je ne me sentirais jamais assez libre, mentalement, pour m'exprimer aussi complètement que je le désirais ; partout où j'irais dans mon pays, je me cognerais systématiquement la tête aux barrières que l'ordre colonial avait érigées. L'Apartheid, qui n'a certes été officiellement instauré qu'après la Seconde Guerre mondiale, existait en fait depuis bien plus longtemps – depuis que les colons européens avaient commencé, avec l'entier soutien de la métropole, à exploiter les Noirs, les réduisant presque à l'esclavage pour des raisons purement économiques d'exploitation des mines d'or et de diamant. Je n'avais pas de temps à perdre avec les brimades mesquines, les injustices quotidiennes imposées à l'indigène, pour ne rien dire des obstacles auxquels il se heurte, ou même des menaces portées à l'encontre de sa vie même – toutes choses qui entravent et minent quotidiennement un esprit indépendant, l'empêchant de disposer des conditions et de l'espace nécessaires pour créer, sans être submergé par la colère et la haine. De plus, dans la société coloniale à laquelle j'étais censément condamné pour le reste de mes jours, il n'y avait pas de public capable de recevoir ce que j'avais à exprimer. Plusieurs de mes œuvres ont disparu, probablement parce que ceux qui les ont eues entre les mains, à l'époque, ne les ont pas jugées dignes d'être préservées. Même parmi mes amis politiques, il s'est trouvé des gens pour dire que l'activité artistique n'était pas la chose la plus urgente à envisager face aux souffrances qu'endurait notre peuple. Je pensais, tout au contraire, que l'Art pouvait aussi permettre d'éveiller en l'homme une conscience plus claire – conscience indissociable, selon moi, de la lutte pour la libération, et sans laquelle tout accomplissement pratique risque, tôt ou tard, de dévier et de manquer son objectif. De mon point de vue, il y avait donc autant d'urgence à faire de l'art qu'à travailler à l'évolution de la situation politique – perspective du reste lointaine, à l'époque. J'ai donc décidé d'entrer en discussion avec les artistes européens, en venant en Europe, afin de mieux connaître le continent qui avait produit les objets dont ils étaient si admiratifs. Je n'en trouvai pas beaucoup, cependant, qui aient envie d'en savoir plus sur la situation réelle en Afrique du Sud. Mais ils appréciaient mon travail, je me suis progressivement intégré à leur groupe et nous discutions beaucoup, notamment de ce que nous avions vu dans les ateliers, galeries et musées que nous allions régulièrement visiter.

Hans Ulrich Obrist — Lorsque vous arrivez à Paris, deux autres immigrés célèbres vous y ont précédé, l'un en provenance de la Martinique – Aimé Césaire – et l'autre de Dakar, Léopold Sédar Senghor. C'est le début de la négritude. Les avez-vous rencontrés ?

Ernest Mancoba — En fait, curieusement, j'aurais très bien pu les rencontrer, car l'École des Arts décoratifs que je fréquentais était située rue d'Ulm, tout comme leur école (et la Cinémathèque française, où nous allions souvent avec Sonja [Ferlov] ; c'est là qu'un jour nous avons rencontré Henri Langlois). Mais l'occasion ne m'a pas été donnée de croiser ces deux grandes personnalités. Ils étaient étudiants à l'École normale supérieure, soit l'institution qui formait la crème de la crème* dans le système éducatif français. Léopold Sédar Senghor et Aimé Césaire venaient l'un d'une colonie, l'autre d'un territoire francophone et fréquentaient d'autres cercles. J'ai quant à moi mis un certain temps pour apprendre la langue. Les Danois, eux, parlaient l'anglais presque couramment, ce qui me facilitait les choses. Mais comme, avec le temps, je me suis aussi fait quelques camarades français à l'école, et j'ai bientôt été capable de converser dans leur langue, je suppose que je n'aurais pas été en peine de me faire comprendre de Léopold Sédar Senghor et d'Aimé Césaire.

Nous aurions sans doute eu aussi quelques désaccords, car ils me semblaient aborder la question de la non-reconnaissance de l'humanité de l'homme africain d'un point de vue trop intellectuel, et avec les outils de l'Académie. Leur but était de montrer, à travers des poèmes ou des essais, que si l'homme africain appartient à une autre culture, il ou elle a ceci de commun avec les autres races qu'il ou elle partage la même humanité. Sur la base d'une part de l'ouverture que ménageait la récente découverte des arts africains par l'avant-garde et, d'autre part, de la fin de la dictature de la « pure raison » consécutive, du moins potentiellement, à la « révolution surréaliste », ils pensaient le temps venu d'une reconnaissance, par l'Europe, de la valeur égale de l'Autre. Ils voulaient aussi aider le Noir à acquérir une autre vision de son identité, à une époque où tant de gens en Afrique, ou dans la diaspora noire, étaient persuadés, du fait de l'idéologie occidentale dominante (qui, tout en prétendant à l'universalité, se montrait plutôt ethnocentrique en la matière), que leur race correspondait à l'image que les Européens donnaient d'elle à travers toutes sortes d'outils de propagande : évaluations pseudo-scientifiques, films, dessins animés, blagues, chansons, publicités, pour ne rien dire des zoos humains et autres infamies du même genre. En cela, Léopold Sédar Senghor et Aimé Césaire ont fait œuvre très utile. Et leur accomplissement poétique est en soi très précieux. Mais là où leur approche me pose problème, c'est que je n'ai jamais cru, pour ma part, que le racisme occidental procédait d'une défaillance de la raison ou d'une absence de compréhension. Je ne crois donc pas qu'il puisse être traité par l'invention de nouveaux concepts idéologiques tels que la « négritude » ; comme je n'imagine pas non plus que l'humanité de l'homme blanc puisse reposer sur le concept approximatif de « blanchitude ». Car on ne pourra jamais prouver ni réfuter la vérité de notre humanité commune, pas plus qu'un enfant n'a besoin d'une preuve matérielle pour savoir d'instinct que sa mère est sa mère. Aucune démonstration scientifique ni morale, aucun test génétique, aucun impératif éthique ne pourra jamais ajouter à cette simple reconnaissance, ce pur amour. La seule chose que ces ratiocinations concernant la filiation peuvent faire, c'est détruire le lien existant. Mais le renforcer ? Jamais. J'ai fait une sculpture sur ce rapport fondamental entre la mère et l'enfant — je l'ai intitulée *Faith* (*Foi* ; 1936).

En vérité, je ne crois pas que nous autres, Africains – ou, du reste, tout autre peuple –, ayons besoin (ce qui ne diminuerait en rien le racisme) de montrer à l'homme blanc à quel point nous sommes capables de parler et d'écrire sa langue, de pratiquer ses sports, d'apprendre ses usages, ses manières, ses concepts, ou de nous aligner sur sa prétendue « universalité » pour être considérés comme des êtres humains en tout point égaux à lui ; la véritable universalité, en effet, est un objectif commun de l'agenda culturel, politique et spirituel, et il ne sera atteint que lorsque tous les groupes ethniques auront pu, grâce à un dialogue authentique, voir leur intégrité humaine s'épanouir sous toutes ses facettes et dans toute sa complexité.

Je tiens néanmoins l'œuvre d'Aimé Césaire pour essentielle ; en ceci, notamment, qu'il fut le premier, dans la culture antillaise, à proclamer que les Noirs, là ou ailleurs, devaient rejeter l'idée, fortement ancrée en eux du fait des colonisateurs, que leurs origines africaines étaient un motif de honte – à telle enseigne, comme me l'a expliqué un ami martiniquais, que les esclaves eux-mêmes développaient parfois d'étranges conceptions, considérant par exemple qu'un nouveau-né créole, selon le degré de « noirceur » de sa peau, était « bienvenu »* ou « malvenu »*. Certains Antillais que j'ai pu rencontrer, et parfois même d'autres gens de couleur ou des Noirs, en Afrique du Sud, avaient ce genre de complexe.

J'ai entendu dire qu'une nouvelle génération d'intellectuels caribéens critiquaient aujourd'hui Aimé Césaire, soit qu'ils aient besoin de « tuer » le père, soit qu'ils pensent sincèrement qu'il s'est trompé ou que ce qu'il a pu dire n'est plus valable. Ils ont certainement une bonne raison. Toujours est-il que si leur projet, tel qu'on me l'a décrit, est de remplacer la « négritude » par la « créolité », cela ne change rien à mon problème : il s'agit toujours d'une intellectualisation qui, en l'occurrence, risque de servir de fondement idéologique à une sorte de globalisation culturelle – laquelle préférera noyer les problèmes plutôt que d'y faire face. Parmi les intellectuels d'origine africaine, nombreux sont ceux qui, s'ils reconnaissent la composante européenne de leur arrière-plan culturel, évitent de se confronter avec ce qu'Aimé Césaire a au moins eu le courage de poser comme une réalité : l'héritage africain. C'est un héritage mixte, à la fois positif et négatif, en particulier pour les Antillais ou les Africains-Américains dont les arrière-grands-parents furent vendus ou échangés par des potentats africains. Une certaine amertume est donc compréhensible. Je me souviens que même ma mère a un jour apostrophé mon père en ces termes : « Mais comment est-ce que vous, les hommes, avez pu laisser faire une chose pareille ? » Reste que personne ne devrait fuir ses origines – ni d'ailleurs, ne le peut –, notamment dans ce cas précis, où tout un peuple ne peut être tenu responsable des transactions que quelques rois – dans un contexte historique particulier, à la fois de progrès et de décadence – ont conclues avec des négriers européens et arabes. Quoi qu'il en soit, ni l'homme noir de la diaspora ni l'homme africain moderne en situation d'acculturation ne trouveront leur véritable identité, le « récit d'eux-mêmes », pour ainsi dire, en fuyant leurs racines, car elles sont cela même qu'il faut conserver, ou du moins connaître, si l'on veut engager un dialogue fructueux avec les autres. Et la vraie universalité n'a rien à voir avec l'actuelle globalisation.

Le sentiment de l'universel peut être beaucoup plus développé dans une tribu de cinq cents âmes qui vivent dans la forêt tropicale et se considèrent comme des « êtres humains » que chez certains « autres » qui, s'ils sont des millions, n'en sont pas moins spirituellement perdus, et vivent dans ce qu'on leur présente comme un gigantesque parc d'attractions où, pris dans les réseaux de la sous-culture de masse, ils partagent tous les mêmes valeurs, en l'occurrence purement matérialistes.

Le racisme qui caractérise un groupe dominant me semble être, à la base, une attitude pratique et pragmatique, choisie pour des raisons purement prosaïques, mais qui peut se transformer psychologiquement et prendre la forme, tant au niveau individuel que collectif, d'une réaction instinctive et d'une obsession fantasmatique. Il est donc inutile, selon moi, de lui opposer une argumentation intellectuelle. Au temps de la Grèce antique, par exemple, n'importe quel raisonnement subtil aurait pu démontrer qu'un esclave athénien est, malgré tout, un homme. Mais cela n'aurait en rien modifié les vues d'Aristote, qui déclare, dans la *Politique*, qu'un homme en état de servitude n'est qu'un « instrument doué de parole » ; et il le déclare parce qu'il sait qu'Athènes repose entièrement sur l'institution de l'esclavage. Il choisit donc, en toute conscience, de préserver l'esclavage, de le protéger, en proclamant comme prétendument philosophique une notion dont il sait pertinemment qu'elle est un mensonge – philosophie, la pratique héritée de Platon qu'on avait lui-même vendu dans un marché d'esclaves de Sicile.

Personnellement, je n'ai jamais été convaincu de l'intérêt qu'il y a à revendiquer une quelconque fierté ethnique ou à chanter les vertus d'une race, fût-ce avec les meilleures intentions – réparer les injustices du passé, par exemple. Je vois bien quelle justification on peut trouver à cela, quel effet galvanisant cela peut produire sur des nations méprisées, mais, pour ma part, je m'en suis toujours tenu à deux idées : la première vient du cœur profond de l'Afrique et constitue le principe de base de l'*Ubuntu* : « L'homme est rendu tel par et à cause des autres hommes » ; la deuxième reprend les paroles du Christ : « Ne fais pas à autrui ce que tu n'aimerais pas que l'on te fasse. » Je ne m'encombre pas du reste.

Mais par-delà toute divergence d'opinions, j'aurais vraiment aimé rencontrer Aimé Césaire et Léopold Sédar Senghor. À son retour de Dakar, après le Festival mondial des arts nègres en 1966, mon ami Gerard Sekoto m'a raconté sa rencontre avec le président-poète sénégalais. Mais c'est une autre histoire, venue d'une autre époque.

HANS ULRICH OBRIST — En un sens, il vous était plus facile de rencontrer des artistes danois ; vous étiez plus proche de ce cercle.

ERNEST MANCOBA — Le destin l'a voulu ainsi, semble-t-il. J'ai rencontré le groupe des surréalistes danois, c'est-à-dire, entre autres, Richard Mortensen, Egill Jacobsen et, comme je l'ai déjà dit, Ejler Bille. À l'atelier, rue Daguerre, j'avais pour voisin l'artiste franco-américain Henri Goetz. Le voisin d'Ejler Bille était Erwin Graumann, un peintre expressionniste allemand qui, sa vie durant, est resté l'un de nos bons compagnons ; c'est par son intermédiaire que j'ai rencontré des artistes allemands antinazis, notamment Hans Hartung, avec qui je me suis lié d'amitié. Grâce à Sonja, j'ai aussi fait la connaissance du sculpteur Henri Laurens et de sa femme – que je revois, après la guerre, tenant mon fils nouveau-né dans ses bras. 1938 marque le début de mon amitié avec Alberto Giacometti. C'est à son initiative – parce qu'il voulait m'aider à me rapprocher de Sonja – que j'ai quitté mon atelier de la rue Daguerre pour une petite pièce située au-dessus du sien, rue Hippolyte-Maindron. En fait, mis à part son frère Diego, je peux dire que je suis resté son plus proche voisin pendant neuf ans (exception faite de mes quatre années de prisonnier pendant la guerre). Nous nous croisions de façon presque quotidienne ; nous discutions un peu parfois et étions toujours prêts, au besoin, à nous rendre service. Il était notre aîné, mais nous étions de bons camarades. Sonja, qui avait son atelier tout près, rue du Moulin-Vert, savait qu'elle pouvait toujours compter sur Alberto en cas de difficulté, voire de souci financier, comme c'est arrivé une ou deux fois. Quand Sonja s'est mise à travailler le plâtre, il a été de bon conseil. Mais c'est surtout à sa personnalité unique que nous devons l'une des expériences les plus riches de notre vie.

Après la guerre, Sonja et moi sommes partis au Danemark. Dans les années 1948-1950, nous avons fait partie des mouvements Høst[3] et CoBrA – avec, entre autres, Asger Jorn, Carl-Henning Pedersen, Henry Heerup, Erik Thommesen, Egill Jakobsen, et nos camarades néerlandais Karel Appel, Constant et Corneille. Sonja et moi étions assez isolés dans le petit village, près de Roskilde en Seeland, où nous nous étions installés pour travailler. Mais nous allions à Copenhague retrouver nos amis d'Høst ou de CoBrA[4]. Bientôt des malentendus ont surgi dans le groupe, qui nous ont poussés à quitter le pays. Notre première visite, le jour où nous sommes rentrés à Paris, a été pour Alberto Giacometti. Plus tard, après les neuf années difficiles – mais fructueuses sur le plan créatif – que nous avons passées à la campagne, nous avons continué à lui rendre visite régulièrement. C'est ce qu'il y avait de bien, à l'époque, avec les amis : on n'avait pas besoin de prendre rendez-vous ; il suffisait d'aller frapper à la porte, à n'importe quelle heure ou presque. Les choses n'étaient pas formelles comme aujourd'hui. Il est lui-même venu une ou deux fois à notre atelier, situé rue du Château, à quelques pas de chez lui. À l'époque, je voyais aussi régulièrement mon ami Gerard Sekoto, qui avait lui aussi réussi à quitter l'Afrique du Sud, après la guerre, pour venir à Paris. Nous discutions de ce qui se passait dans notre pays. Il entretenait davantage de contacts que je ne le faisais avec les artistes et les intellectuels de la scène parisienne ou anglaise, si bien que c'est lui qui m'informait. J'ai aussi participé à plusieurs réunions à la librairie Présence Africaine, avec Alioune Diop. Entre les années 1950 et le début des années 1960, j'ai été l'un des correspondants réguliers – ou plutôt irréguliers – du magazine *Le Musée vivant*[5] ; c'était la seule publication, en France, qui avait à cœur, du moins au début, de donner ponctuellement la parole à des intellectuels ou des artistes africains. Pendant des années, j'ai eu un dialogue très enrichissant avec sa rédactrice en chef, Madeleine Rousseau ; cette femme au courage incroyable – étant donné le contexte colonial – regardait en face le problème de la confrontation avec l'Autre. Elle a permis à ceux qu'on appelait alors les gens du « Tiers-Monde » de s'exprimer ; elle leur a offert une plate-forme de dialogue en des temps difficiles, jusqu'au moment où, les luttes pour l'indépendance ayant commencé, la pression politique est devenue trop intense.

Hans Ulrich Obrist — Cela m'amène à une autre question. Vous souvenez-vous d'un projet que vous n'auriez pas pu réaliser ? Quelque chose dont vous auriez rêvé, mais que vous n'auriez pu accomplir ?

Ernest Mancoba — Oui, mais ce n'est pas un projet artistique. Pour moi, ce qui n'a pas encore trouvé à s'accomplir, c'est la compréhension et l'acceptation mutuelle entre les Noirs et les Blancs (pour prendre l'opposition la plus tranchée en termes de couleur, mais ce que je dis vaut aussi pour les autres races). Le dialogue n'a pas encore commencé. Cela me fait penser à la scène finale de l'un des récits de Karen Blixen – que Sonja admirait, sans pour autant partager toutes ses idées ni sa manière de vivre : l'arrivée d'un indigène appelant à une assemblée du peuple à l'endroit traditionnellement dévolu à cet effet est utilisé comme une métaphore de la rencontre entre le Noir et le Blanc – rencontre qui ne s'est pas encore produite, même si historiquement l'assemblée a eu lieu.

Hans Ulrich Obrist — Pourriez-vous nous parler de la façon dont votre travail oscille entre figuration et abstraction ?

Ernest Mancoba — La distinction entre figuratif et abstrait n'a guère de place, de signification pour l'artiste africain ; pas plus qu'elle n'en avait pour l'artiste européen avant l'époque qui, en Occident, a inauguré la division, dans notre façon de penser, entre esprit et matière, vie et mort, intérêts de l'individu et intérêts de la communauté. Notre histoire a peu à peu autorisé l'introduction de cette dichotomie, dont l'effet est une terrible atomisation de l'essence même de la vie. D'un côté, elle nous a dispensé une quantité infinie d'avantages matériels (dont le progrès scientifique et technique), mais de l'autre, elle a induit une quantité égale de problèmes et de calamités.

Nulle part autant que dans les arts cette dichotomie systématique n'a détruit jusqu'au fondement même de l'identité humaine en tant qu'elle relève à la fois de la Nature et de l'essence d'un être idéal. Certains artistes européens ont trop souvent obéi à la dictature de la philosophie, ou de ce qui se prétend telle – cette dénomination, par parenthèse, m'a toujours stupéfié, car il y a bien longtemps que ce domaine du savoir sert moins à mettre en pratique l'amour de la sagesse qu'à adapter notre idée de l'homme aux structures sociales que nous impose l'histoire. En outre, certains philosophes européens se sont donné comme objectif plus ou moins avoué de faire table rase de l'Art – produit d'une forme d'humanité caduque – ou d'en faire un pur ersatz intellectuel permettant de tenir la liberté de la poésie sous contrôle, ce qui correspondait aussi à la visée du pouvoir politique. Telle est, pour autant que je puisse en juger, la principale motivation qui a inspiré la fondation de l'Académie. Nous avons donc perdu la capacité à unir, dans notre vision, l'aspect extérieur et la signification intrinsèque. Tout cela, parce que notre œil a été mal éduqué par l'académisme, qui ne peut évaluer l'intérêt d'une représentation de l'homme qu'à l'aune de sa fidélité aux règles purement esthétiques qu'il a édictées – celle, par exemple, qui veut que la tête doive représenter un huitième (ou est-ce un septième ? Je ne sais plus) de la proportion totale du corps. Si bien que lorsque les Européens voient une sculpture africaine dans laquelle une tête énorme va de pair avec des jambes très courtes, ils la trouvent affreuse et totalement dénuée de « valeur » artistique. Mais pour un artiste africain, ce n'est pas tant le respect de certaines règles (car lui aussi, en général, opère en fonction de canons spécifiques) qui fait la beauté d'une chose que sa capacité à faire surgir l'être intérieur grâce à la force de son aspect extérieur. Et à cet effet, les moyens qu'il utilise sont aussi bien figuratifs qu'abstraits. Lorsque j'ai fait ma *Bantu Madonna* [Vierge bantoue], j'ai respecté plusieurs canons européens ou classiques que certains adeptes du « Progrès » en art trouveront nécessairement dépassés. Mais sous couvert de modernisme, ce progressisme est en fait tout aussi formaliste que la vieille Académie. Sonja m'a raconté la visite qu'un petit groupe d'artistes danois d'avant-garde avait rendue à Alberto Giacometti après la guerre. Une fois sortis de l'atelier, certains avaient exprimé leur déception de n'avoir pas retrouvé le type d'abstraction qu'ils avaient admirée dans ses créations antérieures, et déclaré de façon péremptoire : « Il est devenu réactionnaire ! » À travers cette remarque, se révélait une conception (je parle des hommes, et non de leurs œuvres) qui relevait plutôt d'un formalisme virulent que de l'abstraction. Ce genre de sectarisme, quand il ne correspond pas à un mariage créatif de l'esprit et de la matière, quand il fait fi des correspondances poétiques n'est qu'un avatar du formalisme qui caractérise la vieille Académie. Moi-même, lorsque j'ai fait ma *Bantou Madonna*, je me suis conformé à un canon qui était en contradiction avec les formes les plus récentes du cubisme ou de l'abstraction (que, d'ailleurs, je connaissais à peine à l'époque) mais sans jamais cesser de lutter avec un style qui m'était étranger ; et sous la surface de ce moule classique, j'espère que le spectateur – si j'ai la chance d'avoir été compris et entendu – percevra le battement d'un cœur africain. Parfois, l'esprit intérieur se manifeste, et doublement, dans le cas présent : d'une part, par l'innovation que représentait, dans le contexte sud-africain, le choix d'une Vierge noire ; et d'autre part, par la pulsation qui, bien que provisoirement contenue par la rigueur du style, pourrait à tout instant se libérer, sourdre de sous la peau ou la surface. J'étais heureux, cependant, de travailler dans le cadre imposé par une certaine tradition, car je crois qu'en art, comme dans le monde en général, la liberté ne peut toujours être que relative. Naturellement, en l'absence de tout consensus concernant le canon ou la direction à suivre, notre liberté dépend de ce que nous nous fixons nous-mêmes comme objectif et comme responsabilité.

Dans ma peinture, il est difficile de dire si la forme centrale est figurative ou abstraite. Mais cela n'est pas un problème pour moi. Ce qui m'intéresse, c'est de trouver la forme qui, avec un maximum d'effet et un minimum de moyens, fera advenir et vivre l'être qui est en moi et aspire à l'expression dans le matériau que j'ai sous la main.

Hans Ulrich Obrist — Pourriez-vous m'en dire un peu plus sur l'introduction de l'héritage africain dans la tradition picturale de l'Occident ?

Ernest Mancoba — Comme vous le savez, c'est après avoir appris de mon ami sculpteur, Lippy Lipshitz, qu'une nouvelle génération d'artistes européens s'inspirait de l'art africain et avoir lu le livre de Paul Guillaume à la Bibliothèque nationale du Cap que j'ai éprouvé le besoin d'entamer un dialogue avec ces artistes, et donc de quitter mon pays pour l'Europe.

J'aspirais à un échange profond sur la nature de l'Art et l'intégrité de l'identité humaine. Mais en ces temps où l'Europe possédait encore nombre de colonies par le monde, j'ai trouvé difficile d'approfondir certains problèmes, même en m'adressant à quantité d'artistes ou d'intellectuels. Seuls quelques-uns étaient prêts à envisager les conséquences de leur admiration pour l'art africain sous l'angle plus général d'une prise en compte de qui le produisait – l'homme africain.

Pendant des siècles, l'Occident a considéré l'homme africain comme un inférieur, comme un membre d'une autre espèce, une créature entre le singe et l'homme – l'homme blanc, s'entend, qui trônait au summum de la création. On peut donc comprendre qu'il ait fallu un grand effort, intellectuellement, pour accepter le principe de l'égalité – principe que certains, même aujourd'hui, n'ont toujours pas assimilé, preuve en sont le succès et la constante résurgence des idéologies extrémistes, que je découvre avec incrédulité dans les journaux, chaque matin. J'ai compris que reconnaître l'Autre comme soi-même ne pouvait se faire qu'au prix d'un effort colossal, et cela malgré deux mille ans de civilisation prétendument chrétienne. En vérité, la toute première expression poétique de l'Occident – *L'Iliade* d'Homère – a bien essayé de nous transmettre le message selon lequel reconnaître l'Autre comme nous-mêmes est une condition de notre propre humanité. Mais nous autres, modernes, n'avons jamais respecté cet héritage des anciens Grecs, pas plus que nous n'avons mis en application, de façon sincère, le message du Christ, même si nous endossons volontiers son manteau de sainteté ou masquons notre barbarie (aussi avancée fût-elle, sur le plan technologique) derrière une culture hellénique de pure façade.

Il me semble aussi que beaucoup d'Occidentaux n'ont vu, dans la découverte de l'art africain, qu'un moyen de résoudre certains problèmes esthétiques et de sortir des impasses culturelles dans lesquelles ils se trouvaient empêtrés au début du XXe siècle. Je ne suis pas sûr que tous aient envisagé avec sérieux le sens profond de la culture qui produisait cet art. Il y a toujours eu une ambiguïté, par exemple, concernant la reconnaissance de l'influence attribuée à la sculpture nègre. Certains critiques dénient même à l'Afrique toute influence sur l'invention du cubisme. Probablement parce que, ignorant la nature propre de l'art, ils refusent l'idée qu'une création puisse trouver son origine, ne serait-ce que partiellement, dans une culture considérée comme inférieure. Il est vrai aussi que la fameuse phrase qu'on prête à Pablo Picasso – « L'art nègre ? Connais pas ! » – n'a pas contribué à clarifier la question. Elle peut signifier deux choses : soit que Pablo Picasso n'a jamais eu la moindre estime pour l'art africain – ce que même certains historiens d'art préfèrent penser ; soit que les Africains ont une conception de l'art qui est très différente de la conception classique ou néoclassique des Occidentaux ; et que cette conception est si intrinsèquement liée à leur vie qu'elle n'a pas d'existence autonome ni ne peut être séparée du reste de l'expérience spirituelle africaine. Quelque chose me fait plutôt pencher en faveur de cette seconde hypothèse. Un jour, à Paris – c'était avant la Seconde Guerre mondiale –, Sonja et moi avions été invités par des relations à elle qui occupaient de hautes fonctions au Musée de l'Homme à assister à l'arrivée de nouvelles pièces importantes d'art africain. À l'époque, une telle chose était en soi un petit événement, qui éveillait un grand intérêt dans la communauté artistique. Tandis que nous observions le déballage, tout en nous efforçant de mieux voir les œuvres, Sonja me dit : « Regarde par là, tu vois Picasso ? » Et de fait, c'était lui, ouvrant de grands yeux comme s'il absorbait les formes qu'il découvrait, dans une attitude d'intérêt manifeste. Je dois avouer que depuis cette scène, qui remonte à la fin des années 1930, je sais quel sens je prête à la phrase cryptique de ce grand artiste espagnol que Sonja et moi-même avons toujours admiré, notamment pour ses périodes cubiste et surréaliste. Je sais en outre qu'il avait une profonde sympathie pour l'attitude des Africains envers cette expression que nous appelons l'art et que, d'une certaine manière, cette sympathie n'a pas été dénuée d'influence sur sa propre conception de la création – à savoir que ce qui compte n'est pas tant de produire un bel objet qu'une évocation spirituellement forte, d'une efficacité quasi magique. Cette conception lui a donné un certain avantage sur ses contemporains, qui n'avaient pas poussé si loin leur quête de la nature profonde de l'art – qu'on le dise « primitif », classique ou moderne.

HANS ULRICH OBRIST — Quel rôle l'effigie kota joue-t-elle dans votre travail ?

ERNEST MANCOBA — Bien que j'aie exprimé, dans ce que d'aucuns appellent mon art, une idée générale de l'homme, en puisant à toutes sortes d'influences universelles, la forme fondamentale qui inspire mes dessins et mes peintures me vient de l'héritage qu'a déposé en moi l'expérience de l'Afrique, de cette terre qui a porté mes jeunes années. Cet héritage s'est constitué peu à peu, à partir de mon expérience de la campagne et des gens, des formes que le peuple a créées, dans le passé comme dans le présent ; certaines de ces formes, je les ai vues de mes propres yeux, par exemple, chez un sculpteur d'un village ndébélé près de Pietersburg – après plusieurs rencontres et discussions, cet homme m'a donné une canne sculptée qui était dans sa famille depuis des générations ; je l'ai emportée avec moi en Europe, où elle me sert toujours aujourd'hui –, ou dans la collection de la peintre Irma Stern (1894-1966), lorsque je lui rendais visite au Cap. Il y a aussi des formes dont je n'ai eu connaissance qu'à travers des reproductions photographiques. Il est possible aussi que certaines aient surgi dans mes rêves et m'aient été inspirées par ce que la terre de mes ancêtres éveille en moi, d'une façon dont je n'ai pas vraiment conscience. Il se peut enfin, comme on a pu le dire, qu'une sculpture spécifique ait eu un rôle fondateur. Je ne me souviens plus. Toujours est-il que l'effigie kota ressemble étrangement à la figure centrale de mes tableaux, non seulement sur le plan formel, mais aussi quant à sa destination. Traditionnellement, l'effigie kota était fixée au sommet du panier reliquaire qui contenait les os de l'ancêtre disparu ; elle le représentait, en quelque sorte, et le protégeait dans le monde des vivants. Le reliquaire contenait aussi différents objets rituels, par exemple des coquillages ou des plantes à usage magique. La statuette et le panier avaient tous deux une signification et une fonction symboliques : assurer la survie des préceptes et de l'expérience de la tribu, et conférer aux rites la profondeur spirituelle sans laquelle ils risquaient plus tard, dans un autre contexte, de se transformer en pur folklore. Dressée sur le reliquaire, cette effigie saisissante figurait aussi l'effort mis en œuvre pour accompagner et prolonger l'influence spirituelle de l'ancêtre, non seulement dans le souvenir qu'en auraient les générations futures, mais aussi dans leur conscience d'elles-mêmes.

Quant à l'usage de l'effigie dans ma propre expression, on peut l'interpréter de diverses façons. L'une des interprétations possibles consiste à la voir comme l'invocation d'un esprit représentant ou défendant son identité menacée dans un environnement hostile, et proclamant, paradoxalement, la force de son essence fragile contre l'affirmation chaotique de la pure matière et le triomphe apparent de l'Objet dans notre vie quotidienne. Sa fonction est d'apporter aux générations futures l'espoir d'une survie spirituelle et d'un nouveau rapport, plus intègre, à la matière.

La fonction symbolique dévolue aux os humains – favoriser la méditation ou l'ébranlement de la conscience – existe aussi dans d'autres traditions, par exemple dans certains courants du mysticisme chrétien ou certaines visions poétiques d'avant-garde. Je songe, par exemple, au travail d'Antonin Artaud sur les os sema[6] ou au *Squelette de l'esprit* (1984) de Sonja Ferlov.

Ces os – cette évocation de nos restes – place l'homme face à sa véritable identité et son destin : ils le préparent à la grande Transmutation, dont le phénomène de métamorphose en art n'est qu'un pâle reflet – mais un reflet dont l'importance est essentielle en ce qu'il nous aide à acquérir une nouvelle conscience de la quête humaine où nous sommes irrémédiablement engagés, que nous le voulions ou non. L'effigie parle de l'héritage de nos ancêtres – sans lesquels nous autres modernes, qui parfois les méprisons, ne serions pas là aujourd'hui — et nous place devant notre responsabilité concernant la renaissance de l'espèce à son essence originelle dans ce vieux monde (ou dans un monde nouveau).

Hans Ulrich Obrist — Tout comme Asger Jorn, vous vous êtes déclaré influencé par l'art du Groenland. Pourriez-vous m'en parler un peu ?

Ernest Mancoba — Asger Jorn était mon ami et collègue à Høst et CoBrA, où l'objectif n'était pas seulement de réaffirmer l'être instinctif, mais aussi de nous révolter contre la marginalisation, le mépris dans lequel l'establishment artistique avait jusqu'alors maintenu les arts non occidentaux. Asger Jorn avait participé, avec d'autres surréalistes, à la réévaluation positive et enthousiaste de l'art africain ancien. L'arrivée de la Seconde Guerre mondiale mit un terme à ses voyages, et il dut rester au Danemark, où il n'avait guère l'occasion de voir beaucoup d'œuvres africaines ou océaniennes – les rares collections privées, comme celle de Carl Kjersmeier n'étant pas facilement accessibles. C'est alors qu'il s'est dit que, dans le Nord aussi, il existait un art primitif, préchrétien, qui avait été négligé et dont on se faisait une idée fausse : l'art des Vikings et, au Groenland (colonie danoise), celui des Esquimaux, qui avaient vécu si longtemps hors de portée des influences de l'histoire moderne. Outre Asger, tous les membres de CoBrA étaient touchés par la force, la simplicité et la hardiesse de ce type d'expression. Sonja, qui déclara un jour que la silhouette des drakkars était présente en elle, était aussi fascinée par ce que le grand explorateur Knud Rasmussen avait décrit des usages et de la culture des Esquimaux. On peut même dire que sa conception de l'art en fut influencée. En effet, elle concevait l'art – du moins dans l'usage qu'elle en faisait – comme étant, presque par définition, d'essence chamanique. Ce point de vue était bien sûr rejeté par tous ceux qui ne voulaient pas être assimilés à cette vision primitive. J'ai moi aussi été influencé par l'art esquimau, notamment par son économie de moyens et sa capacité à ne traiter que de l'essentiel, dans un environnement où la nature est rude, difficile. Comme j'ai été fasciné par les *kalk malerier* – ces fresques que j'ai pu voir dans les églises chrétiennes primitives des campagnes, quand je vivais au Danemark.

L'expression particulière d'un artiste, son inventivité propre peuvent donc provenir de ses racines et d'emprunts à son socle ethnique, mais peuvent également résulter d'un dialogue avec ce qui lui est le plus étranger. Certains critiques et historiens d'art, et peut-être même aussi quelques artistes ont fait l'erreur, selon moi, de considérer CoBrA comme un mouvement limité, dans ses rangs comme dans son inspiration, aux Européens du Nord, et rétif à l'influence d'expressions étrangères. C'est là une vision totalement erronée non seulement de CoBrA, mais aussi de l'art lui-même. Asger Jorn savait le danger auquel CoBrA s'exposait en revendiquant des racines populaires ; et s'il se réclamait d'une inspiration nourrie en partie par la culture viking, autrement dit l'héritage scandinave et son impact « vandale », il refusait clairement toute forme de « pan-nordisme » (contrairement à d'autres, notamment dans la foule des commentateurs). Mais l'histoire de l'art a souvent tendance à se conformer à certaines particularités de l'intérêt national et politique, et comme elle est un sous-produit de la science historique – qu'il faut réexaminer périodiquement, tous les vingt ans ou presque, pour l'adapter à l'évolution du jeu de pouvoir entre les nations –, seul un petit nombre d'historiens sont capables d'apprécier l'art et les artistes indépendamment des modes académiques et des fluctuations de l'équilibre sur la scène mondiale. Sonja et moi-même défendions des valeurs – d'harmonie sociale, d'engagement spirituel – qui, à l'époque, nous marginalisaient, aussi bien par rapport à la réification du monde qu'opérait l'empire occidental que par rapport au matérialisme dogmatique du pseudo-marxisme ; nous nous élevions, en outre, contre des réalités qui nous excluaient de toute entreprise culturelle comme de toute politique nationale, leurs programmes n'étant pas en accord avec l'universalité de notre vision. Le simple fait que nous étions d'origine extrêmement différente était un désaveu des attitudes dominantes, et nous l'avons payé d'un relatif isolement non seulement à l'intérieur du mouvement auquel nous appartenions, mais aussi, pour ainsi dire, sur le plan administratif : nous avons été déchus de nos nationalités d'origine – jusque dans nos passeports.

À l'exposition Høst ou dans les réunions de CoBrA, j'avais certes de bons amis, mais en tant que Noir, je percevais parfois une certaine forme d'opposition silencieuse au couple que nous formions, Sonja et moi. Elle ne se manifestait pas ouvertement, mais plutôt sous la forme, par exemple, d'invitations à une exposition d'importance qui, inexplicablement, ne nous parvenaient jamais. Une certaine irritation était également sensible à l'encontre de Sonja, qui insistait toujours pour que le mouvement se soucie aussi du sort de ceux qui étaient encore sous domination européenne. Les principaux membres de CoBrA étaient d'accord avec nous, en principe – Asger Jorn nous a adressé une lettre en France, juste après la fin du mouvement, dans laquelle il disait qu'il était solidaire de nos choix et comprenait les raisons de notre départ ; et pourtant, je crois qu'en 1950 il était encore trop tôt pour soulever clairement cette question. (J'ai, pour ma part, prononcé un discours sur les ondes de la radio nationale danoise, dans lequel je décrivais la situation sud-africaine. Mais il n'a eu d'impact – s'il en a eu – que dix ans plus tard, une fois amorcée la révolte contre l'Apartheid.)

L'embarras que certains ressentaient parfois en ma présence – au point de ne voir en moi qu'une sorte d'« homme invisible » ou le simple conjoint d'une artiste européenne – était compréhensible, puisque j'étais le premier Noir, semble-t-il, à faire partie d'une « avant-garde » dans les arts visuels occidentaux. Wifredo Lam avait certes travaillé avec les surréalistes à Paris, mais c'était un Créole venant d'un pays indépendant – Cuba. Quant à moi, j'étais issu d'une colonie qui avait légalisé la ségrégation et dont l'importance économique était vitale pour l'Europe : mon statut était donc ambigu. À certains moments, j'étais accepté, à d'autres, non. Reste que notre conception même de l'humanité et de l'art non seulement contribuait à notre isolement dans le groupe, mais aussi nous disqualifiait dans l'establishment artistique, notamment – nous nous en sommes aperçus plus tard – auprès de certains historiens ou critiques. Un historien, par exemple, publiant une étude sur CoBrA, omet d'interroger Sonja sur la manière dont elle a vécu le mouvement, et cela alors qu'ils habitaient la même ville – ce qui ne contribue pas à donner du sujet une image juste et équilibrée ; un autre passe entièrement sous silence ma participation au mouvement, si modeste fût-elle, au motif qu'on pouvait soupçonner mon travail – « expression de [mes] origines africaines » – de n'être pas assez européen. J'ai été extrêmement surpris par ce jugement, qui semble transformer l'historien d'art ou le critique en une sorte d'officier des douanes ayant pour fonction de détecter les immigrants clandestins de la culture. Un tel officier aurait beaucoup de travail aujourd'hui ! Un autre historien est même allé jusqu'à dire que si j'avais été prisonnier quatre ans pendant la guerre, c'était parce que j'avais illégalement franchi la frontière. J'admets volontiers que je transgresse des frontières, mais seulement dans le domaine de l'art, où il me semble que c'est davantage un bienfait, une façon de contribuer à l'épanouissement culturel de l'humanité, qu'un crime. Cette tendance de plus en plus marquée d'une certaine critique européenne a tant frappé un journaliste qu'il a intitulé son article « The Black Spot on CoBrA »[7]. Naturellement Sonja, dont je partageais pendant toutes ces années les positions et perspectives, tout comme, j'imagine, mes camarades de CoBrA auraient refusé de participer à un mouvement qui aurait exclu ou ignoré un artiste à cause de ses origines.

Notre famille – ou disons plutôt, Sonja et moi en tant que créateurs singuliers, unis par la même vision – a toujours posé problème, eu égard aux catégorisations et aux craintes ethnocentriques. Elle déplaçait et perturbait les frontières établies, de même que les classifications imposées par les perspectives d'une époque particulière ou les présupposés d'un certain intellectualisme critique – que motivaient souvent des considérations étrangères à l'Art. Malgré cet environnement hostile, nous avons toujours défendu l'intégrité de l'expression humaine, dont nous avons fait notre objectif prioritaire. Ni Sonja, du temps où elle était encore vivante, ni moi-même aujourd'hui n'avons jamais pu accepter d'être séparés en ce qui concerne l'importance de notre travail et la nature de notre engagement, car cela aurait été la négation de nos vies mêmes.

Hans Ulrich Obrist — Vous avez écrit, en 1962 : « Dans l'art africain, l'objet n'a pas pour fonction de contenter l'œil ou les sens ; il est le moyen, le langage que l'art utilise pour exprimer des idées et des sentiments relatifs au présent, à l'avenir et au passé, afin d'y découvrir de nouveaux concepts permettant de considérer le monde en vue du salut de l'homme. » Aujourd'hui, en 2002, comment voyez-vous la fonction et la visée de l'art ?

Ernest Mancoba — Oui, je me souviens du moment où j'ai écrit ces lignes. Je n'en modifierais pas un seul mot aujourd'hui. Et je pense que cette définition de l'art – ou du moins de ce que l'on nomme ainsi – reste valable aujourd'hui et correspond à ce qui m'apparaît encore, même en ce début de XXIe siècle, comme ma vocation. L'art a pris un certain tournant, dans la seconde moitié du XXe siècle, influencé, me semble-t-il, par le malentendu qui s'est fait jour autour de Marcel Duchamp – lequel n'a jamais prétendu qu'exposer un produit manufacturé suffisait à faire de lui un objet d'art. Mais le monde de l'art a fait comme s'il l'avait dit. En fait, comme Marcel Duchamp lui-même l'a bien précisé, son « ready-made » acheté au supermarché et posé sur un piédestal n'est qu'un gant jeté à la face de l'Académie et de ses canons totalement dénués de spiritualité. Mais le malentendu – qui a consisté à transformer l'incapacité de l'Académie à relever le défi (une incapacité révélatrice du vide abyssal de prétentions et de fausses valeurs sur lequel reposaient les canons) en cette idée que, pour cette raison même, n'importe quel objet industriellement produit (et certains pouvaient même être parfaitement esthétiques, voire beaux) pouvait devenir un objet d'art, et son corollaire – que rien donc n'était de l'art –, ce malentendu, donc, a fait consensus en tant qu'interprétation de Marcel Duchamp : il cadrait bien, en effet, avec les visées d'un certain nihilisme établi qui, sous les espèces fastidieuses d'un esthétisme objectif, en est lui-même venu à constituer un nouvel académisme. D'où le développement, chez nombre de créateurs, de l'idée plus ou moins imposée que le non-art pouvait être considéré comme de l'art – idée avantageuse, puisqu'elle permettait de se débarrasser du problème posé par l'Invisible et le pouvoir persistant du Masque universel dans une société matérialiste, sans que l'on ne se demande jamais « qu'est-ce que l'art ? ».

Je ne pense pas qu'on puisse répondre à cette question tant qu'on entretiendra l'idée qu'on peut introduire des catégories à l'intérieur de l'humanité. C'est la raison pour laquelle, par exemple, je ne pouvais être considéré comme un artiste dans l'Afrique du Sud du début des années 1930, quand ce que souhaitaient les autorités coloniales était que je produise de l'art « indigène ». Il fut un temps, même en Europe, et même parmi les gens les plus « progressistes », voire parmi les membres de la communauté artistique, où l'idée avait cours qu'il existait un « art des sauvages », qui ne correspondait qu'à eux et ne pouvait être apprécié, de façon sérieuse, du reste de l'humanité moderne, de ceux que Bertolt Brecht (que Sonja et moi-même appréciions par ailleurs) appelait les

« enfants de l'ère scientifique » – le seul problème étant que, pour lui (comme pour Voltaire avant lui), William Shakespeare aussi faisait partie des « sauvages ». De même, je me souviens d'avoir été stupéfait en lisant un jour, dans un catalogue commémorant CoBrA, que le jeune public, cinquante ans plus tard, ne serait sans doute plus intéressé par l'expression de ses artistes. Certes, pouvait-on lire, un public contemporain pouvait regarder leurs œuvres comme une curiosité plaisante et colorée, mais le thème du Masque, par exemple – source d'inspiration pour CoBrA – n'avait pas grand intérêt pour cette jeune génération biberonnée à l'informatique, qui n'y verrait que simple « grimace ».

Un jour, à la fin des années 1950, j'ai rencontré un célèbre peintre de la mouvance Hard Edge. Nous voyant ensemble, Sonja et moi, il nous apostrophe en ces termes : « Ah, c'est vous qui aimez l'art des Nègres… Ils ont trop de sensualité, ils sont toujours en train de faire des sculptures avec des gros sexes ; nous autres, artistes européens de la modernité, avons abandonné ces obsessions primitives. Ici tout n'est que géométrie, pureté des lignes, clarté de l'intellect. » Quand je lui ai répondu qu'il y avait aussi de la géométrie dans l'art africain, il a hoché la tête et il est parti.

Pour moi, l'art ne peut se fonder que sur une seule idée – dont il est à la fois la confirmation et la preuve –, à savoir que l'homme est Un. Voilà pourquoi une expression issue d'une culture qui m'est très étrangère (celle des Papous ou des Aztèques, par exemple), alors même que j'ignore tout des coutumes et rites qui lui ont donné naissance, peut m'aller droit au cœur, et parfois me toucher infiniment plus que des expressions de mon propre univers culturel ou de mon époque. Mais, en aucune façon, je ne suis un primitiviste. Reste que la première condition pour entrer dans cet univers des expressions spirituelles que nous appelons l'Art est d'être ouvert à l'Autre – y compris dans ce que l'Autre a de plus étranger – tout en sachant que, selon la formule si bien condensée par Arthur Rimbaud, « Je est un autre ». Beaucoup trouvent encore choquant que lui, descendant de « Gaulois [à] l'œil bleu », comme il aimait à se dire, se soit parfois vu comme un « nègre ». Mais c'est sur cette conscience même qu'il a fondé la signification de la vraie modernité. Notre époque, cependant, s'est complètement trompée sur son intention, car sa célèbre formule – « Il faut être absolument moderne » –, nous l'interprétons comme une incitation à conduire la voiture la plus rapide, à nous entourer de l'attirail technologique le plus récent, alors qu'elle signifie quelque chose de beaucoup plus profond, de radicalement subversif à l'égard de tout ce qui fonde nos sociétés et nos conceptions – y compris notre idée de la « modernité ». Voilà pourquoi le fait de voir des créations venues d'un Ailleurs extrêmement éloigné peut nous aider à nous libérer de nos préjugés et de notre enfermement formaliste ou ethnique.

Je me souviens – nous étions jeunes, à l'époque – de la fascination de mon ami Gerard Sekoto lorsque je lui avais montré des reproductions de Vincent van Gogh ; et combien il était ému – au point de s'en inspirer plus tard dans sa peinture – par l'histoire de ce peintre hollandais. Je la lui ai racontée alors que nous étions en plein Bushveld, près d'un village perdu de la zone tribale du Transvaal nord.

Une autre condition nécessaire à l'art, aujourd'hui comme dans le passé, est d'avoir quelque chose à dire, et de ne jamais se faire le simple porte-parole d'une théorie intellectuelle. Il faut toujours se poser la question d'Antonin Artaud, et méditer sa réponse : « Pourquoi peint-on ? On peint pour dire quelque chose, non pour vérifier des théories. »

Bien sûr, en admettant que l'expression humaine se mécanise au point d'autoriser la réalisation du fantasme « philosophique » du remplacement de l'art par le pur intellect, nous atteindrions alors l'ultime visée nihiliste, cette fameuse « fin de l'Homme » ou « fin de l'Art » à laquelle certains, paradoxalement, semblent aspirer – voyant dans cette issue le moyen de soulager l'homme de tous les problèmes, scrupules, hésitations, doutes, rêves dérangeants, etc., qui accompagnent, depuis des temps immémoriaux, sa marche vers le futur. L'art est un moyen pour l'homme de ne pas se perdre complètement en chemin – du moins, de ne pas perdre son identité.

NOTES — *

Entretien paru, pour la première fois, dans Hans Ulrich Obrist, *Interview Vol. 1*, Thomas Boutoux (éd.) Charta 2003, p. 560-573. Les notes qui suivent sont toutes de l'éditeur. Les termes et expressions suivis d'un astérique sont en français dans le texte original.

1

Govan Mbeki Mvuyelwa Archibald (1910-2001) est un homme politique d'Afrique du Sud, membre du Congrès national africain (ANC) et du Parti communiste sud-africain, vice-président du Sénat puis du Conseil national des provinces. Isaac Bangani Tabata (1909-1990) est un activiste politique, auteur et orateur sud-africain. Dennis Vincent Brutus (1924-2009) est un poète, enseignant et journaliste sud-africain et militant anti-apartheid.

2

L'exposition *Empire Exhibition*, organisée du 15 septembre 1936 au 15 janvier 1937 à Johannesburg, a marqué le jubilé de la ville, réunissant 500 exposants de 18 pays.

3

Groupe d'artistes proches d'Asger Jorn fédéré autour des expositions Høst. Y participent notamment Ejler Bille, Carl-Henning Pedersen, cités ici.

4

CoBrA pour Copenhague, Bruxelles, Amsterdam. CoBrA, ou l'Internationale des artistes expérimentaux (IAE), est un mouvement artistique créé à Paris en 1948 par les poètes Christian Dotremont et Joseph Noiret et par les peintres Karel Appel, Constant, Corneille et Asger Jorn, en réaction à la querelle entre l'abstraction et la figuration. Ce mouvement publie la revue *Cobra* (1948-1951). Il se disloque partiellement à partir de 1949, et définitivement sur déclaration en 1951 – les anciens membres continuant néanmoins une production artistique dans la lignée des principes CoBrA.

5

Revue publiée par l'Association populaire des amis des musées entre 1937 et 1969 et liée au Musée de l'Homme. Pour plus d'informations sur sa directrice Madeleine Rousseau : www.forez-info.com/encyclopedie/le-saviez-vous/3082-hommage-a-madeleine-rousseau.html.

6

L'œuvre sur papier *Couti l'anatomie*, 1945, réalisée à l'hôpital psychiatrique de Rodez.

7

[NdT] Autrement dit, celui qui « fait tache » dans le mouvement, le « mouton noir de CoBrA ».

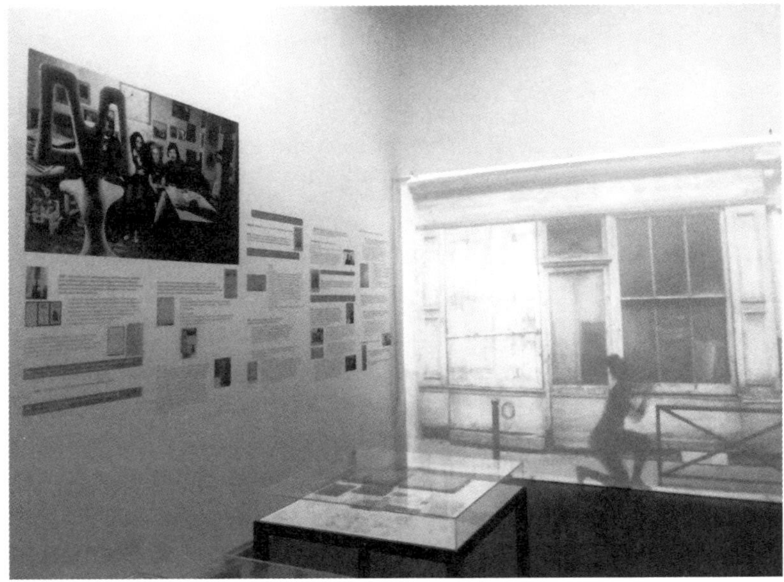

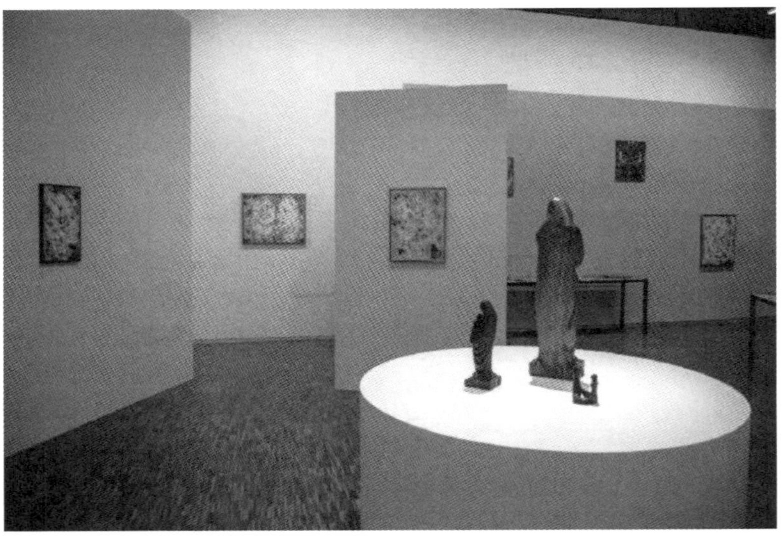

Vues de l'exposition *Ernest Mancoba. I Shall Dance In a Different Society*, Musée national d'art moderne, Centre Pompidou, Paris, juin-septembre 2019

Commissaire : Alicia Knock ; en parallèle est organisée une exposition
dédiée à Sonja Ferlov Mancoba

Le modernisme africain : au-delà du discours sur les modernités alternatives

Salah M. Hassan

L'article de Salah M. Hassan (*1955), alors historien d'art à l'université Cornell, Ithaca, et cofondateur de *Nka: Journal of Contemporary African Art*[1], s'inscrit dans un mouvement de l'histoire de l'art cherchant à revisiter le canon de la modernité artistique à partir des études postcoloniales et transnationales. Depuis une vingtaine d'années, des historiens de l'art se sont posé la question de l'inscription des œuvres d'artistes africains dans le récit moderniste et sur la manière dont elles s'accordent avec celui-ci. L'un des enjeux principaux est de répondre aux discours critiques faisant de ces œuvres de pâles copies ou de simples dérivés de l'art européen, signant leur perpétuelle condition de retardataires par rapport à l'histoire du modernisme. Il est intéressant de constater à quel point l'œuvre et le parcours d'Ernest Mancoba (1904-2002) constituent un cas d'école pour ceux qui travaillent cette question – Rasheed Araeen, Olu Oguibe, Chika Okeke-Agulu. L'article de Salah M. Hassan en est un autre exemple probant.

Le modernisme africain
et le discours d'exclusion de l'histoire de l'art

Le 25 octobre 2002, l'artiste sud-africain Ernest Mancoba, figure majeure de l'art moderne africain, décédait à l'hôpital de Clamart, dans la banlieue parisienne. Âgé de 98 ans, il a traversé tout le XXe siècle et connu les heures glorieuses du modernisme et du postmodernisme. Quelques mois avant sa mort, j'avais eu le privilège de me voir proposer, pour la revue que je dirige – *Nka: Journal of Contemporary African Art* – le texte d'un long entretien qu'il avait accordé à Hans Ulrich Obrist. Cet entretien, qui compte parmi les textes les plus passionnants qu'il m'ait été donné de lire, fut publié en 2003[2].

Mais en quoi la vie et les accomplissements artistiques d'Ernest Mancoba peuvent-ils nous instruire dans notre exploration de la modernité et du modernisme africains ? On ne peut en rester à la simple coïncidence que constitue sa réflexion sur le modernisme ou l'importance de l'Europe, où l'artiste a vécu et travaillé pendant plus de cinquante ans. Bien des choses font d'Ernest Mancoba un être mémorable : son extraordinaire créativité, sa vigueur intellectuelle, la profondeur et l'originalité de son travail, l'innovation de son vocabulaire et de son style, déterminante pour notre compréhension du modernisme des arts visuels africains. Comme bien d'autres pionniers du courant moderniste – Skunder Boghossian, Dumile Feni, Gerard Sekoto, Ibrahim El-Salahi et Malangatana Ngwenya –, Ernest Mancoba a passé la majeure partie de sa vie en exil. Dans son cas, l'exil est la conséquence de l'Apartheid. À la fin des années 1930, il s'installe d'abord à Paris, puis mène une vie itinérante en Europe. Envoyé en camp par les nazis, il découvre, à la fin de la Seconde Guerre mondiale, que la montée de l'Apartheid en Afrique du Sud lui interdit le retour dans son pays. Ernest Mancoba, en effet, fait partie de cette génération d'artistes qui trouve son pendant en littérature dans des figures telles que [les écrivains] Wole Soyinka, Naguib Mahfouz, Chinua Achebe ou El Tayeb Salih. Mais surtout – et c'est le plus important pour notre propos –, Ernest Mancoba fut l'un des fondateurs du grand mouvement moderniste CoBrA, et l'époux de l'artiste danoise Sonja Ferlov qui fut, elle aussi, un membre important du groupe[3]. Intellectuel engagé, Ernest Mancoba compte parmi les figures révolutionnaires qui influencèrent considérablement les jeunes artistes africains en quête de nouveaux modèles de représentation et d'expression de soi.

Reste qu'il en est d'Ernest Mancoba comme de la plupart des artistes non occidentaux installés en Europe : son travail n'a pas reçu la reconnaissance critique qu'il mérite et n'occupe qu'une place marginale dans les textes des historiens de l'art du XXe siècle. Comme nous le savons, l'histoire officielle du modernisme occidental laisse de côté la question de la manière dont les cultures et les artistes non occidentaux ont massivement infiltré, au cours du XXe siècle, le cœur de ses métropoles. Cette omission occulte les influences importantes que ces artistes ont exercées non seulement sur le modernisme artistique européen, mais aussi sur la constitution même des sociétés de leurs pays d'adoption[4]. Dans *Culture et impérialisme*, Edward Saïd note qu'une exploration de l'histoire et de la sociologie des métropoles occidentales au XXe siècle révèle la forte présence – à Paris, Londres, Rome et bien d'autres capitales européennes – d'étudiants, d'écrivains et d'artistes issus de territoires anciennement colonisés, dont l'Afrique. Dans la mesure où leur production intellectuelle et culturelle recoupe celle de leurs homologues européens, elle est essentielle à toute reconsidération de ce qui constitue la modernité globale et ne saurait être analysée comme la simple expression réactive d'une subjectivité indigène ou colonisée[5]. De cette situation historique découlent certaines questions : qu'entendons-nous par « modernisme africain » ? Que signifie le terme « africain » quand il est appliqué à la modernité et au modernisme ? Comment la modernité africaine opère-t-elle au niveau mondial et quelle définition ou théorisation pourrions-nous en donner ?

Qu'est-ce que l'Afrique ?

Aussi insaisissable soit-elle, l'Afrique est une construction intellectuelle complexe, qui reçoit des significations diverses selon les publics. Comme l'a souligné V. Y. Mudimbe, l'« idée d'Afrique » est pour partie une invention et, pour partie, l'affirmation d'un certain nombre de caractéristiques naturelles, de particularités culturelles et de valeurs à travers lesquelles l'Afrique comme continent et comme civilisation affirme sa différence avec ce que désignent, par exemple, les noms d'Asie ou d'Europe[6]. Mais l'Afrique est aussi une entité historique diverse et très complexe. Depuis maintenant quatre cents ans, ce qu'a vécu l'Afrique – l'esclavage, le colonialisme, les migrations en masse, la dispersion des peuples et des cultures – interdit d'en parler comme d'une simple entité géographique ou d'un territoire délimité. L'« Afrique » et le modernisme africain, de ce point de vue, sont les produits d'une entité historiquement complexe et d'une présence internationale. Le concept d'« africanité » peut signaler une certaine communauté d'expérience historique mais ne désigne, en aucun cas, un ensemble de similarités culturelles. C'est là une notion essentielle pour comprendre et nuancer l'exploration et l'analyse des pratiques modernistes africaines et la place qu'occupe l'Afrique dans le discours de la modernité.

Suivre à la trace l'idée d'Afrique implique donc de considérer les diverses trajectoires ayant produit ou favorisé l'invention de l'Afrique comme construction intellectuelle truffée de divisions artificielles, de fausses représentations et de paradoxes. Il faut d'abord isoler les *trajectoires coloniales primitivistes* et *orientalistes* qui ont contribué à la construction d'une hiérarchisation raciale des peuples et des cultures d'Afrique, ancrée dans le darwinisme et les théories de l'évolution qui dominaient l'université européenne à la fin du XIXe siècle et au début du XXe siècle. Ces trajectoires ont donné naissance à une série de dichotomies et de classifications qui, aujourd'hui encore, continuent d'influencer les recherches sur l'Afrique et sur l'africanisme. Ensuite, il faut garder à l'esprit que les *trajectoires continentales,* qui furent parfois considérablement influencées par l'expérience coloniale, ont elles-mêmes engendré des divisions parallèles au sein de l'Afrique, mais aussi des moments de solidarité, voire des liens et des convergences internationalistes. Preuve en est la solidarité qui a uni les Africains du Nord et ceux de l'Afrique dite « subsaharienne » dans le contexte des mouvements de libération et d'indépendance – une solidarité qu'illustre l'alliance politique entre l'Égypte, représentée par [son président] Gamal Abdel Nasser, et le Ghana, de [son président] Kwame Nkrumah dans les années 1960. Enfin, il faut prendre acte de l'importance des *trajectoires diasporiques*, ce qui suppose de considérer tout un éventail de mouvements intellectuels et politiques, du panafricanisme à l'afrocentrisme, qui ont souvent généré des prises de position paradoxales, voire contradictoires. Le panafricanisme, qui est essentiellement un mouvement politique, a engendré une vision de l'Afrique volontiers panoramique et transcendantale, qui n'intéresse le plus souvent que l'entité géographique constituée par l'Afrique dite « subsaharienne »[7]. Il propose un récit plus inclusif du passé de l'Afrique (où la rédemption de l'Égypte ancienne, par exemple, s'inscrit dans une Afrique comprise au sens large), mais ne s'intéresse guère aux questions contemporaines et à leurs finesses. Reste que le panafricanisme et l'afrocentrisme ont contribué à forger l'idée d'Afrique, tant dans ses manifestations historiques que contemporaines.

Qu'est-ce que le modernisme africain ?

Deux remarques générales s'imposent d'emblée concernant la modernité et le modernisme : d'une part, le caractère pluriel de la modernité, y compris dans le contexte européen ; d'autre part, le fait qu'il existe d'autres modernismes que le modernisme européen. Au sein même de l'histoire de l'art s'intéressant à la période dite « moderne » en Europe, les points de vue divergent quant à ses bornes temporelles, sa validité et les significations qu'elle revêt. Comme le souligne Paul Wood dans *The Challenge of the Avant-Garde*, définir le modernisme n'est pas chose aisée. En revanche, nous pouvons « examiner les usages qui ont été faits du concept et essayer d'en déduire les principales préoccupations des modernistes »[8]. En Europe, le modernisme traduit une attitude particulière envers le présent et une séparation consciente d'avec le passé. La *modernité*, telle que la définissent bon nombre de spécialistes contemporains, englobe les changements sociaux qu'implique le devenir moderne – l'urbanisation, l'industrialisation, le travail salarié, le système d'usine, etc. ; le *modernisme* désigne les pratiques artistiques associées à la modernité. Il faut aussi se souvenir que la pratique de l'art, à l'époque moderne, que ce soit en Europe ou ailleurs, engage un sentiment de différence persistante, une recomposition consciente du soi et la projection d'attitudes particulières à l'égard du passé et du présent. Aussi est-il difficile d'aboutir à une définition stable de la modernité qui est, par nature, fluide et soumise au renouvellement. D'où la proposition de Rasheed Araeen selon laquelle se réclamer de la modernité impliquerait l'ouverture, de sorte que la modernité ne se limiterait pas nécessairement à une construction ou un monopole européen universalisable[9].

Bien qu'on date généralement du XVIe siècle le tout début de l'époque moderne, dans le domaine des arts visuels, la modernité, comprise comme une grande force de transformation sociale, débute au milieu du XIXe siècle. Les idées de Charles Baudelaire sur le caractère transitoire de la beauté, la force de l'émotion, la fugacité avec laquelle s'éprouve la vie urbaine ont eu une grande influence, notamment à travers l'interprétation fournie par Walter Benjamin. Karl Marx fait de l'importance de l'échange capitaliste et de la réification croissante des rapports sociaux l'un des principaux traits de la modernité. Pour Max Weber, la vie sociale, en régime moderne, est caractérisée par la bureaucratisation, la rationalisation, le désenchantement du monde et la sécularisation[10].

Le *modernisme*, quant à lui, renvoie spécifiquement aux pratiques esthétiques, artistiques et aux modes de représentation associés à la *modernité*. Mais dans un sens plus restreint, et somme toute d'usage plus fréquent, le modernisme désigne la grande période d'expérimentation artistique qui, en Europe et aux États-Unis, s'étend approximativement de 1880 à 1940. Cette période a vu la succession, à un rythme soutenu, d'un certain nombre de mouvements artistiques ayant en commun, d'une part, de privilégier un rapport réflexif au médium (la peinture, par exemple, est une superposition de pigments sur une surface plane, et non une fenêtre ouverte sur le monde), et, d'autre part, d'insister sur la nécessité de l'autonomie des médiums (la photographie ne doit pas chercher à imiter la peinture, mais explorer ses propres possibilités esthétiques, etc.)[11]. Cependant, tout ce que l'art produit dans le cadre de la modernité n'est pas *moderniste* : le terme s'applique parfois uniquement à l'art le plus avancé de son temps, celui qu'on dit d'avant-garde. Dans l'Europe du XIXe siècle, la peinture réaliste, par exemple, passe pour rétrograde (donc non moderniste) comparée au postimpressionnisme[12]. Concept essentiel de la pratique moderniste, l'« avant-garde » est un terme emprunté au vocabulaire militaire, où il désigne les avant-postes d'une armée sur le champ de bataille. Transposé à l'art, le mot vaut pour toutes les formes les plus audacieuses et expérimentales de pratique artistique des XIXe et XXe siècles. On peut considérer que l'avant-garde coïncide avec le modernisme, mais le mot connote aussi l'idée d'un art davantage soucieux de préoccupations sociales que du maintien de son autonomie. Il reste en usage (parfois sous l'appellation de « néo-avant-garde ») pour désigner les mouvements qui prennent place après la Seconde Guerre mondiale, tels que le conceptualisme des années 1960[13]. Inévitablement, la notion d'avant-garde exclut l'essentiel de la production artistique d'une époque donnée[14].

Les mécanismes d'exclusion que recèlent les définitions de ces termes ont suscité nombre de critiques, tant à l'intérieur des frontières de l'Europe que dans les pays non européens. L'absence d'une correspondance stricte entre modernité sociale et modernisme artistique et la scission que ce dernier opère ont permis de telles critiques. On peut envisager l'utilisation du mot « modernisme » comme une opération idéologique visant à éliminer d'autres modes – réaliste ou narratif, par exemple – de compréhension de la vie moderne par l'insistance sur le caractère expérimental et dissident des avant-gardes[15].

La théorie postcoloniale offre, elle aussi, une critique virulente de ces termes – notamment celui de « modernité » – en montrant que le cadre même du débat est foncièrement eurocentriste. Alors que la modernité doit de toute évidence être pensée comme un phénomène irréductiblement pluriel et mondial, les théorisations classiques, en mettant l'accent sur les transformations sociales et artistiques qui se sont opérées en Occident, désignent comme nécessairement retardataires et secondaires les manifestations de la modernité produites ailleurs. Selon Gwendolyn Wright, l'hégémonie occidentale et la force idéologique de l'impérialisme ont occulté le fait que « le modernisme ‹ occidental › est advenu dans un monde ordonné par le colonialisme, où les projets de progrès et d'innovation côtoyaient la destruction brutale, et souvent la causaient.

Dans le monde colonial comme ailleurs, le modernisme a été et demeure tout à la fois une ambition universelle, une opération transnationale et l'élément moteur d'une infinité de variations locales. De la même façon, la résistance à ces forces constitue depuis longtemps un élément à part entière de la vie moderne, qu'il prenne la forme d'une nostalgie du passé ou, comme le 11 septembre 2001 nous l'a si brutalement signifié, d'une opposition violente[16].

Pour poursuivre dans le même ordre d'idées, l'hégémonie nous a fait oublier que le modernisme occidental et le déroulement de son histoire, depuis la Renaissance jusqu'à aujourd'hui, a pris appui sur d'autres cultures et civilisations. Edward Saïd, entre autres, fait observer que le modernisme européen a « de nombreux parents » : « La plupart des histoires du modernisme esthétique européen ne mentionnent pas la pénétration massive des cultures non européennes dans les métropoles pendant les premières années du XXe siècle, malgré la force manifeste de leur influence sur des artistes comme Pablo Picasso, Igor Stravinsky et Henri Matisse, et sur le tissu même de sociétés qui se croyaient uniformément blanches et occidentales »[17]. Il ajoute plus loin qu'il a fallu « un réajustement remarquable et massif des idées et des perspectives pour mesurer tout ce que la décolonisation, la culture de la résistance et la littérature d'opposition à l'impérialisme ont apporté à l'art moderne »[18].

Ce que Michel Foucault, dans un autre contexte, appelle les « savoirs assujettis » a fait irruption sous la forme d'œuvres littéraires et savantes en provenance du monde postcolonial, qui contestaient le contrôle exercé par la tradition « judéo-chrétienne occidentale »[19]. De ce point de vue, n'importe quelle grande métropole européenne comme Paris ou Londres offre maints exemples de la façon dont des écrivains, des poètes ou des artistes venus d'Afrique ou des Antilles ont revendiqué l'espace de la métropole occidentale et reformulé les notions d'exil, de nation ou de citoyenneté en des termes qui défient toute lecture facile de l'« altérité ». On pense bien sûr à *Présence Africaine* ou aux Congrès panafricains de Paris (1954) et de Rome (1956). Leslie Adelson, dans son travail sur la littérature germano-turque, propose une analyse très fine de la place qu'occupe la production des immigrés dans la culture de l'Allemagne contemporaine. Elle souligne, en particulier, le statut épistémologique incertain de la contribution des écrivains turcs immigrés à la littérature allemande. Récusant la norme intériorisée par la critique littéraire allemande – selon laquelle leur production se situerait dans l'« entre-deux » –, elle invite à repenser sérieusement la configuration spatiale de la culture allemande contemporaine ainsi que sa « main-d'œuvre »[20].

La question de savoir comment écrire l'histoire de la modernité se voit aussi compliquée par le sentiment que les pays non occidentaux fournissent la toile de fond atemporelle sur laquelle se joue la modernité historique. Selon Dipesh Chakrabarty, la discipline historique produit malgré elle une histoire une et universelle, formatée sur le modèle occidental : « Eu égard au discours académique de l'histoire – ‹ l'histoire › en tant que discours produit par le site institutionnel qu'est l'Université –, ‹ l'Europe › demeure le modèle conceptuel souverain de toutes les histoires, y compris de celles que nous appelons ‹ indienne ›, ‹ chinoise ›, ‹ kenyane ›, et ainsi de suite. De façon très étrange, toutes ces autres histoires tendent à devenir des variantes d'un récit-maître qu'on pourrait appeler ‹ l'histoire de l'Europe ›. »[21] La conception classique de la modernité la pose donc non seulement comme occidentale, mais aussi comme universelle. Voilà pourquoi, selon Timothy Mitchell, « les pays non occidentaux sont tenus d'incarner l'élément extérieur, cet Autre qui délimite les frontières de l'espace de la modernité »[22]. Mais revendiquer l'existence ailleurs – en Afrique, par exemple – d'autres modernités parallèles ou distinctes ne diminue pas le problème, puisqu'en insistant sur la *spatialité* de l'espace géographique concerné, on opère une suspension de sa dimension temporelle. Comme le fait observer Naoki Sakai, la particularisation géographique d'une modernité la vide nécessairement de sa *temporalité* – partant, la renverse en « non moderne »[23]. Dans ce cas, comment l'existence même des modernités non occidentales est-elle possible ?

Plusieurs chercheurs ont avancé l'idée que la modernité se réinscrivait en dehors de la métropole grâce à la traduction, qui incorpore la *différence* de façon performative[24]. Ils entendent la modernité comme une suite d'événements répétitifs et transformateurs rencontrant des échos de par le monde. Selon Timothy Mitchell, par exemple, nous appréhendons la modernité non pas comme une simple succession d'événements singuliers, mais comme ce que leur répétition *met en scène* : « Ce qui définit la modernité, ou du reste le capitalisme, c'est sa prétention à l'universalité et à l'unicité. [...] Mais l'unité n'est jamais atteinte, et l'universalité reste toujours incomplète. Chaque mise en scène du moderne doit être orchestrée de façon à produire une histoire unifiée et globale de la modernité ; mais chaque mise en scène requiert aussi des formes de différence qui introduisent la possibilité d'une discordance [...] de sorte que la modernité devient le nom impropre mais inéluctable que portent ces histoires discordantes. »[25] Selon cette conception, la marge, tout en essayant de stabiliser l'idée de modernité par la répétition d'une série d'actes de traduction, la fragilise aussi en en révélant encore et toujours l'inéluctable contingence.

Stuart Hall, pour sa part, propose une autre approche, sans doute plus optimiste. Il nous somme de renoncer définitivement à l'opposition entre centre et périphérie. Certes, il existe de profondes inégalités ; certes, la modernité et le capitalisme tels que les conçoit l'Occident sont centralisateurs et hégémoniques. Mais la pratique artistique échappe à l'homogénéisation. Selon Stuart Hall, « le monde bouge en direction de l'extérieur et sa structure ne correspond plus à celle du rapport centre/périphérie. Il faut penser le monde comme une somme de centres tous différents et intéressants, mais reliés entre eux. À bien y songer, il arrive certes que les mouvements importants se passent au centre, mais les artistes les plus intéressants sont ceux qui se situent à la fois au centre et à la périphérie. Il n'y a donc pas *une seule* idée de la modernité, mais cent idées différentes, ce qui veut dire mille pratiques artistiques différentes. »[26]

Vers une définition critique du modernisme africain

Les interventions de Edward Saïd, Dipesh Chakrabarty, Timothy Mitchell, Naoki Sakai et Stuart Hall – entre autres – nous sont précieuses par leur effort pour théoriser la modernité africaine et la façon dont elles repositionnent le modernisme africain par rapport au discours global sur la question. Mais elles nous font aussi entrevoir toute la difficulté qu'il y a à théoriser tant la modernité que le modernisme en dehors de l'Occident. Il y a deux raisons à cela : la longue histoire d'exclusion qui frappe les pays non occidentaux, et la mainmise que l'eurocentrisme exerce de longue date sur ces catégories. À ce stade, isoler un certain nombre de caractéristiques concernant l'origine et l'évolution du modernisme africain nous aiderait à mieux le définir en tant que mouvement et construction intellectuelle.

Au regard des critères européens, la période que nous disons « moderne » en Afrique est très brève, et le modernisme africain particulièrement récent – comme le laisse entendre le titre de l'exposition organisée par Okwui Enwezor, *The Short Century*, qui couvre la période 1945-1994[27]. En tant que phénomène, le modernisme est lui-même très irrégulier au sein du continent africain. En Égypte et dans d'autres pays d'Afrique, l'art et la société en fournissent certaines expressions dès le début du XXᵉ siècle. À cette époque, une nouvelle génération d'artistes égyptiens, soutenus par la ferveur de mouvements nationalistes et anticoloniaux comme celui de Saad Zaghloul[28], se tournent vers l'art et l'architecture de l'Antiquité dans leur quête d'un nouveau lexique qui puisse exprimer leur besoin d'une vision moderniste et laïque sur laquelle fonder le projet d'une nation moderne. C'est ainsi que naît, en peinture et en sculpture, le style néo-pharaonique, combinaison de références à l'art de l'Égypte ancienne et d'emprunts à la culture populaire et paysanne de l'époque. Ce mouvement va de pair avec l'essor d'une forte tradition d'enseignement artistique qui, à partir de la fin du XIXᵉ siècle, influencera des générations entières d'artistes égyptiens et arabes. En Égypte, les toiles de Mahmoud Saïd (1897-1964) et les sculptures monumentales de Mahmoud Mokhtar (1891-1934) – à quoi il faut ajouter le mouvement surréaliste égyptien, extension de la mouvance parisienne, et les expériences menées à partir des grands courants européens de l'abstraction, du dadaïsme et du cubisme – signalent l'intérêt tôt exprimé des artistes pour les principes fondamentaux du modernisme tels qu'ils ont été formulés en Europe[29]. Il n'y a, à cet égard, aucun décalage temporel.

Le modernisme africain porte aussi la marque de certaines expériences considérées comme faisant partie intégrante, depuis quatre siècles, du vécu africain : l'esclavage, le colonialisme et la violente rupture d'avec la tradition qu'il a introduite. De ce point de vue, se réclamer de la modernité va de pair avec un sentiment de résistance, la modernité étant née, en Afrique, de la lutte pour la décolonisation. Là encore – et c'est bien ce que *The Short Century* essaie de nous faire comprendre –, les arts visuels et la décolonisation constituent un binôme judicieux et une phase décisive du modernisme en Afrique. Indissociables de ce moment sont l'éveil de la conscience nationale et le projet de construction de la nation.

Telle est la toile de fond sur laquelle nous devons examiner l'influence combinée de divers facteurs : la présence européenne et occidentale en Afrique, son action sur les arts, le rôle des expatriés européens, des administrateurs coloniaux, des éducateurs libéraux et des missionnaires – bref, de tous ceux qui, à un titre ou à un autre et pour des raisons diverses, ont contribué à l'essor du mouvement moderniste en Afrique[30]. L'orientation essentiellement utilitariste et professionnelle du système éducatif instauré par les colons dans de nombreux pays d'Afrique n'a pas empêché la création, dans les années 1940, voire un peu avant, d'écoles et d'académies d'art souvent conçues sur le modèle occidental.

Là encore, l'enseignement artistique ne s'est pas développé partout de la même manière : le cas de l'Égypte et des pays de l'Afrique du Nord, proches de l'Europe, est particulier ; comme l'est celui de l'Afrique du Sud, où le colonialisme européen est constitutif de la société.

Le facteur qui a le plus contribué à l'essor du modernisme africain est le vent de renaissance culturelle qui a soufflé sur bon nombre de pays d'Afrique nouvellement indépendants, et qui a fait de l'intérêt pour l'art et du soutien de l'État des éléments indissociables de la décolonisation, du projet de construction de la nation et de constitution d'une identité moderne. Comme on a pu le voir à travers plusieurs expositions et catalogues qui les accompagnaient – je pense à *Seven Stories About Modern Art in Africa* ou à *The Short Century* –, cet élan a inspiré de nouveaux mouvements, dans tous les domaines de la vie artistique et sociale, soucieux de la construction d'une nouvelle image de soi[31]. À cet égard, le modernisme africain est clairement nationaliste. Mais si l'on considère la nature des idéologies, programmes et stratégies politiques adoptés par ces mouvements, pour la plupart socialistes ou de gauche, on voit que le modernisme était aussi d'orientation internationaliste.

Rappelons, en outre, que l'expérience moderniste africaine, en tant qu'elle est le produit d'une expérience globale, est par définition transnationale. L'idée, formulée par Paul Gilroy, d'un « Atlantique noir » transnational constituant un contre-courant à la modernité occidentale se révèle particulièrement utile pour penser la production intellectuelle africaine par rapport au contexte mondial et comprendre le rôle central qu'elle a joué dans la redéfinition non seulement de l'idée d'Afrique, mais aussi de celle de modernité. Sa conception du navire comme « chronotope » et des rapports triangulaires entre l'Afrique, l'Europe et les Amériques permet une approche infiniment plus nuancée de l'idée d'Afrique[32]. La négritude et le panafricanisme, pris ensemble et séparément, eurent une influence déterminante tant sur le développement du modernisme africain et l'idéologie du « retour » que sur la nature même de la production intellectuelle et artistique des Africains de souche en Afrique et dans la diaspora.

L'impossibilité, eu égard au modernisme, de dissocier l'Afrique de l'Occident et des pays arabes – mais aussi de toute la communauté internationale des Noirs et de leur expérience existentielle de la modernité – est un élément décisif de toute définition du modernisme artistique et culturel[33]. Robin D. G. Kelley résume les choses en ces termes : « La constitution de la diaspora africaine est un produit de ‹ l'Occident › autant que des développements internes qu'ont connus l'Afrique et l'Amérique. En même temps, le capitalisme racial, l'impérialisme et le colonialisme – toutes ces forces qui ont engendré la diaspora africaine à l'époque moderne – ne pouvaient façonner la culture africaine sans transformer la culture occidentale »[34]. Parallèlement, d'intéressantes explorations ont été menées par une nouvelle génération de chercheurs, qui élargissent les frontières de la diaspora africaine et étudient ses implications pour l'histoire et la culture mondiales. Ces nouvelles frontières englobent les Caraïbes hispanophones – Cuba et Porto Rico – et l'Amérique latine – y compris le Mexique et le Brésil –, révélant des aspects moins familiers de la diaspora, qui complètent ce que nous savons du vécu des Africains en Grande-Bretagne ; elles comptabilisent également les migrations les plus récentes et la façon dont elles ont modifié le visage de la diaspora en Europe. Tenir compte de l'apport de ces découvertes et des perspectives qu'elles ouvrent est une démarche essentielle si nous voulons débrouiller la signification des processus socioculturels et politiques à travers lesquels ces nouvelles communautés diasporiques, laissées pour compte jusqu'ici, se sont formées. Les nouveaux flux migratoires recomposent le modèle primitif de la diaspora africaine – produit de l'esclavage, du colonialisme européen, puis de l'émergence des nations dans la seconde moitié du XXe siècle –, dans laquelle les liens entre la métropole et ses anciennes colonies se maintenaient par-delà la décolonisation – on songe à l'exemple des ressortissants sénégalais, algériens, ou nord-africains en France.

Comme en témoigne l'abondante littérature consacrée à la question hors du champ des arts visuels, le modernisme africain s'est constitué au croisement du panafricanisme et du panarabisme, dans la lutte pour l'indépendance et la décolonisation, et dans l'aspiration intellectuelle que cette lutte en est venue à représenter, sur le plan symbolique, dans les relations que l'Afrique entretient avec l'Europe et le reste du monde. Les moments les plus visibles de cet entrecroisement – ceux qu'on a le plus commentés à l'écrit et documentés d'un point de vue photographique et filmique – sont la Guerre d'Algérie, l'Apartheid et la lutte du peuple palestinien pour le droit à l'autodétermination. Ils ont assurément leur rôle à jouer dans une redéfinition de l'Afrique et du modernisme africain selon une perspective plus globalisante et plus complexe, historiquement parlant, que celle qui a jusqu'ici prévalu.

Ces caractéristiques générales étant précisées, l'important est à présent de déterminer quelle traduction concrète l'expérience du modernisme africain a trouvée dans la littérature savante et dans l'art, et quelles représentations la pratique curatoriale en a proposées dans l'arène publique. Plusieurs expositions et leurs catalogues se sont attachés, ces dix dernières années, à saisir la complexité de la modernité africaine par le biais d'une approche interdisciplinaire – entre autres, *Seven Stories About Modern Art in Africa* ; *The Short Century* ; *Authentic/Ex-Centric* ; *Looking Both Ways* ; *A Fiction of Authenticity* et *Africa Remix*[35]. Convoquant une grande variété d'expressions – peinture, art textile et mural, photographie, architecture, musique, théâtre, mode, cinéma, littérature –, ces expositions définissent le cadre critique qui nous permet d'interroger l'art africain sous ses multiples aspects. Elles se démarquent des expositions antérieures en ceci qu'elles transgressent les frontières traditionnelles des arts visuels en accueillant les expressions de la « haute culture » comme celles de la culture populaire, les pratiques visuelles autant que discursives, et en récusant la séparation entre peinture, architecture, cinéma, vidéo, etc., à laquelle l'académie et les musées nous ont habitués.

Mais ce qu'il faut préciser avant tout, c'est que ces expositions transcendent directement ou indirectement les représentations stéréotypées de l'Afrique qui dominent l'histoire de son art et de sa culture visuelle. Elles récusent les frontières artificielles entre Afrique du Nord et Afrique subsaharienne, pays arabes et Afrique « noire », et se démarquent clairement de l'essentialisme qui prévaut encore dans l'art africain et les recherches qu'il suscite. La recherche, dans ce domaine, a fait d'immenses progrès ces vingt dernières années, et nombreux sont les ouvrages bien documentés – essais, thèses, catalogues d'exposition – qui ont vu le jour. Les artistes contemporains africains commencent à être reconnus sur la scène internationale, même si cette reconnaissance reste limitée, et inférieure à celle dont jouissent leurs homologues occidentaux.

Et cependant, il y a encore très peu de monographies ou d'expositions qui documentent le travail d'artistes aussi importants que Ernest Mancoba, Ibrahim El-Salahi, Skunder Boghossian, Gerard Sekoto, Ben Enwonwu et Uzo Egonu, ou portent un regard critique sur leur carrière et leur production[36]. La plupart des musées que l'art africain intéresse, en Occident, se montrent réticents à organiser des rétrospectives, ne fût-ce que d'un seul des pionniers du modernisme. La préférence va en général aux expositions thématiques ou aux expositions de groupe, qui ne permettent pas d'accorder à la vie et au travail de chaque artiste une attention critique digne de celle dont bénéficient leurs homologues occidentaux. Le parcours des artistes demeure donc essentiellement invisible. J'en reviens, pour illustrer ce point, à la vie et l'œuvre d'Ernest Mancoba, dont l'itinéraire artistique est bien représentatif de la complexité du modernisme africain.

Lorsqu'il quitta l'Afrique du Sud pour la France, Ernest Mancoba était déjà un sculpteur renommé. Sa *Bantu Madonna* [Vierge bantoue] de 1929, constituait le premier exemple d'une réinterprétation, par un artiste sud-africain, du modèle chrétien sous une apparence non européenne. Au bois traditionnellement utilisé en Afrique du Sud pour les sculptures religieuses – le chêne d'importation ou le teck –, l'artiste avait préféré le bois de podocarpus. Comme l'explique Elza Miles, « Ernest Mancoba sculptait aussi bien des pièces religieuses que profanes. Dans ces deux genres, il avait africanisé les normes iconographiques et esthétiques de l'Occident »[37]. Ernest Mancoba est le premier artiste sud-africain urbain, selon Elza Miles – et sauf démenti apporté par la recherche future –, à avoir brisé la tyrannie de l'imitation du modèle et bousculé les canons occidentaux de la proportion. De fait, eu égard à la forme et aux proportions, sa sculpture *Faith* (1936) offre une interprétation très personnelle du thème de la Vierge à l'Enfant, qui la distingue radicalement des autres sculptures de l'époque sur le même sujet. Selon Elza Miles, seul auteur à avoir consacré tout un livre à Ernest Mancoba, *Faith* témoigne de la capacité de l'artiste à concilier, dans un style entièrement nouveau pour l'Afrique du Sud des années 1930, les formes, thèmes et techniques du classicisme africain et du modernisme européen[38]. Preuve en est la façon dont la pièce allie surfaces brutes et contours ciselés définissant les corps des personnages. Avec *Faith* se lit aussi l'abandon par Ernest Mancoba d'une conception de la représentation empêtrée dans la tradition et le classicisme africain. L'œuvre rappelle le minimalisme et la simplification des formes chers aux premiers cubistes et autres pionniers du haut modernisme européen – par exemple le *Baiser* (1908) de Constantin Brâncuși. Selon Elza Miles, « *Faith* marque le moment où, tout en se réconciliant avec l'art africain, Ernest Mancoba s'affranchit de l'influence occidentale et du style colonial chrétien »[39].

Une fois en Europe, Ernest Mancoba se mit à explorer d'autres formes d'expression – la peinture, le dessin ou la sérigraphie, par exemple. Le plus ancien des tableaux qu'on connaît de lui, *Composition* (1940) – longtemps demeuré invisible, mais que l'exposition d'Okwui Enwezor, *The Short Century*, a récemment permis de redécouvrir – témoigne de son audace et de sa capacité à transcender l'esthétique de l'avant-garde sud-africaine, représentée par des artistes blancs tels ceux du New Group, très influents à la fin des années 1930[40]. *Composition*, entre autres toiles de la période parisienne d'Ernest Mancoba, est un bel exemple de la parfaite maîtrise que l'artiste possédait de l'esthétique du modernisme européen et de ses divers styles. Un autre indice de l'aisance de l'artiste dans ce domaine est son appartenance au groupe CoBrA ; il fut un temps où ses dessins à la plume et à l'encre étaient exposés lors des rétrospectives consacrées au groupe – je songe, par exemple, à l'exposition parisienne de 1982-1983. Mais, de façon ironique, les grandes rétrospectives plus récentes – celle du Stedelijk Museum de Schiedam ou de la Hayward Gallery de Londres, par exemple – l'oublient ouvertement[41]. Rien de surprenant à cet état de fait, étant donné les pratiques d'exclusion dont sont coutumiers les grands musées occidentaux. Comme le relève bien Rasheed Araeen : « Ce qui est arrivé à Ernest Mancoba n'est ni inhabituel ni unique. Tout artiste originaire d'Afrique, d'Asie ou des Caraïbes, qui a contesté la manière dont le colonialisme prédétermine sa subjectivité et l'art qu'il était censé produire a connu le même sort »[42]. Au reste, ce que dit Ernest Mancoba lui-même de ses rapports avec CoBrA confirme le rejet dont il a parfois fait l'objet et l'amertume qu'il en a conçue[43]. Ce n'est que plus tard dans sa vie – et notamment après la fin de l'Apartheid – qu'il a commencé à être reconnu. En novembre 1994, après cinquante-six ans d'absence, il est rentré en Afrique du Sud pour l'inauguration de *Hand in Hand* [Main dans la main], une rétrospective de son travail et de celui de son épouse, Sonja Ferlov Mancoba, à la Art Gallery de Johannesburg et à la South African National Gallery du Cap[44].

Comment donc évaluer l'apport d'Ernest Mancoba ? Parmi les spécialistes de l'art africain moderne, nombreux sont aujourd'hui ceux qui reconnaissent son importance pionnière. Rasheed Araeen souligne cependant que la plupart des écrits qui lui ont été consacrés jusqu'à présent ne vont pas au-delà de la simple reconnaissance de son importance historique et de l'injustice qu'il y a à omettre l'apport de ses œuvres à CoBrA. Dans sa célèbre « Lettre ouverte aux intellectuels africains », Rasheed Araeen en appelle à l'urgence d'une étude critique sérieuse qui fasse état des innovations formelles de l'artiste, de ses apports au modernisme africain et de la place qu'il occupe dans l'histoire plus générale du modernisme. Selon Rasheed Araeen, en effet, « l'histoire de l'art moderne se construit et se légitime sur la base, entre autres, d'innovations formelles à partir desquelles divers mouvements s'enchaînent d'une période à l'autre, produisant un afflux constant d'idées nouvelles qui sont essentielles à la dynamique même du système »[45]. Prenant l'exemple de *Composition*, Rasheed Araeen nous invite à aller au-delà de la simple lecture de l'œuvre comme témoignage d'une combinaison entre représentations africaines et techniques européennes pour considérer la structure même du tableau – l'organisation des éléments au sein du rectangle – et nous demander quelle innovation elle revêt dans la peinture moderniste des années 1940. Une telle lecture, selon lui, permet d'envisager l'œuvre non pas comme une simple rencontre avec le modernisme, mais comme une rencontre génératrice d'une forme « dont la signification, loin de se résumer à son ‹ africanité ›, réside dans sa temporalité et son historicité ». Voilà une œuvre dont le contexte ne peut être que le Paris des années 1940. C'est là, en effet, que l'imagination d'Ernest Mancoba s'est nourrie d'un type d'expérience et de savoir qui lui a permis de produire cette œuvre, dont la signification et la portée sont donc historiquement marquées. À cet égard, on peut considérer Ernest Mancoba comme un précurseur de l'Expressionnisme abstrait qui, né aux États-Unis dans les années 1950, constituera une véritable avancée historique au sein du courant moderniste.

Olu Oguibe, pour sa part, considère que « le grand accomplissement d'Ernest Mancoba n'est pas d'avoir pris part à un mouvement moderniste qui a gommé son nom de l'histoire (comme on pouvait le prévoir), mais d'avoir contribué à définir la modernité africaine »[46]. À l'appui de ses propos, Olu Oguibe résume les principaux tournants qui ont jalonné la carrière d'Ernest Mancoba et identifie le type de sensibilité qui, selon lui, sous-tend chacun de ces moments ; l'artiste serait ainsi passé « de l'exploration de la composante liturgique des traditions européennes à un souci de la mécanique et de la syntaxe de la sculpture africaine, le tout aboutissant à une résolution personnelle du conflit entre les diverses modalités historiques de constitution d'une modernité coloniale ou postcoloniale (parmi lesquelles, l'expatriation et la nostalgie) »[47]. Pour Olu Oguibe, il existe donc une analogie entre la résolution à laquelle Ernest Mancoba parvient et l'émergence de l'individualisme moderne dans la conscience africaine[48].

Avoir eu l'audace de rompre avec ce qu'on attendait de lui et de poursuivre sa voie en artiste soucieux, comme ses collègues européens, de voir jusqu'où l'expérimentation le mènerait en dépit des restrictions du régime colonial, tel est donc l'accomplissement d'Ernest Mancoba[49]. Son histoire n'est que l'une des nombreuses facettes de l'histoire complexe du modernisme africain – une histoire qu'il nous faut désormais reconstruire, théoriser et documenter comme un élément à part entière de la constitution du canon moderniste. Cette tâche est d'autant plus urgente et nécessaire que très peu de travaux documentent actuellement le travail et les apports de cette génération pionnière. Comme tant de chefs-d'œuvre de l'art classique africain, les œuvres de ces pionniers sont aujourd'hui dispersées entre un certain nombre de collections privées européennes et nord-américaines. Il est à craindre que les modernistes, à l'instar de leurs homologues classiques, ne deviennent anonymes et ne sombrent dans l'oubli, à jamais effacés de l'histoire.

NOTES — *

Texte paru, pour la première fois, sous le titre « African Modernism: Beyond Alternative Modernities Discourse », dans *South Atlantic Quarterly*, vol. 109, n° 3, Duke University Press, 2010, p. 451-473, accessible dans sa version originale à https://read.dukeupress.edu/south-atlantic-quarterly/article/109/3/451/3471/African-Modernism-Beyond-Alternative-Modernities.

1

[NdE] Au regard de certaines des remarques de ce texte, il est intéressant de noter que Salah M. Hassan est aujourd'hui directeur de l'Africa Institute de Sharjah, un institut universitaire pluridisciplinaire de recherches consacré à l'Afrique et situé dans les Émirats arabes unis.

2

Hans Ulrich Obrist, « Ernest Mancoba: An Interview », *Nka: Journal of Contemporary African Art*, n° 18, Duke University Press, Durham 2003, p. 14-21, reproduit dans ce volume aux pages 279-300.

3

Créé en 1948, CoBrA (acronyme de Copenhague, Bruxelles et Amsterdam) est un collectif d'artistes et de poètes danois, belges et français. Très influencé par la philosophie surréaliste de l'automatisme et de la spontanéité, le travail du groupe – essentiellement pictural – privilégiait une expressivité émotionnelle puisant son inspiration dans l'art des autodidactes, des enfants et des fous, ainsi que dans l'art « tribal ». On trouve ainsi nombre de créatures fantastiques dans les tableaux et dessins de ses membres, par ailleurs empreints d'une intense émotion. Malgré un certain refus de la théorisation, le collectif menait une politique radicale, influencée par la philosophie marxiste. Récusant l'individualisme, CoBrA prônait l'esprit de collaboration : les poètes peignaient et organisaient des expositions tandis que les artistes rédigeaient des manifestes et s'associaient aux poètes pour produire des fascicules illustrés. Le collectif fut de courte durée (jusqu'en 1951), mais son esthétique, son style et son travail demeurèrent influents, anticipant notamment l'Expressionnisme abstrait et l'Action Painting.

4

La cécité de l'Occident n'est pas surprenante, étant donné les mécanismes d'exclusion indissociables de la définition même de l'histoire officielle du modernisme. Voir Salah M. Hassan, « Introduction: Unpacking Europe », in Salah M. Hassan et Iftikhar Dadi (éds.), *Unpacking Europe: Towards a Critical Reading*, Museum Boijmans Van Beuningen, Rotterdam 2001, p. 12-25.

5

Edward Saïd, *Culture and Imperialism*, Knopf, New York 1993, p. 202 ; trad. française P. Chemla, de Fayard/Le Monde diplomatique, Paris 2000.

6

V. Y. Mudimbe, *The Idea of Africa*, Indiana University Press, Bloomington 1994.

7

L'afrocentrisme, il est prudent de le préciser, produit des choses très diverses, son objectif étant essentiellement de critiquer et de réviser le discours colonial et hégémonique que l'Occident tient sur l'histoire générale et culturelle de l'Afrique. Le plus souvent, cependant, plutôt que d'aborder les problèmes politiques et culturels d'aujourd'hui, il fait revivre et glorifie l'Afrique ancienne, notamment les civilisations de la vallée du Nil.

8

Paul Wood, introduction à *The Challenge of the Avant-Garde*, Yale University Press, New Haven 1999, p. 7-33.

9

Rasheed Araeen, « Our Bauhaus Others' Mudhouse », *Third Text*, vol. 3, n° 6, 1989, p. 3-14.

10

T. J. Clark réaffirme cette conception de la modernité dans *Farewell to an Idea: Episodes from a History of Modernism*, Yale University Press, New Haven 1999, p. 7.

11

Nigel Wheale, « Postmodernism: A New Representation ? », in Nigel Wheale (éd.), *The Postmodern Arts: An Introductory Reader*, Routledge, Londres 1995, p. 5-32.

12

Briony Fer, introduction à Francis Frascina *et al.* (éds.), *Modernity and Modernism: French Painting in the Nineteenth Century*, Yale University Press, New Haven 1993, p. 3-49.

13

Pour un exemple de cet usage, voir Benjamin H.D. Buchloh, *Neo-Avant-Garde and Culture Industry: Essays on European and American Art from 1955 to 1975*, MIT Press, Cambridge 2000.

14

Paul Wood, *op. cit.*, p. 7-14.

15

Raymond Williams, « When Was Modernism ? », in Francis Frascina et Jonathan Harris (éds.), *Art in Modern Culture: An Anthology of Critical Texts*, Phaidon, Londres 1992, p. 23-27.

16

Gwendolyn Wright, « Building Global Modernisms », *Grey Room*, n° 7, printemps 2002, p. 124-134, ici p. 125.

17

Edward Saïd, *Culture et impérialisme, op. cit.*, p. 341-342 [traduction modifiée].

18

Ibid., p. 342.

19

Selon Michel Foucault, « Par ‹ savoirs assujettis ›, j'entends également toute une série de savoirs qui se trouvaient disqualifiés comme savoirs non conceptuels, comme savoirs insuffisamment élaborés : savoirs naïfs, savoirs hiérarchiquement inférieurs, savoirs en dessous du niveau de la connaissance ou de la scientificité requises », *in* Michel Foucault, « Il faut défendre la société », *Cours au Collège de France (1975-1976)*, François Ewald et Alessandro Fontana (éds.) [édition numérique].

20

Leslie Adelson, « Against Between: A Manifesto », in *Unpacking Europe, op. cit.* p. 244-255.

21

Dipesh Chakrabarty, *Provincializing Europe: Postcolonial Thought and Historical Difference*, Princeton University Press, Princeton 2000, p. 27 ; trad. française – ici légèrement modifiée – d'Olivier Ruchet et Nicolas Vieillescazes : *Provincialiser l'Europe : la pensée postcoloniale et la différence historique*, Éditions Amsterdam, Paris 2009, p. 67-68.

22

Timothy Mitchell, « The Stage of Modernity », *in* Timothy Mitchell (éd.), *Questions of Modernity*, University of Minnesota Press, Minneapolis 2000, p. 1-34 ; 15-16.

23

Naoki Sakai, « Dislocation of the West and the Status of the Humanities », in *Unpacking Europe, op. cit.*, p. 196-217.

24

Par exemple, Homi K. Bhabba *in The Location of Culture*, Routledge, Londres 1994 ; trad. française *Les Lieux de la culture : une théorie postcoloniale*, Payot & Rivages, Paris 2007 ; Timothy Mitchell, « The Stage of Modernity », art. cit. ; Gyan Prakash, *Another Reason: Science and the Imagination of Modern India*, Princeton University Press, Princeton 1999.

25

Timothy Mitchell, « The Stage of Modernity », art. cit., p. 24.

26

Stuart Hall, « Museums of Modern Art and the End of History », *in* Stuart Hall et Sarat Maharaj (éds.), *Modernity and Difference*, Institute of International Visual Arts, Londres 2001, p. 21-22.

27

Voir Okwui Enwezor (éd.), *The Short Century: Independence and Liberation Movements in Africa 1945-1994*, Prestel, Munich 2001.

28

[NdE] L'un des principaux leaders des nationalistes égyptiens, Saad Zaghloul (1858-1927) est un pacha et homme politique égyptien. Après avoir dirigé le parti Wafd, il est Premier ministre du pays du 26 janvier au 24 novembre 1924.

29

Voir Liliane Karnouk, *Modern Egyptian Art, 1910-2003*, American University in Cairo Press, Le Caire 2005. Pour plus d'informations sur la première génération de modernistes et le néo-pharaonisme, voir Jessica Winegar, *Creative Reckonings: The Politics of Art and Culture in Contemporary Egypt*, Stanford University Press, Stanford 2006. Pour une chronologie utile de l'art égyptien moderne, voir Salwa Mikdadi, « Egyptian Modern Art », *in* Heilbrunn Timeline of Art History, Metropolitan Museum of Art, New York, 2000, https://www.metmuseum.org/toah/hd/egma/hd_egma.htm.

30

Voir Salah M. Hassan, « The Modernist Experience in African Art: Visual Expression of the Self and Cross-Cultural Aesthetics », *in* Olu Oguibe et Okwui Enwezor (éds.), *Reading the Contemporary: African Art from Theory to the Marketplace*, Institute of International Visual Arts et MIT Press, Londres et Cambridge 1999, p. 214-235.

31

Clémentine Deliss (éd.), *Seven Stories about Modern Art in Africa*, Flammarion, Paris 1995 ; Okwui Enwezor, *The Short Century, op. cit.*

32

Paul Gilroy, *The Black Atlantic: Modernity and Double Consciousness*, Harvard University Press, Cambridge 1993, p. 4 : « J'ai choisi l'image d'un navire voguant entre l'Europe, l'Amérique, l'Afrique et les Caraïbes, comme point de départ et comme symbole de mon entreprise. L'importance de cette image du navire – système micro-culturel et micro-politique vivant, en mouvement – tient à des raisons historiques et théoriques. [...] Cette image attire immédiatement l'attention sur le passage du milieu, sur les divers projets de retour rédempteur à la patrie africaine, et sur la circulation d'idées, de militants et d'artefacts culturels et politiques essentiels, qu'il s'agisse de pamphlets, de livres, de disques ou de chœurs. » « The Uses of Diaspora », entre autres textes de Brent Hayes Edwards, se révèle très utile pour retracer la généalogie de concepts ou de mouvements tels que la Négritude et le panafricanisme, dont les principaux acteurs furent des intellectuels africains de la diaspora tels que Frantz Fanon, George Padmore, C. L. R. James, Aimé Césaire et Léopold Sédar Senghor. Voir Brent Hayes Edwards, *The Practice of Diaspora: Literature, Translation, and the Rise of Black Internationalism*, Harvard University Press, Cambridge 2003.

33

Je fais référence ici à l'idée de « noirceur » telle que la conçoit Frantz Fanon dans *Peau noire, masques blancs*, 1952 ; voir aussi l'idée de « double conscience » avancée par W. E. B. Du Bois in *The Souls of Black Folk*, Penguin Classics, New York 1996, en particulier le chapitre 1 ; trad. française de Magali Bessone, La Découverte, Paris 2007.

34

Voir Robin D. G. Kelley, « How the West Was One: On the Uses and Limitations of Diaspora », in Jacqueline Bobo *et al.* (éds.), *The Black Studies Reader*, Routledge, New York 2004, p. 41-46.

35

Voir Clémentine Deliss, *Seven Stories, op. cit.* ; Okwui Enwezor, *The Short Century, op. cit.* ; Salah M. Hassan et Olu Oguibe (éds.), *Authentic/Ex-Centric: African Conceptualism in Global Contexts*, Prince Claus Library & The Forum for African Arts, La Haye 2001, publié à l'occasion de la 49ᵉ Biennale de Venise, 2001 ; Laurie Ann Farrell (éd.), *Looking Both Ways: Art of the Contemporary African Diaspora*, Museum for African Art, New York, 2003 ; Shannon Fitzgerald (éd.), *A Fiction of Authenticity: Contemporary Africa Abroad*, Contemporary Art Museum, Saint Louis 2003 ; Simon Njami (éd.), *Africa Remix: Contemporary Art of a Continent*, Hatje Cantz Verlag, Ostfildern 2005.

36

Parmi les quelques monographies consacrées aux modernistes africains, on retiendra Elza Miles, *Lifeline out of Africa: The Art of Ernest Mancoba*, trad. Waveney Davey, Human & Rousseau, Le Cap 1994 ; Sylvester Okwunodu Ogbechie, *Ben Enwonwu: The Making of an African Modernist*, University of Rochester Press, Rochester 2008 ; Olu Oguibe, *Uzo Egonu: An African Artist in the West*, Kala Press, Londres 1995.

37

De plus, comme le fait observer Elza Miles, « cette œuvre allait remplir la même fonction que les sculptures d'Afrique centrale ou occidentale qu'Ernest Mancoba avait admirées au British Museum. Il avait dit d'elles, un jour, qu'elles avaient été faites pour préserver la vie du groupe. En 1936, la *Vierge* d'Ernest Mancoba allait, à son tour, servir la communauté de Polokwane au Limpopo. Elle fut en effet transférée de l'humble chapelle de Grace-Dieu, où elle était conservée, pour être exposée à la cathédrale Sainte-Marie de Johannesburg dans le cadre d'une collecte de fonds en vue d'aider ceux qui souffraient de la sécheresse au Limpopo. On collecta 27 livres sterling et l'équivalent de 300 repas ». Voir Elza Miles, « Ernest Mancoba: An Appreciation », *Nka: Journal of Contemporary African Art*, vol. 18, Duke University Press, Durham 2003, p. 12.

38

Pour une analyse détaillée de *Faith*, voir Elza Miles, *Lifeline, op. cit.*, p. 24-25. *Faith*, précise-t-elle, est « l'une des nombreuses œuvres d'Ernest Mancoba dont nous avons entièrement perdu la trace » (p. 24). D'elle, nous n'avons plus qu'une photographie parue le 8 juin 1946 dans *The Star*, le quotidien de Johannesburg (cité dans *Lifeline*, p. 4).

39

Elza Miles, *Lifeline, op. cit.*, p. 24.

40

Le New Group se composait de jeunes artistes sud-africains blancs qui avaient étudié en Europe dans les années 1930-1935, et avaient été influencés par l'esthétique moderniste qui prévalait alors. Ils étaient ensuite revenus dans leur pays pour contester le conservatisme qui dominait la scène artistique.

41

Voir Peter Shield et Graham Birtwistle, *COBRA: Copenhagen, Brussels, Amsterdam* Londres, Hayward Gallery, Londres 2003, catalogue qui accompagne la première grande rétrospective de CoBrA en Grande-Bretagne (3 mai-15 juin 2013, Hayward Gallery for the Arts Council of England, commissariat de Peter Shield et Roger Malbert).

Pour l'exposition du Stedelijk Museum de Schiedam, voir Ludo van Halem et Marcel Hummelink, CoBrA : *The Colour of Freedom: The Schiedam Collection*, Nai, Rotterdam 2003.

42

Rasheed Araeen, « Modernity, Modernism, and Africa's Place in the History of Art of Our Age », *Third Text*, vol. 19, n° 4, 2005, p. 411-417 ; voir p. 412.

43

Voir l'entretien avec Hans Ulrich Obrist reproduit *supra*.

44

Ernest Mancoba est titulaire de deux doctorats *honoris causa*, l'un décerné par l'Université du Cap-Occidental pour sa contribution à la culture de l'Afrique du Sud ; l'autre, par son université d'origine, Fort Hare. De 1997 à 1999, il a bénéficié d'une bourse de la Fondation Krasner-Pollock.

45

Ici et suivantes, Rasheed Araeen, « Modernity, Modernism, and Africa's Place in the History of Art of Our Age », art. cit., p. 415, 416 et 417.

46

Olu Oguibe, « The Location of Ernest Mancoba's Modernism, » *Third Text*, vol. 19, n° 4, 2005, p. 419-420, en particulier p. 419. Olu Oguibe précise : « La nouvelle stratégie, évidente dans le travail d'Ernest Mancoba à partir du milieu des années 1930, a impliqué une redéfinition du modernisme africain en élisant l'art africain classique comme modèle. Il a remplacé l'iconographie des Lumières européennes et choisi la sculpture et les formes africaines comme source d'inspiration, point de départ et cadre de référence. » Voir également Olu Oguibe, The Culture Game, University of Minnesota, Minneapolis 2004, p. 58.

47

Olu Oguibe, « Ernest Mancoba's Modernism », art. cit., p. 419. Voir également Olu Oguibe, « Appropriation as Nationalism in Modern African Art », *Third Text*, vol. 16, n° 3, 2002, p. 243-259.

48

Olu Oguibe, « Ernest Mancoba's Modernism », art. cit., p. 419.

49

« Lorsque le commissariat aux affaires indigènes voulut passer commande à Ernest Mancoba de ‹ sculptures typiques d'indigènes et de buffles › pour l'Empire Exhibition de 1936, il déclina l'offre. Il ne pouvait consentir à ce besoin d'un art touristique qui satisfasse les désirs des colons et les attentes convenues du public », *in* Elza Miles, « Ernest Mancoba », art. cit, p. 12.

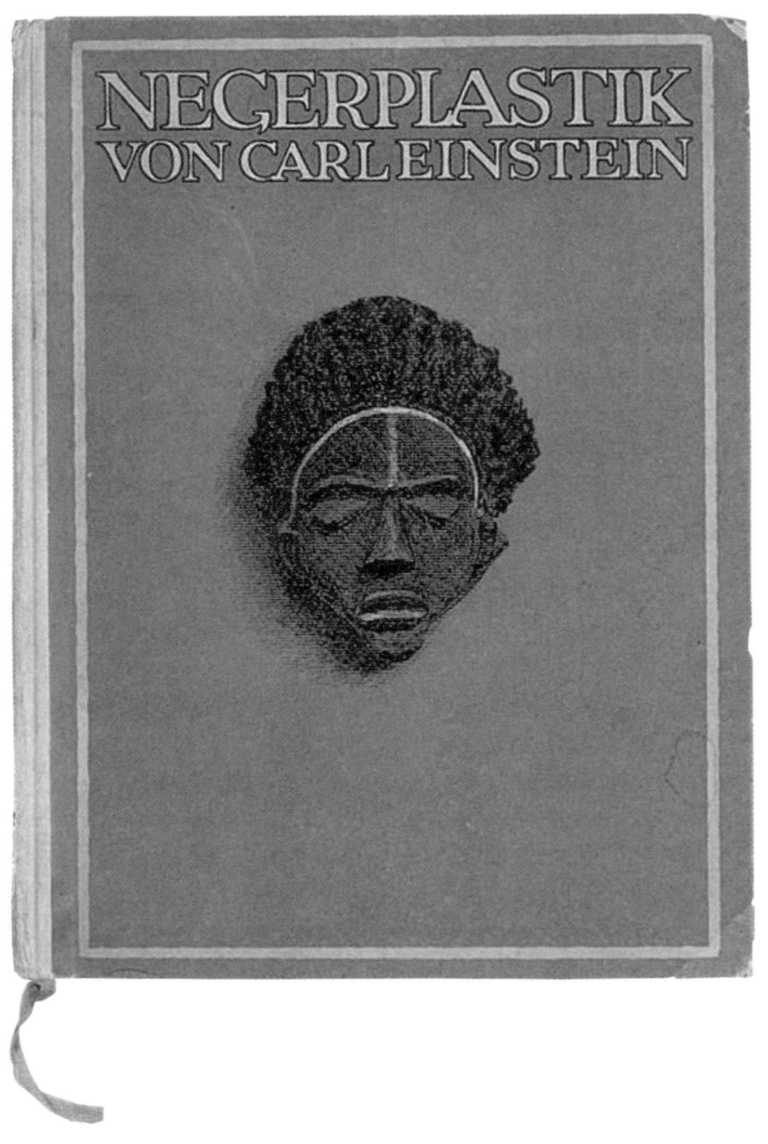

Couverture de l'édition originale
de *Negerplastik* (1915)
de Carl Einstein

Ma rencontre avec Carl Einstein

Everlyn Nicodemus

L'artiste et historienne de l'art Everlyn Nicodemus (*1954) revisite le débat animant l'art contemporain africain depuis *Magiciens de la terre* (Paris, 1989) à partir du témoignage de sa découverte déterminante avec *La Sculpture nègre* (*Negerplastik*, 1915), l'ouvrage pionnier de Carl Einstein (1885-1940). Son propos se développe autour d'une réflexion sur le statut de l'art africain analysé par le biais du conflit entre ceux qui, comme Carl Einstein, le perçoivent comme un contributeur à l'histoire de l'art et des formes et ceux qui persévèrent à le traiter dans une perspective ethnographique. Publié dans *Third Text* en 1993, le texte est parcouru par la question de la politique du traitement de l'art contemporain africain et des critères choisis pour évaluer sa place dans l'histoire de l'art.

Entre l'art classique africain et le modernisme se sont noués des liens d'une complexité peut-être sans égale dans toute l'histoire de l'art[1]. Au XXe siècle, dans le sillage de ces pionniers que furent Aina Onabolu (1882-1963), Oku Ampofo (1908-1998) et Kofi Antubam (1922-1964), ces liens ont constitué une source constante de problèmes pour les artistes africains, compliquant leur quête d'identité et la réception de leurs œuvres en Occident. Les questions qu'ils soulèvent sont nombreuses. Qu'est-ce qui se cache derrière des notions comme « primitivisme » ou « primitivité » ? Que s'est-il passé au juste en Europe, aux alentours de 1907, lorsque les artistes occidentaux ont – comme on dit – « découvert » la sculpture africaine et l'ont prise comme modèle et justification de leurs propres expérimentations ? À telle enseigne que l'art du « sauvage africain » put passer, dès 1914, pour constituer « la base de l'art moderne »[2].

Carl Einstein, écrivain et critique allemand légendaire, appartient à cette époque. En 1915, il publie *Negerplastik*[3], un petit livre sur la sculpture nègre, traditionnellement considéré comme l'ouvrage ayant fait date sur le sujet, le premier et le plus important de tous. Mais au-delà de ces éloges, Carl Einstein semble avoir été ignoré ou oublié : rares furent ceux qui lurent son livre – dont il n'existait pas de traduction anglaise – et plus rares encore ceux qui le comprirent, ainsi qu'il le nota lui-même[4]. L'ouvrage a récemment fait l'objet d'une réédition en Allemagne[5] et une traduction en langue anglaise est désormais en cours[6].

J'ai trouvé ce livre à la fois typique de son époque et du contexte européen, mais aussi révolutionnaire et perspicace à tel point que nous pouvons nous interroger sur la nécessité qu'il y avait à l'ostraciser pendant soixante-quinze ans. Je vais tenter, dans les pages qui suivent, de faire état de ma rencontre avec l'ouvrage de Carl Einstein du point de vue de ma double expérience d'Africaine et d'artiste.

Je n'ai découvert l'existence de l'art classique africain qu'à mon arrivée en Europe, en 1973. En Tanzanie, j'avais certes vu les statuettes makondés, entre autres expressions d'art populaire produites en série pour le marché touristique, mais je n'avais pas perçu de lien entre ces objets et l'idée d'« art » ou d'« héritage africain ». Les quelques belles pièces anciennes du Musée national de Dar es Salam me parlaient peu et, à l'école, il n'avait pas été souvent question de l'histoire de l'Afrique ou de l'héritage africain. On nous faisait jouer du Shakespeare… C'est donc par mes lectures, en Europe, que j'ai découvert l'importance de la sculpture africaine classique, son rôle déterminant pour l'image du continent, cette source d'inspiration légendaire qu'elle fut pour le modernisme européen. Ce fut une véritable révélation. Je suis allée voir les sculptures dans les musées, à Paris et à Londres. Même aujourd'hui, je ne saurais dire ce que j'ai ressenti face à elles. Elles représentaient une Afrique inconnue ; et si elles ne me parlaient pas, c'est peut-être parce que je viens d'une région où il n'y a pas de tradition sculpturale.

Tout en me sentant étrangère au débat des Européens, j'ai quand même remarqué quelque chose dans leur façon de parler de l'art africain : ils y mêlaient certaines idées telles que la sauvagerie, le primitif, le paganisme, le vaudou, etc. – autant de concepts plus ou moins assimilés par eux qui, pour moi, étaient étrangers, mais auxquels ils voulaient à toute force me relier. En même temps qu'ils faisaient l'éloge de la sculpture africaine – se référant souvent à Pablo Picasso, comme s'il en était l'inventeur –, ils parlaient de ces sujets en faisant implicitement de moi, en tant qu'Africaine, un être inférieur. C'est ainsi que ma rencontre avec la sculpture africaine est devenue, en quelque sorte, indissociable de ma confrontation douloureuse avec le racisme des Blancs – avec la révélation de l'existence d'une structure particulière dans la façon dont les Européens perçoivent et reçoivent toute création, présente et à venir, émanant d'un être d'origine africaine.

J'avais abandonné mes études d'anthropologie sociale, consciente du rôle que cette discipline jouait comme science (?) des oppresseurs et, à mon retour en Afrique en 1980, je commençai à peindre. Mon souci, à l'époque, était d'opposer un autre discours à l'approche scientifique, mais il me semblait naturel d'utiliser le langage pictural du XXe siècle. J'avais quelque part en tête l'idée qu'il fallait que je m'y implique, en tant qu'Africaine, et, à cet égard, la sculpture africaine a commencé à m'obséder. D'où venait qu'elle avait exercé un tel pouvoir sur l'imagination des cubistes ? Mais les problèmes ont vraiment commencé quand je suis revenue en Europe, cette fois comme artiste. Auparavant, j'avais été considérée comme quelqu'un avec qui l'on pouvait parler de l'Afrique et de l'art africain ; mais là, je fus accueillie avec méfiance, voire de façon ouvertement hostile, comme si j'essayais de m'introduire dans un endroit où je n'avais pas ma place. On m'avait souvent dit : « Vous autres, Africains, vous n'avez pas d'histoire ! » J'avais d'abord cru que cela voulait dire que nous n'avions pas de tradition écrite – seulement une tradition orale. Puis j'ai compris que cela impliquait quelque chose de beaucoup plus catégorique : que l'Afrique n'était pas une terre de progrès, de mouvement, de changement. Que nous autres, Africains, n'étions pas considérés comme des gens capables d'avancer par nous-mêmes, de produire notre histoire. Certains imaginaient même que notre cerveau était « construit différemment », d'où le fait que nous restions éternellement dépendants de notre « origine primordiale », incapables d'une perception semblable à celle de l'homme blanc « évolué ». Autant d'idées issues de théories anthropologiques considérées depuis longtemps comme obsolètes mais qui, tels des poissons poursuivant leur vie dans les profondeurs, refaisaient surface dans des attitudes ambiguës.

Le modernisme occidental est marqué par ce type de pensée. Voilà pourquoi toute prétention d'un Africain à être un artiste moderne passe aux yeux des Européens pour une impensable effronterie. L'« africanité », telle que les gens du monde de l'art se la représentent en Occident, est faite de formes traditionnelles, d'art touristique, de motifs décoratifs et de couleurs vives, de masques et de fétiches, de tam-tams et de danses – bref, de tout ce qui peut répondre à leur attente d'exotisme[7]. Pour un esprit occidental, « moderne » est un adjectif qui ne s'applique que rarement aux artistes africains ; quant à « contemporain », il implique seulement l'idée d'un synchronisme, et non celle d'une avancée.

J'ai été très étonnée, en feuilletant les deux volumes du catalogue de l'exposition du Museum of Modern Art *Le « Primitivisme » dans l'art du XXe siècle*, de voir l'étendue de la présence africaine durant ce siècle. Si tant d'artistes ont pu se sentir libres d'emprunter des idées, des modèles, toute une source d'inspiration – jusqu'au plagiat parfois – à l'art africain classique, pourquoi nous autres, artistes africains de la modernité, n'aurions-nous pas la liberté de nous raccorder aux concepts et au savoir d'autres pays sans encourir l'accusation d'être des « perroquets dénaturés » ?

Deux choses m'ont particulièrement marquée à la lecture de l'introduction de William Rubin. La première est que l'art africain – mais aussi l'art océanien, amérindien, inuit – ne semble, à ses yeux, jouer aucun rôle propre. Ce sont de simples figurants dans une pièce occidentale. « Je veux comprendre les sculptures primitives », écrit-il, « par rapport au contexte occidental dans lequel les artistes modernes les ont ‹ découvertes ›»[8]. Ou, pour le dire de façon plus radicale – et l'idée en a effectivement été avancée avec le plus grand sérieux : les artistes européens auraient créé ou « transformé » la sculpture africaine en art dans un geste qui rappelle plus ou moins celui de Marcel Duchamp élevant un porte-bouteilles au statut d'œuvre d'art. Quelle n'était pas ma naïveté – concernant le manque total d'intérêt pour l'art africain moderne – lorsque, écrivant à un conservateur européen, je lui adressai cette question : « Se pourrait-il vraiment que le génie africain de la créativité visuelle, qui a transformé la sensibilité du monde moderne, se soit soudain volatilisé ? » J'aurais dû comprendre que ce à quoi nous avons affaire ici n'est rien moins qu'un miracle génétique : on a aspiré le pouvoir créateur du Noir pour l'inoculer au Blanc. Tel est, je crois, le sens du « primitivisme » pour les Européens.

Deuxièmement, j'ai également été frappée de voir que les connotations embarrassantes de termes comme « primitif » ou « primitivisme », qui sont lourds de sens, avaient été évacuées. William Rubin reconnaît que ces termes sont critiquables – car ethnocentriques –, mais il précise que toute idée d'un usage péjoratif du mot primitivisme ne pourrait « résulter que d'un malentendu », oubliant que ce qui n'est pas voulu comme désobligeant de la part du voleur peut être perçu comme dévalorisant par celui qui est volé. William Rubin rappelle la formule de Robert Goldwater selon laquelle le mot « primitif » associé à celui d'« art » « ne saurait qu'être élogieux »[9]. Ne saurait qu'être !

Fut ainsi occultée cette dimension évidente qui fonde ce mode de pensée, à savoir les rapports de pouvoir et d'appropriation générés par le système colonial. Rasheed Araeen a résumé l'essence de la critique que j'adresse à l'exposition du Museum of Modern Art : « Fini le temps, cher Monsieur, où vous pouviez me définir, me classer, me catégoriser. Je ne suis plus un objet de votre fichue collection du British Museum. Je suis là devant vous, en chair et en os, comme l'artiste de la modernité que je suis. Si vous voulez me parler, alors parlons. MAIS DISPENSEZ-MOI DE VOS CONNERIES PRIMITIVISTES ! »[10]

Carl Einstein (1885-1940) eut à souffrir de l'antisémitisme grandissant de la république de Weimar et de ses manifestations au travers de procédures judiciaires réactionnaires. Fuyant les nazis, il se réfugia à Paris en 1928 et, comme Walter Benjamin, mit fin à ses jours dans les Pyrénées en 1940. Écrit il y a soixante-quinze ans, son ouvrage, *La Sculpture nègre*, s'ouvre sur le constat de l'ethnocentrisme européen et de la forme de racisme particulière qui vise les Africains : « L'Africain [...] passe depuis toujours pour la partie inférieure que l'on doit traiter sans ménagement et tout ce qu'il entreprend est a priori considéré comme un fiasco. »[11] Et de poursuivre, avec une ironie mordante : « Dans ses jugements sur les Africains, l'Européen part du présupposé implicite de son incontestable, voire fabuleuse supériorité ». Puis, « l'Européen a imprudemment projeté de bien vagues hypothèses évolutionnistes sur les Africains. Illustration d'une conception erronée de la primitivité pour certains, il était pour d'autres la victime sans défense que l'on enveloppe de phrases, manifestement fausses, parlant de peuples venus du fond des âges, etc. On espérait, à travers l'Africain, saisir un commencement, un état qui n'avait jamais évolué depuis son origine ».

Carl Einstein évite l'emploi de mots tels que « primitif ». Dans *Afrikanische Plastik* [Les Arts de l'Afrique][12] – un autre ouvrage sur le même thème qu'il publie huit ans plus tard –, Carl Einstein dit clairement qu'il ne faut pas interpréter les images africaines à la lumière du « concept si pauvre d'art primitif ». Et il ajoute : « une part considérable de la sculpture africaine n'a rien de primitif. » Je précise ici que le mot « nègre », qu'il utilisait dans son opuscule de 1915 pour parler du Noir d'Afrique n'acquerra que bien plus tard le sens péjoratif et humiliant qu'on lui connaît. Dans l'Europe des années 1920, les mots « nègre »,

« negro » ou « Neger » étaient d'usage courant. Mais soucieux qu'il était d'une approche respectueuse, Carl Einstein a banni dès 1921 ce mot de « nègre » dont il percevait les connotations racistes pour le remplacer par celui d'« Africain »[13].

La Sculpture nègre est avant tout une analyse esthétique. On a reproché à Carl Einstein d'avoir une vision formaliste étriquée mais, en fait, il consacre tout un chapitre à la façon dont la religion détermine l'art africain, montrant que les sculptures sont façonnées dans un geste d'adoration des dieux qu'elles incarnent. Il ne s'égare jamais dans les particularités historiques de la religion ou des détails anthropologiques sur les « croyances primitives ». Il envisage la religion d'un point de vue global et fonctionnel, relevant une correspondance – voire une identité de forme – entre le caractère religieux des sculptures et la *vision* qu'elles manifestent. Il en fait des entités closes, ayant une existence autonome : le divin est dans la forme – il est la forme même.

Pour Carl Einstein, l'art classique africain est un moment parmi d'autres de l'histoire de l'art, et il fait simplement observer que « les œuvres sculptées sont vénérées comme elles le furent par tout peuple de l'Antiquité »[14]. Des planches présentées dans ses ouvrages, il tire cette conclusion : « L'Africain n'est pas un être non évolué ; une culture africaine d'importance a disparu [à cause du colonialisme, note-t-il ailleurs] ; l'Africain actuel renvoie à un imaginaire ‹ antique ›, comme, peut-être, le fellah à l'Égyptien ancien ».

C'est pour moi l'une de ses remarques les plus libératrices. Elle balaye les derniers vestiges d'une conception de l'art africain comme essentiellement statique. Peu m'importe si cette claire vision des choses fut rendue plus facile par la minceur et l'imprécision des connaissances de l'époque. Carl Einstein savait pertinemment que « ni les connaissances historiques ni les connaissances géographiques ne permettent présentement la moindre certitude sur cet art ». Sa vision vaut, ne serait-ce que comme métaphore de l'importance historique de l'art africain classique. Et peu m'importe qu'on continue à produire de l'art traditionnel puisque ce type d'empiètement temporel se retrouve couramment dans toutes les cultures[15]. Ce qui m'importe en tant qu'artiste africaine, c'est qu'il ait éliminé toute ambiguïté et regardé la sculpture africaine classique dans une perspective historique.

Qu'en est-il à présent de l'épineuse question du « primitivisme » ? Carl Einstein a pu le voir à l'œuvre dans ses deux phases initiales : le cubisme, à Paris, et l'Expressionnisme allemand. C'est au Museum für

Völkerkunde de Berlin, où il étudie la philosophie et l'histoire de l'art[16], qu'il découvre l'art classique africain. Nous sommes en 1904-1906, soit bien avant qu'il ne suscite l'intérêt des artistes allemands – exception faite de Paul Klee. Les Expressionnistes allemands suivront l'exotisme de Paul Gauguin, certains choisissant même de s'« ensauvager » comme lui. Ils méritent sans doute d'être appelés primitivistes au sens concret du terme. Carl Einstein ne les cite pas nommément, mais quelques indications nous renseignent sur le mépris qu'il éprouvait pour leur attachement romantique à des schémas culturels qu'ils percevaient comme « exotiques ». « La présence du métaphysique chez les peintres actuels [...] se manifeste par sa représentation en tant qu'essence concrète et formelle, ce par quoi le caractère absolument lié de la religion et de l'art, leur corrélativité rigoureusement circonscrite s'effacent dans une confusion destructrice. »[17]

En revanche, l'intérêt essentiellement formel que l'art africain suscite chez les peintres cubistes constitue pour Carl Einstein un point de référence important. En tant qu'ami de leur marchand, Daniel-Henry Kahnweiler, il est amené, alors jeune critique de 23 ans, à fréquenter les ateliers de Pablo Picasso, Georges Braque et Juan Gris dans ces années décisives qui s'ouvrent à partir de 1907. Étant donné sa connaissance de l'art africain et la puissance d'analyse dont il dispose – il a été l'étudiant de [l'historien d'art suisse] Heinrich Wöfflin et fait référence au [sculpteur allemand] Adolf von Hildebrand dans son texte –, il est très probable qu'il participe activement aux discussions : « Il y a quelques années, nous avons vécu en France une crise décisive. Grâce à un prodigieux effort de la conscience, on s'est rendu compte du caractère contestable du procédé [le renversement du processus créateur]. Quelques peintres eurent assez de force pour se détourner d'un métier fait mécaniquement ; une fois détachés des procédés habituels, ils examinèrent les éléments de la vision de l'espace pour trouver ce qui pouvait bien l'engendrer et la déterminer. [...] Au même moment, on découvrit forcément la sculpture africaine et l'on reconnut que, dans son isolement, elle avait cultivé les formes plastiques pures. »[18]

Carl Einstein n'écrit pas que ce sont « eux », les artistes, qui ont « découvert » la sculpture africaine. Il a précisé plus haut que « certains problèmes qui se posent à l'art moderne ont provoqué une approche plus scrupuleuse de l'art des peuples africains »[19]. Cette approche, il la définit comme un besoin de réécrire l'histoire en incluant l'art africain pour mieux comprendre l'évolution qui se fait jour en Europe. Les choses se passent toujours de cette manière, dit-il. Et à étudier son texte de près, on s'aperçoit qu'il n'attribue pas clairement aux artistes d'avoir « élevé » la sculpture africaine au statut d'art. Les artistes ont leurs propres problèmes et ils utilisent ce qu'ils trouvent. En outre, on sait combien nombre d'entre eux ont pu se montrer ambivalents dès lors qu'il s'est agi de reconnaître le rôle joué par l'art africain. Pablo Picasso, par exemple, n'a pas hésité à affirmer, dans une enquête publiée en 1920, « L'art nègre ? Connais pas ! », et Constantin Brâncuşi a nié contre toute évidence une quelconque influence africaine sur son travail.

Au sein de ce paysage, il faut aussi mentionner la passion précoce née parmi les collectionneurs. Un marché se développe plus ou moins parallèlement à l'implication « technique » des peintres cubistes. Autour de 1910, Carl Einstein fréquente le Café du Dôme, quartier général de tous ceux qui s'intéressent à l'art africain, parmi lesquels un groupe de marchands et de collectionneurs européens. L'un des membres de ce petit cercle, Ernst Brummer (1891-1964), un sculpteur hongrois devenu marchand d'art, finance même l'édition de *Negerplastik* quelques années plus tard[20]. Cette appréciation exprimée par le désir de collectionner marque, pour Carl Einstein, la véritable désignation de la sculpture africaine comme art. Les mécanismes à l'œuvre dans ce marché sont les mêmes que pour tout art ; il n'y a donc là rien de mystérieux. « Avec une activité parfaitement justifiée, » écrit-il, « on a constitué à l'aide des anciens matériaux un objet revêtu d'une signification nouvelle. »[21]

À quoi il faut ajouter que Carl Einstein lui-même et son opuscule jouèrent un rôle décisif dans la naissance et l'évolution de ce processus. L'analyse qu'il propose de la vision et du langage formel de la sculpture africaine est strictement européenne, et typiquement allemande. Il reconnaît ne pas savoir si elle peut correspondre à la vision des Africains.

Mais il opère son équation dans un but bien précis : « La possibilité de faire une analyse formelle s'appuyant sur certains éléments spécifiques de la création de l'espace et de la vision, et les englobant, prouve implicitement que les créations données sont de l'art. » Sans chercher à s'introduire dans un monde spirituel qu'il sait ne pas connaître, et sans adopter la position du savant européen pour prétendre le comprendre ou l'expliquer, il utilise ses instruments à la façon d'un historien moderne, pour annihiler les préjugés racistes qui pèsent de tout leur poids sur l'art africain.

Il convient, à ce stade, d'envisager *La Sculpture nègre* par rapport à une perspective plus large : celle de la guerre qui divise, aujourd'hui encore, les universitaires européens – une guerre qui oppose, d'un côté, le camp des ethnographes et des anthropologues, et, de l'autre, celui des artistes radicaux et des critiques. L'ethnographie et l'anthropologie sont deux disciplines inséparables, historiquement, de la colonisation européenne. Ce sont les instruments grâce auxquels on a pu surveiller, gouverner et exploiter les peuples colonisés. Au XIXe siècle, les colons ont rapporté dans les métropoles européennes tout un butin de sculptures et de masques africains et les ont entassés pêle-mêle, parmi toutes sortes d'autres objets considérés comme des témoignages ethnographiques, dans des musées créés pour la circonstance, qui deviennent la vitrine du colonialisme.

Si la sculpture africaine acquiert statut d'art dans la première moitié du XXe siècle, elle ne transite pas pour autant des armoires à trophées aux musées d'art. On préfère soumettre les musées ethnographiques – ces cimetières de la culture des autres – à un lifting esthétique[22]. La conscience se faisant de plus en plus nette des qualités artistiques de l'art classique africain – et cela, notamment, grâce à une large exploitation du thème de « l'art nègre »* dans les années 1920 –, les musées finissent par devoir s'adapter et réorganiser leurs vitrines pour répondre à l'attente de leurs publics.

Robert Goldwater (1907-1973), qui a fondé et dirigé le Museum of Primitive Art de New York – et contribué à lancer le terme de « primitivisme » – déclare, dans son livre de 1938[23], que ce revirement auquel les musées ethnographiques se virent contraints reflète sans doute aussi un certain changement concomitant de point de vue théorique parmi les ethnologues qui avaient à charge d'organiser la présentation des objets dans les vitrines.

Robert Goldwater s'appliquait, de façon assez partiale, à réconcilier les deux camps ennemis – l'ethnographie et la critique d'art. Mais sans doute confondait-il la cause et l'effet, puisqu'il lui a fallu admettre que trente ans au moins furent nécessaires – jusqu'à la publication de son livre ! – pour que la critique d'art introduise quelques-unes de ses idées dans l'ethnographie. En réalité, il a fallu bien plus longtemps. Le conflit de fond n'est pas réglé, et ne peut pas l'être.

Une enquête menée en 1920 auprès d'ethnographes, d'artistes et de gens des musées soulevait la question de l'introduction de l'art classique africain au Louvre. On peut la considérer comme un test implicite de la volonté de libérer l'art africain des musées ethnographiques et, plus généralement, du contexte ethnographique lui-même. Les réponses exprimaient des points de vue diamétralement opposés. Les conservateurs des principaux musées ethnographiques de l'époque firent montre d'attitudes incroyablement colonialistes et racistes. Chose significative, le même débat fut reconduit soixante-dix ans plus tard : on avait certes fait le ménage parmi les arguments, mais les frontières et les remparts de protection demeuraient fondamentalement inchangés.

Carl Einstein met le doigt sur un point essentiel. « Utiliser l'art à des fins anthropologiques ou ethnologiques, c'est à mon avis un procédé douteux, car la représentation artistique n'exprime presque rien des faits auxquels s'attache une telle connaissance scientifique. »[24] Aucun principe n'a depuis modifié la vérité de cette déclaration simple et révolutionnaire. L'art et ce qu'il communique en propre ne peuvent avoir pour fonction d'être de simples supports de l'observation anthropologique ou ethnographique, fût-elle structuraliste. Ce qui a changé, c'est que ces musées semblent aujourd'hui avoir « reçu » (de qui ?) la mission et les moyens de nous « prendre en compte » – nous, les Africains, qui sommes exclus des circuits européens de l'art au même titre que les artistes de la « périphérie », victimes de la cécité artistique et des abus de pouvoir des ethnographes, et donc désignés à l'institution comme des artistes exotiques de seconde catégorie.

Comment est-il possible, alors que soixante-quinze années se sont écoulées depuis que Carl Einstein a clarifié les choses, que l'art africain – classique ou moderne – ait pu continuer à être humilié au nom de disciplines aussi controversées du savoir occidental ? Comme je l'ai dit plus haut, son livre ne retint tout au plus qu'une attention marginale – dans le catalogue de l'exposition du Museum of Modern Art, par exemple. Le traitement qui lui est fait, en 1938, dans le livre de Robert Goldwater, par exemple, semble caractéristique d'une agressivité du camp des ethnographes à l'égard de Carl Einstein et des valeurs qu'il représentait – un camp auquel Robert Goldwater, pour l'essentiel, se ralliait. Ce dernier évoque ironiquement les « tenants de l'art primitif », qui ne se contentent pas de le défendre, mais le portent aux nues[25]. Il leur reproche d'envisager les productions de l'art primitif comme des spécimens isolés, sans chercher à comprendre leur signification par rapport aux sociétés dont elles sont issues. Il déplore le fait que ces critiques et collectionneurs croient pouvoir saisir les particularités de l'art primitif, son « admirable » organisation formelle d'un simple coup d'œil. « Ils se satisfont d'isoler l'œuvre individuelle, mais s'affranchissent souvent de cette limite pour fournir des interprétations romanesques dénuées de tout fondement. » Robert Goldwater ne cache pas le fait que sa critique vise Carl Einstein.

Les raisons pour lesquelles Robert Goldwater interprète si mal le livre de Carl Einstein sont pour moi évidentes : il était profondément affecté par les remarques du critique allemand concernant le racisme inhérent aux attitudes de l'homme blanc à l'égard du Noir d'Afrique et de son art. Il cite amèrement la phrase de Carl Einstein selon laquelle « notre absence de considération vient simplement d'une absence de connaissances à son sujet ». Hélas !

Le livre de Carl Einstein a plus compté, intellectuellement, pour l'artiste africaine que je suis, qu'aucun autre texte sur l'art publié en Occident. Loin de traiter les œuvres comme des artéfacts isolés, et loin de plaquer sur elles la structure de pensée des Occidentaux, ainsi que l'ont prétendu ses ennemis, Carl Einstein envisageait l'art classique africain sous l'angle de la totalité, comme un moment de l'art ou, pour le dire avec ses mots, comme une « vision ». Voici comment il énonce ses deux impératifs : « Il faudra s'en tenir à la vision et progresser dans le cadre de ses lois spécifiques. Mais que nulle part on n'aille substituer à la vision ou à la création recherchée la structure de ses propres réflexions. […] Il faut se défaire du préjugé qui consiste à supposer que les processus psychiques peuvent simplement être affectés de signes contraires, et que la réflexion sur l'art est en opposition avec la création artistique. »[26]

En 1914, alors qu'il travaillait à *La Sculpture nègre*, il précisa, au contraire, qu'« il convient de replacer la réflexion sur l'art au sein du processus de création lui-même, dans la mesure où la particularité de l'œuvre implique la spécificité de la réflexion et du jugement. »[27]

C'est là, selon moi, une question essentielle. La réception, en Europe, du modernisme africain n'est pas encore parvenue à ce stade. Elle reste dominée par les innombrables fantasmagories de l'homme blanc sur l'Afrique et l'africanité. Je sais d'expérience combien il est difficile, pour ne pas dire impossible, dans ce contexte, que quelqu'un perçoive la *vision* et le discours artistique à l'œuvre dans mon travail en dehors de toute référence à mes origines. *La Sculpture nègre* révèle, à une deuxième lecture, l'existence de deux discours en apparence séparés mais dialectiquement conjoints. L'un concerne la sculpture africaine classique et se veut une tentative d'analyse de ce que l'auteur considérait comme l'une des solutions les plus remarquables qui soient à certains problèmes d'ordre plastique et spatial : le cubisme, ou perception simultanée de la tridimensionnalité.

L'autre discours concerne la manière dont une tradition artistique européenne, initiée avec la Renaissance, culminant à l'âge baroque et se prolongeant avec l'Impressionnisme, a pu perdre le sens de la plasticité au point que les cubistes la jugent aujourd'hui « irrecevable ». À partir de cette analyse critique, Carl Einstein définit l'essence de la sculpture africaine et de ses apports. Ce second discours porte donc l'empreinte d'un moment spécifique de l'histoire de l'art européenne. En des mots clairs et incisifs, il décrit la confusion totale qui s'est opérée, à l'âge baroque, entre la peinture et la sculpture, l'implication toujours plus grande du spectateur dans le processus (par le biais de la perspective, de l'interprétation psychologique), tout cela aboutissant à réduire la sculpture à une simple conversation entre deux personnes.

On peut lire ce discours comme la démonstration implicite de la nécessité d'une révolte en art ; comme Carl Einstein allait bientôt l'écrire dans son *Art du XXe siècle* (1926) : « en toute révolte sont inscrits, dès le début, la destruction, la critique, l'anéantissement. On se révolte encore et toujours contre l'idée que l'art devrait répéter une règle donnée. »[28]

Pour moi, le concept de révolte est inséparable du voyage de l'artiste tel qu'il se propose aujourd'hui ; je refuse de le considérer comme une prérogative du moderniste européen ou comme quelque chose d'étranger à l'artiste qui vit aujourd'hui en dehors du monde occidental. Cependant, la révolte dans l'art n'est pas quelque chose que l'on peut se contenter de copier. L'universitaire et critique japonais Shigemi Inaga l'a bien montré. Parlant des immenses difficultés que soulève le dialogue entre les cultures – il se demande notamment s'il est possible d'introduire l'avant-garde japonaise auprès du public occidental (pour qui il n'existe qu'une seule révolte, celle de ses propres artistes) –, Shigemi Inaga prend l'exemple de l'Afrique. Le cubisme et le fauvisme ont trouvé confirmation dans la référence à l'art africain. Mais, note Shigemi Inaga, « si les Africains ‹ autochtones › puisaient aux mêmes sources que les Occidentaux, ils ne pourraient en aucun cas revendiquer une position d'avant-garde. »[29] Au contraire, à l'intérieur de son propre contexte, ce choix serait perçu comme traditionaliste, passéiste, ou à tout le moins antimoderne.

Contrairement au Japon, l'Afrique a eu à subir le fardeau du colonialisme, ce qui a encore renforcé la complexité de la situation culturelle. En effet, comme l'a fait observer Frantz Fanon, « dans la situation coloniale, le dynamisme est remplacé assez rapidement par une substantification de l'attitude de la puissance colonisatrice »[30]. Reconsidérant un siècle de domination coloniale, au terme duquel il ne reste plus que les vestiges d'une culture rigidifiée, « minéralisée » à l'extrême, Frantz Fanon anticipe toute la difficulté qu'il va y avoir, après l'indépendance, à sortir de l'agonie de la culture nationale, fruit du rapport de dépendance réciproque liant les oppresseurs aux opprimés.

Mais Frantz Fanon savait que la révolte n'était pas seulement nécessaire dans la société : elle l'était aussi dans l'art si l'on voulait que le plasticien africain « pousse jusqu'au lieu en ébullition où se préfigure le savoir ». Après avoir participé aux grands courants de la peinture ou de l'architecture contemporaine », écrivait Frantz Fanon il y a trente ans, les créateurs ne peuvent pas tourner le dos aux cultures étrangères et revenir aux traditions – simples « déjections d'une pensée » autrefois vivante – dans leur quête d'une « vraie culture nationale ». Ils doivent aller de l'avant.

Ma propre révolte exige un formidable cheminement du savoir, qui excède la lutte des consciences héritée de Frantz Fanon. Rien ne m'apparaît jamais comme allant de soi. Je dois reconquérir mon histoire à plusieurs niveaux – envisager sa part locale, nationale, continentale, et la part qui ressortit à l'évolution de l'art dans l'Afrique du XXe siècle. C'est une tâche rendue extrêmement difficile par l'absence de littérature, de musées, de collections ; l'absence de centres de documentation facilement accessibles ; la division linguistique engendrée par le colonialisme ; mais surtout, elle est rendue difficile par la négligence – celle, en particulier, de ceux qui détiennent les richesses du monde. Et comme si cela ne suffisait pas, il me faut aussi, pour pouvoir me situer moi-même, étudier l'histoire universelle de l'art, de l'Antiquité à aujourd'hui, et poursuivre l'étude comparative d'autres cultures, extra-européennes.

Et enfin, je dois préserver la liberté de mes créations afin qu'elles ne deviennent pas un entrepôt de constats et de questions qui ne se rapportent pas à mon art. Ma révolte est un combat sur de multiples fronts – qui ne cessera jamais.

NOTES — *

Texte paru, pour la première fois, sous le titre « Meeting Carl Einstein », dans *Third Text*, vol. 7, n° 23, 1993, p. 31-38, accessible dans sa version originale sur www.tandfonline.com/doi/abs/10.1080/09528829308576413. Les termes suivis d'un astérisque sont en français dans le texte original.

1

J'emploie l'adjectif « classique » hors de toute acception eurocentriste, et je récuse les termes de « primitif », « tribal », « ancestral », « traditionnel » et, conformément à ce que *Revue Noire* a récemment suggéré, « rituel ». Voir *Revue Noire*, n° 7, Paris 1992-1993, p. 28.

2

Voir l'exposition organisée par Marius de Zayas à la Galerie 291 d'Alfred Stieglitz de New York : *Statuary in Wood by African Savages. The Root of Modern Art*, cité dans William Rubin (éd.), *«Primitivism» in 20th Century Art*, cat. exp., The Museum of Modern Art, vol. 1, New York 1984, p. 153 ; tr. française : *Le « Primitivisme » dans l'art du XXe siècle*, Flammarion, Paris 1992.

3

Carl Einstein, *Negerplastik*, Leipzig 1915 ; seconde édition : Munich 1920 ; tr. française de Liliane Meffre, *La Sculpture nègre*, L'Harmattan, Paris 1999.

4

Carl Einstein, *Prophet der Avantgarde*, Fannei & Walz, Berlin 1991, p. 48.

5

Carl Einstein, *Negerplastik*, Fannei & Walz, Berlin 1992.

6

[NdE] L'intérêt d'Everlyn Nicodemus pour *Negerplastik* l'a conduite à essayer de le traduire en anglais, avec l'aide du critique suédois Kristian Romare, qui l'avait déjà traduit dans sa langue. Le projet n'aboutit pas. La première parution complète de *Negerplastik* en anglais eut finalement lieu en 2016 sous le titre de *Negro Sculpture* (November Editions). Douze ans auparavant, une traduction du texte figurait au sommaire du numéro 107 de la revue *October* consacré à Carl Einstein, p. 122-138.

Un an plus tôt, une première traduction avait paru sous le titre « African Sculpture » in *Primitivism and Twentieth-Century Art: A Documentary History*, University of California Press, Berkely 2003, p. 77-91.

7

Les galeries européennes que j'essayais d'intéresser à mon travail m'ont refusée, allant jusqu'à me dire de revenir lorsque j'aurai quelque chose d'« africain » à leur montrer.

8

Le « Primitivisme » dans l'art du XXe siècle, op. cit., p. 1.

9

Ibid., p. 5.

10

Rasheed Araeen, « From Primitivism to Ethnic Arts », *Third Text*, vol. 1, n° 1, automne 1987, p. 18.

11

Ici et suivante : Carl Einstein, *La Sculpture nègre, op. cit.*, p. 17 (traduction modifiée).

12

Carl Einstein, *Afrikanische Plastik*, Orbis Pictus, vol. 7, Berlin, 1921 ; cité *in* Carl Einstein, *Prophet der Avantgarde, op. cit.*, p. 32.

13

[NdE] Suivant Carl Einstein et Everlyn Nicodemus qui utilise systématiquement le terme « African » quand Carl Einstein utilisait le terme « Negro » dans sa version originale, nous utilisons le mot « nègre » uniquement pour le titre de son ouvrage de 1915.

14

Ici et suivantes : Carl Einstein, *La Sculpture nègre, op. cit.* p. 28, p. 18, p. 19.

15

Ce dont Susan Vogel ne tient pas compte dans le catalogue de l'exposition *Africa Explores*, où elle fait de l'art traditionnel, « passé et présent », le premier courant historique d'art africain. Voir *Africa Explores, Twentieth Century African Art*, cat. exp., Center for African Art, New York 1991, p. 10.

16

Voir Rolf-Peter Baacke, « Carl Einstein, Kunstagent », in *Carl Einstein, Materialien*, vol. 1, Silver & Goldstein, Berlin 1990 ; Carl Einstein : *Leben, Werk, Legende*, Fannei & Walz, Berlin 1991 ; Klaus Herding, *Schlüsseltexte der Kunstgeschichte*, Merkur, Stuttgart 1992.

17

Carl Einstein, *La Sculpture nègre*, *op. cit.* p. 30-31.

18

Carl Einstein, *La Sculpture nègre*, *op. cit.*, p. 26-27.

19

Ibid., p. 18.

20

Le « Primitivisme » dans l'art du XXe siècle, *op. cit.*, p. 143.

21

Ici et suivante : Carl Einstein, *La Sculpture nègre*, *op. cit.*, p. 18, p. 21.

22

Le Musée ethnographique de Münich est réorganisé en 1926, sur une base esthético-historique (*Kunstwisschenshaftlich-ästhetisch*) ; de même, le Musée du Trocadéro à Paris, en 1928, et le Musée de Vienne en 1930. Voir la chronologie in Robert Goldwater, *Le Primitivisme dans l'art moderne* [1938], Presses universitaires de France, Paris 1988, p. 278.

23

Robert Goldwater, *op. cit.*

24

Carl Einstein, *La Sculpture nègre*, *op. cit.*, p. 20.

25

Le « Primitivisme » dans l'art du XXe siècle, *op. cit.*

26

Carl Einstein, *La Sculpture nègre*, *op. cit.*, p. 20-21.

27

Carl Einstein, « Totalität », première parution in *Die Aktion*, 1914 ; cité in Carl Einstein, *Prophet der Avantgarde*, *op. cit.*, p. 21.

28

Carl Einstein, *Kunst des 20. Jahrhunderts*, Propyläen Kunstgeschichte 16, 1926, cité *in* Carl Einstein, Fannei & Walz, *op. cit.*, p. 5.

29

Shigemi Inaga, « The Impossible Avant-Garde in Japan, Does the Avant-Garde Exist in the Third World ? Japan's Example: A Borderline Case of Misunderstanding in Aesthetic intercultural Exchange », *doxa*, 2010, Norgunk Publishing House, Istanbul 2010, p. 82-89 ; traduit sous le titre « L'impossible avant-garde du Japon », *in* Alain Le Pichon (éd.), Les Assises de la connaissance réciproque, Transcultura, Louvain-la-Neuve, 1988, p. 198.

30

Frantz Fanon, *Les Damnés de la terre*, 1961.

VII — Exposer

Lettre de Londres : l'exposition d'art contemporain africain, 1967

Dennis Duerden

L'Institute of Contemporary Art de Londres accueille du 17 mars au 22 avril 1967 l'une des toutes premières expositions d'art contemporain africain sous le titre *Contemporary Art from Africa*. Elle réunit une dizaine d'artistes parmi lesquels Jimo Akolo (Nigéria), Michael Bandele (Zimbabwe), Yemi Bisiri (Nigéria), Skunder Boghossian (Éthiopie), Adebisi Fabunmi (Ghana), Rufus Ogundele (Nigéria), Asiru Olatunde (Nigéria), Muraina Oyelami (Nigéria), Twins Seven Seven (Nigéria) et Ibrahim El-Salahi (Soudan). Dennis Duerden (1927-2006) en proposa une critique pour la revue *African Arts* qui venait juste d'être créée. Après avoir été conservateur adjoint au Jos Museum de Jos, Nigéria, Dennis Duerden avait monté le Transcription Centre à Londres en 1962 dont l'objectif était la promotion des artistes et intellectuels d'Afrique et des Caraïbes.

Le Transcription Centre que dirige Dennis Duerden se montre très actif dans la diffusion d'informations relatives aux arts contemporains d'Afrique. Ses enregistrements sonores, ses films, sa précieuse lettre d'information nous renseignent sur les travaux que le Centre subventionne. Sa dernière entreprise en date est une exposition qui s'est tenue dans ses locaux du 17 mars au 15 avril, et dont l'organisation s'est faite en collaboration avec le Mbari Mbayo Club d'Osogbo (Nigéria), grâce auquel Ulli Beier, son épouse Georgina et Suzanne Wanger ont pu soutenir tant d'artistes locaux. On pourra lire ci-dessous les commentaires parfois sévères de Monsieur Duerden sur l'exposition [de l'ICA] et sa réception par le public londonien. Nous serons sans doute nombreux à nous sentir concernés par l'accusation implicite qu'il formule : alors que les artistes africains sont en pleine révolution pour faire face aux changements qui s'opèrent dans leurs pays, nos réactions critiques ne sont pas en phase avec l'art produit aujourd'hui[1].

Un changement radical s'est opéré, ces deux dernières années, dans le regard que nous portons sur l'art africain. Ce n'est sans doute pas un hasard si ce changement d'attitude est concomitant d'un certain nombre de changements politiques. Les bouleversements politiques ne seront peut-être pas bénéfiques à l'Afrique, mais ce qui est certain, c'est que notre changement d'attitude à l'égard de l'art et de la littérature se révélera à terme utile aux artistes et aux écrivains d'Afrique. Le changement d'attitude auquel je fais référence correspond à l'effondrement de l'ethnocentrisme culturel. Il y a eu deux approches culturellement excessives de l'identité africaine : l'une – la négritude – caractérise l'Afrique francophone ; l'autre est celle que l'Afrique anglophone condense dans l'expression « personnalité africaine » – cette expression figurant ici une étiquette commode pour désigner l'ethnocentrisme culturel des pays africains de langue anglaise – Ghana, Nigéria, Ouganda, etc.

Reconnaissons-le : que nous soyons artistes, écrivains ou, comme on dit, « africanistes », nous sommes tous coupables d'avoir été les supporters enthousiastes de cette situation. Nous avons, à notre décharge, deux circonstances atténuantes. La première est que l'ethnocentrisme culturel est incontestablement une politique opportune dans une situation raciale. Si tout le monde vous ignore, vous servirez votre cause en proclamant haut et fort que vous pouvez faire vivre un enfer à vos congénères en dérogeant de façon embarrassante au comportement auquel ils sont habitués – tel D. H. Lawrence dansant seul lors des soirées guindées de la bonne société. Et ne nous berçons pas de l'illusion que tout un chacun prend désormais les artistes et les écrivains d'Afrique plus au sérieux qu'il y a deux ans. Aucun des grands critiques de la presse britannique nationale n'a parlé des œuvres reproduites ci-contre pendant les quatre semaines qu'a duré l'exposition de l'Institute of Contemporary Art de Londres. En revanche, ils ont écrit sur beaucoup d'autres expositions de qualité bien moindre. Parfois, ils tendent vers l'autre extrême et déploient des trésors d'amabilité envers les artistes africains. Mais le résultat peut être alors encore plus désastreux : certaines œuvres exagérément encensées font de l'ombre à celles qui mériteraient vraiment l'intérêt des critiques capables de reconnaître leur valeur. L'artiste africain est donc toujours victime de la situation politique, quelle que soit sa position par rapport à elle.

En dehors de mouvements comme le Black Power, l'ethnocentrisme culturel contribue à fortifier les institutions existantes, et cela de façon très pratique. Les universités africaines, y compris les plus

« néocolonialistes » d'entre elles, ont besoin de manuels. Impossible d'enseigner l'anglais ou le français aux enfants des écoles dans le vocabulaire d'un univers qui n'existe pas. L'univers de Milton ou de Wordsworth n'est pas l'univers des enfants africains. Leur univers à eux, c'est celui d'Achebe et de Soyinka[2]. La tâche de l'édition, en Afrique, c'est de publier des manuels scolaires – et donc inévitablement, celle de l'écrivain, c'est de les écrire. L'ethnocentrisme culturel a ainsi une utilité immédiate.

Mais quel est donc le rapport de tout cela avec l'art ? Il n'y en a strictement aucun. J'emploie le mot « art » au sens où l'emploierait un esthète « fin de siècle »*, car nous sommes tous les produits de l'Esthétisme[3]. À l'instar de la physique, l'art est devenu élément de recherche fondamentale. Ce n'est pas un hasard si, au moment où j'écris, le théâtre Nô fait salle comble à Londres tandis que cinq films japonais sont visibles sur les écrans. Le public londonien ne se tourne pas subitement vers la culture japonaise. Il se trouve que les écrivains, les peintres et les musiciens s'intéressent beaucoup au minimalisme des règles et des moyens d'expression en art. Le « musée imaginaire »* est un produit de l'Esthétisme.

Ces remarques gagneraient à être développées, mais elles ont ici pour seule fonction que de préciser ma position à l'égard des œuvres reproduites et d'introduire l'idée selon laquelle, à mesure que se creuse le gouffre matériel entre pays pauvres et nations riches, un gouffre correspondant se creuse entre les écrivains et les artistes de ces divers pays. Les écrivains et les artistes africains ont trouvé refuge dans le havre de l'ethnocentrisme culturel, sans chercher à se qualifier dans une course qui les laisse d'entrée de jeu loin derrière. Je suis sûr qu'un jeune Africain qui songe aujourd'hui à faire carrière dans le monde des affaires doit sentir ses genoux se dérober de la même manière – même si, bien sûr, il est hors de question qu'il l'admette ! À coup sûr, mes propos sembleront effroyablement hérétiques à ceux que j'ai décrits ailleurs comme les « horticulteurs en serre » de l'art africain. Il y a toute une école d'« africanistes » qui considèrent l'Afrique comme leur Arcadie perdue. Ils sont les préraphaélites du XXe siècle. Ils pensent qu'avant la Révolution industrielle, les hommes communiquaient entre eux et se comprenaient tous ; mais qu'aujourd'hui machines et ordinateurs s'interposent entre les individus, empêchant toute communication simple et directe. Les plantes qu'ils font pousser dans leurs serres sont comme les œuvres de Die Brücke et de cette mouvance de l'Expressionnisme allemand. Ils seraient horrifiés d'apprendre que je suis à la recherche d'un artiste africain pratiquant l'art cinétique ou utilisant un ordinateur.

Reste que chaque forme d'expression a sa valeur. À première vue, les tableaux de Twins Seven Seven sont comme une traduction en image de ce qu'écrit Amos Tutuola[4]. Ils sont peuplés de créatures directement issues de *Ma vie dans la brousse des fantômes* ou de *Simbi et le satyre de la jungle noire*. Mais par-delà l'image apparente, les espaces vides sont comblés par la répétition automatique du trait. Twins Seven Seven a des préoccupations analogues à celles de Paul Klee : il veut découvrir quelles lignes conviennent le mieux à son tableau, notamment du point de vue de la scansion rythmique. Mais Twins Seven Seven est, en un sens, un artiste protégé. Venu récemment à Londres pour y vivre, il est précipitamment rentré au Nigéria parce qu'il trouvait la ville affreusement calme. Ulli Beier nous a confié, lors d'une conférence à l'ICA, qu'il n'avait pas fait particulièrement d'efforts pour exposer les œuvres des peintres d'Osogbo dans d'autres pays. Il a bien précisé, toutefois, que l'atelier de peinture et d'art graphique qu'il avait dirigé avec Georgina Beier à Osogbo avait permis de découvrir des talents cachés parmi les enfants à demi illettrés des écoles primaires ; ceux-ci ne pouvant ni redevenir des paysans ni s'adapter à la société industrielle, l'atelier leur est un moyen de découvrir un talent monnayable.

D'après le constat des « experts » londoniens, le travail d'Ibrahim El-Salahi aurait beaucoup perdu de sa qualité. Ils préféraient ce qu'il faisait avant. Son travail actuel se rapproche trop de celui des artistes parisiens ou new-yorkais. L'idée a même été avancée qu'il était en passe de devenir un piètre imitateur de l'école new-yorkaise. Sa peinture conserve les traces de la manière naïve qui l'a initialement inspiré. Il faudrait qu'il choisisse son camp. Ces propos constituent une illustration parfaite de l'ethnocentrisme européen – celui-là même qu'a très justement critiqué Gerhard Kubik dans une série d'émissions de radio sur la musique africaine qu'il a réalisées pour le Transcription Centre. Peut-être les arts traditionnels africains connaîtront-ils un jour la vogue que connaissent actuellement les arts japonais. Toujours est-il que Gerhard Kubik a montré la complexité de la structure polyrythmique de la musique africaine et a appris à jouer de ses instruments. Whiteley et Leonhardt ont transcrit toute une littérature issue des traditions orales africaines, qui participe de la même complexité dans un mode d'expression plus restreint – l'exemple le plus récent étant les « chants de l'ijala yoruba », traduits et présentés par Babalola. J'ai suggéré que l'art moderne avait évolué selon le modèle d'un progrès unilinéaire dans l'invention et la découverte. Mais cela ne signifie pas qu'il n'y a pas eu, dans le passé, des courants indépendants et féconds, même s'ils se tarissent aujourd'hui sous l'effet de l'isolement induit par l'industrialisation et l'essor des grandes villes.

Le meilleur exemple, reproduit ici, du type de développement non linéaire auquel je fais allusion est sans doute le travail de Skunder Boghossian (même si, bien sûr, je ne partage nullement le point de vue des critiques sur les œuvres récentes de Ibrahim El-Salahi). Skunder Boghossian réussit à associer le surréalisme animiste des traditions picturales et sculpturales africaines et les images de la science moderne, dont il a une vaste connaissance. Il explore de nouveaux matériaux, pour comprendre ce qu'ils donnent à voir, et son freudianisme est sans naïveté. Aux antipodes de l'égocentrisme culturel, Skunder Boghossian représente un nouveau syncrétisme.

NOTES — *

Texte paru, pour la première fois, sous le titre « Letter from London : The London Exhibition of Contemporary African Art/1967 », dans *African Arts*, vol. 1, n° 1, 1967, p. 27-29, 67. Sur Dennis Duerden, lire la nécrologie publiée par *The Guardian* le 30 janvier 2007 : www.theguardian.com/news/2007/jan/30/obituaries.readersobituaries. Les notes qui suivent sont toutes de l'éditeur. L'astérisque signale un terme ou une expression en français dans le texte.

1

Le Transcription Centre a souvent collaboré avec l'Institute of Contemporary Art ; Dennis Duerden rend donc compte ici d'une exposition à laquelle il a lui-même contribué, d'une manière ou d'une autre.

2

Chinua Achebe (1930-2013) et Wole Soyinka (*1934) : deux écrivains nigérians dont le second a reçu le prix Nobel de littérature en 1986.

3

L'Esthétisme est un courant artistique et littéraire britannique du dernier quart du XIXᵉ siècle, contemporain du symbolisme en France et en Belgique. Oscar Wilde et les peintres préraphaélites en sont les représentants les plus connus.

4

Amos Tutuola (1920-1997) est un écrivain nigérian d'expression anglaise. Les deux ouvrages cités sont respectivement parus en 1954 et 1955.

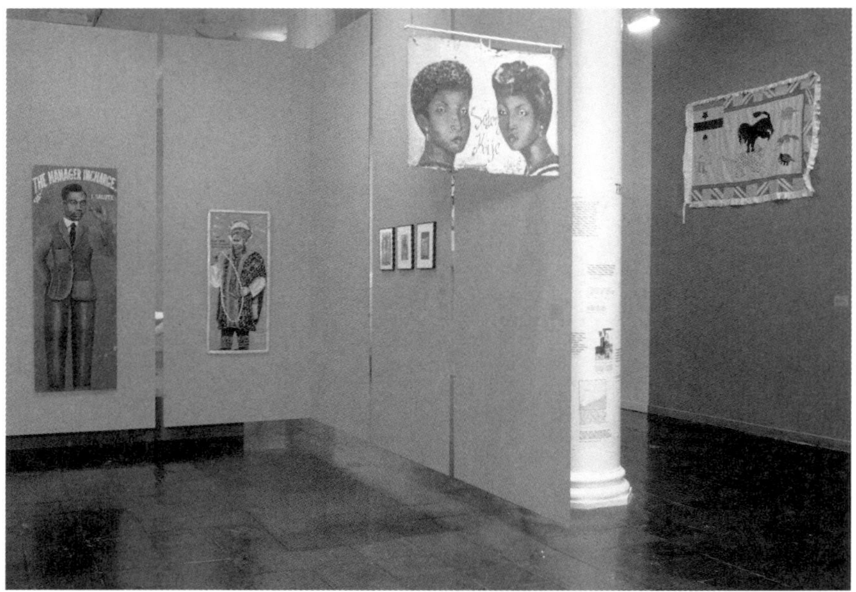

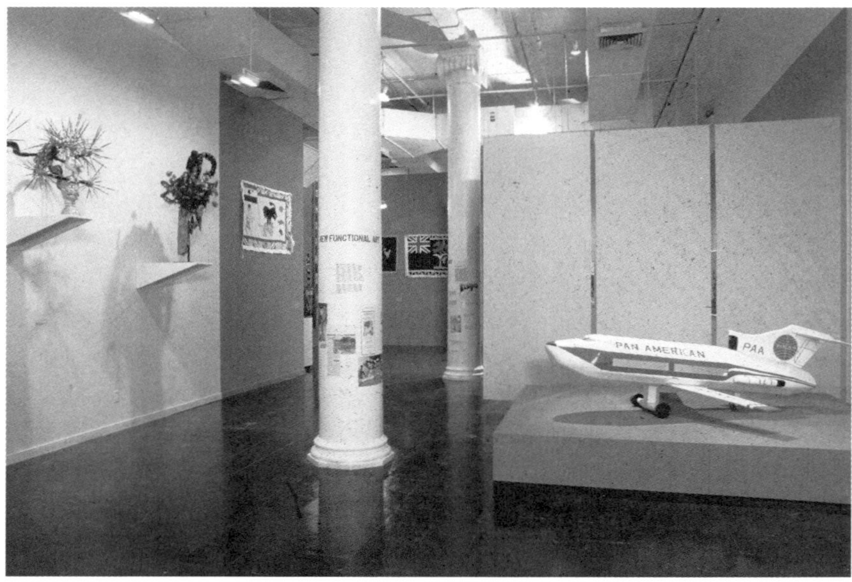

Vues de l'exposition *Africa Explores :*
20th Century African Art,
Center for African Art, New York

Commissaire : Susan Vogel ; en bas : œuvres de Seth Kane Kwei et Sunday Jack Akpan
Photographies : Fred Scruton

Recherche l'Afrique désespérément, New York, 1991

John Picton

L'historien d'art anglais John Picton (*1938) livre dans ce texte une lecture critique de *Africa Explores: 20ᵗʰ Century African Art*, exposition organisée en 1991 par l'anthropologue nord-américaine Susan Vogel au Center for African Art de New York – aujourd'hui le Museum for African Art. Cette exposition fut la première tentative de formuler une représentation de l'art contemporain africain dans toute sa diversité. John Picton s'interroge sur les catégories, qu'il juge rigides et artificielles, utilisées pour répartir et compartimenter la création artistique en Afrique au sein de l'exposition et de son catalogue. Notons cependant que l'auteur a récemment révisé son propos pour réhabiliter la force panoramique de l'exposition[1].

Dada Areogun, originaire du village d'Osi Ilorin, actuel Nigéria, est reconnu comme l'un des plus grands maîtres sculpteurs travaillant selon la tradition des arts visuels yoruba en vigueur avant l'époque où le gouvernement colonial a imposé sa férule. On le dit né aux alentours de 1880 et ayant commencé son apprentissage auprès de Bamgboshe – autre maître local – dans les années 1890. Dada Areogun doit sa célébrité aux portes et piliers de véranda sculptés dont il a orné les maisons des riches notables ainsi qu'à ses figures rituelles, dont il est fait usage pour honorer les divinités locales. Pablo Picasso est né à Malaga en 1881 ; son père enseignait le dessin et la peinture. Il dira plus tard que, dès l'âge de douze ans, son trait était aussi sûr que celui de Raphaël. En 1895, Pablo Picasso est directement admis dans la classe supérieure de l'école d'art de la Llotja, Barcelone. Il découvre la sculpture ibérique antique à Paris en 1905, et la sculpture africaine en 1907. Aina Onabolu, pionnier de la peinture moderne au Nigéria, est né à Ijebu-Ode, en terre yoruba, en 1882 – il s'installa plus tard à Lagos. Dès 1894, il copie les illustrations des publications qui lui tombent sous la main. À l'évidence, Aina Onabolu expérimente déjà la pratique visuelle des Européens depuis plus de dix ans lorsque Pablo Picasso commence à s'intéresser aux formes élémentaires de la sculpture africaine. Tout se passe comme si Pablo Picasso et Aina Onabolu avaient regardé par-dessus l'épaule l'un de l'autre, chacun découvrant ce que l'autre avait refusé de voir. Pendant ce temps, Dada Areogun continuait à sculpter. Chacun de ces trois artistes poursuivit son travail jusqu'à la toute fin de sa vie – 1954 pour Dada Areogun, 1963 pour Aina Onabolu et 1973 pour Pablo Picasso. Ces quelques données devraient nous permettre de comprendre que nous devons nous défaire de certaines notions simples ou simplificatrices si nous voulons parvenir à écrire une histoire de l'art africain. Mais *une* histoire est-elle possible ? L'Afrique est après tout un immense continent, possédant une multitude d'histoires.

Nous pourrions avantageusement commencer par nous dispenser de la catégorie « art africain ». Sauf qu'elle existe sinon ailleurs, du moins dans notre imagination et que nous devons la considérer. Auquel cas, et préalablement à toute tentative d'écrire l'histoire de l'art africain – qu'il s'agisse de celle des objets classés sous cette rubrique ou de l'histoire de la catégorie elle-même –, certaines questions doivent être soulevées quant à la signification de ces deux termes, « art » et « africain », et à ce qui, dans leur rapport, a pu donner naissance à la catégorie. Par exemple, « comment définissons-nous l'Afrique en rapport avec l'art ? » « Pouvons-nous même la définir ? » Dès lors que de telles questions sont nécessaires, elles témoignent de la condition « primitive » de l'histoire d'un art confronté pour la première fois à la façon dont la discipline se situe par rapport au primitivisme. (L'espoir serait que l'Afrique soit en mesure d'exiger que l'on aborde les questions qui ont ébranlé la discipline, mais le chemin est encore long.)

L'occasion de ces commentaires nous est fournie par la remarquable exposition *Africa Explores*, organisée par Susan Vogel et le Center for African Art de New York. Cette exposition, qui s'accompagne d'une publication[2], est remarquable en raison du matériau présenté, du statut du lieu d'exposition lui-même et de la polémique qu'elle a soulevée. Elle s'est tenue dans deux lieux – le Center for African Art, alors situé au cœur de Manhattan, et le New Museum of Contemporary Art de Soho – avant de voyager dans différentes villes des États-Unis. *Africa Explores* complète le cycle de douze expositions, toutes accompagnées d'un catalogue, qu'a organisées cette institution depuis sa fondation en 1984 par Susan Vogel, qui en assure aujourd'hui encore la direction[3]. C'est là un accomplissement dont aucun autre musée d'art africain ne peut se prévaloir. Certaines des expositions antérieures étaient relativement conventionnelles – appliquant à l'art africain certaines catégories classiques des études d'art telles que l'esthétique, le chef-d'œuvre provenant de tel ou tel endroit, etc. Plus récemment, cependant, ces rubriques se sont vues élargies par des expositions traitant du rapport entre art et artéfact, du portrait dans l'art africain ou encore des relations entre l'Afrique et l'Europe au XVIe siècle. Reste que *Africa Explores* se distingue des expositions antérieures sous un aspect essentiel : alors que ces dernières s'étaient surtout intéressées à la sculpture des traditions précoloniales, *Africa Explores* parcourt tout le champ de la représentation visuelle dans le monde africain d'aujourd'hui. Pour une institution dont le propos est de situer celui-ci au sein du réseau institutionnel du monde artistique dominant, pour lequel l'Afrique figure principalement en vertu de l'inscription du Primitivisme dans le champ plus large de l'histoire de l'art, c'était une initiative radicale. Certes, ce n'était pas la première fois qu'on exposait de l'art contemporain africain à New York ; mais c'était la première fois que le public qui s'intéresse aux traditions « tribales » de l'Afrique se trouvait confronté à l'art qui compte vraiment pour tous ceux qui vivent réellement sur le continent africain.

Le plus grand problème sans doute, s'agissant d'exposer l'Afrique ou d'écrire à son sujet, est notre absence de savoir, comparé aux autres parties du monde, quant à ce qu'elle est vraiment. Cela nous permet de parler d'elle à notre aise, comme si elle formait une seule entité, historiquement et socialement. Mais plus nous en apprenons à son sujet, plus cette vision de l'Afrique devient problématique. Il y a ici une analogie ironique entre une vision eurocentriste distante de l'Afrique et la quête afrocentriste d'une unité fondamentale de la culture africaine qui retient l'attention des universitaires nord-américains et africains-américains. Parmi les critiques adressées à *Africa Explores* dans la presse new-yorkaise, l'une d'entre elles consistait à dire que réunir tant d'œuvres dans un si petit espace, pourtant constitué de deux lieux distincts, ne permettait pas de comprendre le sens de l'exposition. La diversité des pratiques artistiques était interprétée comme le signe d'un désordre, renforçant peut-être, chez certaines personnes, le préjugé d'une Afrique chaotique, incontrôlable. Chaque élément, cependant, a sa place au sein d'une histoire souvent très locale ; et bien que le livre qui accompagne l'exposition soit une aide – indépendamment de la disjonction entre catégorie et récit que j'aborderai plus loin –, malgré toutes ses illustrations et analyses, il conserve quelque chose d'une série d'instantanés projetés au hasard sur la façade d'un immense édifice complexe sans qu'on ait pourvu au rapport que ces images entretiennent entre elles. Tel est l'effet induit par la taille et la diversité du continent ; et pourtant, paradoxalement, ce qui pourrait passer pour une critique mesurée de l'exposition en constitue aussi la grande vertu, car nous avons un immense profit à tirer de ce vaste panorama de la pratique des arts visuels dans l'Afrique postcoloniale et contemporaine.

Le terme « Afrique », envisagé dans le contexte de l'art, désigne en général la partie subsaharienne du continent – l'Afrique noire – que caractérise une multitude de traditions locales – artistiques, religieuses, linguistiques, politiques, etc. – dont l'origine remonte, en général, à la période précoloniale. L'Afrique, par ailleurs, inclut aussi ces régions situées au nord et au nord-est du Sahara qui auraient partie liée, semble-t-il, avec le destin historique et social de la Méditerranée et du monde arabe. Reste que l'Égypte ancienne, l'Afrique du Nord tant romaine que berbère et arabe, les arts chrétiens d'Égypte, de Nubie et d'Éthiopie et, d'une manière générale, les diverses formes de l'art contemporain sur l'ensemble du continent sont régulièrement laissées pour compte. Le contraste entre l'Afrique subsaharienne de tradition locale et les pays tournés vers la Méditerranée est assez réel. Mais s'en tenir à ce contraste, c'est promouvoir une vision déformée de l'Afrique, étayée par des présupposés raciaux, géographiques, historiques et sociaux erronés. En effet, considérer l'Afrique subsaharienne comme isolée du reste du monde est aussi faux que de présupposer l'homogénéité culturelle des pays dominés par l'Islam ou le christianisme, ou de prétendre que l'Égypte ancienne n'est pas africaine. Le commerce bilatéral à travers le Sahara est au moins aussi vieux que le désert lui-même, dont l'origine remonte au début du processus actuel de dessiccation, soit au quatrième millénaire avant Jésus-Christ. C'est ce commerce qui, le moment venu, a permis l'introduction et la diffusion de l'islam dans la majeure partie de l'Afrique de l'Ouest ; il en est de même pour le commerce dans l'océan Indien, dont les effets ont été comparables en Afrique orientale. Le christianisme, religion africaine autant qu'européenne, a gagné l'Éthiopie depuis l'Égypte en descendant le long de la vallée du Nil. Dès la fin du XVe siècle, qui plus est, les Européens ont abordé les côtes de l'Afrique, déterminés à établir de nouveaux réseaux d'échanges commerciaux.

L'une des conséquences, presque immédiates, a été l'instauration, par-delà l'Atlantique, du commerce des esclaves, et, à terme, la colonisation de la quasi-totalité du continent puis son héritage : ce racisme qui reste à exorciser.

Si l'on envisage l'histoire de l'Afrique sur la longue durée, la période de colonisation européenne fut brève, et bien plus courte que la colonisation des îles Britanniques par les Romains. Ces deux colonisations permirent l'introduction et l'assimilation de nouvelles formes artistiques, techniques, éducatives, religieuses et politiques – formes qui, pour la plupart, trouvèrent à s'incorporer, qui dans les idéologies politiques de l'Europe médiévale, qui dans les États-nations modernes de l'Afrique. En Afrique, affirmer le caractère européen de ces formes, nouvelles en leur temps, ne fait aucun sens, sauf à considérer leur origine temporelle. (Quoi qu'il en soit, étant donné le caractère multiethnique de l'Empire romain, on pourrait aussi s'interroger pour savoir quels aspects de la pratique européenne possèdent une origine africaine.)

L'Afrique d'aujourd'hui offre un cadre artistique d'une très grande diversité. Du Maroc à l'Afrique du Sud, les artistes témoignent d'une énergie et d'une diversité de pratique étonnantes. C'est une chose difficile, voire impossible à apprécier pour qui ne vit pas en Afrique. Ici [en Angleterre], cependant, nous ne sommes pas tout à fait à la traîne. Yinka Shonibare (*1962), d'origine nigériane, fut en 1992, à la Serpentine Gallery de Londres, l'un des lauréats du Barclays Young Artist Award. Il figurait aussi dans l'exposition *Interrogating Identity* de la Grey Art Gallery de New York en 1991. Le travail du peintre zaïrois[4] Chéri Samba (*1956) fut exposé à l'Institute of Contemporary Art pendant l'été 1991. Nous avons eu l'exposition *Art from South Africa*, qui a ouvert au Museum of Modern Art d'Oxford en 1990 puis circulé l'année suivante. Des artistes originaires du Nigéria et du Zimbabwe ont, pour la première fois, représenté l'Afrique subsaharienne lors de la Biennale de Venise en 1990 ; leur exposition, présentée par le Studio Museum d'Harlem, faisait suite à *Contemporary African Artists: Changing Tradition*, organisée à New York un peu plus tôt dans l'année. Mentionnons aussi, dans la même Biennale, les artistes du Pavillon égyptien, qui exposaient à part. La liste n'est certes pas exhaustive mais suffira à notre propos. (C'est par choix, du reste, que je ne mentionne pas l'illustre *Magiciens de la terre*, qui s'est tenue à Paris en 1989.) Elle suffira aussi à justifier le sentiment d'une disjonction entre l'« Afrique » telle que la présente l'establishment artistique en Europe et aux États-Unis et ce qu'elle est réellement aujourd'hui.

Il peut paraître absurde d'avoir à préciser que les œuvres des artistes issus des écoles d'art de l'État-nation moderne sont tout aussi africaines que les sculptures qui suscitèrent l'enthousiasme atavique de certains artistes européens au début du XXᵉ siècle. La précision est pourtant nécessaire car ces artistes entraînèrent dans leur sillage un certain nombre de vautours affamés d'art, pour qui ces sculptures symbolisaient une culture africaine authentique, prétendument détruite par les colons, les missionnaires, les industriels, etc. Abstraction était faite, bien sûr, de l'éventualité selon laquelle les vautours eux-mêmes pourraient compter parmi les bénéficiaires de cette destruction. Mais on négligeait aussi, chose plus importante, la complexité des développements en cours en faisant des Africains les simples dupes du colonialisme.

Certains marchands parisiens vendent encore l'art africain sous l'étiquette « art primitif ». Christie's et Sotheby's l'ont depuis longtemps rebaptisé « tribal », mais ce n'est guère mieux. En 1960, le Arts Council of Great Britain organisa une exposition pour célébrer l'indépendance du Nigéria, sous le titre malheureux de *Nigerian Tribal Art* [L'Art tribal nigérian]. Les Nigérians s'en offusquèrent. L'idée de « tribu » était contradictoire avec celle d'« État-nation ». Elle était essentiellement un produit de la période coloniale, de sorte qu'elle ne rendait pas compte adéquatement de l'art des siècles antérieurs. Les identités tribales ou ethniques s'étaient forgées en réponse au colonialisme – comme une forme de réaction au sein même du colonialisme. À vrai dire, certaines « tribus » n'étaient guère plus qu'un regroupement administratif commode pour la levée des impôts, et personne ne se souciait du processus complexe de négociation de l'identité tel qu'il s'opérait au sein des communautés *réelles* de personnes. L'autre qualificatif appliqué à cet art était « traditionnel » ; mais là aussi, l'appellation soulève des problèmes. Dire d'une pratique artistique qu'elle est « traditionnelle », c'est invoquer pour elle une légitimité fondée sur les apports du passé, indépendamment des particularités historiques de la tradition dont cette pratique relève. En Europe et en Amérique, le mot « traditionnel » évoque la nostalgie d'un passé idéalisé. Au sens de modèle « folklorique », il a une certaine validité ; mais comme élément de catégorisation, de désignation des aspects propres à une pratique culturelle, il pose les traditions du passé comme représentatives de l'Afrique authentique. Il nous ramène donc à l'idéologie du primitivisme.

Certaines choses, en tout cas, s'éclaircissent progressivement. Parmi celles-ci, le fait qu'il a fallu attendre le XXᵉ siècle pour que nous commencions à disposer, pour écrire l'histoire de l'art africain, du volume d'informations concernant les artistes, les œuvres et les conditions de leur production considéré comme normal pour les autres pays. Le fait aussi que, plus le volume d'informations s'accroît, plus se précise le caractère simpliste du paradigme qui oppose l'art « tribal » à l'art du XXᵉ siècle, la « tradition » à son contraire implicite, les formes censées incarner l'« authenticité » à celles dont le sens a été à ce point perverti qu'elles en viennent à signifier la fin de l'authenticité. Au bout du compte, c'est le paradigme lui-même qui s'effondre et à vouloir le maintenir à toute force, on ne fait au mieux que compliquer les choses. La production et la distribution des formes artistiques s'opèrent par le biais de plusieurs fondements institutionnels distincts ; mais à considérer l'Afrique sous l'angle exclusif des catégories imposées de l'extérieur, on s'interdit de percevoir le potentiel d'échange réciproque entre des traditions qui s'inscrivent dans le temps de façon variable. Le rituel de la mascarade et la tradition textile, par exemple, ont en général su résister et s'adapter au contexte contemporain. Traditions anciennes et récentes coexistent dans les arts visuels. Les artistes se réclamant d'une tradition donnée empruntent à d'autres traditions. De nouvelles formes viennent s'incorporer aux traditions d'avant la colonisation, et réciproquement – les formes contemporaines réactivent des formes anciennes, forgeant ainsi de nouvelles identités. Certains artistes reprennent les matériaux et les techniques du passé afin de produire des formes inédites. Les artistes dont le travail incorpore des traditions nouvelles peuvent très bien se considérer comme les héritiers des traditions anciennes tout en ayant conscience de leur responsabilité dans le façonnement d'une conscience nationale.

D'autres publications – trois ou quatre – ont rendu compte des développements de l'art africain au cours du XXᵉ siècle, mais le catalogue d'*Africa Explores* est le seul à offrir un exposé apparemment aussi complet de la situation. Les auteurs ont cependant dû s'astreindre à certaines limites, car il est impossible, en seulement 300 pages, de couvrir la totalité du continent. Toute tentative de présenter l'ensemble des artistes de chaque pays eût été vouée à l'échec, et pas seulement pour des raisons pratiques : pour l'essentiel, la recherche nécessaire à un tel projet reste à faire. Il n'est pas question de l'Afrique du Nord, par exemple ; ni de l'Afrique du Sud, où l'Apartheid a engendré une histoire si particulière qu'elle exige un traitement spécifique (qui viendra en son temps, cela nous est promis). Il n'est pas beaucoup question de l'Afrique de l'Est ni des pays limitrophes. Le livre se concentre en fait sur l'Afrique de l'Ouest et l'Afrique centrale, zones réputées pour leur sculpture. À l'intérieur de cette délimitation, l'accent est mis sur les pays francophones – parti pris vigoureux quand on sait que la préférence est toujours allée au Nigéria jusqu'ici. Les domaines explorés incluent la peinture, la sculpture (dans toutes sortes de matériaux), la mascarade, la fabrication des cercueils et la photographie ; les arts textiles ne sont pas abordés – exception faite des drapeaux Fanti – et l'architecture n'est quasiment pas représentée. Le livre, par ailleurs, ne se donne pas l'ambition – et c'est sans doute plus sage – de définir des critères d'évaluation et de critique des œuvres.

Il subsiste néanmoins une volonté de généralisation du propos, dans l'ouvrage, qui se traduit par une catégorisation thématique des œuvres et des artistes choisis – Susan Vogel parle de « filiations » [*strains*] – selon certains modules fonctionnels permettant de définir, pour chaque artiste, sa motivation, son intention, l'éducation qu'il a reçue, le type de clientèle à laquelle il s'adresse. Que la chose ait été voulue ou non, cette catégorisation permet en fait d'avoir un aperçu des courants fondamentaux autour desquels s'organise l'art africain du XXe siècle. Les catégories isolées sont celles du Traditionnel, du Nouveau Fonctionnel, de l'Urbain, de l'International et du Défunt *(sic)*. Dans la mesure où ces catégories ont structuré une exposition, un texte et, pour bien des gens sans doute, une certaine perception de l'Afrique, nous devons nous préoccuper de leur définition.

Le Traditionnel : cette catégorie regroupe les traditions artistiques encore vivaces aujourd'hui et, à ce titre, transmises ; « un art qui souligne son attachement aux formes reçues. […] L'art traditionnel est villageois ; il est le fait d'artistes qui travaillent essentiellement pour les membres de leur communauté ethnique. Ils ont été initiés à leur art par une forme labile d'enseignement traditionnel – l'apprentissage, le plus souvent. […] Les formes de l'art traditionnel – presque toujours des sculptures – sont franches, autonomes et unitaires. […] Les œuvres sont fonctionnelles au sens où elles répondent à un besoin précis […] ou ne sont montrées que lors d'un événement particulier dont elles constituent un élément essentiel » (p. 10).

Le Nouveau Fonctionnel : de nouvelles formes pour des valeurs anciennes ; « un art qui, tout en préservant les valeurs traditionnelles, fait ostensiblement usage de formes et de matériaux non traditionnels » (p. 94) […] ; « il n'est pas assimilable à des groupes ethniques spécifiques. Il se fait, en général, à la commande dans les villages et les petites villes, où il répond aux nouveaux besoins de la communauté. [...] Ses praticiens sont souvent des innovateurs autodidactes expérimentant toutes sortes de matériaux et de motifs. Les formes produites sont frappantes et agressives [...] » (p. 11).

L'Urbain : « caractérise l'art utilisant les enseignes et tout type d'image commerciale. [...] Art extroverti, il doit avoir un impact immédiat, être attirant, amusant ou ornemental. L'énorme volume produit par ses praticiens peut être assez répétitif. L'artiste est ici comparable à l'artisan, qui crée pour gagner sa vie » (p. 11). Cette catégorie englobe aussi la photographie.

L'International : « est pratiqué par les artistes qui ont reçu une formation universitaire. [...] Ce sont des citadins. [...] Leurs œuvres font l'objet d'expositions [...], se préoccupent parfois de questions de forme et peuvent être difficiles à comprendre pour les non-initiés » (p. 11).

Le « Défunt » *(sic)* : caractérise des formes issues d'un âge qui n'a plus cours, « l'art traditionnel du passé. [...] La conscience nationale le considère comme un symbole populaire coupé de ses associations primitives [...], se l'approprie souvent comme un symbole d'unité nationale [...] signalant l'identité africaine. Ses formes sont souvent harmonieuses, claires, pleinement abouties et calculées pour produire un sentiment de transcendance » (p. 11).

Ces « filiations » ont assurément pour fonction d'attirer notre attention sur certaines réalités bien établies. Car, de fait, il y a bel et bien des sculpteurs de masques et des praticiens de la mascarade dans les villages africains ; comme il y a des fabricants de cercueils excentriques (Seth Kane Kwei), entre autres « formes nouvelles pour des valeurs anciennes » ; des peintres et des photographes d'enseignes urbaines ; des artistes issus des écoles d'art, qui alimentent le circuit international ; des formes d'art qui ne sont plus en usage, etc. Mais ce qui est problématique, c'est de faire de ces réalités des catégories et d'en faire dépendre l'ensemble de l'ouvrage. Déclarer que certaines œuvres relèvent du « fonctionnel » (ou du Nouveau Fonctionnel), par exemple, supposerait au moins une autre catégorie : celle du « non-fonctionnel » (de l'art pour l'art ?). De telles œuvres existent-elles ? « Fonctionnel » s'entend ici au sens de ce qui constitue un « élément essentiel » d'un « événement particulier », mais une exposition qui ne montre pas d'œuvres pourrait être considérée comme inacceptable par quiconque n'est pas un adepte de l'art conceptuel ou minimaliste. Le vernissage d'une exposition, dans une galerie ou un musée, ne relève pas moins du spectacle, de l'événement qu'une mascarade : il suppose lui aussi une tenue de circonstance, une attitude et une convivialité particulières ; et les œuvres n'y sont pas moins « fonctionnelles » s'il faut entendre par là leur visée et leur valeur sociales. Quoi qu'il en soit, dans la perception que nous pouvons avoir d'une spécificité locale – une mascarade dans un village nigérian, par exemple –, l'opération consistant à interpréter le masque, ou *a fortiori* le rituel, n'est jamais simple, ni unitaire ni restreinte à l'intention de principe : l'explication et la compréhension peuvent être aussi variables, complexes et nuancées que pour n'importe quelle œuvre européenne ou nord-américaine d'art contemporain. Quant à l'idée que l'art traditionnel est « villageois », elle aussi nécessite quelques nuances : il y a seulement deux ans, je me suis soudain trouvé encerclé par des Egunguns (esprits yorubas) lors d'une mascarade dans un marché de Lagos.

Si le paradigme du fonctionnel/non fonctionnel est trompeur, celui du traditionnel/non traditionnel, qui lui est associé, ne l'est pas moins. J'ai déjà fait part de mes objections à l'encontre de la notion de « tradition » (appliquée à l'art, la religion, la culture, etc.), du moins en ce qui concerne l'Afrique et son histoire. Mais voici ce qu'on peut lire sous la plume de Susan Vogel : « il se trouve aujourd'hui des auteurs pour édulcorer le terme [« traditionnel »], voire pour prôner son abandon. [...] Mais c'est là une démarche « non nécessaire et contre-productive : il n'existe tout simplement pas de meilleur terme » (p. 32). Voilà qui me remet à ma place. Je pense cependant que son chapitre consacré au « Traditionnel », dont la substance ne m'inspire pas de critique particulière, montre effectivement que le terme n'a pas d'utilité en tant qu'il désigne une catégorie permettant l'inscription de certaines formes d'art. Bien que les traditions n'aient rien de statique, Susan Vogel conserve le mot « traditionnel » pour satisfaire son besoin de classification. Il est quasiment impossible, certes, de trouver un substitut correct à des mots tels que « tribal » ou « traditionnel » ; mais vu que la catégorie artistique du « Traditionnel » est essentiellement un produit inventé par les marchands et les collectionneurs pour capitaliser sur ce qui fut en son temps la mode du « primitif », elle n'est sans doute pas indispensable. La plupart des œuvres classées sous cette rubrique date de notre siècle, de toute façon. Et même lorsqu'elles datent du siècle précédent, elles n'en sont pas moins des œuvres assignables à la période de la présence européenne, si bien qu'on ne sait que faire de tout cela. Susan Vogel redéfinit le terme de façon assez convaincante, mais je m'appliquerais plutôt, en ce qui me concerne, à une représentation plus fidèle de l'expérience vécue de ces choses. Quoi qu'il en soit, on peut toujours redéfinir tout ce qu'on veut, mais si l'usage populaire ne conserve du mot que son acception péjorative, alors il vaut mieux y renoncer.

L'expression « presque toujours des sculptures » soulève un autre type de problème. J'ai peine à croire qu'en Afrique (subsaharienne, en l'occurrence), les formes bidimensionnelles sont moins courantes, pour ainsi dire, que les formes tridimensionnelles. Non que j'entende nier les extraordinaires qualités de la sculpture africaine ; mais si l'on inclut, parmi les œuvres peintes, tout ce qui ressortit à la peinture murale, corporelle ou rupestre, on obtient sans doute un volume d'œuvres, passées et présentes, au moins aussi important que pour la sculpture. À cette différence près qu'on ne peut les collectionner. Mais revenons aussi aux textiles – domaine encore très largement négligé des historiens d'art : en effet, qu'il s'agisse de l'identité africaine des Noirs de Brooklyn ou Brixton ou de l'identité nationale de pays tels que le Ghana ou le Nigéria, on sait désormais que l'art textile a toujours eu beaucoup plus d'importance que la sculpture.

L'idée que certains artistes seraient davantage des artisans en raison du caractère répétitif de leur travail est, elle aussi, curieuse. Il est vrai que, si l'on accepte la comparaison art/artisanat, un art « fonctionnel » se doit d'être ingénieux. Il est vrai aussi que la plupart des formes anciennes de la sculpture africaine étaient, en un sens, répétitives – par exemple, les représentations d'*ibejis* [couples de jumeaux] yorubas ou les statuettes des reliquaires fangs. Mais après Claude Monet, Constantin Brâncuşi, Andy Warhol et bien d'autres, qui pourrait trouver à redire à la répétition ? Quoi qu'il en soit, ces distinctions art/artisanat, art/artéfact sont elles-mêmes un produit de l'histoire économique de l'Europe et n'ont guère à voir avec l'art lui-même. Cela étant dit, c'est une entreprise hautement périlleuse que de chercher à « comparer et opposer » l'Afrique et l'Europe (autrement que sur le plan de la perception et de la description immédiates des formes, des œuvres, des artistes et des circonstances particulières qui leur donnent naissance). Preuve en est cet exemple, que j'emprunte à *Africa Explores* (p. 19) : « On pourrait dire qu'à l'instar d'une représentation théâtrale en Occident, une œuvre d'art africaine ne constitue jamais un énoncé achevé, n'est jamais définitive. » Non que je conteste cette proposition, bien sûr, mais le contexte n'étant pas une propriété fixe des œuvres d'art, elle pourrait être vraie de n'importe quelle œuvre n'importe où au monde, et la comparaison ne mène nulle part.

Telles qu'elles sont définies, les cinq catégories de Susan Vogel suggèrent une structure d'oppositions du type Afrique/Europe, traditionnel/contemporain, artisanat/art, fonctionnel/esthétique. Est-ce là un cadre conceptuel approprié ? C'est une conception très « traditionnelle » de l'art africain, assurément. Mais même en faisant abstraction de toutes les exceptions et contradictions qu'on pourrait relever, il suffit de prendre à part n'importe quel terme de cette construction pour que tout l'édifice s'écroule.

Mais ce n'est pas tout, car outre les problèmes soulevés par les catégories, il y a aussi un certain arbitraire dans la manière dont elles sont appliquées. Et le seul fait que ni les artistes ni leurs œuvres ne peuvent être assignés à une seule de ces catégories est bien la preuve qu'elles ne résistent pas à l'examen. Par exemple, le catalogue classe sous l'étiquette « traditionnelle » un nouveau type de mascarade, dans les villages islamisés de Guinée, faisant usage de l'image du Bouraq, le cheval fantastique qui transporta de nuit le Prophète depuis La Mecque jusqu'à Jérusalem. En revanche, sont classés sous la rubrique du « Nouveau Fonctionnel » des masques qui, tout en étant d'inspiration yoruba, servent les besoins des regroupements de jeunes à Freetown, Sierra Leone. Les drapeaux asafos, qui, s'inspirant des pavillons de navire britanniques, servirent d'emblèmes aux compagnies militaires de la côte ghanéenne, sont considérés comme « traditionnels ». Ainsi, le « Nouveau Fonctionnel répond aux nouveaux besoins de la communauté » « tout en préservant les valeurs traditionnelles » (p. 94). Susan Vogel décrit très justement une œuvre de l'artiste ghanéen Seth Kane Kwei – un cercueil en forme de Mercedes-Benz – comme une célébration, plutôt qu'une critique, de la réussite matérielle. Mais faut-il comprendre cette œuvre comme l'expression d'une « valeur traditionnelle » ou d'un « nouveau besoin » ? Les photographies relèvent de l'Urbain, sauf lorsqu'elles remplacent les *ibejis* yorubas, auquel cas elles deviennent « traditionnelles ». Les enseignes peintes relèvent-elles donc moins du Nouveau Fonctionnel que le cercueil de Seth Kane Kwei ? Chéri Samba, classé comme peintre urbain à cause de ses enseignes, a désormais une renommée internationale : ses expositions circulent, il donne des conférences et un marchand parisien s'occupe de vendre ses toiles. Malangatana Ngwenya (1936-2011), qui s'est fait connaître en décorant les murs d'un bar de Maputo (quoi de plus urbain ?) est classé sous la rubrique de l'« International » pour des raisons qui ont à voir avec l'évolution de son travail et la réputation qu'il s'est acquise.

On aurait pu s'attendre à ce que les artistes internationaux constituent le groupe dominant, dans le catalogue comme dans l'exposition, mais ils sont supplantés par l'attention accordée aux peintres urbains. Les cent trente-trois œuvres que compte l'exposition se distribuent de la façon suivante : 30 (22,5 %) pour le Traditionnel ; 11 (8 %) pour le Nouveau Fonctionnel ; 42 (31,5 %) pour l'Urbain ; 33 (25%) pour l'International ; 17 (13 %) pour le « Défunt ». En outre, Chéri Samba expose huit tableaux et Tshibumba Kanda-Matulu (1947-1981), un autre peintre naïf zaïrois, six. Les autres artistes, quelle que soit la rubrique sous laquelle ils se rangent, exposent au minimum une œuvre, au maximum quatre. Cette prédominance de l'Urbain est-elle représentative du volume d'œuvres que contient la catégorie par rapport aux autres ? Ou bien l'apparente popularité d'artistes tels que Chéri Samba est-elle le produit d'un certain type de sensibilité européenne ou euro-américaine ? Repose-t-elle, en fait, sur la facilité avec laquelle les amateurs d'art « tribal » peuvent accepter le caractère naïf de leur travail, précisément parce que – contrairement à celui de Fodé Camara (*1958) au Sénégal ou de Sokari Douglas-Camp (*1958) au Nigéria – il ne bouscule pas les frontières de cette fausse authenticité dont j'ai parlé plus haut ? Ou alors ma surprise est-elle simplement la confirmation involontaire de la prééminence persistante des Beaux-Arts au détriment des autres arts visuels ? On peut argumenter dans les deux sens, bien sûr. Ces questions d'équilibre ne semblent pas être abordées dans *Africa Explores*, mais nous devons les soulever.

Étant donné l'importance accordée, à travers les peintres d'enseignes, à la catégorie de l'Urbain et ce que ce choix implique, il n'est guère surprenant que la juxtaposition, au milieu des autres œuvres de l'exposition, du travail d'artistes formés dans les écoles d'art ait, là encore, suscité la critique. Celle-ci a circulé en privé parmi un groupe d'artistes et de critiques africains et africains-américains. Pourtant, dans toute analyse historique ou critique de l'art européen et nord-américain, c'est chose courante que d'assigner les Beaux-Arts à la catégorie plus vaste des arts visuels. Faut-il les mettre à part lorsqu'on traite de l'Afrique ? Dans n'importe quelle ville d'Afrique, il y a fort à parier que des artistes pratiquant des formes d'art différentes se côtoient quotidiennement, donc pourquoi ne les juxtaposerait-on pas dans une exposition ? Quoi qu'il en soit, il n'y a pas nécessairement de grande différence entre ce que certaines mascarades ritualisent et ce qu'un cercueil de Seth Kane Kwei, un tableau de Chéri Samba ou d'un peintre de l'École de Dakar donne à voir.

Africa Explores est une véritable somme d'informations et d'illustrations, qui rassemble quantité d'éléments nouveaux et met à notre disposition un matériau qui, sans cela, resterait quasiment inaccessible. Et critiquer si longuement quelques définitions qui tiennent en une ou deux pages pourrait paraître disproportionné, n'était l'étrange disjonction qui hante l'ensemble du texte. Le texte du catalogue est certes informatif, les commentaires nous éclairent bien sur les artistes et leurs œuvres, mais les catégories font constamment obstacle. Autrement dit, il y a une disjonction entre, d'une part, la description et l'analyse des événements, des œuvres, de leurs auteurs et de leurs pays ; et, d'autre part, le besoin de faire place nette en rangeant tout cela dans des petites boîtes bien hermétiques. Certes, l'écriture d'un livre peut susciter une envie de chapitres, et la préparation d'une exposition nécessite une certaine mise en ordre. Les lieux, institutionnels ou non, voués à l'éducation, la pratique artistique, le mécénat sont nombreux et variés, mais la catégorisation telle qu'*Africa Explores* la conçoit n'est plus de mise.

Parlant des artistes internationaux, Susan Vogel évoque un autre livre, qu'elle aurait pu écrire ou qu'elle écrira peut-être un jour : « Jusqu'à présent, on s'en est remis aux maîtres et aux écoles pour faire l'histoire de l'art africain dans sa dimension internationale. [...] Une histoire de l'art plus utile pourrait s'organiser autour des deux grandes idéologies ayant opéré à l'échelle du continent. [...] La première est celle qui affirme le droit des Africains à pratiquer l'art comme il leur plaît. [...] La seconde, formulée par Léopold Sédar Senghor sous le nom de Négritude, enjoint les Africains à rejeter les influences et les matériaux étrangers pour puiser aux sources mêmes de leur africanité. [...] Ce ne sont pas deux mouvements concomitants, mais deux idéologies opposées autour desquelles les artistes ont gravité » (p. 185). Nous voici en présence d'un paradigme bien différent, induit par le matériau lui-même et plus difficile à démanteler. Qu'il permette ou non d'expliquer toute l'histoire – car il y a eu d'autres idées sur l'art que la Négritude –, il a au moins le mérite de nous indiquer une piste à suivre.

L'article d'Ima Ebong, « La Négritude : entre masque et drapeau – l'idéologie culturelle sénégalaise et l'École de Dakar », complète les réflexions de Susan Vogel sur la dimension internationale des artistes. Ima Ebong traite d'un épisode historique bien précis. Le masque et le drapeau auxquels le titre fait référence sont ici des accessoires abandonnés par un groupe d'artistes de Dakar, après qu'il s'en fut servi pour sa performance : « ces objets témoignent de la façon dont l'art contemporain s'est constitué au Sénégal. [...] Cette association est particulièrement appropriée dans le cas du Sénégal, où l'État postcolonial a cherché à développer une culture qui intègre le moderne et le traditionnel, le politique et le poétique, l'occultant et l'occulté, le drapeau et le masque. [...] La Négritude est ainsi devenue le discours national » (p. 198). Ima Ebong analyse l'origine et l'histoire du concept de Négritude, et sa disparition après la mort de Léopold Sédar Senghor. Inspiré par l'esprit pragmatique de l'époque – les années 1980 –, le « Laboratoire Agit-Art s'est assigné rien moins qu'un double remaniement – et du langage de l'art sénégalais, et de ce qui conditionne la production artistique dans le pays aujourd'hui » (p. 206). Cet article, selon moi, est le texte le plus convaincant et le plus important du volume.

Une catégorie comme celle de l'art « défunt » soulève inévitablement des problèmes. On peut se demander, tout d'abord, ce qui permet de savoir que cet art a été calculé « pour produire un sentiment de transcendance » (p. 11). Les recherches menées au Gabon donneraient plutôt à penser, au contraire, que sculpter une figure de reliquaire fang, par exemple, n'a ni plus ni moins d'importance que de tisser un filet de pêche. Il nous faut donc tenir compte du fait que nous voyons ces choses-là à travers les yeux de Pablo Picasso ou de Jacob Epstein – à travers la façon dont leur regard (et non celui des Fangs) a orienté notre vision.

Reste que, en Afrique comme ailleurs, l'héritage du passé est présent, à la fois comme source à laquelle les artistes d'aujourd'hui peuvent puiser et comme fonds pouvant être mis à profit pour servir les besoins de l'identité et de l'identification locale ou nationale – dans les musées nationaux, sur les billets de banque ou les timbres postaux, voire, de façon controversée, dans les collections publiques ou privées des autres pays. Mais y a-t-il une différence de principe entre faire figurer, sur un billet de banque d'aujourd'hui, une plaque en laiton du XVIe siècle, provenant du royaume du Bénin (Nigéria) ou un masque bwa (Burkina Faso), ou encore reproduire un masque dogon sur une enseigne de restaurant au Mali ? La fonte du laiton est ici considérée comme un art défunt (en fait, elle se pratique encore à l'échelle locale au Bénin) ; le masque bwa (toujours en usage) relèverait assurément du Traditionnel ; quant à l'utilisation du masque sur l'enseigne du restaurant, elle participe, selon Donald Consentino, de l'« afrokitsch ». Là encore, ce n'est pas une simple question d'étiquettes. L'article de Donald Cosentino documente le chapitre consacré à l'art « défunt ». Il est excellent du point de vue historique ; mais le mot « kitsch » est un terme si contestable et si péjoratif qu'on peut se demander s'il faut l'appliquer aux processus d'identification visuelle des formes dans le contexte africain. En réalité, comme ce n'est pas là le mode de contextualisation occidental du maté-riau, c'est tout le processus d'assimilation d'une identité africaine reconnaissable au passé précolonial qui est gommé. (Par parenthèse, les « pharaons yoruboïdes » qui ornent la façade latérale de la Maison de l'indépendance à Lagos sont l'œuvre de Felix Idubor (1928-1991), l'un des principaux chefs de file de la deuxième génération d'artistes nigé-rians. Ce bas-relief, et plusieurs autres œuvres dans le même bâtiment, représente l'un des premiers efforts de l'État pour soutenir les artistes nigérians après l'indépendance.)

Toutes les formes censément « défuntes » n'ont pas entièrement disparu, bien sûr. Parmi celles qui survivent, il y a, au Congo et au Zaïre, les fétiches sculptés destinés à la magie : ils disposent du pouvoir de guérir, le *nganga* ou docteur relayant une tradition dont l'efficacité n'est plus à prouver. Qu'il faille classer ces formes sous la rubrique du « Défunt » ou du « Traditionnel » n'est cependant pas la question. Intéressons-nous plutôt, dans la catégorie de l'International, à *Ta Tele* (1988), un tableau de l'artiste congolais Frédéric Trigo Piula (*1953). On y voit une figure de guérisseur, mais un écran de télévision a remplacé, sur le corps du personnage, les remèdes magiques. Le titre du tableau peut se traduire par « Père télé » ou « Père a dit » – tels sont les deux sens du mot « tele ». Les spectateurs qui regardent l'écran sont dans une posi-tion analogue à celle des patients qui consultent un guérisseur. Dans les deux cas – fétiches sculptés ou figure peinte –, il s'agit d'évoquer un potentiel thérapeutique susceptible de satisfaire certaines attentes. Mais ce qui est passé sous silence et instaure une coupure radicale entre ces deux images tant dans l'exposition que dans le catalogue, c'est l'élément historique qui fait lien, sur le plan de la tradition et de l'idéologie, entre l'ancien et le nouveau.

Susan Vogel conclut ainsi sa préface au volume : « En tant que première tentative de synthèse, *Africa Explores* constitue une proposi-tion de travail. Elle invite à d'autres développements, plus aboutis – à l'indulgence aussi, pour ses erreurs et ses oublis. J'espère que cette exploration se révélera utile pour ceux qui viendront élargir et appro-fondir nos connaissances dans ce domaine » (p. 12). Si seulement tous les auteurs étaient aussi conscients du caractère parcellaire du savoir individuel ! *Africa Explores* n'est pas seulement utile : c'est une ressource inestimable, encourageant un débat sain. Qui plus est, le volume voit sa valeur encore accrue par la façon dont Susan Vogel contrebalance ses propres réflexions par des articles d'autres auteurs développant des aspects spécifiques à chaque domaine abordé. J'ai déjà parlé des textes d'Ima Ebong et de Donald Cosentino. Walter Van Beek, complétant le chapitre consacré au « Traditionnel », nous offre une description détaillée d'un festival de mascarades dogon, qui se déroula au Mali en mai 1989. Il conclut en ces termes : « Ajoutant de nouveaux éléments à la mascarade, les Dogons élargissent la portée du *dama* sans annihiler le rituel lui-même » (p. 73). Pour illustrer la rubrique de l'Urbain, Bogumil Jewsiewicki retrace l'histoire de la peinture « populaire » zaïroise et des problèmes sociaux qui lui sont associés depuis les années 1920. Mais en réponse à l'invitation de Susan Vogel, je lui dirai ceci : laissez tomber les catégories et nous n'en verrons que mieux ce qui existe vraiment.

Deux autres textes viennent clore le volume. Thomas McEvilley restitue les réactions à l'art africain postcolonial et contemporain au sein du débat sur le modernisme ; et dans le dernier essai, intitulé « Reprendre », V. Y. Mudimbe écrit, en guise de conclusion : « Ce sont là des œuvres qui travaillent à la réconciliation de l'art, du passé et des rêves de la communauté en vue de lendemains meilleurs » (p. 287). Je rêve, moi aussi, d'une histoire de l'art africain qui serait mieux écrite. Mais plutôt que de considérer le XXe siècle sous l'angle de catégories inventées imposées de l'extérieur, attendons que des formes mieux définies se fassent jour dans le discours des artistes eux-mêmes et de leurs promoteurs.

J'ai évoqué deux artistes yorubas en guise d'ouverture ; j'en invoquerai un troisième, pour conclure. Le sculpteur Lamidi Fakeye (1928-2009) appartient à une longue lignée de sculpteurs sur bois (art Traditionnel, ou qui sait – le temps ayant passé – Défunt), à qui il doit d'avoir reçu sa formation initiale. Il enseignait dans une école primaire lorsque le père Kevin Caroll l'a découvert et mis en apprentissage auprès de George Bandele, fils talentueux de Dada Areogun d'Osi-Ilorin : outre une « réécriture » de son style, cette expérience lui a valu une nouvelle clientèle et de nouvelles images : l'Église (Nouveau Fonctionnel). Plus tard, l'ayant quittée, Lamidi Fakeye ouvrit son propre atelier à Ibadan et s'associa des apprentis pour gagner sa vie (Urbain). Quelques tournées par le monde (qui établirent sa réputation Internationale) et une installation momentanée à Paris permirent à son style d'évoluer encore dans une direction qualifiée aujourd'hui, au Nigéria, de néo-traditionnelle ; depuis quelques années, il enseigne dans le département Beaux-Arts d'une université (assurément Internationale …

NOTES — *

Texte paru, pour la première fois, sous le titre « Desperately Seeking Africa, New York, 1991 », dans *Oxford Art Journal,* vol. 15, n° 2, 1992, p. 104-112, accessible à http://www.jstor.org/stable/1360504. Le titre reprend celui de l'article de Colin Richards, « Desperatly Seeking Africa », dans *Art from South Africa*, cat. exp., Museum of Modern Art, Oxford, 1990, p. 35-44. La ponctuation de la conclusion du texte est conforme à la version originale. Parmi les étudiants de John Picton à l'Université de Londres, citons Olu Oguibe, souvent mentionné dans cet ouvrage, voir pages 243-252.

1

John Picton, « Modernism and Modernity in African Art », in Gitti Salami et Monica Blackmun Visonà (éds.), *A Companion to Modern African Art*, Wiley Blackwell, Oxford 2013, p. 311-329.

2

Susan Vogel (éd.), assistée de Ima Ebong, *Africa Explores: 20th Century African Art,* essais de Walter E. A. Van Beek, Donald John Cosentino, Ima Ebong, Bogumil Jewsiewicki, Thomas McEvilley et V. Y. Mudimbe, The Center for African Art/Prestel, New York/Munich 1991, 296 pages, 400 illustrations dont 228 en couleurs.

3

[NdE] Susan Vogel quitte son poste en 1994 pour prendre la direction de la Yale Art Gallery. En 1993, le Center for African Art change de dénomination pour devenir le Museum for African Art.

4

[NdE] La république du Zaïre est devenue, en 1997, la République démocratique du Congo, à l'issue du règne de Joseph-Désiré Mobutu.

Chute libre
Arrêt sur image
De l'Afrique, des expo-
sitions et des artistes

Clémentine Deliss

Paru en 1994, cet article de l'anthropologue et commissaire d'exposition Clémentine Deliss (*1960) revient sur deux expériences curatoriales marquantes de son parcours : l'exposition *Lotte or the Transformation of the Object*, Festival de l'Automne Styrien, Graz, 1990 ; l'Atelier Tenq mis en place à Dakar en septembre 1994, dans le cadre des préparatifs du festival londonien *africa95*, dont elle fut la directrice artistique et au sein duquel elle organisa *Seven Stories About Modern Art in Africa*, à la Whitechapel Gallery de Londres, puis à la Malmö Konsthall (1995-1996). Mais son texte s'impose surtout comme un exercice de réflexivité sur les manières de faire des expositions dans le monde post-*Magiciens de la terre*.

Imaginez. Vous êtes à bord d'un avion. L'idée est que vous vous déplacez d'un point géographique à un autre et que vous vous y êtes préparé. Mais tandis que l'avion vous transporte dans l'espace, vous vous apercevez que votre regard ne se porte pas au-delà des nuages, mais plutôt en-dessous et en leur sein. Vous reconnaissez des formes, des agencements, toute une géométrie et vous pourriez dresser la topographie des lieux ci-dessous. Vous circulez le long de ce que vous pensez être un axe horizontal stable quand soudain vous comprenez que vous êtes en chute libre ; voilà que votre trajectoire n'est plus droite, mais suit une pente diagonale, mobilisant au passage d'autres gravités. Le vrombissement des moteurs a cessé, et bien qu'une autre dynamique semble interagir, qui pourrait constituer votre seule chance de survie, vous ne pouvez réprimer votre inquiétude à l'idée d'atterrir brutalement dans un territoire hostile à votre expérience.

Toute chute libre, en définitive, se soutient de l'espoir que le mouvement sera dévié par une structure providentielle, protégé par la communauté critique, qui sera là pour saluer notre retour en terrain familier. Le seul problème est qu'aujourd'hui, cette notion de « terrain familier » est devenue complexe et que le caractère de plus en plus nomade des manifestations artistiques constitue un défi croissant à l'idée que nous nous faisons d'un « chez nous ». Comme tout un chacun aujourd'hui, les artistes circulent et travaillent dans quantité de lieux et de pays – pays eux-mêmes en quête de nouvelles définitions de leur « terrain familier ». Traverser en chute libre les espaces de l'art sans bien savoir où l'on va atterrir alors que le sol est instable et les frontières mouvantes est une expérience aussi excitante que périlleuse. Bas Jan Ader, l'artiste néerlandais disparu en mer en 1975 alors qu'il tentait une traversée de l'Atlantique en solitaire dans le cadre d'une performance intitulée *In Search of the Miraculous* [À la recherche du miraculeux], avait pressenti les dangers de la chute. Il s'y était exercé plusieurs fois, faisant de l'enregistrement filmé du processus un élément de son travail. Interrogé sur les raisons pour lesquelles il se jetait dans le vide, il avait répondu : « parce que la gravité est plus forte que moi »[1].

J'utilise la métaphore de la chute libre avec prudence, car il ne s'agit ici ni de planer en direction d'une nouvelle hyperréalité d'ordre psychédélique, ni de flirter avec l'idée romantique, anthropologique d'aller sillonner l'Afrique à la recherche de nouveaux mondes artistiques – d'infiltrer le conservateur et d'exfiltrer les œuvres sans raccorder le processus aux préoccupations de ceux qui le produisent. Ce qui m'intéresse ici, c'est d'envisager simultanément l'impact des artistes et de leurs pratiques actuelles et la configuration des nouveaux paysages artistiques et critiques. Bien que ce ne soit pas là une question neuve – ni dans mon propre travail, ni dans celui d'autres praticiens de la culture ou d'artistes naviguant entre plusieurs modèles[2] –, j'entends ici l'aborder de telle façon que l'accent soit mis, en définitive, sur la rencontre elle-même et les œuvres, plutôt que sur le lieu où elles convergent.

À cette fin, je distinguerai deux sphères spécifiques d'intervention : d'une part, l'espace d'exposition en tant que lieu du rapport entre les objets matériels et les différents systèmes d'interprétation qui déterminent notre lecture de ces objets ; d'autre part, l'atelier animé par l'artiste, où une dynamique d'origine indéterminée réindexe la possibilité du sens sur ce qui se joue entre l'artiste, le spectateur et l'œuvre, dans un espace ouvert à divers types de définition et susceptible d'induire ou d'influencer tout un éventail de stratégies curatoriales. Bien que j'aie choisi de me concentrer spécifiquement sur la problématique des conditions d'exposition de l'art africain aujourd'hui, les questions soulevées ici me paraissent valoir également pour le travail des artistes européens et nord-américains. Je dirai même que le discours engagé autour des multiples facettes de l'art africain n'est pas séparable des problématiques artistiques et curatoriales qui régissent la création artistique et la réception des œuvres en Europe et aux États-Unis. Bref, un circuit est repérable, qui raccorde les artistes travaillant au Sénégal ou en Afrique du Sud à leurs homologues dans les grands centres occidentaux. S'il existe un terrain commun, c'est moins parce que le public européen a voulu ces connexions croisées que parce que l'art produit en Afrique, de par sa complexité, rencontre inévitablement les paradigmes de la modernité – héritage de la période coloniale. D'où il ressort que cet art défie le fondement même de l'expression artistique occidentale et la réinvente en lui associant des problématiques plus localisées.

Au cours des dix dernières années, les artistes et les gestionnaires culturels ont délégué à l'institution le rôle de porte-parole du discours légitimant. La mise au jour des mécanismes et des stratégies propres au monde de l'art euro-américain constitue un thème central du travail des artistes et tourne l'attention vers les modalités du commissariat d'exposition. Lorsque, en 1990, j'ai organisé *Lotte or the Transformation of the Object* à la Grazer Kunstverein et à l'Académie des Beaux-Arts de Vienne, mon but était de décrire ces limitations discursives au travers d'objets plutôt que de mots[3]. En plaçant côte à côte des artéfacts européens, nord-américains et africains, j'espérais faire ressortir les limitations du regard conventionnel ; ce qui m'intéressait, en l'occurrence, c'était la manière dont l'artéfact opère en tant qu'objet, en tant que support matériel véhiculant différentes perceptions de ce que l'art ou la culture représentent ici et à l'étranger. Mon présupposé de départ, pour *Lotte*, était qu'une exposition est un instrument opératoire éphémère qu'on peut utiliser pour exposer certaines idées concernant l'interprétation de l'art et l'art lui-même.

L'exposition réunissait un nombre important de productions récentes de l'art d'Afrique de l'Ouest, juxtaposées au travail de cinq artistes contemporains : Lubaina Himid (née en 1954 en Tanzanie, mais vivant depuis l'enfance en Grande-Bretagne, où elle est l'une des principales représentantes du mouvement Black Art sur la scène artistique) ; Rosemarie Trockel (*1952, née dans l'ancienne République fédérale d'Allemagne) ; les États-Uniens Mike Kelley (1954-2012) et Jeff Koons (*1955) ; et Haim Steinbach (*1944, artiste d'origine israélienne vivant aux États-Unis). L'exposition assimilait l'héritage de l'« objet ethno-graphique » en documentant cette phase de l'anthropologie française du début du XXe siècle où des expéditions telles que la Mission Dakar-Djibouti (1931-1933) avaient permis l'élaboration de méthodologies à partir du pillage organisé des témoignages matériels de la culture afri-caine[4]. Ainsi, parmi les objets représentatifs de l'Afrique de l'Ouest contemporaine, figuraient des « Fashion Devils » [Diables contempo-rains] expressément commandés à Firestone, une société d'« odelay post-yoruba » de Freetown, en Sierra Leone ; un Abebuinsam ou « arbre à paraboles » fanti de Kwame Mensah, Cape Coast, Ghana ; divers jouets en fer-blanc, fabriqués par des enfants du nord et du sud du Ghana ; un choix d'œuvres graphiques de peintres en lettres ; des artéfacts en plas-tique de fabrication industrielle ; et vingt-trois pagnes commémoratifs en « wax hollandais » – variété de tissu produit en Afrique, notamment au Burkina Faso – dont la réalisation avait été sponsorisée par plusieurs multinationales à des fins commerciales et publicitaires. Cet assem-blage évoquait les collections des musées ethnographiques, fleuron de la période coloniale, qui niaient l'individualité créatrice de l'artiste – jusqu'à son nom – au profit d'objets anonymes, considérés comme « révélateurs » de la culture en question.

Dans la foulée, l'exposition témoignait d'un effort conscient pour se départir de la figure de l'artiste en se concentrant plutôt sur la capacité de l'objet matériel à catalyser toute une série de rapports de pouvoir et de stratégies de légitimation à l'œuvre dans le monde de l'art tant africain qu'occidental. Les œuvres de Jeff Koons, Haim Steinbach, Mike Kelley, Rosemarie Trockel et Lubaina Himid avaient été choisies non seulement parce qu'elles thématisaient, en cette fin des années 1980, une crise sensible du paradigme esthétique et de la conception de l'objet d'art, mais aussi parce qu'elles soulignaient l'importance de la mise en scène pour la commercialisation de l'art contemporain. Ces œuvres pouvaient être comprises comme autant de réflexions sur le pouvoir de l'appareil critique pour renforcer la valeur marchande des artistes et façonner leurs positions esthétiques et idéologiques ; elles constituaient donc un renvoi pertinent aux modalités euro-américaines d'appropria-tion et de classification de l'art contemporain africain. Plusieurs œuvres, en outre, faisaient référence à l'idée de transformation de la culture matérielle – une transformation qui, dans bien des cas, se traduisait littéralement par la transposition ou transfiguration d'un objet spéci-fique ou de son image. Jeff Koons transformait ainsi la texture chaude et laineuse d'un ours en peluche, lui donnant l'âpreté fragile de la porcelaine. En tricotant sa toile à la machine, Rosemarie Trockel faisait signe d'une part à une conception particulière de la production artistique des femmes – volontiers reléguée à une activité artisanale minoritaire – et, d'autre part, à la croissante synthétisation des dimensions iconique et matérielle de l'art en cette fin des années 1980. Quant aux « Fashion Devils », fabriqués avec des bols en porcelaine chinoise, du Fablon adhésif d'importation et des sacs de riz en nylon, ils faisaient contrepoids à la classique « pièce de musée ethnographique » qui, en faisant de l'objet rituel africain le miroir muséologique des peurs éprouvées par les missionnaires, avait provoqué l'engouement pour ces objets mêmes – masques et figurines sculptés – qui tenaient lieu d'emblème d'un territoire inexploré.

Lotte suggérait des îlots à l'intérieur d'une cartographie particulière du monde de l'art. Chaque petite île était la dépositaire d'un discours – celui-ci pouvait prendre la forme d'une œuvre de Jeff Koons à la galerie Max Hetzler, d'une étagère de Haim Steinbach exposant des effets domestiques chez Jay Gorney Modern Art, d'une série de tableaux roses de Lubaina Himid figurant le pillage des objets africains, ou encore de témoignages (icônes, logos, emblèmes en plastique) de l'Afrique de l'Ouest urbaine qui constituaient autant de dénonciations virulentes du penchant instinctif des ethnographes européens pour la préservation. La présence d'artistes vivant et travaillant en Afrique était à peine perceptible dans l'exposition. Mon objectif, en effet, était de souligner et d'exacerber leur exclusion de l'art officiel et de sa vision étroite. Dans le même esprit, je n'avais pas demandé à Haim Steinbach, Mike Kelley ou Jeff Koons de produire expressément des œuvres pour l'exposition. Au contraire, l'acquisition des œuvres devait être un processus aussi banal que le prêt d'un objet entre deux galeries – autrement dit, l'échange de marchandises sur un marché.

Les accrochages contrastés des deux volets de l'exposition – d'abord accueillie au Grazer Kunstverein & Stadtmuseum, où les espaces relèvent typiquement du *white cube*, puis à l'Académie des Beaux-Arts de Vienne, parfait exemple de l'architecture impérialiste de la fin du XIXe – faisaient écho à la diversité des histoires associées aux objets. L'absence de cartels précisant la provenance des œuvres obligeait les visiteurs à admettre les limites de leurs systèmes de référence. Ils comprenaient que des dichotomies telles que « occidental/non occidental », « individuel/communautaire », « traditionnel/contemporain », « académique/populaire »,

« supérieur/inférieur », si souvent convoquées pour catégoriser et interpréter l'art africain, n'ont plus aucune pertinence au regard des multiples identités culturelles et artistiques que suggère la juxtaposition des objets. Si un visiteur se laissait aller, là encore, à faire une comparaison formaliste entre une œuvre de Mike Kelley et un fétiche de la Firestone Odelay Society de Freetown, ou entre un tableau tricoté de Rosemarie Trockel représentant un marteau et une faucille et un kenté de l'une des « sociétés » d'Afrique de l'Ouest figurant un motif politique de façon stylisée, il percevrait immédiatement le caractère insuffisant et décevant de ces comparaisons.

Lotte dérangeait en ceci qu'elle confrontait le public au sentiment de perte qu'il éprouvait face à la différence patente entre les systèmes culturels et critiques. Si l'exposition véhiculait un message, celui-ci consistait en une analyse de ce que Michel Foucault appelait les « grilles de spécification »[5], c'est-à-dire ces systèmes de classification, d'opposition, de différenciation des objets qui en font les vecteurs du pouvoir culturel et, dans le cas présent, déterminent leur rapport à l'ensemble du système artistique et de ses agents d'évaluation – critiques, collectionneurs, marchands, galeristes, public des musées, politiciens, collègues artistes. Juxtaposées au modèle artistique contemporain, représenté ici par une sélection d'œuvres illustrant clairement le pouvoir du système critique en cette fin des années 1980, figuraient des œuvres emblématiques de la position fortement politique des artistes du mouvement Black Art de Grande-Bretagne, trop souvent dits, de façon ambiguë, en « marge » de l'« art officiel ». Entre ces deux ensembles représentatifs d'une production tant artistique que critique, la collection d'objets urbains se proposait comme un espace dans lequel les processus de transformation témoignant de l'identité culturelle de l'Afrique de l'Ouest s'articulaient à une critique du maintien à toute force, chez les anthropologues et historiens occidentaux, d'un discours clos, non dialogique sur l'art africain.

L'emblème de l'exposition était une poupée en plastique rouge avec des yeux couleur turquoise, datant des années 1970. Produite par une usine chinoise installée au Nigéria, elle avait été fabriquée à partir d'un moule allemand des années 1940. Les recherches menées par Marilyn Hammersley Houlberg en 1973 ont permis d'établir que cette poupée était d'un modèle comparable à celui qui remplaçait, pour les femmes yorubas aspirant à faire partie de la petite bourgeoisie, la statuette *ibeji* du culte des jumeaux[6]. La poupée rouge – elle appartenait à l'historien

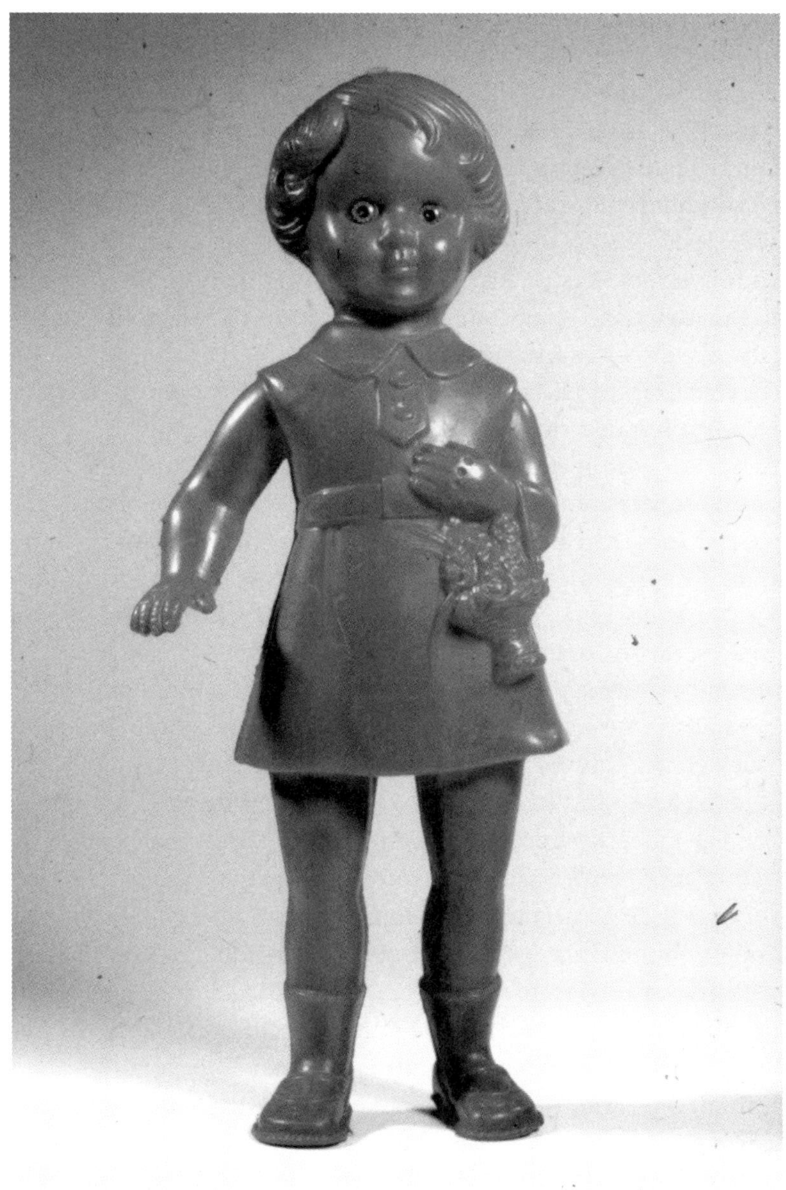

Lotte, c. 1970

Poupée en plastique rouge, produite par une usine chinoise au Nigéria,
ayant donné son nom à l'exposition *Lotte or the Transformation of the Object*
organisée par Clémentine Deliss en 1990 à Graz et Vienne

John Picton, qui l'utilisait comme outil pédagogique dans son enseignement sur l'art africain – constituait l'incarnation de la voix historique ou du mythe dans l'exposition. J'ai décidé de la rebaptiser « Lotte » en raison de ses origines allemandes (puisqu'au fond elle incarnait l'icône type de la féminité pour les petites filles), mais aussi pour faire signe aux nombreuses fictions dont elle était porteuse en tant qu'objet culturel. Placée sous une cloche en verre, elle devenait un objet très prisé, renvoyant au goût des collectionneurs et marchands occidentaux pour l'art africain « traditionnel » – catégorie rigide et puissante qui, dans le contexte de l'internationalisation du marché de l'art, perpétue le modèle eurocentriste du désir d'« authenticité » tel qu'il se manifestait à l'époque préindustrielle et précoloniale.

De façon assez ironique, Lotte n'avait pas plus tôt mis l'accent sur le caractère limitatif des outils interprétatifs à travers lesquels on comprend l'art africain d'aujourd'hui que sa propre identité se voyait catégorisée. Cette même poupée qui appartenait à John Picton et que j'avais provisoirement empruntée et exposée sous le nom de Lotte fut de nouveau sollicitée quelques mois plus tard – cette fois par Susan Vogel, qui en fit l'emblème du « Nouvel Art Fonctionnel » dans son exposition *Africa Explores*[7]. De simple embrayeur du dialogue concernant les modalités de catégorisation de l'art africain en Occident, la poupée devint, grâce à Susan Vogel, un élément à part entière de cet art, qui y trouvait sa place non pas en tant que critique du passé, mais comme principe directeur pour les futurs collectionneurs. Lorsque *Africa Explores* quitta New York pour entamer sa tournée internationale, la poupée fut renvoyée à John Picton, soigneusement calée, à grand renfort de mousse, dans une caisse qui faisait cinquante fois sa taille. Plusieurs centaines de dollars furent dépensés en frais d'assurance.

En tant qu'exposition, *Lotte* était au cœur de plusieurs débats. Elle constituait une critique non seulement de l'efficacité de la stratégie néoconceptualiste mise en œuvre par les Nord-Américains pour railler la culture « matérielle », mais aussi du regain d'intérêt pour l'« art africain » et ce qu'il produisait dans son sillage : des monopoles dictant son interprétation et sa commercialisation – la première étant régie par le discours muséographique ; la seconde, par les visées spéculatives d'une poignée de collectionneurs économiquement puissants en quête d'une nouvelle authenticité africaine[8].

Pour qu'une réflexion sur l'art contemporain africain soit féconde aujourd'hui, elle doit se proposer comme une discussion qui, refusant l'optique exclusive de l'observateur occidental, reconnaît l'existence d'une multiplicité de systèmes critiques. La perspective occidentale a été très largement dominée par un paradigme esthétique – celui de l'avènement du modernisme – qui, relativement à l'art africain, implique un rapport d'appropriation fondé sur une évaluation purement européenne des critères formels et sur une vaste opération de spoliation du continent. Le fait qu'on perçoive aujourd'hui l'insuffisance du paradigme moderniste en tant qu'instrument herméneutique constitue une incitation supplémentaire à repenser les cadres de référence en vue d'une appréciation critique de l'art dit africain. Cela suppose que l'on suspende et déconstruise les concepts et catégories ayant contribué à limiter la perception et la compréhension du sujet. Je pense ici à des notions telles que « modernisme », « occidentalisation », « art dérivé », « authenticité », aux catégories du « traditionnel » et du « populaire », et à bien d'autres encore. Cette déconstruction doit être immanquablement réflexive tant dans son identification des identités culturelles et artistiques que dans le type de questions qu'elle entend soulever. On pourrait très bien objecter, après tout, que ce souci d'une critique propre à l'art africain est une autre manifestation de l'obsession eurocentriste à l'égard du discours, qui a besoin de définir les paramètres d'un nouvel objet tant sur le plan théorique qu'institutionnel.

Si cette enquête est importante, c'est précisément dans la perspective des débats concernant la mondialisation et l'identité culturelle et du regain d'intérêt que suscitent aujourd'hui les artistes africains sur le marché international. Elle doit être menée dans un esprit de dialogue et de collaboration. Interculturelle et interdisciplinaire, elle implique que l'on examine la signification du modernisme dans le contexte africain ; que l'on réfléchisse à ce que veulent dire les mots « créativité » et « critique » ; que l'on mette en regard la perspective afrocentriste sur l'art africain, les analyses ethnologisantes de bon nombre d'historiens de l'art occidentaux et les visions des artistes et professionnels de la culture qui vivent aujourd'hui sur le sol africain. Elle implique aussi de s'interroger sur quel type de rapports se nouent entre les artistes qui travaillent en Afrique aujourd'hui et les médias (locaux et occidentaux), les critiques, les mécènes, les institutions nationales, les collectifs d'artistes et les collègues en exil en Europe ou en Amérique. Nous avons besoin d'entendre les témoignages directs des artistes qui sont partie prenante du débat sur l'art contemporain africain depuis *Magiciens de la terre* et participent aujourd'hui aux grandes expositions, biennales et foires.

Si je mentionne *Magiciens de la terre*, c'est parce que cette exposition, organisée à Paris en 1989, a beaucoup influencé les réflexions relatives à la façon d'exposer les artistes travaillant ailleurs qu'en Europe ou aux États-Unis. *Magiciens de la terre* est le type même d'exposition globalisante qui, répugnant à soulever les questions dérangeantes d'identité culturelle et de disparité des systèmes critiques, a préféré opter pour une thématique moderniste classique : le magicien et la spiritualité. Là où l'exposition fut un succès, c'est par l'envergure de sa présence, capable de susciter un débat qui réclamait cruellement l'attention. Mais là où elle fut un échec, c'est dans son incapacité à développer et repenser la notion plus vaste de contextualisation culturelle et artistique dans l'espace restreint de l'exposition. C'était assez habile, de la part des organisateurs, que de limiter les mentions de contexte en arguant du fait que, pour renseigner le visiteur sur une peinture contemporaine tibétaine ou une œuvre d'art aborigène, il aurait d'abord fallu commencer par expliquer l'éventail des formes que prend l'art contemporain en Occident, depuis l'Arte Povera jusqu'à la vidéo conceptuelle et au-delà. Pourtant, l'un des effets caricaturaux les plus étranges et inattendus que l'exposition ait produits fut la négation de la spécificité des divers aspects de la créativité artistique de l'Occident.

Dans cet incroyable foisonnement d'œuvres que proposait l'exposition, la dimension critique se limitait aux « ressources visuelles » et au « jugement esthétique »[9], autrement dit à l'expérience du regard, qui constitue assurément l'un des principaux critères de distinction dans la théorie moderniste[10]. En conséquence, s'il s'agissait, en présentant Lawrence Weiner ou On Kawara de représenter des artistes conceptuels soucieux de la dissolution des valeurs prônées par le modernisme concernant la contemplation des objets d'art, on peut dire que cette dimension-là du rapport au discours artistique était complètement négligée.

Non seulement l'exposition faussait la réception des artistes non occidentaux, mais elle donnait également une vision biaisée des problèmes soulevés par l'art occidental qui y était représenté en régressant à un mode rétinal d'appréciation qui, s'ajoutant au méta-thème fourre-tout du magicien et de son corollaire – la surévaluation du rôle spiritualiste de l'artiste – était diamétralement opposé au programme de certains artistes conceptuels, pour ne prendre que ce seul exemple. Nous avons là une situation dans laquelle une thématique globalisante se révèle incapable de contenir les contradictions générées par les spécificités des voix artistiques et culturelles représentées. Prenant le contre-pied, *Lotte* mettait l'accent sur cela même que *Magiciens de la terre*, dans son idéalisme, cherchait à ignorer, à savoir le caractère fermé et contradictoire du discours critique officiel.

L'exposition limite le commissaire comme le public à un environnement spatial dans lequel la conceptualisation visuelle, quelque forme qu'elle prenne, devient la principale activité interprétative. Elle favorise d'autant plus l'échange d'idées que les installations et, par conséquent, la perspective sur la thématique abordée sont éphémères. Si le faisceau de problèmes qui se sont fait jour dans la phase de préparation de l'exposition elle-même se transforme sous l'effet des débats critiques consécutifs à la tenue de l'exposition et à ses répercussions internationales, alors l'exposition perd sa valeur de plateforme opératoire. Deux ans et demi ou presque s'étant écoulés entre l'idée de départ et la réalisation finale, *Lotte* ne pouvait excéder son cadre temporel pour se perpétuer sous la forme d'une exposition itinérante. C'était l'exposition d'un moment ; elle prenait fin là et à cette date. Le prolongement est venu en 1991, lorsque les questions relatives à la critique d'art firent l'objet d'un cycle de séminaires d'une durée de douze semaines à la School of Oriental and African Studies de Londres[11]. La direction des séminaires avait été confiée à des artistes, qui faisaient une présentation illustrée de leur travail, suivie d'un forum interdisciplinaire au cours duquel nous débattions de questions ayant trait au mécénat, à la critique, à l'internationalisme et à l'enseignement de l'art.

Si l'on n'a pas encore épuisé la problématique soulevée par *Lotte* – au sens où la plupart des modèles d'évaluation critique restent pétrifiés dans des structures qui se prétendent internationalistes mais ne sont qu'eurocentristes –, l'importance accordée à l'appareil discursif apparaît quelque peu datée au vu des interactions qui s'opèrent aujourd'hui. Soudain, comme s'il était ressuscité, l'artiste se voit octroyer le bénéfice du doute et, impatient de profiter de sa marge de manœuvre, il défie la politique du white cube[12], l'insularité du monde de l'art conventionnel et le caractère sacro-saint de l'espace d'exposition. À l'encontre des tendances postmodernistes de ces quinze dernières années, l'artiste devient un élément clé du nouveau scénario et sa présence est incontournable. À telle enseigne que lorsque l'artiste thaïlandais Rirkrit Tiravanija se met à cuisiner des currys dans les galeries new-yorkaises et londoniennes ou à offrir au public de Varsovie des valises remplies de chips au bacon-yaourt, le critique états-unien Dan Cameron – fervent défenseur, à une époque, de Haim Steinbach et Jeff Koons – s'interroge : « Que signifie cette façon qu'a la culture artistique de vouloir encore retenir notre attention par l'étalage d'objets exotiques dans des pièces quasiment vides alors que tant de gens dans le monde meurent de faim ? […] Jusqu'où le discours de la communauté artistique – ses valeurs, son sens – fonctionne-t-il comme un simple bouclier nous empêchant de voir que nous avons construit un microcosme qui a l'arrogance de prétendre être en marge des problèmes de la populace ? »[13].

Nous sommes face à une situation de paranoïa curatoriale, où toute prise de risque ou désir d'expérimentation se voit découragé non seulement par des restrictions budgétaires draconiennes dans le secteur public et privé, mais aussi par une hésitation généralisée à faire de l'espace d'exposition un usage moins conventionnel. Dans cet après-*Magiciens de la terre* où nous nous trouvons aujourd'hui, les commissaires ne savent plus comment exposer ce qui se produit « en dehors » des circuits artistiques « dominants ». Cet « en dehors », notons-le, s'applique aussi à une génération plus jeune d'artistes qui ne comptent plus uniquement sur la galerie pour se faire connaître. On se recentre aujourd'hui sur des actions qui attirent l'artiste en dehors du sanctuaire des objets et des identifications vers une nouvelle dramaturgie de la pratique artistique. C'est là que l'on constate un début de changement dans le rapport de l'œuvre au public : celui-ci ne dépend plus tant de la présentation finale de l'objet dans l'espace d'exposition que de la façon dont l'œuvre peut interagir avec d'autres artistes ou d'autres publics. La question devient donc celle-ci : qu'advient-il de l'exposition si le centre de gravité n'est plus l'espace d'exposition ni son circuit ?

Collaboration et mouvement par-delà les frontières sont deux caractéristiques de plus en plus fréquentes des stratégies artistiques et curatoriales – reflet de l'importance croissante de la pratique de l'itinérance dans l'art des années 1990. Si le « nomadisme culturel » d'un Achille Bonito Oliva à la Biennale de Venise en 1993 s'est vu quelque peu éclipsé par l'intérêt porté à la description viscérale et morbide des conditions contemporaines de l'existence humaine – à preuve, par exemple, le succès remporté par Damien Hirst, Andres Serrano ou Hans Haacke, supérieur à celui des artistes africains invités –, reste que les connexions transversales sont de plus en plus favorisées. Cette année [1994], ce sont deux grandes expositions qui, en l'espace d'un seul mois, réunissent à Prague et à Vienne des collaborations d'artistes d'origines diverses présentant leur travail hors de leur cadre habituel. Aux Écuries du Château de Prague, Albert Oehlen expose auprès de l'Autrichien

Heimo Zobernig et de l'États-Unien Christopher Wool – ensemble, ils développent une réflexion sur la peinture loin du regard immédiat du public de New York ou Cologne. À la Kunsthalle de Vienne, Saskia Bos a demandé à Peter Kogler de s'associer au Japonais Tatsuo Miyajima et à la Russe Svetlana Kopystiansky pour nourrir un échange d'idées avec l'Autrichien Franz Graf dans une exposition intitulée *Jetztzeit* [Le Temps présent]. On peut imaginer que ces expositions ne se contentent pas de transporter des artistes dans les airs et de les parachuter dans un nouvel environnement critique : elles impliquent une dramaturgie particulière, la mise en place d'une sphère d'interaction dans laquelle l'œuvre et la stratégie curatoriale ont partie liée, la mise en œuvre de nouvelles technologies permettant de produire et de penser l'art. S'ils ne sont pas encore animés par « l'esprit d'anarchie profonde » (Antonin Artaud)[14], seul à même de réduire sérieusement la pression que les circuits officiels exercent sur les artistes, ces exemples indiquent clairement que l'accent s'est déplacé et se porte désormais sur les interactions résultant du croisement des cultures et des esthétiques.

Dans cette nouvelle dramaturgie, l'atelier, entité jugée suspecte tant par les critiques que les artistes eux-mêmes depuis les années 1970, connaît un regain de crédibilité comme terrain de rencontre favorisant l'expérimentation et permettant de se libérer momentanément des mécanismes économiques régissant le monde de l'art et l'organisation des expositions. Contre toute attente, l'atelier devient un modèle pertinent, dans la mesure où il replace l'artiste au cœur même du processus de structuration de l'expérience et souligne les limites inhérentes au provisoire, produit un « texte » plutôt qu'une « œuvre », une circulation d'expériences hors les murs impeccablement blancs de l'espace d'exposition.

Ainsi de Tenq, un atelier de peinture et de sculpture organisé au Sénégal pendant deux semaines en septembre 1994, constituant le premier événement de la grande manifestation *africa95*[15]. Créé à l'initiative de l'artiste et commissaire d'exposition El Hadji Sy (*1954) et d'un groupe d'artistes sénégalais, dans un esprit de collaboration avec d'autres artistes d'Afrique et du Royaume-Uni – et non pour les raisons thérapeutiques que le terme [*workshop*] pourrait laisser supposer –, l'atelier se proposait comme une plate-forme opératoire temporaire, l'exploration d'un nouvel espace artistique s'articulant autour de la question du processus, du médium et du langage visuel[16].

Vingt-six artistes venant de dix pays africains – depuis le Maroc, au nord, jusqu'à l'Afrique du Sud en passant par la Namibie – participèrent à l'atelier. Anna Best, Paul Clarkson et Yinka Shonibare vinrent d'Angleterre, mais la plupart des artistes firent le voyage depuis l'intérieur du continent. L'espace alloué à l'atelier était vaste, l'imposant lycée Cheikh Oumar Foutiyou Tall de Saint-Louis – construit en 1840 par le gouvernement colonial français – ayant prêté ses locaux. Chaque artiste prit possession d'une salle de classe vide et l'occupa pendant deux semaines, la transformant progressivement jusqu'à ce que l'espace de travail devienne exposition temporaire. Le cadre spatial était un élément du processus de redéfinition propre à la formule de l'atelier, au même titre que la démarche artistique et l'œuvre produite individuellement. L'Atelier Tenq s'inspirait du modèle Triangle, dont il avait repris le principe d'une totale liberté d'expression ; il déboucha cependant sur un autre registre transgressif, où l'on pouvait voir s'opérer le passage du studio à l'espace d'exposition[17]. Ce qui rendait la chose possible était que Tenq s'inscrivait dans le contexte artistique et politique local du Sénégal, où les conditions de pratique et d'exposition de l'art sont bien définies. Non seulement les artistes étaient prêts à se rencontrer à travers l'articulation de leurs pratiques, mais Tenq offrait la possibilité d'une réinvention de l'exposition par-delà la stricte limite des identifications nationales ou régionales. L'« inter-nationalisme » de Tenq n'était pas celui d'une grande exposition ou d'une biennale : il venait du cœur de l'Afrique elle-même et non de ces grands centres que sont Paris, Londres, Berlin ou New York. Le mot « Tenq » lui-même, traduit littéralement, signifie « articulation de la cheville » en wolof, la principale langue du Sénégal. Il n'y avait aucun filet de protection à Tenq : on ne pouvait se cacher ni derrière le fait accompli d'une exposition aboutie, ni derrière le prestige qu'il y a à représenter son pays dans une parade nationaliste, ni derrière le rempart des critiques, conservateurs, leaders d'opinion ou gardiens des institutions qui d'ordinaire vous emboîtent le pas.

Tenq se caractérisait par une réticence, de la part de certains artistes sénégalais, à recourir au débat critique pour disséquer l'expérience dans le temps même de son déroulement. Le faire aurait voulu dire se rabattre sur le filet de sécurité du réseau artistique national, ce qui, dans le cas du Sénégal, compte tenu de l'héritage transmis par Léopold Sédar Senghor, impliquait une définition et une interprétation des arts visuels en fonction de modèles littéraires[18]. Alors qu'un certain nombre d'artistes, notamment britanniques, voulaient débattre, projeter des diapositives et s'attendaient à ce que les organisateurs programment ce type de forum, les hôtes africains étaient davantage soucieux de sortir de la problématisation de leur pratique – exercice de prédilection des débats sur l'art aujourd'hui – et de s'adonner à la pratique plus expérimentale mais tout aussi exigeante d'un travail commun. La formule de Tenq n'était ni celle du séminaire, ni celle du congrès, ni celle de l'exposition internationale de type classique. Elle était celle d'une plateforme d'exécution, autrement dit d'un environnement où toutes ces questions demeuraient ouvertes à plusieurs cadres possibles de définition et n'étaient formulables que pour autant que les participants aient envie de les formuler.

Parmi les douze artistes sénégalais qui participaient à l'atelier, cinq en particulier – Souleymane Keita, Fodé Camara, Mustapha Dimé, El Hadji Sy et Babacar Traoré – avaient conscience d'appartenir à une histoire locale où l'art contemporain surgissait d'un discours esthétique et intellectuel complexe. Grâce à l'État, les artistes sénégalais avaient pu disposer, dès les années 1960, d'une école d'art, de musées, de galeries et d'industries leur offrant un certain nombre de perspectives. Le rapport de l'artiste à l'État avait toujours été source de tensions, fournissant un terrain fertile pour la mise en place de collectifs organisant des actions alternatives – le Laboratoire Agit-Art, par exemple, créé en 1974 pour tous les artistes désireux de confronter l'image que les institutions donnèrent de leur pratique à un contre-discours s'articulant autour de performances éphémères et de déclarations individuelles. Ou encore le Village des Arts de Dakar, autre précédent plus direct de Tenq. En 1977, El Hadji Sy et Ali Traore, accompagnés d'un groupe d'artistes indépendants travaillant dans différentes disciplines, décidèrent d'occuper les baraquements vides de l'ancien camp militaire Lat Dior sur la Corniche, transformant le vieux bâtiment colonial en ateliers d'artistes dotés d'un modeste espace de vie. C'est là qu'ils fondèrent une galerie – du nom de Tenq – qui, avec ses quatre expositions annuelles, devint un lieu privilégié d'exposition de l'art contemporain. Mais à mesure que cette initiative, gérée au niveau micro-politique par un chef de village, gagnait en autonomie, le gouvernement sénégalais commença à intensifier ses inspections du site, le tout culminant en septembre 1983 avec l'expulsion des habitants et la destruction de la majorité des œuvres. Le principe organisateur du Village avait été l'autonomie des artistes et la mise à disposition d'un espace de travail professionnel[19].

Dans sa nouvelle formule – celle de l'atelier de Saint-Louis –, Tenq était donc le produit de plusieurs histoires. Il reflétait une mission bien antérieure à celle de Triangle, dont l'initiative revenait à quelques artistes sénégalais soucieux de mettre en place un lieu pérenne où les pratiques puissent s'articuler loin des pressions étatiques. L'objectif du nouvel Atelier Tenq était de consolider les contacts professionnels entre artistes venus de toute l'Afrique, et cela sur la base d'un échange éphémère. Cependant, contrairement à la situation qu'avaient connue les ateliers Triangle au Botswana ou en Namibie, où les conditions de la pratique artistique étaient très rudimentaires, les artistes sénégalais présents à Tenq appartenaient à un circuit professionnel bien rompu, depuis les années 1960, aux complexités de la scène artistique. Cette conjugaison de facteurs influença considérablement, pour le meilleur ou pour le pire, la capacité de l'atelier à offrir aux artistes un lieu de communication. Si l'on mesure le succès de l'Atelier Tenq au volume et à la qualité des œuvres produites, alors nul doute qu'il fut une source d'énergie et d'élan pour la majorité des participants, ne serait-ce que pendant ces deux semaines. Le rôle de l'artiste comme instigateur de la situation finit par éclipser celui de la structure organisatrice, à telle enseigne qu'il n'y eut quasiment aucune presse pendant l'événement et très peu de ventes le jour de l'ouverture au public.

Si l'on se souvient que l'exposition *Lotte* reposait sur le principe d'une suspension active de la présence de l'artiste, on peut dire que l'Atelier Tenq correspondait à l'expérience inverse : inciter les artistes à définir leurs propres paramètres d'action, puis à les imposer l'espace d'un moment contre le puissant attrait que représentent les structures conventionnelles d'exposition et leurs agents de légitimation. Si *Lotte* avait évincé l'artiste, ce n'était que momentanément et pour souligner la dépendance du public à l'égard de certains systèmes convenus d'interprétation qui commandent le regard porté sur l'art et la culture matérielle. *Magiciens de la terre*, qui combinait les deux approches, avait en fait préparé le terrain pour ce type d'analyse contrastée. L'exposition parisienne désirait la libération de l'artiste en tant que magicien, transformateur, créateur stéréotypé avec la même ambiguïté qu'elle niait l'existence d'autres contextes et de références critiques différentes. Elle avait ouvert tout un champ de réflexions et de débats que nous n'avons pas fini d'explorer. Tenq, conçu initialement sur le modèle de Triangle et donc présupposant, de la part des artistes, un besoin inné de créer, transgressa le modèle et accéda à un autre registre d'activité en faisant de Triangle lui-même un objet tout fait échoué sur les côtes africaines. La vision romantique de la créativité telle que l'avait initialement formulée Triangle avait trouvé sa contrepartie politique dans le Tenq version 1977, que l'on pouvait aujourd'hui – en 1994, à Saint-Louis – réinventer tous ensemble. Commune aux deux approches était l'idée d'un recentrage de l'autonomie sur l'artiste au-delà du cadre institutionnel, si bien que chaque artiste avait sa manière propre d'occuper et de définir l'espace dans lequel il opérait. Tenq alertait sur la possibilité d'organiser différents espaces de communication. Il faisait apparaître la continuité entre l'environnement personnalisé du studio, la mise en place du processus de travail dans la salle de classe, l'architecture de l'école et l'élargissement à l'espace public à la fin des deux semaines.

Le discours actuel sur l'art est fragile, en cours d'élaboration. Non pas, contrairement à ce que l'on pourrait penser, parce qu'il s'est donné l'Afrique pour objet, mais parce que le processus – dans lequel Tenq s'inscrit – est celui de la construction d'un nouvel espace expérimental où les paramètres du travail individuel pourront se confronter à une situation collective et où les questions de définition et de classification sont encore en débat. Plus largement, il s'agit clairement d'interroger le rapport entre l'artiste, l'œuvre et le public auquel elle s'adresse. Qui sont les destinataires des expositions ? À qui parlent-elles et pour qui faisons-nous aujourd'hui notre travail de commissaire ? À quel moment l'artiste entre-t-il dans le débat et de quelle souplesse disposons-nous dans ces lieux marginaux qui produisent, exposent et commentent l'art ? Une exposition est-elle aussi un atelier, et si oui, pour qui ?

Il apparaît, à considérer les expositions d'art africain contemporain qui ont vu le jour en Europe et aux États-Unis ces cinq dernières années que, dans la plupart des cas, les artistes n'ont pas activement contribué à conceptualiser la présentation de leur travail. La façon dont les œuvres sont rassemblées, achetées, catégorisées est fonction de qui en fait l'acquisition ou les sélectionne. Preuve en est, parmi les exemples récents, les catégories établies par Susan Vogel pour rendre compte de l'art africain du XXᵉ siècle (« Défunt », « Traditionnel », « Nouveau Fonctionnel », « Urbain », « International ») ; ou les stratégies mises en place par Jean Pigozzi et André Magnin pour revitaliser le marché d'un art de la « savane » très éloigné des influences euro-américaines. On peut débattre de ce point, défendre le droit de l'artiste à vendre pour gagner sa vie, faire observer qu'il y a des amateurs de choses très différentes et que tous les artistes n'ont pas nécessairement envie de s'impliquer dans les décisions curatoriales concernant l'installation et la contextualisation de leurs œuvres. Mais aucun de ces arguments ne paraît convaincant face à l'immense pouvoir que détiennent les nouveaux chercheurs d'art de l'Afrique contemporaine, toujours avides de pénétrer le « cœur des ténèbres ». Ils aimeraient croire que les artistes africains, dans leur naïveté, méconnaissent les mécanismes qui régissent le discours sur l'art en Occident, or tel n'est pas le cas. Outre d'importants écrits d'artistes ou de curateurs faisant état de ce racisme potentiel[20], les œuvres elles-mêmes répliquent aux mythes émis depuis le « centre », suggérant une nouvelle sensibilité qui, loin d'être un phénomène isolé, est un élément important du nouvel horizon global de transformation.

Cette nouvelle dramaturgie de la pratique artistique, dont j'ai tenté d'esquisser les contours, introduit des fissures dans le cloisonnement établi par le haut modernisme parce qu'elle se joue en dehors de l'espace habituel de la galerie ou de l'institution artistique, parce qu'elle est le fait d'artistes qui n'en font pas une action isolée, mais une célébration du métissage des individus, des pratiques et des codes artistiques dans un esprit de fécondation réciproque. La chose est particulièrement importante dans le contexte actuel de l'Afrique, où le marché de l'art, tant au niveau local qu'international, est encore suffisamment malléable pour que ses paramètres puissent être remis en question, dans l'espace du continent lui-même, par des artistes dont le travail amorce un recentrage et une redéfinition du public. Les galeries continuent bien évidemment d'exister, dictant aux artistes des impératifs esthétiques, économiques et critiques, et il serait naïf de penser autrement. Mais nous en arrivons à une situation où l'institution non commerciale, dont le rôle est essentiel dans le débat sur l'art contemporain, doit interroger ce qu'elle est en propre, à savoir un lieu où l'artiste n'est pas un mouton docile dans l'enclos du marchand ou du commissaire d'exposition, mais bien un interlocuteur à part entière du dialogue mené auprès de publics très divers. La marchandisation de l'exposition, pour ce qui est de la production africaine contemporaine, ne peut s'opérer par le seul biais des musées et des réseaux commerciaux occidentaux. La manière dont les artistes souhaitent intervenir dans l'arène publique, le choix qu'ils font de tel ou tel domaine d'intervention sont autant de questions ouvertes. Un artiste veut-il s'inscrire dans le circuit interne à l'art euro-américain ou s'agit-il de créer un nouveau modèle de circulation de l'art qui soit consubstantiel à la condition itinérante de la pratique artistique contemporaine ?

Mais peut-être ma chute libre ne me fait-elle pas atterrir en terre aussi isolée que je le craignais. Un nombre croissant de professionnels des arts, en effet, expriment leur malaise face aux choix catégoriques devant lesquels ils sont aujourd'hui placés. Cette phase où nous tâtonnons pour trouver des points de rencontre, dans l'art, entre différents champs d'expression humaine et culturelle est fragile, facilement menacée par le poids de l'histoire coloniale récente et la séduction exercée par les identifications ethniques, raciales et nationales qui se font jour. Sauter d'un avion en vol n'est peut-être qu'une façon d'essayer d'échapper au confinement du débat artistique dans une unique zone géographique et culturelle. Car nous avons tous des origines diverses, nous vivons tous dans des endroits différents, nous évoluons tous dans des cercles distincts. Selon Dan Cameron, nous sommes tous pris dans la « transformation socio-esthétique » qui s'opère aujourd'hui, et nous serions bien inspirés de prendre modèle sur Rirkrit Tiravanija : de nous arrêter, de cuisiner, de manger et de discuter un peu, en « oubliant ce qui sépare l'œuvre d'art du monde auquel, en fin de compte, il faut bien qu'elle revienne »[21].

L'opération consistant à formuler de nouvelles pratiques qui impliquent aussi bien l'artiste que le commissaire ou le critique dans des procédures de représentation d'un nouveau genre, peut paraître aléatoire et dénuée de distance analytique. Peut-être les deux modèles opposés que constituent *Lotte* et Tenq – l'un affirmant avec force le pouvoir du système critique dans l'art, l'autre s'affranchissant du carcan des classifications pour prôner la liberté de l'artiste à interagir au-delà de ces cloisonnements institutionnalisés – doivent-ils être médités, ne serait-ce que pour être abandonnés et surpassés ? L'art, en Afrique, est sans doute dépendant de systèmes de soutien et d'interprétation, mais le débat des artistes africains est-il en fin de compte séparable de celui de leurs collègues européens ? Qu'est-ce que l'internationalisme sinon le présupposé que les idées et leur matérialisation font partie d'un échange plus large ? Si le commissariat d'exposition peut accueillir les questions que les artistes soulèvent dans leur travail, alors nous sommes peut-être plus près que nous ne le pensions de sortir de l'impasse des systèmes actuels de classification.

NOTES — *

Texte paru, sous le titre de « Free Fall – Freeze Frame: Africa, Exhibitions, Artists », *in Thinking about Exhibitions*, Routledge, Londres 1994, p. 275-294. Il reprend et augmente une version antérieure publiée dans *Third Text*, n° 18, printemps 1992, p. 27-51.

1

James Roberts, « Bas Jan Ader: The Artist Who Fell From Grace With the Sea », *Frieze*, n° 17, juin-juillet 1994.

2

Voir, par exemple, le volume d'essais de Jean Fisher, *Global Visions: Towards a New Internationalism in the Visual Arts*, Kala Press/ Institute of New International Visual Arts, Londres 1994.

3

Lotte or the Transformation of the Object, octobre 1990-janvier 1991, Grazer Kunstverein, Graz, et Académie des Beaux-Arts, Vienne. Le catalogue, bilingue anglais/allemand, réunit, entre autres, des contributions de Stuart Morgan, Paul Rabinow, John Picton, Isabelle Graw, Michel de Certeau et Georges Bataille. L'exposition comportait une vidéo de Simon Underwood, réalisée *in situ* lors de ses recherches au Ghana, au Burkina Faso et en Sierra Leone. Disponible sur www.academia.edu/39117505/Lotte_or_the_transformation_of_the_object.

4

Je renvoie à ma thèse de doctorat, « Exoticism and Eroticism: Representations of the Other in Early Twentieth Century French Anthropology », Ph.D. Thesis, School of Oriental and African Studies, Université de Londres, 1988.

5

Michel Foucault, *L'Archéologie du savoir*, Gallimard, coll. « Bibliothèque des sciences humaines », Paris 1969, p. 58.

6

Marilyn Hammersley Houlberg, « Ibeji Images of the Yoruba », *African Arts*, vol. 7, n° 1, automne 1973, p. 20-27, accessible à www.jstor.org/stable/i275554.

7

Africa Explores, cat. exp., The Center for African Art, aujourd'hui le Museum for African Art, New York 1991.

8

Voir André Magnin, *Africa Hoy*, cat. exp., Centro Atlántico de Arte Moderno, Las Palmas, Grande Canarie, Las Palmas 1991, et *Out of Africa*, Saatchi Collection, Londres 1992. Ces deux expositions reposaient entièrement sur la collection de Jean Pigozzi, lequel s'était assigné le but de constituer la plus grande collection d'art contemporain africain.

9

Jean-Hubert Martin et Benjamin Buchloh, « Entretien », *Les Cahiers du musée d'Art moderne*, numéro spécial *Magiciens de la terre*, n° 28, Paris, 1989, p. 5-14.

10

Voir Charles Harrison, *Essays on Art and Language*, Blackwell, Oxford 1991, p. 4-6.

11

Je suis reconnaissante à John Picton et au département d'art et d'archéologie de la School of Oriental and African Studies d'avoir permis la tenue, entre octobre et décembre 1991, du séminaire intitulé « Contemporary African Art Criticism ». Plusieurs artistes importants d'Afrique et de la diaspora participaient à cette série de rencontres interdisciplinaires, parmi lesquels David Koloane, Olu Oguibe, Sonia Boyce, Sokari Douglas-Camp et Gavin Jantjes.

12

Elbow Room [marge de manœuvre, liberté de mouvement, ndt] est le nom de la galerie que Lubaina Himid et Maud Sulter ouvrirent à Londres en 1986.

13

Dan Cameron, *Frieze*, n° 17, juin-juillet 1994, p. 52.

14

Antonin Artaud, *Le Théâtre et son double*, in *Œuvres complètes*, tome IV, Gallimard, Paris 1956, p. 51.

15

africa95 est un festival d'arts africains, dont une partie s'est déroulée en Afrique en 1994, et l'autre au Royaume-Uni en 1995. L'accent était mis sur la collaboration entre artistes venus de différentes parties de l'Afrique et du Royaume-Uni et travaillant aussi bien dans les arts visuels que la performance, le cinéma, la musique et la littérature.

16

Tenq s'est déroulé du 15 au 30 septembre 1994 à Saint-Louis du Sénégal, à l'initiative d'El Hadji Sy et d'un comité d'artistes sénégalais, parmi lesquels Souleymane Keita, Fodé Camara, Mustapha Dimé et Djibril N'Diaye. Les artistes invités était Musaa Baydi (Sénégal), Anna Best (Royaume-Uni), Flinto Chandia (Zambie), Paul Clarkson (Royaume-Uni), Ndidi Dike (Nigéria), Guibril André Diop (Sénégal), Mohammed Kacimi (Maroc), David Koloane (Afrique du Sud), Atta Kwami (Ghana), Khady Lette (Sénégal), Amédy Kré M'baye (Sénégal), Sam Nhlengethwa (Afrique du Sud), Agnes Nianhongo (Zimbabwe), Pape Macoumba Seck (Sénégal), Dasunye Shikongo (Namibie), Yinka Shonibare (Royaume-Uni), Damy Théra (Mali), Yacouba Touré (Côte d'Ivoire), Babacar Sédikh Traoré (Sénégal) et Jacob Yacuba (Sénégal).

17

L'Atelier Triangle a été fondé en 1982 par le sculpteur Anthony Caro et le collectionneur Robert Loder comme un espace de dialogue entre le Royaume-Uni, les États-Unis et le Canada. Robert Loder, qui avait une passion pour l'Expressionnisme abstrait et était un ami de longue date d'Anthony Caro, connaissait bien la scène artistique sud-africaine. Quelques années plus tard, en 1985, Anthony Caro se rendit en Afrique du Sud, où il rencontra Bill Ainslie, un peintre d'ascendance britannique, qui s'était établi dans le pays et avait une approche assez mystique de la vie. Avec l'aide du peintre noir sud-africain David Koloane, qui avait participé aux tout premiers ateliers Triangle à New York, Bill Ainslie créa Thupelo, infléchissant les connexions de Triangle entre le Canada, les États-Unis et le Royaume-Uni vers l'Afrique du Sud.

18

Autrement dit, l'idée, chère à Léopold Sédar Senghor, d'une École de Dakar dont l'art reflèterait les concepts centraux de Négritude, de rythme et de poésie. On peut ainsi lire, dans « Négritude : un humanisme du XXᵉ siècle » : « Voilà donc la leçon d'esthétique. L'art ne consiste pas à photographier la nature, mais à l'apprivoiser. Comme fait le chasseur en reproduisant l'appel de l'animal poursuivi, comme font réciproquement les deux êtres, séparés, du couple, les deux amants – pour se retrouver et s'unir […] L'art n'est pas photographie. […] s'il y a image, ce sont des images rythmées. Je peux suggérer, créer n'importe quoi – un homme, une lune, un fruit, un sourire, une larme – par un simple assemblage de formes et de couleurs (peinture – sculpture), de formes et de mouvements (danse), de timbres et de tons (musique) pourvu que cet assemblage ne soit pas *a-grégation*, mais qu'il soit ordonné et, pour tout dire, rythmé. Car c'est le rythme, précisément vertu majeure de la Négritude, qui donne à l'œuvre d'art sa beauté. » *in* Léopold Sédar Senghor, *Liberté 3 – Négritude et civilisation universelle*, Le Seuil, Paris 1977, p. 77-78.

19

Disposant d'un studio de musique et d'un petit espace théâtral où le Laboratoire Agit-Art et le groupe expérimental Nouveau Toucan se produisaient, le Village des Arts devint un lieu de rencontre important pour une communauté d'artistes en pleine expansion. Fodé Camara, Babacar Traoré et Mustapha Dimé passèrent tous par le Village des Arts ; de même que le chanteur et musicien Baaba Maal et l'orchestre de jazz sénégambien N'guelaw (de Banjul). Voir Friedrich Axt et El Hadji Sy (éds.), *Anthology of Contemporary Fine Arts in Senegal*, Museum für Völkerkunde, Francfort 1989, p. 103-107.

20

Voir les écrits de Ery Camara (Sénégal), Olu Oguibe (Nigéria) et Everlyn Nicodemus (Tanzanie).

21

Dan Cameron, art. cit.

TERRITORIOS

¿Por qué no han existido artistas africanos de vanguardia?

•••

CANDICE BREITZ

El título de este artículo suscita problemas terminológicos inmediatos: el "Africa" a la que se refiere es la invención que, hasta recientemente, los proveedores del conocimiento han aceptado sin oposición. La posibilidad de una vanguardia no se ha considerado siquiera dentro de esta invención esencializante. Este artículo sugerirá la necesidad de poner en entredicho la distinción que se ha establecido entre una sensibilidad "europea" y una sensibilidad "africana" dentro de esta invención, en vez de aceptar esa distinción como incuestionable. Aunque en mi discusión me concentraré en ejemplos sudafricanos, el uso del término "Africa" cobrará después una mayor relevancia, cuando trate la manera en que todo el continente africano ha sido fabricado, como concepto, en oposición negativa a la "civilización" occidental en el pensamiento occidental.

1. EL VERDADERO ORIGEN

Desde sus inicios, la Historia del Arte ha sido un asiento importante en la fabricación de una noción particular de la existencia independiente de Occidente. Este proyecto inconsciente ha situado regularmente a Africa en una posición anterior a la occidental en la escala evolucionaria. Reconociendo esta perpetuación de linealidad progresiva (desde el siglo dieciocho), el establecer exclusiones en la Historia del Arte se hacía necesario como función de la auto-definición occidental que precluía (teóricamente) la posibilidad de una vanguardia africana.

El mismo término de 'vanguardia' tiene muchas historias –aunque cada manifestación de vanguardia estética ha sido particular, puede decirse que el vanguardismo se ha entendido de manera general como una estrategia que situaba la innovación en primer plano. El término se usa aquí en ese sentido amplio, como lo utiliza con frecuencia la comunidad artística de Sudáfrica para referirse a ciertos artistas sudafricanos, en vez de referirse históricamente a la vanguardia rusa post-revolucionaria o a la vanguardia Greenbergiana. En el contexto sudafricano, el término se recluta para evocar una novedad o un desafío de los límites, una definición que históricamente es bastante más familiar. Sin embargo, a mí me gustaría explorar la división binaria que impulsa este término ('vanguardia') dentro de la comunidad artística sudafricana, en vez de recapitular las similitudes y distinciones entre vanguardias históricas bien teorizadas, como un ejemplo de los diferentes disfraces que puede asumir el término, de acuerdo con un momento cultural y político específico de su repetición. Para decirlo con simplicidad, la división se produce entre aquéllos que valoran la vanguardia como un "corte" progresivo y aquellos que se

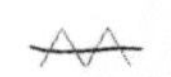

Candice Breitz, « ¿Por qué no han existido artistas africanos de vanguardia? », article publié par *Atlántica : revista de las artes*, n° 11, éditée par le Centro Atlántico de Arte Moderno, Las Palmas, 1995

Le titre s'inspire de l'article fondateur de Linda Nochlin, « Why Have There Been No Great Women Artists ? », paru en 1971 dans *ARTnews*.

ANNEXES

Expologie de l'art contemporain africain 1966-2020

Nullement exhaustive, cette expologie souhaite rendre compte des principales étapes du parcours institutionnel de l'art contemporain africain. Elle rassemble des expositions non commerciales qui furent chargées de définir, circonscrire et légitimer l'art contemporain africain, au risque de faire perdre de vue le fait que cette catégorie, dans sa version curatoriale, est une réalité *réfractée* – certains diront acclimatée – de productions artistiques issues de parcours et de scènes nationales aux histoires complexes et à l'organisation souvent précaire. La taille et/ou le rayonnement des expositions n'est pas l'unique critère de sélection. Il s'agit plutôt de suivre l'instauration et l'intensité de la catégorie au gré des tournants curatoriaux et épistémologiques, des lieux d'exposition et de légitimation. Il faut prêter attention aux titres, aux types d'institution, au genre d'exposition privilégié – panoramique ou « éditorialisé », inclusif ou non, mettant en scène la thématique de la ville ou de l'urbain, jusqu'à cette tendance récente qui réunit arts classiques et contemporains au sein de mêmes présentations – tout en remarquant la rareté d'expositions à visée historique. Cette expologie témoigne également de l'apparition progressive de la photographie puis du design. Un dernier choix a guidé l'établissement de cette liste : aucune exposition dédiée à une scène artistique nationale n'y est listée, exception faite de l'Afrique du Sud – son statut politique et structurel l'ayant mise à part et en retrait, quelques expositions méritent en effet d'être signalées.

Enfin, cet ouvrage paraît au moment de la saison Africa2020 (annoncée pour décembre 2020-juillet 2021), conçue sous le commissariat général de N'Goné Fall. Nul doute que certaines expositions organisées dans ce cadre prendront place à la suite de l'expologie proposée ici.

1966

— *Tendances et Confrontations*, Palais de Justice, Dakar
Supervision : Iba N'Diaye

Première exposition panoramique dédiée à la création contemporaine de l'Afrique et de sa diaspora, *Tendances et Confrontations* fut organisée dans le cadre du premier Festival mondial des arts nègres. Plus de 200 artistes de quelque 25 nationalités y participent, dont certains venus du Brésil, des États-Unis, de France et du Royaume-Uni.

1967

— *Contemporary Art from Africa*, Institute of Contemporary Art, Londres

Sous ce titre générique, l'exposition regroupe neuf artistes d'Afrique anglophone, essentiellement du Nigéria et issus de l'atelier d'Osogbo.

1969

— *Art contemporain africain*, Galerie des quatre colonnes, Hôtel de Ville, Alger

Organisée au sein du premier Festival culturel panafricain, cette exposition réunit dans la salle des conférences de l'Hôtel de Ville d'Alger près de 300 œuvres d'une centaine d'artistes, selon certaines sources, représentant les pays membres de l'Organisation de l'Union Africaine invités à prendre part au festival.

— *Contemporary African Art*, Otis Art Institute, Los Angeles
Commissariat : Jean Kennedy

De retour aux États-Unis après plusieurs années au Nigéria, Jean Kennedy a déployé toute son énergie pour promouvoir des artistes nigérians. Malgré son titre générique, l'exposition présente essentiellement des artistes issus de l'atelier d'Osogbo. De fait, l'exposition a grandement contribué à accréditer l'idée, aux États-Unis, que cette ville était le foyer de l'art contemporain africain. L'exposition circule largement entre 1969 et 1973 : Studio Museum, Harlem, et New York University, New York ; University of Missouri, Columbia ; Cleveland Institute of Art, Cleveland ; West Virginia State College, Institute ; North East Missouri State College, Kirksville ; Rio Hondo College, Whittier ; Compton Community College, Compton ; Citrus College, Azusa ; Mira Costa College, Oceanside ; et Civic Arts Gallery, Walnut Creek.

— *Contemporary African Art*, Camden Arts
    Centre, Londres
    Commissariat : Jacqueline Delange et
    Philip Fry
L'une des toutes premières expositions en Europe à rendre compte et analyser les spécificités de l'art contemporain africain. En Angleterre, la Contemporary African Arts Organisation, association œuvrant à la promotion des arts africains, est créée dans le prolongement de cette exposition. L'une de ses premières manifestations fut l'organisation en 1971 de l'African Week à l'Institute of Contemporary Art, Londres.

— *Contemporary African Arts*, Field Museum
    of Natural History, Chicago
    Commissariat : Maude Wahlman
Cette manifestation dédiée à la création sur le continent présente une grande variété de pratiques artistiques – tapisserie, sculpture, graphisme et peinture –, et d'autres relevant plutôt de l'artisanat – poterie, sculpture sur calebasse et fer forgé –, sans compter la musique, la danse et la littérature.

1970
— *Œuvres africaines nouvelles*, Musée de
    l'Homme, Paris
    Commissariat : Jacqueline Delange, avec
    Philip Fry et Iba N'Diaye
Exposition conçue suite aux recherches menées pour *Contemporary African Art* (1969). Sont principalement présentées des œuvres du Nigéria et d'Afrique de l'Est issues de la collection d'Ulli Beier déposée au Náprstek Museum of African, Asian, and American Cultures de Prague, où elle est organisée l'année suivante sous le titre *New African Art in Czechoslovakia*. Elle est la première exposition consacrée à l'art contemporain africain dans une institution française.

1972
— *Africa Creates '72*, Union Carbide Gallery,
    New York
L'exposition présente essentiellement des artistes du Nigéria, affiliés à l'atelier d'Osogbo, tels Rufus Ogundele, Muraina Oyelami, Adebisi Fabunmi ou l'incontournable Twins Seven Seven.

1973
— *Modern African Art*, Everson Museum of
    Art, Syracuse

1974
— *Art in Africa Today*, Field Museum of
    Natural History, Chicago
    Commissariat : Maude Wahlman

— *Contemporary African Art*, National
    Museum of African Art, Smithsonian
    Institution, Washington

1977
— *FESTAC' 77*, Théâtre National, Lagos
Cette seconde édition du Festival mondial des arts nègres propose une exposition d'art contemporain international réunissant des artistes issus des délégations nationales invitées par l'Organisation de l'Unité Africaine (OUA) et de la diaspora (Royaume-Uni, États-Unis, Jamaïque, etc.). Les œuvres d'Uzo Egonu et Ben Enwonwu côtoient celles d'Hassan Musa, El Loko ou des membres d'AfriCOBRA.

— *African Contemporary Art*, Gallery of Art,
    Howard University, Washington
    Commissariat : Kojo Fosu
Exposition réunissant environ 50 artistes de 22 pays, présentant aussi bien du textile, de la céramique que de la peinture moderne.

— *African Artists in America: An Exhibition
    of Work by 20 African Artists Living in
    America*, The African-American Institute,
    New York
    Commissariat : Jane Wilder Jacqz
L'exposition rassemble 20 artistes de huit pays africains : Éthiopie, Skunder Boghossian, Acha Debela, Tesfaye Tessema ; Ghana, Selena Akua Ahoklui, Kwaku Ofori-Ansah, Nii Ahene'La Mettle-Nunoo, Kwabena Ampofo-Anti ; Kenya, Louis Mwaniki ; Nigéria, Chike Aniakor, Felix Eboigbe, E. Okechukwu Odita,

Chief Oloruntoba ; Sénégal, Alioune Cissoko ;
Soudan, Mohammad Omer Khalil, Amir
Nour ; Tanzanie, Kiure Francis Msangi ; Togo,
El Loko. L'exposition circule ensuite aux
États-Unis : National Center of Afro-American
Artists, Boston ; Lauren Rogers Library
& Museum of Art, Laurel ; Leigh Yawkey
Woodson Art Museum, Wausau ; Milkin
University, Decatur ; Santa Fe Community
College, Gainesville ; et Southern Illinois
University, Carbondale.

1979

— *Horizonte '79 – Moderne Kunst aus Afrika*,
  Staatlichen Kunsthalle, Berlin
  Commissariat : Sabine Hollburg et
  Gereon Sievernich

Organisée dans le cadre du premier Festival
der Weltkultur (Festival des Cultures du
Monde) de Berlin, cette exposition est
la première exposition d'art contemporain africain de cette envergure organisée
en Europe continentale, présentant une
centaine d'artistes et près de 400 œuvres. La
plus grande partie de celles-ci proviennent
de la collection du journaliste allemand
Gunter Péus, alors installé au Kenya. Sont
réunies des peintures d'enseigne comme
des œuvres des artistes issus de l'atelier d'Osogbo et de la sculpture sur pierre
shona. Également présentée à Brême et
Stockholm, l'exposition a marqué l'histoire
de la réception de l'art contemporain africain en Allemagne, comme aux Pays-Bas
où elle est présentée l'année suivante, au
Tropenmuseum, Amsterdam.

1980

— *Neue Kunst in Afrika*, Mittelrheinisches
  Landesmuseum, Mayence
  Commissariat : Ulli Beier

L'exposition rassemble principalement des
artistes du Nigéria – des artistes d'Osogbo,
Twins Seven Seven et Muraina Oyelami,
et d'autres comme Demas Nwoko, Uche
Okeke –, mais aussi du Soudan comme
Ibrahim El-Salahi ou du Mozambique
comme Malangatana. L'exposition est également présentée à l'Université de Bayreuth,
où Ulli Beier fonde en 1981 l'Iwalewahaus,
et en Autriche, à la Galerie Perlinger, Wörgl.

1981

— *Festival Afrique noire*, Musée des Beaux-
  Arts, Grenoble
  Commissariat : Pierre Gaudibert

Manifestation pluridisciplinaire dont le
volet « arts plastiques » présente des peintures populaires, des sous-verres et une
sélection de sculptures traditionnelles
prêtées par le collectionneur et marchand
Jacques Kerchache.

1984

— *« Primitivism » in 20ᵗʰ Century Art: Affinity of
  the Tribal and the Modern*, The Museum of
  Modern Art, New York
  Commissariat : William Rubin

Comme son titre l'indique, cette exposition n'est pas consacrée à l'art primitif
mais aux relations des arts africains,
océaniens, amérindiens à l'art moderne
et contemporain. Ces rapprochements
sont principalement opérés par affinités
formelles. L'exposition a un retentissement considérable et est abondamment
commentée. Un débat profond s'engage
sur la notion de « primitivisme » dans les
milieux universitaire et artistique, lequel
joue un rôle décisif dans le développement
des théories postcoloniales dans l'art. Ce
terreau polémique est propice à la formation de projets alternatifs parmi lesquels se
situe *Magiciens de la terre*. L'exposition circule
en 1985 au Detroit Institute of Arts, Detroit,
et au Dallas Museum of Art, Dallas.

— *Sanaa: Contemporary Art from East Africa*,
  Commonwealth Institute, Londres
  Commissariat : Fatmah Abdellah,
  Mordecai Buluma et Elimo Njau

— *Contemporary African Art*, National Center
  of Afro-American Artists, Boston

1985

— *Tributaries: Quellen und Strömungen
  Zeitgenössischer Südafrikanischer Kunst*,
  Africana Museum, actuel Museum
  Africa, Johannesburg
  Commissariat : Ricky Burnett

Sponsorisée par la firme automobile BMW,
l'exposition est présentée à Johannesburg
avant de voyager en Allemagne de l'Ouest,
notamment au BMW Museum de Stuttgart.
Elle est la première manifestation à réunir

l'ensemble de la production artistique d'Afrique du Sud. Autrement dit, le spectateur passait de l'art pour touristes et de peintures ndébélé anonymes aux œuvres de William Kentridge, Sue Williamson et Willem Boshoff.

1988

— *The Neglected Tradition: Towards a New History of South African Art (1930-1988)*, Johannesburg Art Gallery, Johannesburg
Commissariat : Steven Sacks

L'exposition prolonge les intentions de *Tributaries*. Pour la première fois, les origines de l'art contemporain noir en Afrique du Sud sont présentées historiquement dans une exposition. Dans le catalogue, Steven Sacks rappelle à ses lecteurs qu'aucune distinction solide ne saurait être tracée entre l'art blanc et l'art noir.

1989

— *Magiciens de la terre*, Centre Georges-Pompidou et Grande Halle de la Villette, Paris
Commissariat : Jean-Hubert Martin, avec Mark Francis, Aline Luque et André Magnin

L'exposition est aujourd'hui reconnue comme l'une des expositions d'art contemporain les plus importantes de la seconde moitié du XXe siècle. Pour beaucoup d'observateurs, elle représente encore le point de départ du processus de globalisation de l'espace artistique ayant marqué les années 1990-2000. Son impact fut également déterminant pour l'histoire récente de l'art africain alors qu'une quinzaine d'artistes d'Afrique subsaharienne avaient été retenus parmi lesquels Sunday Jack Akpan, Frédéric Bruly Bouabré, Jean-Jacques Efiaimbelo, John Fundi, Seth Kane Kwei, Chéri Samba et Twins Seven Seven. Tous sont présentés, pour la première fois, dans l'un des hauts lieux de l'art contemporain européen. Séduit par l'exposition, l'homme d'affaires Jean Pigozzi propose alors à André Magnin de poursuivre son travail de prospection d'artistes travaillant en Afrique pour constituer une collection dédiée.

— *The Other Story: Afro-Asian Artists in Post-War Britain*, Hayward Gallery, Londres
Commissariat : Rasheed Araeen

Exposition-manifeste qui entend affirmer et valoriser la contribution à la modernité artistique d'artistes africains, caribéens et asiatiques résidant en Grande-Bretagne. 24 artistes sont présentés, parmi lesquels Sonia Boyce, Mona Hatoum, Eddie Chambers, Uzo Egonu, David Medalla et Keith Piper. Il aura fallu dix ans à Rasheed Araeen pour organiser cette exposition consacrée au « Third World Modernism », laquelle peut s'envisager comme un miroir inversé de *Magiciens de la terre*.

1990

— *Contemporary African Artists: Changing Tradition*, Studio Museum in Harlem, New York
Commissariat : Grace Stanislaus

L'exposition cherche à mettre en lumière une série de points d'inflexion entre les pratiques artistiques traditionnelles et les formes modernes. Elle ne prétend pas donner une vue d'ensemble de l'art contemporain africain mais distinguer le travail de quelques artistes que la commissaire juge particulièrement intéressants dans une telle perspective. Il s'agit d'une démarche que finalement peu d'organisateurs d'expositions d'art contemporain africain retiendront dans les années 1990, lui préférant l'approche panoramique. L'exposition est ensuite présentée à l'African American Museum, Philadelphie, et au Public Library Culturel Center, Chicago, ainsi qu'à la 44e Biennale de Venise dans un format réduit à cinq artistes.

— *Art From South Africa*, Museum of Modern Art, Oxford
Commissariat : David Elliot

Cette exposition revêt une importance historique indéniable : être la première (et dernière) exposition d'art contemporain sud-africain organisée dans un pays étranger du temps du boycott culturel prononcé par l'ANC. Plus de 150 œuvres sont présentées, réalisées par 65 artistes, blancs et noirs, ruraux et urbains, s'exprimant à travers une grande diversité de médias.

1991

— *Africa Explores: 20th Century African Art*, The Center for African Art, devenu Museum for African Art, et New Museum of Contemporary Art, New York

Commissariat : Susan Vogel, avec
Ima Ebong

Sans aucun doute l'une des expositions les plus commentées sur le sujet, notamment pour son découpage en catégories. Ces dernières visent à définir les formes artistiques selon les intentions des artistes, le niveau de leur éducation et leur rapport aux « clients ». Cette catégorisation de la production artistique en Afrique fut jugée, par de nombreux critiques, rigide, artificielle ou encore exprimant une représentation obsolète du continent, articulée via des dichotomies comme Afrique/Europe, rural/urbain, traditionnel/contemporain. À noter que c'est à cette occasion que sont repérées par André Magnin les photographies de Seydou Keïta, alors exposées sous la mention « auteur anonyme ». L'exposition circule entre 1992 et 1993 aux États-Unis : notamment Dallas Museum of Art, Dallas ; St. Louis Museum of Art, St. Louis ; Center for the Fine Arts, Miami ; puis en Europe en 1993-1994 : Ludwig Forum, Aix-la-Chapelle ; Fondation Tàpies, Barcelone ; Tate, Liverpool ; ELAC, Lyon.

— *Africa Hoy/Africa Now*, Centro Atlántico de Arte Moderno, Las Palmas
Commissariat : André Magnin

Première présentation publique de la Contemporary African Art Collection (CAAC), constituée par le collectionneur Jean Pigozzi et son conservateur André Magnin. L'exposition réunit les œuvres de 15 artistes vivant en Afrique parmi lesquels Bodys Isek Kingelez, Esther Mahlangu, Chéri Samba, Twins Seven Seven, John Fundi, Cyprien Tokoudagba et Frédéric Bruly Bouabré. Elle est ensuite présentée en 1991-1992 au Groninger Museum, Groningen, et au Centro Cultural de Arte Contemporáneo, Mexico, avant d'être montrée, dans une version modifiée, à la Saatchi Collection, Londres, sous le titre *Out of Africa*.

1992

— *Photographie africaine – Carte blanche à Revue Noire*, Centre Wallonie-Bruxelles, Paris
Commissariat : Simon Njami, Jean Loup Pivin et Pascal Martin Saint Léon

Cette « petite » exposition vaut d'être mentionnée pour être la première jamais conçue sur la photographie africaine,
démontrant l'engagement de l'équipe de *Revue Noire* dans l'exploration de ce champ. La première édition des Rencontres de la photographie africaine de Bamako a lieu en 1994.

1994

— *Seen/Unseen*, Bluecoat Gallery, Liverpool
Commissariat : Olu Oguibe

Cette exposition de cinq artistes travaillant au Royaume-Uni – Uzo Egonu, Lubaina Himid, Folake Shoga, Yinka Shonibare et Olu Oguibe – coïncide avec la venue d'*Africa Explores* à la Tate de Liverpool. *Seen/Unseen* entend défendre une conception fondamentalement différente de cette dernière et souligne la faiblesse de la tentative de définition d'un champ de pratiques par une géographie imaginaire de l'Afrique.

1995

— *An Inside Story: African Art of Our Times*, Setagaya Art Museum, Tokyo
Commissariat : Yukiya Kawaguchi

L'exposition propose une sélection hétérogène composée de représentants des ateliers de Lubumbashi, de Poto-Poto et d'Osogbo, d'artistes issus des écoles d'art officielles comme celle de Dakar, d'artistes davantage considérés comme « d'avant-garde » – par exemple, Pascale Marthine Tayou – ou d'artistes d'origine africaine vivant en Europe ou aux États-Unis tels Olu Oguibe et Ouattara Watts.

— *Otro País : Escalas Africanas*, Centro Atlántico de Arte Moderno, Las Palmas
Commissariat : Simon Njami et Joëlle Busca

L'exposition regroupe 25 artistes d'Afrique et des Antilles parmi lesquels Calixte et Théodore Dakpogan, Abdoulaye Konaté, Sokari Douglas Camp, Aimé Ntakiyica, María Mater O'Neill, Arnaldo Roche-Rabell, Mickaël Bethe-Selassié, Marcos Lora Read, Bruno Pédurand, Frantz Lamothe, Raul Speek, Willie Bester, El Hadji Sy, Bili Bidjocka, William Wilson, Stanford Watson et Mario Benjamin.

— *New Visions: Recent Works by Six African Artists*, Zora Neale Hurston National Museum of Fine Arts, Eatonville
Commissariat : Okwui Enwezor et Salah M. Hassan

— *africa95: A Season Celebrating the Arts of Africa*, divers lieux, Londres
Manifestation britannique dédiée aux arts du continent africain, cet événement est préparé par de multiples enquêtes de terrain en Afrique et une série de séminaires et discussions à la School of Oriental and African Studies (SOAS) de Londres. Parmi les expositions d'art contemporain figurent : *Big City*, Serpentine Gallery, Londres, commissariat : Julia Peyton-Jones et André Magnin ; *Cross Currents: New Art from Senegal*, Bluecoat Gallery, Liverpool, commissariat : Fodé Camara ; *Vital: Three Contemporary African Artists*, Tate, Liverpool, commissariat : Judith Nesbitt ; et *Seven Stories About Modern Art in Africa*, Whitechapel Gallery, Londres, commissariat : Clémentine Deliss. Pour cette dernière, la commissaire générale confie à cinq commissaires africains – artistes, universitaires et commissaires d'exposition – le soin d'écrire et de représenter sept « histoires » de l'art moderne de sept pays : Nigéria par Chika Okeke-Agulu, Sénégal par El Hadji Sy, Soudan et Éthiopie par Salah M. Hassan, Afrique du Sud par David Koloane, Kenya et Ouganda par Wanjiku Nyachae. L'exposition réunit une soixantaine d'artistes dans l'espace relativement modeste de la Whitechapel Gallery.

1996

— *Neue Kunst aus Afrika*, Haus der Kulturen der Welt, Berlin
Commissariat : Alfons Hug
Les œuvres de 30 artistes, essentiellement d'Afrique équatoriale, sont réunies dans cette exposition avec le parti pris d'éviter les modèles explicatifs ethnologiques : seul moyen, selon les organisateurs, de rendre la proximité de ces œuvres avec l'art mondial.

— *Die Andere Reise/The Other Journey: Africa and the Diaspora*, Kunsthalle Krems, Vienne
Commissariat : Simon Njami

— *In/Sight: African Photographers, 1940 to the Present*, Guggenheim Museum, New York
Commissariat : Clare Bell, Okwui Enwezor, Danielle Tilkin et Octavio Zaya
Première tentative muséographique de présentation synthétique de l'histoire de la photographie africaine contemporaine,

cette exposition contribue à donner un éclairage complètement différent sur l'art africain contemporain de celui proposé par les expositions organisées jusqu'ici, lesquelles avaient principalement mis en avant l'originalité des peintres et sculpteurs africains.

1997

— *Cross/ing: Space, Time, Movement*, Contemporary Art Museum, University of South Florida, Tampa
Commissariat : Olu Oguibe, avec Okwui Enwezor
Dans la lignée de *Seen/Unseen*, cette exposition-manifeste interroge les attendus de l'art contemporain africain à plusieurs niveaux : en insérant, dans le jeu, des artistes dits de la diaspora ; en introduisant des artistes d'Afrique du Nord et du Maghreb ; en faisant valoir des pratiques et médias délaissés jusqu'alors comme la vidéo, la photographie et l'installation ; en affichant, enfin, la parité des dix artistes : Oladélé Bamgboyé, Bili Bidjocka, Gordon Bleach, Kendell Geers, Lubaina Himid, Marcia Kure, Houria Niati, Olu Oguibe, Tracey Rose et Folake Shoga. L'exposition est également présentée à la Track 16 Gallery, Santa Monica, 1998, et à l'Indianapolis Museum of Art, Indianapolis, 1999.

— *Transforming the Crown: African, Asian and Caribbean Artists in Britain 1966-1996*, The Studio Museum in Harlem, The Bronx Museum of the Arts, the Caribbean Cultural Center, New York
Commissariat : Mora J. Beauchamp-Byrd
148 œuvres d'une soixantaine d'artistes sont réunies au sein de plusieurs institutions autour des questions d'identités, d'activisme et de spiritualité. Malgré son titre, l'exposition ne se veut pas un panorama historique. D'ailleurs, les artistes récemment apparus sont représentés de façon disproportionnée par rapport aux artistes des années 1970 – en ce sens, l'exposition peut se concevoir comme un complément à *The Other Story* (1989).

1998

— *L'Afrique par elle-même*, Maison Européenne de la Photographie, Paris
Commissariat : Simon Njami
Après *In/Sight*, c'est l'autre grande exposition sur l'histoire de la photographie africaine.

Plus ambitieuse encore que l'exposition du Guggenheim Museum, elle couvre plus d'un siècle et demi d'histoire, de la deuxième moitié du XIXe siècle aux années 1990. L'exposition est ensuite présentée à São Paulo, Washington, Le Cap, Bamako et Tervuren.

1999

— *Transatlantic Dialogue: Contemporary Art In and Out of Africa*, Ackland Art Museum, Chapel Hill
   Commissariat : Michael D. Harris et Moyo Okediji

Les œuvres de sept artistes africains – dont Skunder Boghossian, Sokari Douglas Camp, Amir Nour, Moyo Okediji et Ouattara Watts – et sept artistes africains nord-américains – dont Jean-Michel Basquiat, Jeff Donaldson, Yvonne Edwards-Tucker, Charles Searles – sont réunies. L'objectif est de proposer une mise en dialogue plutôt qu'une confrontation afin d'établir les lignes d'échanges diasporiques. En 2000, l'exposition est présentée à la Smithsonian Institution, Washington, et au DuSable Museum of African American History, Chicago.

— *South Meets West*, Musée National, Accra
   Commissariat : Bernard Fibicher, avec Yvonne Vera et Yacouba Konaté

Ce projet expérimental est conçu en réponse à l'actualité continue des expositions hors du continent africain. Il met en contact à Accra 14 artistes d'Afrique australe – dont Jane Alexander, Fernando Alvim, Kendell Geers et Tapfuma Gutsa –, d'Afrique de l'Ouest – dont Meschac Gaba, Atta Kwami, Yacouba Touré et Dominique Zinkpè – et du Cameroun – dont Goddy Leye et Pascale Marthine Tayou – en vue d'organiser une exposition présentée à la Kunsthalle de Berne en 2000. Elle est alors la première exposition sur le sujet en Suisse.

— *Africa by Africa : A Photographic View*, Barbican Arts Centre, Londres
   Commissariat : *Revue Noire* et Autograph

S'intéressant à la photographie produite en Afrique depuis les années 1920, l'exposition examine le rôle joué par la photographie de studio dans le développement du médium, privilégiant une perspective sociale et intime. Parmi les artistes exposés : Seydou Keïta, Samuel Fosso et Mama Casset.

2000

— *El Tiempo de Africa*, Centro Atlántico de Arte Moderno, Las Palmas
   Commissariat : Simon Njami

Cette exposition interroge la pertinence d'un lien entre les différentes formes de création en Afrique – depuis la statuaire dite cultuelle ou traditionnelle jusqu'aux formes artistiques les plus contemporaines. Il s'agit de découvrir « une histoire parallèle à celle de l'art occidental », à partir de laquelle se définirait une « spécificité africaine ». L'exposition est présentée en 2001 au Consejería de Cultura de la Comunidad, Madrid.

2001

— *Authentic/Ex-Centric: Africa In and Out of Africa*, Palazzo Fondazione Levi, 49e Biennale de Venise.
   Commissariat : Salah M. Hassan et Olu Oguibe

L'exposition s'inscrit dans le sillage de *Global Conceptualism* (Queens Museum of Art, New York, 1999), une manifestation ayant largement contribué à renouveler et décentrer le regard sur l'histoire de l'art conceptuel. Un ensemble d'œuvres d'artistes du continent et de sa diaspora est réuni pour traiter des notions d'originalité et d'authenticité dans une volonté de problématiser les stéréotypes sur l'Afrique.

— *Africas: The Artist and the City*, Centre de Cultura Contemporània, Barcelone
   Commissariat : Pep Subirós

Première exposition d'ampleur à consacrer la thématique de l'urbain comme un catalyseur de créations. Ce prisme se révèle surtout un vecteur de présentation commode pour contemporanéiser et couper court à l'image d'une Afrique isolée, primitive et authentique. L'exposition rassemble près de 200 œuvres d'artistes de tout le continent dont Jane Alexander, El Anatsui, Willie Bester, Berry Bickle, Viyé Diba, Godfried Donkor, Sokari Douglas Camp, Samuel Fosso, Bodys Isek Kingelez, Moshekwa Langa, Ananias Leki, Santu Mofokeng, Zwelethu Mthethwa et Patrice Felix Tchicaya.

— *The Short Century: Independence and Liberation Movements in Africa 1945-1994*, Villa Stuck, Munich, et P.S.1 Contemporary Art Center, New York

Commissariat : Okwui Enwezor, avec Rory Bester, Lauri Firstenberg, Mark Nash et Chika Okeke-Agulu

The Short Century ambitionne de présenter une histoire de l'art africain moderne, né dans le contexte des Indépendances africaines, via les développements des différentes disciplines culturelles et artistiques (cinéma, architecture et urbanisme, photographie, musique, littérature, théâtre, graphisme). Le catalogue est une ressource indispensable, le fruit d'une recherche minutieuse sur cette période charnière de l'histoire du continent qui dévoile une somme de manifestes politiques, prises de parole publiques et photographies historiques. En 2001-2002, l'exposition est présentée à la Haus der Kulturen der Welt, Berlin, au Museum of Contemporary Art, Chicago, au P.S.1 Contemporary Art Center et Museum of Modern Art, New York.

— *Encounters with the Contemporary*, National Museum of African Art, Smithsonian Institution, Washington
Commissariat : Elizabeth Harney

Avec cette exposition, la Smithsonian Institution entend rappeler son engagement continu envers les arts de l'Afrique contemporaine en présentant une sélection d'œuvres issues de sa collection, initiée à la fin des années 1980. Papa Ibra Tall, Sokari Douglas Camp, Berni Searle, William Kentridge, Bruce Onobrakpeya, Skunder Boghossian et Mohammad Omer Khalil figurent parmi les artistes exposés.

2003

— *A Fiction of Authenticity: Contemporary Africa Abroad*, Contemporary Art Museum, St. Louis
Commissariat : Shannon Fitzgerald et Tumelo Mosaka

Comme son titre l'indique, l'exposition place au centre de son propos la question de l'authenticité, de l'identité et, plus largement, des stéréotypes liés au continent africain. Onze artistes vivant et travaillant hors du continent – dont Siemon Allen, Godfried Donkor, Meschac Gaba, Kendell Geers, Moshekwa Langa, Ingrid Mwangi et Zineb Sedira – sont invités à créer une œuvre spécialement pour cette occasion.

— *Transferts*, Palais des Beaux-Arts, Bruxelles
Commissariat : Toma Muteba Luntumbue

L'exposition témoigne du dynamisme et de l'éclatement d'une scène artistique africaine aux prises avec la globalisation. Parmi les artistes exposés, Bili Bidjocka, Frédéric Bruly Bouabré, Godfried Donkor, Bodys Isek Kingelez, El Anatsui, Alfredo Jaar, William Kentridge, Abdoulaye Konaté, Ingrid Mwangi, Otobong Nkanga, Aimé Ntakiyica, Antonio Olé, Keith Piper, Tracey Rose, Pascale Marthine Tayou et Fatimah Tuggar.

— *Fault Lines: Contemporary African Art Shifting Landscapes*, Institute of International Visual Art, Londres, et 50ᵉ Biennale de Venise, Venise
Commissariat : Gilane Tawadros

En géologie, les lignes de faille (« fault lines ») désignent les fissures des plaques continentales. Filant cette métaphore, l'exposition présente une réflexion sur le (post)colonialisme, l'étranger et l'appartenance du point de vue africain.

— *NEXT FLAG: Reexistencia Cultural Generalizada*, divers lieux
Commissariat : Fernando Alvim et Simon Njami

Vaste projet conçu à partir de la collection d'art contemporain africain de l'Allemand Hans Bogatzke, *Next Flag* souhaite repenser les modes de coopération entre artistes, producteurs, curateurs et public au profit d'une approche globale de l'art contemporain. Une série d'expositions est organisée au BPS22, Charleroi, et à Camouflage, Bruxelles – le satellite européen, créé en 1999, d'un (futur) centre d'art contemporain en Afrique qui ouvre finalement à Luanda en 2003 sous le nom de Territórios de Arte e Cultura Contemporânea Africana (TACCA).

2004

— *Looking Both Ways: Art of the Contemporary African Diaspora*, Museum for African Art, New York
Commissariat : Laurie Ann Farrell

Organisée pour le 20ᵉ anniversaire du Museum for African Art, cette exposition entend éviter l'exposition synoptique pour se recentrer sur un choix d'artistes en invitant les douze créateurs sélectionnés – dont Fernando Alvim, Ghada Amer, Kendell Geers,

Moshekwa Langa, Hassan Musa, Wangechi Mutu, Ingrid Mwangi et Zineb Sedira – à produire spécialement une série d'œuvres. L'exposition circule en 2004-2006 au Peabody Essex Museum, Salem, au Cranbrook Art Museum, Bloomfield Hills, au Museu Calouste Gulbenkian, Lisbonne, au Museum of African Diaspora, San Francisco.

— *Africa Remix*, Museum Kunst Palast, Düsseldorf
Commissariat : Simon Njami, avec Jean-Hubert Martin, Roger Malbert, Marie-Laure Bernadac, David Elliot, Annika Gunnarson et Clive Kellner
Exposition-monstre, exposition-bilan des années post-*Magiciens de la terre*, *Africa Remix* rassemble près de 80 artistes et 200 œuvres. Sa nouveauté tient à l'inclusion d'artistes d'Afrique du Nord et du Maghreb, notamment égyptiens. L'exposition a un impact considérable et permet de consolider la place des artistes africains sur la scène internationale. Entre 2005 et 2007, elle circule dans des versions différentes à la Hayward Gallery, Londres ; au Centre Pompidou, Paris, au Mori Art Museum, Tokyo ; au Moderna Museet, Stockholm ; et à la Johannesburg Art Gallery, Johannesburg.

— *Insights: Selections from the Contemporary Collection*, National Museum of African Art, Smithsonian Institution, Washington
Commissariat : Kinsey Katchka et Allyson Purpurra
L'exposition présente des travaux de neuf artistes – dont Sokari Douglas Camp, William Kentridge, Ezrom Legae, Iba N'Diaye et Sue Williamson –, issus de la collection du musée. L'objectif est de montrer que cette collection est composée d'œuvres créées par des artistes de cultures et d'expériences diverses, notamment liés à d'autres parties du monde. Des citations des artistes commentent leur propre travail et leurs expériences sont incluses pour suggérer un contexte plus large, qu'il soit africain ou non.

— *Les Afriques*, Tri Postal, Lille
Commissariat : Laurent Jacob
L'exposition propose un panorama d'une quarantaine d'artistes d'Afrique – dont Fernando Alvim, Bili Bidjocka, Frédéric Bruly Bouabré, Mohamed El Baz, Meschac Gaba, Kendell Geers, William Kentridge, Bodys Isek Kingelez, Michèle Magema, Ingrid Mwangi, Olu Oguibe, Fabien Rigobert, Chéri Samba, Yinka Shonibare, Pascale Marthine Tayou et Barthélémy Toguo – et d'artistes inspirés par les cultures ou problématiques des mondes africains – par exemple, Philippe Cazal, Chris Cunningham, François Curlet, Alfredo Jaar et Bruno Peinado.

2005

— *African Art Now: Masterpieces from the Jean Pigozzi Collection*, Museum of Fine Arts, Houston
Commissariat : André Magnin
Cette exposition inaugure une série de manifestations dédiée à la valorisation de la CAAC. Le sous-titre aurait difficilement pu être assumé dix ans plus tôt et permet de mesurer le chemin parcouru par cette collection dans le paysage de l'art contemporain.

— *Arts of Africa: From Traditional Arts to Jean Pigozzi's Contemporary Collection*, Grimaldi Forum, Monaco
Commissariat : André Magnin et Ezio Bassani
Dans une scénographie assurée par Ettore Sottsass et Marco Palmieri, cette exposition se structure en deux volets : l'un consacré aux arts traditionnels, l'autre aux arts contemporains représentés par des artistes de la CAAC. Ce récit, comme le sous-titre le suggère, tend à placer la collection au sein d'un récit linéaire de l'art africain.

2006

— *Africa Nera: Protagonisti dell'arte africana*, Castel dell'Ovo, Naples
Commissariat : Enrico Mascelloni, Franco Riccardo et Sarenco
Exposition à visée synoptique réunissant 22 artistes parmi lesquels Sunday Jack Akpan, Seni Camara, Ousmane Dago Ndiaye, Stephen Kappata, George Lilanga, Esther Mahlangu, Margaret Majo, Jean-Baptiste Ngnetchopa, Richard Onyango, Cyprien Tokoudagba et Twins Seven Seven.

— *Snap Judgments: New Positions in Contemporary African Photography*, International Center of Photography, New York
Commissariat : Okwui Enwezor

Dix ans après *In/Sight*, l'exposition propose une sélection d'une quarantaine de photographes du continent et de sa diaspora. Elle se veut le portrait contrasté et dynamique d'une jeune photographie en plein renouveau, même si les photographes sud-africains vedettes sont présents. Quatre thèmes structurent le parcours de l'exposition : paysage et environnement, formations urbaines, corps et identité, histoire. Entre 2006 et 2008, l'exposition circule à Miami Art Central, Miami, au Museo Tamayo, Mexico, à la National Gallery of Canada, Ottawa, au Memphis Brooks Museum of Art, Memphis ; et au Stedelijk Museum, Amsterdam.

— *100% Africa*, Musée Guggenheim, Bilbao
   Commissariat : André Magnin
Des ensembles d'œuvres d'une vingtaine d'artistes sont présentés pour mettre en valeur la diversité de la CAAC. Sont exposés les désormais classiques Seydou Keïta, Frédéric Bruly Bouabré et Chéri Samba aux côtés d'Abu Bakarr Mansaray et Titos Mabota. La scénographie est à nouveau confiée à Ettore Sottsass et Marco Palmieri.

2007
— *Why Africa ?*, Pinacoteca Giovanni
   e Marella Agnelli, Turin
   Commissariat : André Magnin
Sous un titre différent, cette exposition rejoue en grande partie *100% Africa*. Ce volet clôture la série d'expositions consacrées, depuis 2005, à la promotion de la CAAC. André Magnin en quitte la direction artistique en 2009.

— *Check List-Luanda Pop*, Arsenal, 52ᵉ Biennale
   internationale de Venise, Venise
   Commissariat : Simon Njami
   et Fernando Alvim
Cette exposition se veut le premier pavillon africain officiel à la Biennale de Venise. Elle présente également, pour la première fois hors du continent africain, la collection du Congolais Sindika Dokolo.

2008
— *Flow*, Studio Museum in Harlem,
   New York
   Commissariat : Christine Y. Kim
Manifestation présentée comme la « première exposition du XXIᵉ siècle ouverte à une nouvelle génération d'artistes d'Afrique », soit née dans les années 1970. Parmi les artistes figurent Adel Abdessemed, Latifa Echakhch, Mounir Fatmi, Nicholas Hlobo, Otobong Nkanga. Ceux-ci résident essentiellement en Europe et aux États-Unis.

2010
— *Afropolis: City, Media, Art*, Rautenschauch-
   Joest Museum Kulturen der Welt, Cologne
   Commissariat : Kerstin Pinther,
   Christian Hanussek et Larissa Förster
Centrée sur l'urbain, l'exposition présente des productions artistiques et culturelles de différents domaines (graphisme, peinture, photographie, sculpture, installation et vidéo, design, bandes dessinées et blogs) et la manière dont elles répondent aux développements en cours au sein des villes tentaculaires que sont Le Caire, Lagos, Nairobi, Kinshasa et Johannesburg. L'exposition est présentée en 2010-2011 au Goethe Institut, Nairobi, et à l'Iwalewahaus, Bayreuth.

— *The Global Africa Project*, Museum of Arts
   and Design, New York
   Commissariat : Lowery Stokes Sims et
   Leslie King-Hammond
L'exposition rassemble les œuvres d'environ 60 artistes et designers représentant tous les types de production : peinture, sculpture, photographie, mobilier, textile, architecture, bijoux, céramique, mode et vannerie. La structuration du parcours par thème plutôt que par médium permet des rapprochements inédits et remet en cause le traitement hiérarchique des objets qui privilégie les beaux-arts au design et le design à l'artisanat.

— *GEO-graphics: A Map of ART Practices
   in AFRICA, Past and Present*, Bozar,
   Palais des Beaux-Arts, Bruxelles
   Commissariat : David Adjaye, avec
   Anne-Marie Bouttiaux, Koyo Kouoh
   et Nicola Setari
Ce projet inaugure une collaboration entre le Palais des Beaux-Arts et le Musée de Tervuren. Il s'agit de mettre en relation œuvres classiques et contemporaines. L'originalité tient à l'implication dans l'organisation de huit centres d'art installés en Afrique parmi lesquels le CCA (Lagos), RAW Material Company (Dakar),

Darb 1718 (Le Caire), Doual'art (Douala) et La Rotonde des arts (Abidjan).

2012

— *We Face Forward: An Art from West Africa Today*, Platt Hall et Whitworth Art Gallery, Manchester
Commissariat : Bryony Bond, Mary Griffiths et Natasha Howes

Cette exposition réunit une trentaine d'artistes d'Afrique de l'Ouest pratiquant la peinture, l'installation, la photographie et la vidéo. Les « usual suspects » (Barthélémy Toguo, Georges Adéagbo, Meschac Gaba, El Anatsui, Malick Sidibé) côtoient des artistes en devenir (Lucy Azubuike, Mohamed Camara, François-Xavier Gbré, Abraham Oghobase, Charles Okereke).

— *The Progress of Love*, Menil Collection, Houston
Commissariat : Kristina Van Dyke, Susan Sutton et Bisi Silva

Avec son angle original – comment les nouvelles technologies et les bouleversements sociaux et économiques affectent les relations amoureuses et la notion d'amour –, l'exposition réunit plus de 20 artistes – dont Samuel Fosso, Romuald Hazoumé, Zanele Muholi et Lynette Yiadom-Boakye – actifs dans toutes les disciplines artistiques. La Menil Collection dédie régulièrement des expositions aux arts africains, traditionnels comme contemporains.

2013

— *My Joburg*, La maison rouge, Paris
Commissariat : Paula Aisemberg, Antoine de Galbert

Vaste panorama consacré à la scène artistique de Johannesburg, notamment aux jeunes artistes, conçue avec des protagonistes locaux auxquels sont confiés des accrochages thématiques, l'exposition présente une quarantaine d'artistes parmi lesquels Jane Alexander, Kudzanai Chiurai, Steven Cohen, Nicholas Hlobo, Moshekwa Langa, Zanele Muholi, Kemang Wa-Lehurele, Sue Williamson et Billie Zangewa. Un focus est proposé sur le Market Photo Workshop, école de photographie co-fondée en 1989 par David Goldblatt.

2014

— *The Divine Comedy: Heaven, Purgatory and Hell Revisited by Contemporary African Artists*, Museum für Moderne Kunst, Francfort
Commissariat : Simon Njami

La Divine Comédie de Dante sert de trame sous-jacente à cette exposition panoramique. Elle distribue les œuvres d'une cinquantaine d'artistes en paradis, purgatoire et enfer, comprenant notamment les œuvres de Jane Alexander, Fernando Alvim, Ghada Amer, Kader Attia, Sammy Baloji, Berry Bickle, Bili Bidjocka, Wim Moskau, Mohamed Bourouissa, Nabil Boutros, Kiluanji Kia Henda, Abdoulaye Konaté, Pascale Marthine Tayou, Julie Mehretu, Nandipha Mntambo, Wangechi Mutu, Lamia Naji, Moataz Nasr, Cheikh Niass, Zineb Sedira, Yinka Shonibare et Dominique Zinkpè. En 2015, l'exposition circule au Savannah College of Art and Design, Savannah, et au National Museum of Africain Art, Smithsonian Institution, Washington.

2015

— *Making africa: A Continent of Contemporary Design*, Vitra Design Museum, Bâle
Commissariat : Amelie Klein, avec Okwui Enwezor

Première exposition panoramique consacrée au design en Afrique, *Making Africa* présente le travail de plus de 120 artistes et designers dans un large éventail de domaines créatifs : ustensiles, meubles, arts graphiques, illustration, mode, architecture, artisanat, film, photographie. L'Afrique y est abordée comme « un carrefour d'expérimentations » où le design accompagne et alimente les changements économiques et politiques. Entre 2015 et 2018, l'exposition circule au Guggenheim Museum, Bilbao ; au Centre de Cultura Contemporània, Barcelone ; au High Museum of Art, Atlanta ; au Albuquerque Museum, Albuquerque ; et au Blanton Museum of Art, Austin. Le catalogue constitue une somme incontournable sur le sujet.

— *Odyssées Africaines*, Brass-Centre Culturel de Forest, Bruxelles
Commissariat : Marie-Ann Yemsi

L'exposition vise à introduire le travail de 17 jeunes artistes d'Afrique du Sud, de

République démocratique du Congo, du Botswana et du Mozambique avec l'intention de présenter des artistes qui possèdent des points de vue engagés, critiques et divers sur leur époque.

— *Lumières d'Afrique*, Théâtre national de Chaillot, Paris
Commissariat : Jean-Michel Champault
Orchestrée par l'ONG African Artists for Development, l'exposition présente un artiste par pays du continent, soit 54 participants. Outre son aspect diplomatique, ce projet vaut principalement pour être l'une des rares expositions de cette ampleur à avoir relevé le défi de circuler sur le continent : Fondation Charles Donwahi, Abidjan, 2016 ; IFAN, Dakar, 2017 ; Union Africaine, Addis Abeba, 2017 ; Musée Mohammed VI d'Art Moderne et Contemporain, Rabat, 2019 ; et Standard Bank Gallery, Johannesburg, 2020.

2017

— *Afriques Capitales*, La Villette, Paris, et Gare Saint-Sauveur, Lille
Commissariat : Simon Njami
Dans le cadre de la deuxième édition du festival pluridisciplinaire 100 % consacrée à l'Afrique, cette exposition présente une soixantaine d'artistes de toutes générations. Peintures, photographies, installations, vidéos, sculptures et créations sonores forment un parcours dense dédié aux mégalopoles africaines. Sous-titré *Vers le Cap de Bonne-Espérance*, un second volet se déroule à Lille, dans le cadre de Lille 3000.

— *Arts of Global Africa*, The Newark Museum, Newark
Commissariat : Christa Clarke
L'exposition entend valoriser un siècle de collection d'art africain en mettant l'accent sur la continuité des acquisitions et en reliant des œuvres classiques et contemporaines. En 2013, le département d'Art africain du musée a été renommé « Arts of Global Africa » pour marquer l'interdépendance des arts de l'Afrique avec un monde plus large et remettre en question la notion de l'Afrique comme entité hermétiquement close.

— *The White Hunter: African Memories and Representations*, FM Centro per l'Arte Contemporanea, Milan
Commissariat : Marco Scotini
Souhaitant éviter une énième exposition panoramique, les organisateurs proposent d'interroger la construction des représentations de l'Afrique en confrontant l'histoire de l'art africain et l'histoire coloniale italienne. L'exposition réunit des archives et des œuvres historiques et contemporaines issues de collections privées et publiques italiennes. La liste des artistes est néanmoins assez similaire à celles d'autres manifestations : El Anatsui, Kader Attia, Sammy Baloji, Frédéric Bruly Bouabré, Samuel Fosso, Meschac Gaba, Kendell Geers, Bodys Isek Kingelez, Seydou Keïta, William Kentridge, Moshekwa Langa, Wangechi Mutu, Chéri Samba, Yinka Shonibare et Pascale Marthine Tayou.

— *Flow of Forms/Forms of Flow: Design Histories Between Africa and Europe*, Architekturmuseum, Museum Fünf Kontinente, Kunstraum et Galerie Karin Wimmer, Munich
Commissariat : Kerstin Pinther et Alexandra Weigand
Cette exposition cherche à problématiser la question du design et de sa pratique en Afrique en adoptant une perspective transnationale et interconnectée, inspirée par la notion d'« afropolitain » théorisée par le penseur camerounais Achille Mbembe. Parmi les participants : David Adjaye, Kossi Aguessy, Kader Attia, Matali Crasset & Bulawayo Home Industries, Cucula, Cheick Diallo, Jean Katambayi Mukendi, Wanuri Kahiu, Abu Bakarr Mansaray, Fatimah Tuggar et Obiora Udechukwu. En 2018, l'exposition est présentée au Museum für Völkerkunde, Hambourg.

2018

— *Feedback: Art, Africa and the 1980s*, Iwalewahaus, Bayreuth
Commissariat : Ugochukwu-Smooth Nzewi
L'une des rares expositions à problématiser une question relative à l'histoire de l'art plutôt que de donner un état des lieux de la production actuelle. L'exposition envisage les années 1980 comme une décennie

charnière prise entre le modernisme des années 1960-1970 et le dynamisme des années 1990. Elle aborde ainsi les pratiques artistiques en Afrique dans les années 1980, notamment au Nigéria, au Sénégal, en République démocratique du Congo, en Afrique du Sud et au Kenya. Parmi les artistes figurent Amadou Ba, Fodé Camara, El Hadji Sy, Ibrahim El-Salahi, El Anatsui, David Koloane, Theo Eshetu, Hervé Youmbi, Twins Seven Seven, Olu Oguibe ainsi que des œuvres issues de la Makerere Art Gallery de Kampala.

— *Beyond Borders: Global Africa*, University of Michigan Museum of Art, Ann Arbor, Michigan
Commissariat : Laura De Becker
Des Nkisi du XIXe siècle à Wangechi Mutu : l'exposition réunit des œuvres de la collection classique du musée avec des œuvres contemporaines. Le propos est de casser les catégories artistique, esthétique et ethnographique via cette mise en relation et, notamment, de contrarier le concept d'« une tribu un style » auquel sont encore attachés de nombreux musées. Cette exposition contribue à élargir les récits thématiques et formalistes de l'art africain en termes d'identifications généalogiques et d'influences.

— *African Metropolis: An Imaginary City*, MAXXI, Rome
Commissariat : Simon Njami, avec Elena Motisi
Troisième volet tacite d'*Afriques Capitales*, cette exposition a pour but de donner un éclairage au public italien de la production contemporaine et de sa diversité. L'urbain était à nouveau convoqué pour permettre une distance avec les stéréotypes d'une Afrique isolée et déphasée.

— *Digital Imaginaries. Africas in Production*, ZKM, Karlsruhe
Commissariat : Oulimata Gueye, Julien McHardy et Philipp Ziegler
Développée en partenariat avec des institutions de Dakar et Johannesburg, l'exposition s'intéresse à l'impact des nouvelles technologies et de la digitalisation sur les sociétés du continent africain, notamment au sein des populations les plus jeunes. Dix-huit artistes et collectifs présentent des œuvres et réflexions articulant transformations digitales et histoires, pratiques et conditions de vie africaines afin de proposer des nouveaux imaginaires communs.

2019

— *Multiple Transmissions: Art in the Afropolitan Age*, WIELS, Bruxelles
Commissariat : Sandrine Colard
Cette exposition constitue l'aboutissement d'un programme de résidences de huit artistes – Nelson Makengo, Jean Katambayi, Georges Senga, Sinzo Aanza, Simnikiwe Buhlungu, Emeka Ogboh, Pamela Phatsimo Sunstrum et Pélagie Gbaguidi – entre Kinshasa, Lubumbashi, Johannesburg et Bruxelles. Le recours à la notion d'« afropolitain », théorisée par le Camerounais Achille Mbembe, permet de transmettre l'image d'une Afrique traversée par de nouvelles formes de connexions et d'engagements. Une section de l'exposition a été présentée à la 6e Biennale du Lubumbashi.

— *IncarNations: African Art as Philosophy*, Bozar, Palais des Beaux-Arts, Bruxelles
Commissariat : Kendell Geers
Inspirée par la pensée du philosophe sénégalais Souleymane Bachir Diagne, cette exposition montre une partie de la collection de Sindika Dokolo : des œuvres contemporaines sont présentées aux côtés d'œuvres classiques, promouvant un parti pris résolument afrocentriste.

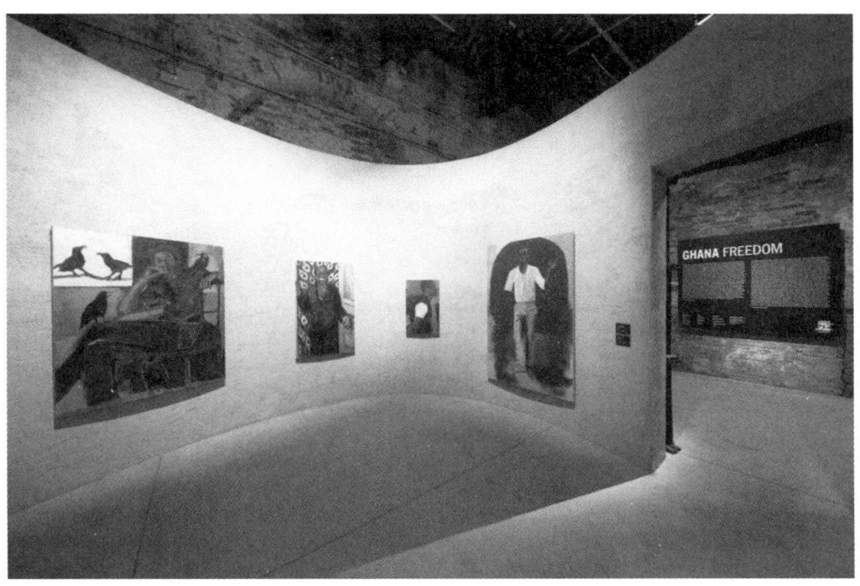

Vue du pavillon du Ghana,
œuvres de Lynette Yiadom-Boakye,
58ᵉ Biennale de Venise, Arsenal,
Venise, 2019

Intitulé *Ghana Freedom*, le pavillon présente les œuvres de Felicia Abban, John Akomfrah,
El Anatsui, Lynette Yiadom-Boakye, Ibrahim Mahama et Selasi Awusi Sosu

Commissaire : Nana Oforiatta Ayim ; conseiller artistique : Okwui Enwezor ;
architecte : David Adjaye

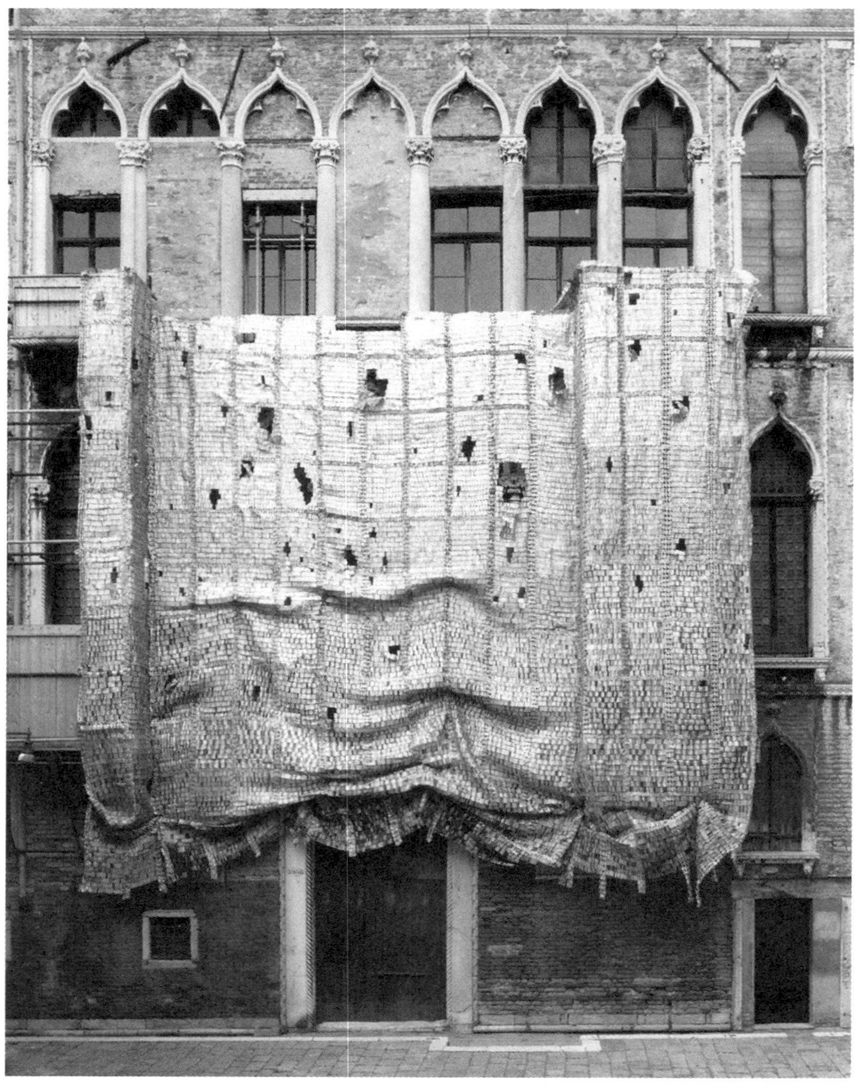

Vue de l'installation *Fresh and Fading Memories* (2007) d'El Anatsui présentée dans le cadre de l'exposition *Artempo*, Palazzo Fortuny, Venise, 2007

Commissaire : Jean-Hubert Martin

L'Afrique à la Biennale de Venise : d'un pavillon africain aux pavillons nationaux

L'Exposition internationale d'art contemporain de la Biennale de Venise est un lieu emblématique où s'est jouée et se joue encore l'histoire mouvementée de la représentativité de l'Afrique sur la scène internationale. Dans les années 1990-2000, elle fut le théâtre d'intenses stratégies afin d'y établir un pavillon permanent dédié à l'art contemporain africain. Les hostilités commencèrent par des « coups ». En 1990, Grace Stanislaus, conservatrice au Studio Museum d'Harlem, organise *Contemporary African Artists: Changing Tradition* à la 44e Biennale de Venise, présentant notamment El Anatsui, Tapfuma Gutsa et Bruce Onobrakpeya[1]. Parmi les initiatives suivantes, il faut retenir en 1993 l'exposition *Fusion: West African Artists at the Venice Biennale* au sein de laquelle Susan Vogel, directrice du Museum for African Art de New York, y montre cinq artistes du Sénégal et de Côte d'Ivoire (Mustapha Dimé, Tamsir Dia, Ouattara, Mor Faye, Gérard Santoni), après les avoir exposés à New York. En 1999, l'artiste béninois Georges Adéagbo (*1942) est primé lors de la 48e édition pour *The Story of Lion*, une installation *in situ* présentée sur le Campo de l'Arsenal. Bien que présenté dans le cadre du programme collatéral, Georges Adéagbo est ainsi devenu le premier artiste africain à être distingué par le jury de la Biennale[2].

Conçue par Harald Szeemann, cette 48e édition qui, pour la première fois, est également organisée à l'Arsenal, est restée comme la biennale ayant présenté en nombre des artistes chinois. Pour trouver un repère équivalent dans le domaine africain, il faut se reporter à la 52e édition en 2007 dont Robert Storr était le directeur artistique. Dans l'exposition internationale étaient montrées les œuvres de sept artistes actifs en Afrique et cinq autres résidant hors du continent. Un Lion d'or fut décerné au photographe malien Malick Sidibé. L'artiste mozambicaine Angela Ferreira occupait le pavillon du Portugal avec *Maison tropicale*. Toutefois, 2007 est une année autrement notable : Robert Storr lança le premier appel d'offres pour un pavillon africain. *Check List-Luanda Pop,* le projet de l'artiste angolais Fernando Alvim, du commissaire d'exposition Simon Njami et du collectionneur Sindika Dokolo, fut retenu par le jury.

Le pavillon s'intégra à l'espace de l'exposition internationale dans la Corderie de l'Arsenal. Dès l'entrée, le visiteur était saisi par la surenchère d'installations multimédia et vidéo : « le panorama le plus significatif de la création africaine d'aujourd'hui », annonçait le document de l'exposition, soit trente œuvres issues de la collection de Sindika Dokolo. Une « collection africaine d'art contemporain » et non une « collection d'art contemporain africain » se plaisait à préciser l'homme d'affaires congolais résidant en Angola. Le slogan n'était pas affaire de subtilité. Parmi les artistes exposés se trouvaient Miquel Barceló, Jean-Michel Basquiat et Andy Warhol. En revanche, il oubliait de préciser que le noyau de sa collection était constitué par le fonds du collectionneur allemand Hans Bogatzke, acquis en 2004 après son décès. L'autre message de cette formule renvoyait à la nécessité de se positionner à partir de l'Afrique. *Check List-Luanda Pop* s'inscrivait dans une série d'opérations de développement culturel conduite par Sindika Dokolo – mari d'Isabel dos Santos, fille du président de l'Angola d'alors – et trouvant son financement dans des fonds angolais : les organisateurs revendiquaient même un refus des subventions des organismes habituels comme Africalia et la Fondation Prince Claus.

Malgré tout, à en croire la fortune critique de cette exposition, il y aurait davantage à écrire sur les circonstances dans lesquelles l'Afrique s'est invitée à la 52ᵉ Biennale de Venise que sur l'exposition elle-même. Le descriptif de l'appel d'offres diffusé à l'automne 2006 demandait non seulement un projet pour un pavillon africain, mais aussi d'assurer son entier financement, ceci à quelques mois seulement du vernissage. Autant dire que ces conditions avaient les allures d'une présélection, surtout quand le candidat pouvait (aurait pu) être une institution installée en Afrique. Le seul autre candidat en mesure de lever rapidement des fonds aurait pu être le Forum for African Arts, soutenu par un réseau bien établi de partenaires et facilité par son siège aux États-Unis.

Le Forum for African Arts a été conçu en 2000 pour promouvoir l'art contemporain africain et renforcer la présence des artistes du continent ou de la diaspora dans l'arène internationale[3]. La première tâche à laquelle il s'est attelé était de remédier à la quasi-absence des artistes africains dans les principales manifestations artistiques internationales, au premier rang desquelles la Biennale de Venise. Son lobbying a vite porté ses fruits : il fut invité, lors de la 49ᵉ Biennale de Venise (2001) à organiser l'exposition *Authentic/Ex-Centric: Conceptualism in Contemporary African Art* pour laquelle Salah M. Hassan et Olu Oguibe inscrivaient leurs pas dans ceux de *Global Conceptualism*, organisée au Queens Museum of Art, New York, en 1999. Gilane Tawadros, lors de l'édition de 2003, représenta le Forum avec l'exposition *Fault Lines: Contemporary African Art and Shifting Landscapes* présentée à l'Arsenal. Cette exposition fut vivement critiquée, tant du point de vue conceptuel qu'organisationnel – deux artistes invités et présentés dans le catalogue virent leurs œuvres refusées par la commissaire seulement quelques jours avant l'ouverture de l'exposition. Certains membres du Forum pointèrent alors les ambiguïtés d'une association qui, depuis sa création, ne s'était plus réunie et ne consultait pas ses membres. Les problèmes de cohésion de l'organisation sont apparus au grand jour lors de l'annonce de *Check List-Luanda Pop*. Un courrier véhément envoyé au nom du Forum par Okwui Enwezor et Salah M.

Hassan à Robert Storr révéla des dissensions entre les membres[4]. Au centre des débats : le bien-fondé de l'appel d'offres alors que le pavillon aurait dû revenir au Forum, le choix de privilégier une collection privée, à quoi s'est ajoutée la polémique autour des révélations sur l'origine douteuse de la fortune de la famille Dokolo[5]. Si ces vives querelles ont perturbé la réception artistique de *Check List-Luanda Pop*, l'enjeu d'un pavillon à l'échelle continentale allait être bientôt débordé par une autre dynamique.

La question de savoir qui de *Check List-Luanda Pop*, *Authentic/Ex-Centric* ou même *Changing Tradition* doit recevoir le titre de première participation africaine à la Biennale de Venise perd de sa pertinence lorsqu'on la considère sous l'angle des pavillons nationaux. L'Égypte possède son propre pavillon aux Giardini depuis 1952, lequel a reçu le Lion d'or du meilleur pavillon en 1995 (artistes : Akram El-Magdoub, Hamdi Attia, Medhat Shafik et Khaled Shokry). Le pavillon de l'Afrique du Sud est inauguré en 1950, avant de fermer en 1968 suite au boycott du pays en raison de ses lois raciales. La fin de la politique d'Apartheid au début des années 1990 a conduit à la sortie de l'isolement du pays. Achille Bonito Oliva, directeur artistique de la 45ᵉ édition en 1993, invita deux artistes sud-africains – Sandra Kriel et Jackson Hlungwani – au sein de l'Exposition internationale. Ce retour en grâce se confirmait avec *Incroci del Sud: Affinities–Contemporary South African Art*, exposition qui rassembla lors de cette même édition le travail de vingt-quatre artistes d'Afrique du Sud à la Fondazione Levi, Palazzo Giustinian.

Depuis 2007, l'idée d'un pavillon continental semble bien avoir été abandonnée, une nouvelle étape se profilant au cours des années 2000 et 2010 avec la multiplication de pavillons nationaux, outre l'Égypte : Kenya (2003, 2013, 2015, 2017) ; Maroc (2005, 2009, 2011) ; Gabon (2009) ; République démocratique du Congo (2011) ; Afrique du Sud (2011, 2013, 2015, 2017, 2019) ; Zimbabwe (2011, 2013, 2015, 2017, 2019) ; Côte d'Ivoire (2013, 2017, 2019) ; Angola (2013[6], 2015, 2017) ; Mozambique (2015, 2019) ; Tunisie (2017) ; Nigéria (2017) ; Algérie (2019) ; Ghana (2019) ; Madagascar (2019). À titre de comparaison, la Chine possède un pavillon – à la localisation flottante – depuis

2005 ; l'Inde a eu son premier pavillon officiel en 2011.

La désignation d'Okwui Enwezor à la direction de l'édition 2015 a entraîné une certaine euphorie parmi les promoteurs de l'art africain. C'est qu'après l'altercation remarquée de 2007, le projet du commissaire nigérian était attendu. Si cette biennale a été marquée par la remise du Lion d'or à l'artiste ghanéen El Anatsui et la participation accrue d'artistes d'Afrique, le Mozambique a été le seul pays du continent à inaugurer un nouveau pavillon. D'autres ont été reconduits : le Zimbabwe, l'Angola et l'Afrique du Sud. De vaines démarches furent entreprises pour un pavillon de la Namibie. Le pavillon du Nigéria fut abandonné un mois avant la date butoir pour ne pas s'être entendu sur un commissaire. Il aurait pu en aller de même pour l'Afrique du Sud : quelques semaines avant l'ouverture, la nomination du commissaire n'avait pas été actée par le gouvernement. Ce flottement a laissé le champ libre pour un inattendu pavillon de Johannesburg, conçu autour d'un programme de deux semaines de performances et de projections de films. De l'aveu de ses organisateurs, ce projet *off* se voulait un clin d'œil à la seconde Biennale de Johannesburg (1997) dont Okwui Enwezor avait assuré la direction artistique.

Il faut s'arrêter encore sur le cas du pavillon du Kenya qui a révélé des problèmes quant au degré d'implication et de maîtrise de certains États vis-à-vis de leur supposé pavillon national. En 2013, une polémique est née du pavillon kenyan qui ne présentait que deux artistes kenyans sur douze, des artistes chinois et un artiste italien complétant la liste. À la grande stupéfaction, l'édition 2015 renouvela ce principe. Le projet aurait pu affirmer une position critique sur la Chinafrique – d'autres pavillons avaient déjà joué sur le brouillage de l'identité nationale. Nul propos de cette sorte dans ce cas. L'opération portée par l'Italienne Paola Poponi, qui avait déjà œuvré en 2013, a sans doute eu recours à des fonds chinois pour financer par deux fois le pavillon, tout en faisant fi de la dynamique locale générée par des acteurs comme la Nairobi Arts Trust, dirigée par l'artiste Jimmy Ogonga, et des artistes comme Peterson Kamwathi, Sam Hopkins ou Miriam Kyambi. Le ministère de la Culture du pays, visiblement débordé par l'ampleur de la polémique, a dénoncé une « représentation frauduleuse » et s'est engagé à soutenir un « véritable » pavillon national pour 2017. La promesse a été tenue. Jimmy Ogonga fut le commissaire de l'exposition *Another Country*. Le cas du pavillon kenyan est symptomatique tout à la fois du désengagement de certains États et de l'opportunisme d'initiatives privées instrumentalisant le concept de pavillon national. Ce fut également le cas du « pavillon de Madagascar » en 2019 qui proposait une exposition monographique organisée par les galeristes de l'artiste et des investisseurs privés, laissant à l'État malgache le soin de prêter son étiquette[7]. L'instabilité de la représentation des pays africains à la Biennale de Venise s'explique en grande partie par la faible implication de la majorité des États du continent dans l'art contemporain et la très relative structuration des scènes artistiques nationales. Le pavillon du Kenya n'a pas été renouvelé en 2019. Qu'en sera-t-il du pavillon de Madagascar en 2022, date de la prochaine Biennale d'art contemporain à Venise ?

Les biennales d'art contemporain en Afrique

Le phénomène de « biennalisation » n'a pas oublié l'Afrique. Alors que les expositions d'art contemporain africain prolifèrent en Europe et aux États-Unis dans les années 1990, des manifestations biennales et triennales se montent sur le continent depuis plusieurs décennies[8].

En 1955, aux tout premiers jours de la politique panarabique du président égyptien Gamal Abdel Nasser, Alexandrie accueille l'une des premières biennales du continent, la Biennale de la Méditerranée. Comme d'autres manifestations de cette sorte, elle « cherchait à utiliser l'exposition d'art récent comme un moyen de faire retour à une époque glorieuse de la production artistique locale afin de ressusciter le statut international et culturel de la ville »[9]. Une autre biennale égyptienne débute en 1984 au Caire. La programmation de ces deux biennales est davantage tournée vers les mondes méditerranéen et arabe, aussi un nombre limité d'artistes de l'Afrique subsaharienne y a participé. La Biennale du Caire s'est étendue dès sa seconde édition, en 1986, à tout l'art contemporain international. Son modèle d'organisation s'inspire ouvertement de celui de la Biennale de Venise avec des pavillons nationaux, des hommages rendus « à la carrière exceptionnelle » de quelques artistes et des « invitations spéciales ». Ce classicisme peut en partie expliquer pourquoi la manifestation n'a pas réussi à s'imposer, malgré ses neuf éditions, dans le circuit des grandes biennales internationales. Par ailleurs, pour de nombreux observateurs, sa programmation n'a pas rendu justice au dynamisme de la scène artistique nationale, laquelle doit encore aujourd'hui uniquement aux galeries privées du Caire – Townhouse Gallery, Cairo Berlin Gallery ou Espace Karim Francis – la possibilité d'être montrée localement.

L'une des premières biennales en Afrique subsaharienne est la Biennale Bantu (ou Biennale d'art bantou contemporain), conçue comme une manifestation itinérante et régionale créée avec l'appui d'Elf Gabon à partir de 1985. De 1985 à 2002, sept éditions dans différentes villes sont organisées : Libreville, Gabon (1985, 1989, 1998) ; Kinshasa, Zaïre (1987) ; Bata, Guinée équatoriale (1991) ; Brazzaville, Congo (1994, 2002). Une huitième édition annoncée pour 2004 à Malabo, capitale de la Guinée équatoriale, n'a jamais eu lieu. Dans une perspective culturaliste, la Biennale Bantu était consacrée à la promotion d'un « art contemporain bantou ». Lors de la 5e édition, elle propose ainsi un hommage aux artistes de l'École de Poto-Poto. Des artistes comme Chéri Samba et Moke y exposent et des commissaires d'exposition internationaux comme William Rubin ou Gerardo Mosquera sont invités dans le jury. Susan Vogel participe à la première édition, puis à celle de 1989. Cette expérience a eu une répercussion déterminante sur sa carrière ultérieure comme elle l'indique dans le catalogue d'*Africa Explores* : « Ces conversations polyglottes passionnées et mes contacts avec les nombreux artistes présents à la biennale m'ont convaincue que si j'avais tourné le dos à l'étude de l'art africain traditionnel, l'art contemporain africain était devenu un vaste et fascinant domaine, qui condensait les traditions anciennes et nouvelles et exprimait à la fois l'Afrique et l'Occident. »[10]

Si les deux biennales égyptiennes étaient plutôt alignées sur le modèle de la Biennale de Venise, les organisateurs de la Biennale Bantu se réclamaient de l'héritage du Festival mondial des arts nègres de Dakar (Fesman, 1966) et de sa seconde édition, le FESTAC de Lagos (1977). C'est dans le recoupement de ces deux lignes généalogiques qu'il faut situer l'histoire des biennales d'art contemporain en Afrique, auxquelles se sont ajoutés les effets mimétiques produits par le déploiement planétaire du modèle « biennale » dans les années 1990-2000.

Le lien avec le Festival de 1966 a été revendiqué dès le départ par les organisateurs de la Biennale de Dakar. Mais cela ne doit pas faire oublier que sa création est d'abord le résultat des pressions des créateurs sénégalais sur le gouvernement du président Abdou Diouf (1981-2000). Il est généralement admis que la première édition s'est tenue en 1992, sa programmation étant alors conçue comme totalement internationale. Mais en 1990 s'est déjà déroulée une édition consacrée à la littérature. Le projet initial était d'alterner tous les deux ans, au sein d'une Biennale des arts et des lettres, une édition dédiée à la littérature puis aux arts visuels. Le volet littéraire fut abandonné et, à sa deuxième édition en 1996, la biennale se recentra sur le seul continent africain – et mit plusieurs éditions avant de trouver le rythme et le format adéquats sous le nom de Dak'Art–Biennale d'art africain contemporain. Si l'édition de 1996 n'incluait ni vidéo ni photographie, favorisant la sculpture et la peinture, en 2002, six des 44 artistes de l'exposition internationale travaillent la peinture sur toile et plusieurs photographes y sont présentés. La rupture véritable a lieu en 2004, édition marquant l'arrivée de la vidéo et de l'art digital pour plus de la moitié des artistes. Malgré ses faux départs et ses tâtonnements, Dak'Art marque le paysage artistique du continent par sa longévité. Elle demeure encore aujourd'hui prise en charge par l'État sénégalais sous couvert d'un secrétaire général.

De nouvelles manifestations voient le jour dans la lignée de Dak'Art, aux pérennités variables et aux orientations diverses. On peut retenir Afrika Heritage initiée en 1995 à Lagos par le Pan-African Circle of Artists, un groupe d'artistes et intellectuels nigérians et ghanéens ; l'East African Biennale, Dar es Salam, 2003 ; la Triennale de Luanda conçue en 2006 par le collectionneur Sindika Dokolo ; SUD-le Salon Urbain de Douala, une triennale qui, depuis sa création en 2007, est portée par le centre artistique Doual'art ; RAVY–les Rencontres d'Arts Visuels de Yaoundé, autre biennale camerounaise fondée en 2008 et principalement dédiée à la performance ; la Biennale de Lubumbashi-rencontres Picha également lancée en 2008 par l'association Picha

(« image » en swahili) ; les deux éditions de la Biennale Regard Bénin à Cotonou, en 2010 et 2012, initiative d'une association locale d'artistes faisant suite à Boulev'art, une manifestation créée en 1999 – sept éditions suivirent jusqu'en 2005 ; Kampala Art, Kampala, en Ouganda depuis 2014 ; la Yango Biennale de Kinshasa en 2014, instable dans sa fréquence ; toujours à Kinshasa, la Young Congo Biennale dont la première édition date de 2019 ; la récente Lagos Biennale, organisée par la Àkéte Art Foundation depuis son inauguration en 2017. Si ces projets récents ont la particularité d'être portés par des artistes, il n'en va pas de même des biennales marocaines. La Biennale de Marrakech, fondée en 2005 sur l'impulsion du mécénat de Vanessa Branson, est souvent accusée d'être « hors-sol » par les artistes marocains. Elle s'est arrêtée en 2016, faute de financements. L'autre biennale marocaine, organisée à Casablanca depuis 2012, demeure fragile mais pleine de promesses.

Le domaine de la photographie a également ses rendez-vous. Les Rencontres de la photographie africaine de Bamako, créées par la photographe Françoise Huguier en 1994 puis inscrites au programme d'Afrique en créations (département de l'Institut français, ex-Culture France ex-AFAA), font toujours figure de référence malgré le conflit continu que connaît le Mali. Plusieurs autres manifestations dédiées à la photographie ont été créées sur le continent, aux focus différents de ceux des Rencontres : régional dans le cas du Month of Photography du Cap, Afrique du Sud ; plus photojournalistique et historique pour Photofesta à Maputo, Mozambique, initié en 2002. En 2010, le festival LagosPhoto a été inauguré à Lagos, Nigéria, et le Addis Foto Fest à Addis-Adeba, Éthiopie.

L'utilisation du terme de « biennale » appauvrit la qualification de ces diverses manifestations, mais possède un attrait communicatif indéniable, en Afrique comme ailleurs. Peu importe la récurrence temporelle inscrite dans son étymologie, il permet de faire clignoter un festival, une exposition, une initiative sur la mappemonde de l'art. Les biennales se proposent d'être des vecteurs de désenclavement des scènes locales et de pallier la carence de structures artistiques fortes. L'enjeu est sans doute différent en Afrique du Sud où le modèle de la biennale a été investi d'autres ambitions.

Au milieu des années 1990, l'Afrique du Sud devient en effet un autre foyer de biennales. Même si seulement deux éditions ont vu le jour (1995, 1997), la Biennale de Johannesburg est aujourd'hui considérée comme l'une des manifestations artistiques les plus marquantes de cette décennie. Conçu pendant les années qui précédèrent les premières élections démocratiques d'Afrique du Sud en 1994, ce projet participait, de la même façon que la Coupe du monde de rugby également organisée en 1995, à la construction de l'image que la nouvelle nation voulut donner d'elle-même après les années d'Apartheid et de boycott afin de se repositionner sur la scène internationale. Tandis que le modèle de la première biennale, intitulée *Africus*, reproduisait le schéma classique des Biennales de Venise ou São Paulo, notamment avec des représentations nationales conçues essentiellement par des commissaires européens et nord-américains, la seconde édition fut l'occasion de vraies innovations. Ce fut non seulement la première manifestation de cette importance dans l'histoire de l'art contemporain dirigée par un commissaire d'exposition africain, le Nigérian Okwui Enwezor, mais, à travers sa thématique et son organisation résolument transnationale, elle devint également l'exposition la plus importante après *Magiciens de la terre* à redéfinir une nouvelle géographie mondiale de l'art contemporain. Sous le titre de *Trade Routes: History and Geography*, elle se décomposait en six expositions thématiques conçues par six commissaires – états-unien, espagnol, chinois, coréen, cubain et sud-africain –, rompant explicitement avec la répartition classique des artistes en pavillons nationaux. Si cette seconde édition fut célébrée dans un grand nombre de magazines d'art contemporain internationaux, elle fut relativement mal accueillie par la plupart des acteurs sud-africains[11]. Pour eux, la biennale n'entretenait qu'un lointain rapport avec les spécificités du contexte local. Cette manifestation ne connaîtra pas de troisième édition. Ceci n'empêcha pas l'influente Stevenson Gallery d'organiser en

2012 *Trade Routes Revisited*, une série d'expositions pour réhabiliter ce rendez-vous avec quelque nostalgie.

Après la disparition de la Biennale de Johannesburg, la place restait vacante pour voir renaître une manifestation de grande ampleur. Parmi les projets imaginés figurait une réanimation du FESTAC de Lagos. Intitulée Ubuntu 2000, la première édition, prévue pour 1999, se voulait un cadre de réflexion sur la place de l'Afrique du Sud dans le continent africain et sa position sur un axe sud-sud. Finalement, le projet d'Ubuntu, d'abord parallèle et complémentaire à la Biennale de Johannesburg, aura eu la trop lourde tâche de réanimer à la fois l'esprit du FESTAC et d'assurer le relais pour une « troisième » Biennale de Johannesburg. Le projet resta sans suite. Malgré tout, une nouvelle manifestation sud-africaine d'art contemporain se dessina au milieu des années 2000, située non plus à Johannesburg, mais au Cap et pensée sur un rythme triennal. CAPE n'est pas né des instances de l'art sud-africaines, mais est un projet initié par une nouvelle agence de tourisme, Cape Tourism, et la compagnie aérienne ACSA (Airport Company South Africa). Seules deux éditions se sont tenues (2006 et 2009), sous le slogan « not another biennale », et visant une ouverture panafricaine. Le Cap avait déjà accueilli une triennale de 1982 à 1992, au focus national et qui présenta des artistes comme William Kentridge ou Penny Siopis.

Dans la mesure où de véritables musées et centres d'art contemporain sont rares sur le continent africain – exception faite, encore une fois, de l'Afrique du Sud –, les biennales y font figure d'oasis, offrant aux artistes l'occasion d'exposer et de se rencontrer, et pour certains observateurs curieux de prendre le pouls de scènes évoluant encore sous les radars. Ce rapide tour d'horizon amène à considérer ces manifestations comme des acteurs accompagnant l'évolution de scènes artistiques. Elles sont également des « zones de conflits » permettant aux artistes locaux de réagir et de s'affirmer face à des manifestations jugées en décalage avec les contingences locales ; elles peuvent aussi être le moyen d'une dynamique de visibilité ou de réhabilitation d'une politique ou bien conçue par des artistes pour répondre à leurs attentes spécifiques. Elles peuvent enfin être investies comme un relais marchand informel – plus ou moins assumé selon les cas. Dès 1996, Dak'art accueille régulièrement des discussions pour construire un marché. Sans y voir une relation de cause à effet, on peut néanmoins remarquer que des foires se sont montées sur le continent pour assumer pleinement ce rôle. La Joburg Art Fair, première du genre montée en Afrique, en 2008, puis la Marrakech Art Fair en 2010, et des organisations de courtage comme ArtHouse Lagos (2008) et Strauss and Co., Afrique du Sud, 2009. En Europe, certaines foires avaient déjà tenté d'ouvrir un marché, sans grand succès, comme la foire d'art contemporain ARCO de Madrid dès 2003. Dix ans plus tard se dessine une dynamique plus féconde avec la foire 1:54 – 54 pour le nombre de pays en Afrique –, inaugurée à Londres en 2013 et aujourd'hui également présente à New York et Marrakech. Art Dubaï a consacré aussi en 2013 son programme Marker à des projets d'artistes de cinq pays du continent. L'Armory Show a présenté en 2016 une section *African Perspectives*. Et pour confirmer cette tendance, Sotheby's a ouvert en 2017 un département consacré à l'art contemporain africain.

NOTES — 1
Cette exposition est une version réduite à cinq artistes au lieu de neuf de *Contemporary African Artists: Changing Tradition* montrée au Studio Museum d'Harlem, New York, au début de l'année 1990.

2
Voir Kathryn M. Floyd, « Georges Adéagbo: Between Artwork and Exhibition », in Andrew Graciano (éd.) *Exhibiting Outside the Academy, Salon, and Biennale, 1775-1999-Alternative Venus for Display*, Ashgate Press, Farnham 2015, p. 235-258, disponible sur www.academia.edu/18479158/_Georges_ Adéagbo_Between_Artwork_and_Exhibition.

3
Il regroupait un ensemble d'acteurs liés à l'art contemporain africain : des artistes (Olu Oguibe, El Anatsui, Ibrahim El-Salahi et Obiora Udechukwu), des commissaires d'expositions (Okwui Enwezor, Tumelo Mosaka, Koyo Kouoh) et des responsables d'institutions (Marilyn Martin de la South African National Gallery, Gilane Tawadros de l'Institute of International Visual Arts, et Florence Alexis de l'AFAA).

4
Sur l'affaire, voir Iolanda Pensa, « Check List: Africa at the Venice Biennale », *Mousse*, n° 7, 2007, disponible sur http://io.pensa.it/ node/1672 ; Kinsey Katchka, « 52nd Venice Biennale: Think with Senses-Feel with the Mind: Art in the Present Sense, African Pavilion Check List Luanda Pop », *African Arts*, vol. 41, n° 3, 2008, p. 84-87 ; et le texte de Chika Okeke-Agulu (pressenti pour être le commissaire du pavillon du Forum), « Venice and Contemporary African Art », *African Arts*, vol. 40, n° 3, 2007, p. 1-5.

5
La polémique s'est développée dans *Artnet News* : Ben Davis, « Art and Corruption in Venice », 23 février 2007 ; suivi de la réponse de Sindika Dokolo, « Update on Dokolo in Venice », 18 mai 2007.

6
Intitulé *Luanda, Encyclopedic City*, ce pavillon reçut le Lion d'or.

7
Voir Dagara Dakin, « Mutation du paysage artistique africain à la Biennale de Venise », *Critique d'art*, n° 53, 2019, p. 42-54.

8
Voir Iolanda Pensa, « Les Biennales de Venise, du Caire et de Dakar », in Jocelyne Dakhlia (éd.), *Créations artistiques contemporaines en pays d'islam*, Kimé, Paris 2006, p. 573-588.

9
Anthony Gardner et Charles Green, « Biennials of the South on the Edges of the Global », *Third Text*, vol. 27, n° 4, 2003, p. 444.

10
Susan Vogel, *Africa Explores*, 1991, p. 8.

11
Voir Carol Becker, « The Second Johannesburg Biennale », Art Journal, vol. 57, n° 2, 1998, p. 87-100.

Index

Note sur la collection

Créée à l'initiative de l'Association des amis de la maison rouge pour soutenir l'action de la Fondation Antoine de Galbert, la collection « Lectures maison rouge » est aujourd'hui intégrée à la fondation.

Conçue et dirigée par Patricia Falguières, elle s'est donné pour objectif de susciter et de traduire des textes d'artistes, de critiques et d'historiens de l'art qui interrogent l'histoire de l'art contemporain, du collectionnisme et de l'exposition.

Chaque ouvrage est confié à une personnalité du monde de l'art ou de l'architecture qui en suit l'élaboration et l'enrichit d'une préface et d'un appareil de notes.

Le premier titre de la collection, *White Cube – L'espace de la galerie et son idéologie* par Brian O'Doherty, a mis à la disposition du public, des artistes, critiques, curateurs, collectionneurs et étudiants en histoire de l'art, un ouvrage de référence, « l'une des plus heureuses trouvailles de la littérature artistique, tous siècles confondus » (Patricia Falguières).

Le second ouvrage, *Le Grand Déchiffreur – Richard Hamilton sur Marcel Duchamp. Une sélection d'écrits, d'entretiens et de textes*, dirigé par Corinne Diserens et Gesine Tosin, a permis au public français de découvrir le dialogue intense et érudit unissant Marcel Duchamp à Richard Hamilton – offrant ainsi un corpus inédit pour comprendre l'œuvre de ces deux artistes ayant bouleversé les données de l'expérience esthétique au vingtième siècle.

Le troisième ouvrage, *Huit textes, vingt-trois entretiens (1965-2009)*, dirigé par Jean-Pierre Criqui, regroupe une sélection d'écrits et d'entretiens avec Ed Ruscha, laquelle offre un éclairage fascinant et détaillé sur un artiste, à la fois peintre, dessinateur, graveur, photographe, cinéaste et concepteur de publications qui transformèrent radicalement la notion de livre d'artiste, et dont l'œuvre compte parmi les plus importantes du siècle dernier.

En 2012, la publication de l'ouvrage polyphonique *Autoportrait* de Carla Lonzi, préfacé et édité par Giovanna Zapperi, a permis aux amateurs français de découvrir cette figure indissociable de l'histoire culturelle, sociale et politique de l'Après-guerre ;

et de plonger dans un montage textuel d'une nature inédite et indéniablement enrichissante pour tous ceux que la « fabrique de l'art » intéresse.

Intitulé *Carlo Scarpa – L'Art d'exposer*, le cinquième volume de la collection offre l'occasion unique, grâce à Philippe Duboÿ, l'un des meilleurs connaisseurs de son œuvre, de comprendre la pensée et les réalisations en matière d'expositions temporaires et de réaménagements muséaux de l'architecte italien, aujourd'hui au panthéon des muséographes.

En 2016, la publication de *Hubert Damisch & Jean Dubuffet – Entrée en matière*, dirigée par Sophie Berrebi, a montré la richesse d'un parcours intellectuel et artistique croisé, d'une relation érudite, faite de ruptures et d'un respect mutuel, entre une figure majeure de l'art du XXe siècle, Jean Dubuffet, et un historien d'art philosophe, Hubert Damisch.

Publié en 2017, l'ouvrage *Ce que le sida m'a fait – Art et activisme à la fin du XXe siècle* de l'historienne de l'art Élisabeth Lebovici s'est rapidement imposé comme un livre incontournable des années 2010, lauréat du prix Pierre-Daix en décembre 2017. Illustré par de nombreuses archives et ephemera qui soulignent l'importance du graphisme dans la lutte contre le sida, *Ce que le sida m'a fait* est un ouvrage nécessaire pour comprendre les « années sida », cette période d'une créativité artistique et activiste née de l'urgence de vivre et du combat pour la reconnaissance de tous·tes.

La Fondation Antoine de Galbert renouvelle ses remerciements à Pierre Vollaire pour son fidèle soutien à la collection.

Note sur l'auteur

Docteur en anthropologie sociale de l'École des Hautes Études en Sciences Sociales, enseignant à l'École des Beaux-Arts de Toulon, chercheur associé au Centre d'Anthropologie de l'écriture/EHESS (2012-2016), Cédric Vincent est fondateur et directeur, avec Dominique Malaquais, de PANAFEST Archive (EHESS-CNRS-IMAf-Fondation de France), programme de recherche dédié aux archives des festivals panafricains. Ce programme a donné lieu à de nombreuses interventions (entre autres : Musée du Quai Branly, Paris ; Université de Bayreuth ; Biennale de Dakar ; documenta 13, Kassel ; MACBA, Barcelone) et à la conception de l'exposition *Dakar 66 : chroniques d'un festival panafricain* au Musée du Quai Branly en 2016.

Parmi ses publications, citons, en tant que directeur d'ouvrage : *De l'art d'être contemporain, Cahiers d'études africaines*, n° 223, 2016 ; *Festivals et Biennales d'Afrique : machine ou utopie ?, Africultures*, n° 73, 2008 ; en tant qu'auteur : « Friction in Benin », *e-flux journal*, n° 39, 2012 ; « Mining the Biennale : A Story About Art and Globalization in Benin », *The Chimurenga Chronic*, 2013 ; « PANAFEST: A Festival Complex Revisited », avec Dominique Malaquais, et « ‹ The Real Heart of the Festival › : The Exhibition L'Art nègre at the Musée Dynamique », in David Murphy (éd.), *The First World Festival of Negro Arts, Dakar 1966, Contexts and Legacies*, Liverpool University Press, Liverpool 2016, ainsi que « Tendencies and Confrontations: Dakar 1966 », *Afterall*, n° 43, printemps/été 2017, et « Three Takes and a Mask », avec Dominique Malaquais, in *FESTAC '77: The Second World Black and African Festival of Arts and Culture*, collection « Chimurenga Library », Afterall Books, Londres 2019. Il collabore régulièrement à la revue *Contemporary &*. En 2015, il est lauréat de la bourse de soutien à la recherche en théorie et critique d'art du Centre national des arts plastiques (CNAP).

Remerciements

Je remercie tout particulièrement Patricia Falguières qui a initié et pris le risque de ce volume. J'espère que cette édition est à la hauteur de sa confiance et surtout de sa patience. Toutes deux ont été étirées à l'extrême. Merci à Pauline de Laboulaye pour son accompagnement tout terrain.

Pour m'avoir aidé à clarifier mes idées et mes arguments à diverses étapes de la rédaction, je suis redevable à Jean-Loup Amselle, Thomas Boutoux, Dominique Malaquais et Frédéric Wecker. L'émulation née de nos discussions a nourri l'orientation de ce projet éditorial. Ils ne seraient évidemment pas tenus responsables des erreurs qui s'y seraient glissées. Une part décisive de ce volume repose sur les

traductions de Fabienne Durand-Bogaert et revient au travail d'édition de Clément Dirié. Je les remercie vivement pour leur ouverture, leur curiosité et leur bienveillance. Enfin, merci à Lotte Arndt pour son soutien.
— Cédric Vincent

Directrice de collection
Patricia Falguières

Responsables éditoriaux
Clément Dirié, Pauline de Laboulaye

Traduction des textes depuis l'anglais
Fabienne Durand-Bogaert

Édition
Clément Dirié

Conception graphique
no-do pour JRP|Editions

Caractère typographique
NuSwift

Intérieur de couverture
André Malraux, Léopold Sédar Senghor et Iba N'Diaye visitent *Tendances et Confrontations*, Festival mondial des arts nègres, Palais de Justice, Dakar, 1966. Fonds Jean Mazel, collection PANAFEST Archive/Musée du Quai Branly - Jacques Chirac, Paris.

Fabrication
Standart impressa, Lituanie

Fabriqué en Europe

Édité par

JRP|Editions
Rue des Bains, 39
CH – 1205 Genève
www.jrp-editions.com
info@jrp-editions.com

En coédition avec la
Fondation Antoine de Galbert
52, rue de Charenton
F – 75012 Paris
www.fondationantoinedegalbert.org

ISBN 978-3-03764-562-8

Titres parus

Brian O'Doherty, *White Cube – L'espace de la galerie et son idéologie*, ouvrage dirigé par Patricia Falguières, 2008

Richard Hamilton, *Le Grand Déchiffreur – Richard Hamilton sur Marcel Duchamp. Une sélection d'écrits, d'entretiens et de textes*, ouvrage dirigé par Corinne Diserens et Gesine Tosin, 2009

Ed Ruscha, *Huit textes, vingt-trois entretiens (1965-2009)*, ouvrage dirigé par Jean-Pierre Criqui, 2010

Carla Lonzi, *Autoportrait*, ouvrage dirigé par Giovanna Zapperi, 2012

Carlo Scarpa – L'Art d'exposer, ouvrage dirigé par Philippe Duboÿ, 2015

Hubert Damisch & Jean Dubuffet – Entrée en matière, ouvrage dirigé par Sophie Berrebi, 2016

Elisabeth Lebovici, *Ce que le sida m'a fait. Art et activisme à la fin du XXe siècle*, 2017

Les titres publiés par JRP|Editions sont disponibles dans le réseau international de librairies spécialisées et sont distribués par les partenaires suivants :

— Suisse
AVA Verlagsauslieferung AG
www.ava.ch

— Allemagne et Autriche
Vice Versa Distribution GmbH
www.vice-versa-distribution.com

— France
Les presses du réel
www.lespressesdureel.com

— Angleterre et autres pays d'Europe
Cornerhouse Publications, HOME
www.cornerhousepublications.org

— États-Unis, Canada, Asie et Australie
ARTBOOK|D.A.P.
www.artbook.com

Pour obtenir une liste de nos librairies-partenaires dans le monde ou pour toute autre question, contactez JRP|Editions directement à info@jrp-editions.com, ou visitez notre site Internet www.jrp-editions.com pour plus d'informations sur la compagnie et le programme éditorial.